# Gelegenheitsfenster für nachhaltigen Konsum

Corinna Onnen
(Hrsg.)

# Gelegenheitsfenster für nachhaltigen Konsum

Lebenslauf, Biographien und
Konsumkorridore

Springer VS

*Hrsg.*
Corinna Onnen
Fak. II: Natur und Sozialwissenschaften
Universität Vechta
Vechta, Deutschland

ISBN 978-3-658-37542-3        ISBN 978-3-658-37543-0   (eBook)
https://doi.org/10.1007/978-3-658-37543-0

Die Deutsche Nationalbibliothek verzeichnet diese Publikation in der Deutschen Nationalbibliografie;
detaillierte bibliografische Daten sind im Internet über http://dnb.d-nb.de abrufbar.

Planung/Lektorat: Katrin Emmerich
Springer VS ist ein Imprint der eingetragenen Gesellschaft Springer Fachmedien Wiesbaden
GmbH und ist ein Teil von Springer Nature.
Die Anschrift der Gesellschaft ist: Abraham-Lincoln-Str. 46, 65189 Wiesbaden, Germany

# Vorwort

Den Impuls für diesen Band lieferte das DFG-Rundgespräch (Berlin, 1.+2. April 2019) „Transformationskorridore für nachhaltigen Konsum in verschiedenen Lebensphasen" der Arbeitsgruppe „Nachhaltiger Konsum" im Deutschen Komitee für Nachhaltigkeit in Future Earth[1]. Infolge inspirierender Diskussionen fand sich im Anschluss eine Autor*innengruppe zusammen mit dem Ziel, ein Forschungsprogramm zur empirischen Übersetzung der theoretischen Ansätze zu Gelegenheitsfenstern für nachhaltigen Konsum zu entwickeln. Auf drei folgenden Arbeitstagungen jeweils im Frühjahr und Herbst 2020 sowie im Frühjahr 2021 nahm das Ziel Gestalt an. Der vorliegende Band dokumentiert die Diskussionen und Annäherungen an ein interdisziplinäres Forschungsprogramm mit ökonomischen, philosophischen, soziologischen und sozialwissenschaftlichen Perspektiven.

Die alle Artikel leitende Frage, ist die, unter welchen Gegebenheiten zu welchen Zeiten Menschen sich so verhalten, dass sie dieses selbst als „nachhaltig" bezeichnen und – daran anschließend – ob andere Personen (als gewissermaßen „externe Beobachtende") – dieses Verhalten ebenso bezeichnen würden.

Das vorläufige Fazit ist u. a., dass es prinzipiell biographischer Forschung bedarf – jedoch erscheint bei der Frage danach, wann ein Verhalten als nachhaltig bezeichnet werden könnte, „Verhalten" als zu umfangreich und unspezifisch für eine direkte Übersetzung in die empirische Sozialforschung. Deshalb regen wir an, den Fokus auf den *Konsum* an sich und einer *nachhaltigen*

---

[1] https://www.dkn-future-earth.org/activities/working_groups/082894/index.php.de, (Zugriff am 03.03.2022).

*Konsumorientierung* zu legen, weil sich hierin die Unmittelbarkeit bzw. Ergebnisbezogenheit von Nachhaltigkeit zeigen lässt. Ziel eines Konzepts einer empirischen Übersetzung könnte sein, auf der Basis von verschiedenen theoretischen Ansätzen offene Fragen zusammenzuführen, z. B. unter einer Perspektive des eigenen Lebenslaufs:

- wie entwickelt sich eine nachhaltige Konsumorientierung?
- gibt es spezifische Gelegenheitsstrukturen und -muster?
- lassen sich Statuspassagen ermitteln, die sich zu Gelegenheitsfenstern für eine Verhaltensänderung entwickeln können?

Diese und andere Problemstellungen werden in den einzelnen Beiträgen diskutiert und zeigen die Komplexität von Nachhaltigkeit mit ihren verschiedenen Facetten und Betrachtungsebenen auf. Der Band gliedert sich in zwei Bereiche: Abschnitt A weist eher konzeptionelle und/oder theoretische Beiträge aus und Abschnitt B Beiträge mit stärkerem Praxisbezug und/oder mit empirischen Befunden.

Der erste Beitrag in Teil A von *Corinna Onnen und Rita Stein-Redent* unternimmt eine Begriffsbestimmung von Nachhaltigkeit unter der Perspektive der Bildung für nachhaltige Entwicklung in der Definition der UN. Der seit 1987 als „Brundtland-Bericht" bekannte Report nimmt in besonderem Maße die Selbstgestaltungsmöglichkeiten der Individuen in den Blick und – so könnte man ins Sozialwissenschaftliche übersetzen – betont die Bedeutung ihrer Lebenswelt(en). An eben diese Lebenswelten knüpft der Beitrag von *Anna Orlikowski* an, in dem sie eine Verhältnisbestimmung zum Begriff der sozialen Nachhaltigkeit aus phänomenologischer Sicht formuliert. *Tanja Mölders* setzt sich im dritten Beitrag mit der Transformation gesellschaftlicher Naturverhältnisse und den Herausforderungen für Gelegenheitsfenster für nachhaltigen Konsum aus einer machtkritischen Perspektive auseinander. Dieses Gelegenheitsfenster nutzt anschließend *Franziska Ohde* zur Beschreibung von sozialen Ungleichheiten am Beispiel der biographischen Wirksamkeit im Rahmen der sozial-ökologischen Perma-Kultur-Bewegung.

Im nächsten Abschnitt legt *Ninja Christine Rickwärtz* den Fokus auf individuelle Konsumentscheidungen, -strategien und -verhalten und geht der Frage nach, wie nutzentheoretische Entscheidungen einen nachhaltigen Konsum beeinflussen können und schlägt eine methodologische empirische Übersetzung in ein Forschungsprogramm analog zur Value-of-Children Forschung (VOC) vor. *Jantje Halberstadt* und *Anne-Kathrin Schwab* legen den Fokus auf die Möglichkeiten und Gelegenheitsfenster, die Nachhaltigkeitsunternehmerinnen zu ihrer Geschäftsidee brachten und arbeiten methodische empirische Übersetzungen durch narrative Interviews in Verbindung mit der Dokumetarischen Methode heraus.

Teil B beginnt mit einem Beitrag zum Konzept der Konsumkorridore, welches Eingang in die empirische Forschung von *Immanuel Stieß, Lukas Sattlegger, Luca Raschewski* und *Konrad Götz* im Artikel über nachhaltiges Wohnen findet. Sie diskutieren in ihrem Beitrag ein Konzept der sozial-ökologischen Begrenzung von Wohnraum und können so auch inhaltlich an die generationentheoretischen Überlegungen von Anna Orlikowski zuvor anschließen. Einen weiteren gegenstandsorientierten Beitrag liefern *Kim Janine Nolting* und *Norbert Pütz*. Indem sie sich mit der Möglichkeit der Gelegenheitsfenster im Rahmen des Schulunterrichts befassen, knüpfen Sie auch an die im ersten Beitrag formulierte Debatte zur BNE an und interpretieren diese dann auf den Biologieunterricht in deutschen Schulen. In diesem Zusammenhang stellen sie eine konkrete Methode der Unterrichtsgestaltung vor und analysieren diese im Hinblick auf den Lernerfolg. Wie dieser wiederum bei der eigenen Ernährung erzeugt werden kann, ist Gegenstand der theoretischen Überlegungen und empirischen Überprüfung bei Gästen von Betriebskantinen von *Nina Langen*. In ihrem Beitrag identifiziert sie verschiedene Typen von Konsumierenden und betont eine dringende Notwendigkeit einer veränderten Herangehensweise an nachhaltige Ernährung.

Den Abschluss mit einer verwaltungsökonomischen Perspektive nimmt *Otto Reiners* ein, in dem er in seinem Beitrag nach den Interpretations- und Handlungsspielräumen auf kommunaler Ebene fragt und ein Modell entwickelt, wie die Gebote der „Zweckmäßigkeit" und „Wirtschaftlichkeit" von kommunalem Handeln ausgelegt werden können.

Das komplexe Themenfeld kann dennoch nicht umfassend bearbeitet werden, die Beiträge aber liefern Facetten eines empirisch zu überprüfenden Themenfeldes.

Wir haben uns mit dem Band der wissenschaftlichen Qualitätssicherung verpflichtet und alle Beiträge in einem gestuften Peer-Review-Verfahren einer zweifachen Begutachtung unterzogen: alle Artikel wurden intern von der Herausgeberin bzw. den anderen Beitragenden einem kritischen Blick und anschließend einem double-blind Peer-Review mit externen Fachkolleg*innen unterzogen. Allen Gutachtenden danken wir für die anregenden und kritischen Hinweise.

Keine Veröffentlichung kann ohne die Unterstützung anderer Personen entstehen – und der Prozess dieses Buches war durch verschiedene Formate geleitet. Den Impuls durch das o.g. DFG-Rundgespräch konnte ich mit der Idee zu diesem Band an Katrin Emmerich mit ihrem Verlagsteam weiterleiten, die große Geduld mit uns zeigten. Unsere Arbeitstagungen wurden protokollarisch begleitet von Josephine Donner und finanziell unterstützt vom Forschungsreferat der Universität Vechta. Bei allem hielt die Teamassistentin/Soziologie Heike Dahms die

Fäden zusammen. Das umfängliche und gewissenhafte Lektorat bis zur druck-
fertigen Vorlage haben Daniela Grafe und Katrin Janßen verantwortet, die bei der
redaktionellen Arbeit an diesem Band über sich hinauswuchsen. Vielen Dank an
alle! Mein ganz besonderer Dank jedoch gilt Rita Stein-Redent, die wirklich jedes
Problem lösen hilft.

Vechta                                                          Corinna Onnen
im Mai 2022

# Inhaltsverzeichnis

# Herausgeber- und Autorenverzeichnis

## Über die Herausgeber

**Corinna Onnen** Univ. Prof. Dr. rer. pol. habil., studierte Diplom-Sozialwissenschaften mit dem Schwerpunkt Familiensoziologie an der Carl-von-Ossietzky Universität Oldenburg. Anschließend arbeitete sie in verschiedenen Familien- und medizinsoziologischen Forschungsprojekten und baute den Lehrstuhl Gender Studies an der Universität Regensburg auf. Nach Professurvertretungen an der HU Berlin, der Universität Erlangen und der RWTH Aachen wurde sie 2008 ordentliche Universitätsprofessorin für Allgemeine Soziologie an der Universität Vechta. Sie forscht mit empirischem Schwerpunkt im Bereich der Familien-, Geschlechter- und Medizinsoziologie. Ihr besonderes Interesse gilt der kompetenzorientierten wissenschaftlichen Nachwuchsförderung u.a. durch die Umsetzung von Forschungserkenntnissen in moderne Lehr- und Lernprogramme. Ihr Schwerpunkt liegt im Bereich der Gender Studies. Von 2014 bis 2021 war sie die 1. Sprecherin und ab 2021 die 2. Sprecherin der Landesarbeitsgemeinschaft der Einrichtungen für Frauen- und Geschlechterforschung in Niedersachsen (LAGEN). 2021 ist sie Dekanin der Fakultät II: Natur- und Sozialwissenschaften und seit 2022 Vizepräsidentin für Forschung, Nachwuchs und Transfer der Universität Vechta.

## Autorenverzeichnis

**Konrad Götz Dr. Phil.,** ISOE-Institut für sozial-ökologische Forschung, Frankfurt am Main, Deutschland

**Jantje Halberstadt** Universität Vechta, Vechta, Deutschland

**Nina Langen Univ. Prof. Dr. agr.**, Institut für Berufliche Bildung und Arbeitslehre, Technische Universität Berlin, Berlin, Deutschland

**Tanja Mölders apl. Prof. Dr. rer. soc. habil.**, ARL – Akademie für Raumentwicklung in der Leibniz-Gemeinschaft, Hannover, Deutschland

**Kim Janine Nolting M. Ed.**, Universität Vechta, Vechta, Deutschland

**Franziska Ohde M.A.**, Goethe-Universität Frankfurt, Frankfurt, Deutschland

**Corinna Onnen Univ. Prof. Dr. rer. pol. habil.** Universität Vechta, Vechta, Deutschland

**Anna Orlikowski Dr. phil.**, Universität Vechta, Vechta, Deutschland

**Norbert Pütz Univ. Prof. Dr. rer. nat. habil.** Universität Vechta, Vechta, Deutschland

**Luca Raschewski M.A.** ISOE-Institut für sozial-ökologische Forschung, Frankfurt am Main, Deutschland

**Otto Reiners** Münster, Deutschland

**Ninja Christine Rickwärtz M.A.**, Universität Vechta, Vechta, Deutschland

**Lukas Sattlegger Mag.**, ISOE-Institut für sozial-ökologische Forschung, Frankfurt am Main, Deutschland

**Anne-Kathrin Schwab Dr. phil.**, Universität Vechta, Vechta, Deutschland

**Rita Stein-Redent apl. Prof. Dr.**, Universität Vechta, Vechta, Deutschland

**Immanuel Stieß Dr. rer. pol.**, ISOE-Institut für sozial-ökologische Forschung, Frankfurt am Main, Deutschland

# Gelegenheitsfenster für nachhaltigen Konsum – Einleitung

Corinna Onnen

Moderne Lebensführung ist von globalisierten und externalisierenden Wirtschaftsformen (Lessenich, 2016) und einer imperialen Lebensweise (Brand & Wissen, 2017) geprägt mit nachhaltigen Konsequenzen für Individuum, Gesellschaft und Natur. Dass sich heutige Gesellschaften komplexen Transformationsprozessen unterziehen (müssen) ist nicht neu – die Virulenz rückt jedoch durch Umweltbewegungen wie „Fridays for Future" in die Kopfzeilen sämtlicher Medien. Soziologische Erklärungsansätze für die Beschreibung sozialer Wandlungsprozesse auf Makro-, Meso- und Mikroebene liegen seit vielen Jahrzehnten vor und sollen im Rahmen dieses Bandes zusammengeführt, aktualisiert und weiterentwickelt sowie mit Ansätzen sozialwissenschaftlicher Nachbardisziplinen verbunden werden. Die dabei leitenden zentralen Fragestellungen sind: Hat sich die moderne Lebensführung schon verändert, und: wenn ja – wie? Kann sich diese unter Berücksichtigung der vielfältigen Kontexte und Rahmenbedingungen noch weiter umgestalten? Welche Perspektive auf mögliche Veränderungspotentiale erlaubt eine empirisch gestützte Analyse biographischer Gelegenheitsfenster?

## 1 Theoretische Hintergründe

Den Rahmen bilden vier Theorie- und Methodenansätze, die im Folgenden dargestellt werden (zwei auf der Makroebene, jeweils einer auf der Meso- und der Mikroebene).

C. Onnen (✉)
Universität Vechta, Vechta, Deutschland
E-Mail: corinna.onnen@uni-vechta.de

C. Onnen (Hrsg.), *Gelegenheitsfenster für nachhaltigen Konsum*,
https://doi.org/10.1007/978-3-658-37543-0_1

## Die Makroebene

Karl P. Polanyi hat in seiner Analyse der modernen Gesellschaften bereits 1944 einen Zusammenhang zwischen Kapitalismus und Zivilisation untersucht und festgestellt, dass die vermeintlichen sich selbst regulierenden ökonomische Märkte die „Grundgüter" des modernen Gesellschaftssystems wie Arbeit, Geld und Natur kommodifizieren (Polanyi, [1944]1973). Die Geschichte zeige die Instabilität dieses sich verselbständigenden Wirtschaftssystems, was er mit der Wirtschaftskrise der USA 1929/1930 und dem aufkommenden Faschismus belegte.[1] Die existenzielle Bedrohung für die Gesellschaft liegt demnach im Fortschritt einer kapitalistischen Wirtschaftsweise (ebd. S. 102 ff.), den die Menschen mit wachsender sozialer Ungleichheit und einer Abhängigkeit sozialer Beziehungen von der Zweckmäßigkeit von Wirtschaftsprozessen bezahlten (vgl. ebd. S. 108). Dass diese Analyse immer noch aktuell ist, zeigte z. B. Nancy Fraser (2013). Auch sie übt Kritik am Kapitalismus und setzt durch Einnahme der Perspektive auf den *second-wave-Feminismus* der 1960er Jahre in den USA Polanyis Analysen fort. Anstatt soziale Ungleichheiten zu überwinden zeigten – so Fraser – falsch verstandene Emanzipationsprozesse das Gegenteil und unterstützten massiv eine neoliberale Gesellschaftsform. Gender Emanzipation ginge einerseits mit „partizipatorischer Demokratie und sozialer Solidarität Hand in Hand", andererseits „[…] verhieß sie eine neue Form des Liberalismus, der Frauen ebenso wie Männern zu den Segnungen individueller Autonomie, vermehrter Wahlmöglichkeiten und eines meritokratischen Aufstiegs verhelfen könne" (Fraser, 2013, S. 29). Durch die Ökonomisierung blieben wiederum auch nicht-ökonomische Ungleichheiten politisch unbedacht (ebd. S. 30).

Die „gefährliche Liaison" (Fraser, 2013) zwischen dem Wirtschaftssystem und dem *second-wave-Feminismus* (also zwischen einer kapitalistischen Wirtschaftsform und einer sozialen Bewegung) lässt sich auch auf aktuell geführte Nachhaltigkeitsdebatten übertragen. Wie lassen sich nun beide Analysen auf das Thema der nachhaltigen Entwicklung übertragen?

## Die Mesoebene

Ziel 12 der Sustainable Development Goals (SDG 12 „Gewährleistung nachhaltiger Konsum- und Produktionsmuster") der United Nations (UN) markiert eines von 17 Herausforderungen der Weltgemeinschaft bis zum Jahr 2030, welches

---

[1] Dadurch wären Demokratie, Freiheit, Natur und Kultur bedroht und es gelte eine geeignete Gesellschaftsform außerhalb von kapitalistischen Marktgesellschaften zu finden und zu etablieren (ebd. S. 311, vgl. auch Kap. 3, S. 297 ff.).

das Konzept der nachhaltigen Entwicklung voraussetzt. Die Weltkommission für Umwelt und Entwicklung (WCED) definierte es wie folgt:

> "Humanity has the ability to make development sustainable to ensure that it meets the needs of the present without compromising the ability of future generations to meet their own needs. The concept of sustainable development does imply limits - not absolute limits but limitations imposed by the present state of technology and social organization on environmental resources and by the ability of the biosphere to absorb the effects of human activities" (WECD, 1987 „Brundtland-Bericht", Satz 27).

Hierauf aufbauend entwickelten Di Giulio et al., 2011 das *Konzept des nachhaltigen Konsums* (vgl. Abb. 1), darauffolgend wurden *Konsumkorridore* definiert (Blättel-Mink et al., 2013, vgl. Abb. 2):

Sie führen aus, dass soziale Ungleichheiten sowohl historische als auch kulturelle und individuelle Ursachen haben:

> "Individuals differ in terms not only of preferences but also in terms of their physical, cognitive and emotional potential. Thus, to lead a good life means different things to different individuals. On the other hand, attempts to accomplish this task must

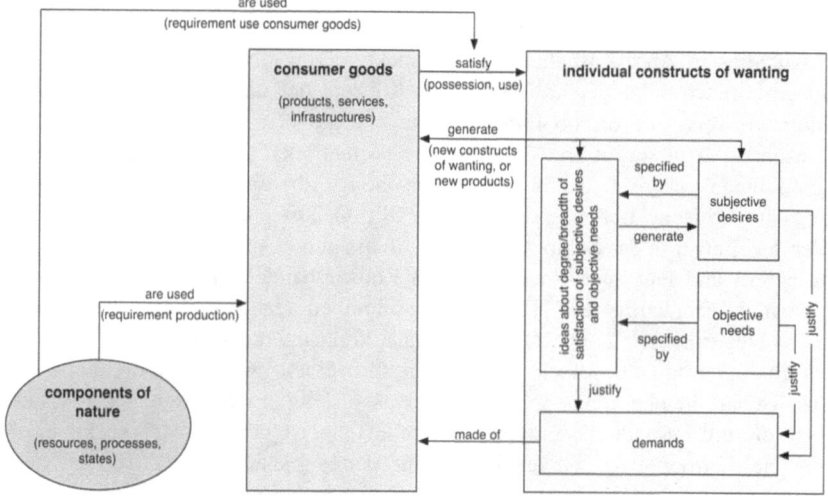

**Abb. 1** Theoretisches Konzept des nachhaltigen Konsums (entnommen aus Fuchs und Di Giulio (2016, S. 16), vgl. auch 2014)

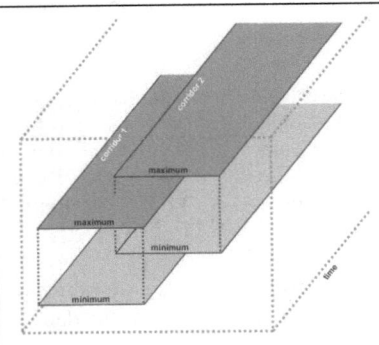

Figure 2 (from Di Giulio, Fuchs 2014, p. 187): Corridors of sustainable consumption are defined by minimal and maximal standards of consumption. Their number and the degree of overlap depends on how many points of reference (fields of consumption, environmental and social impact categories, etc.) will prove to be reasonable and on how much these will be disjoint. The corridors will have to be readjusted periodically.

**Abb. 2**   Konsumkorridore (entnommen aus Fuchs und Di Giulio (2016, S. 17))

necessarily proceed from a notion of what a good life consists of. This notion has to be based on the assumption that there are some essential needs of humans, which they need to have the possibility to realize to lead a meaningful and fulfilled life, while at the same time allowing for diversity and individuality and avoiding standardization" (Fuchs & Di Giulio, 2016, S. 18).

*Die Mikroebene*

Mit diesem Ansatz wechselt die Perspektive von einer makrosoziologischen auf eine mikrosoziologische Ebene. Das Konzept des nachhaltigen Konsumkorridors verweist auf offene Forschungsfragen, die über die Untersuchung von Konsumbedürfnissen in spezifischen Lebenssituationen (sog. „Gelegenheitsfenstern") hinausgehen: Die empirische Forschung gibt einige Hinweise, dass so genannte kritische Lebensereignisse, wie die Geburt eines Kindes, ein Umzug oder der Eintritt in das Senior*innenalter Anlass geben, die eigene Lebensführung zu ändern und hier auch im alltäglichen Konsumhandeln neue – nachhaltigere, oder nicht-nachhaltigere – Pfade zu beschreiben (Jaeger-Erben, 2010; Schäfer & Jaeger-Erben, 2011). Darüber hinaus können Fragen nach der Logik der Entscheidungssituation, nach Aushandlungsprozessen zwischen Individuum und Gesellschaft in den Fokus rücken. Geht es bislang im Konzept der Konsumkorridore um individuelle Entscheidungen aus einer Querschnittsperspektive, die einzelne Formen der Lebensführung mit den subjektiven Bedürfnissen nach Konsum und den „Gelegenheitsfenstern" für Interventionsmöglichkeiten der Verhaltensänderungen zu mehr nachhaltigem Handeln betrachtet, so fehlen dafür empirische Belege ebenso wie eine Analyse der Veränderung der Konsum-korridore im Lebensverlauf. Es werden darüber hinaus theoretische Modelle, die Korrelationen zwischen Lebensphasen – Lebensführung – Konsumkorridor sowie deren Veränderungen aus einer biographischen Lebensverlaufsperspektive analysieren, vermisst. Diese Lücke zu schließen ermöglicht u. a. die Fortfüh-rung des von Bronfenbrenner (1981) entwickelten Modells der ökologischen Sozialisationsforschung, nach dem Fragen von Aushandlungsprozessen zwischen Gesellschaft und Individuum erörtert werden und „das die individuelle Entwick-lung in den Kontext sozialer Umwelten stellt" (Grundmann & Kunze, 2008, S. 172) (Abb. 3).

Dieser ökosystemische Ansatz liefert zugleich auch ein heuristisches Modell für die qualitative Forschung (s. ausführlich Epp, 2018) und somit eine Möglich-keit der Messung von Einflussfaktoren der individuellen sozialen Umwelt auf die Persönlichkeitsentwicklung.

„Ein ökologisches Experiment erforscht die fortschreitende Anpassung zwischen dem sich entwickelnden menschlichen Organismus und seiner Umwelt durch den syste-matischen Vergleich von zwei oder mehr Umweltsystemen oder ihren Strukturkom-ponenten; die Kontrolle anderer Einflüsse geschieht entweder durch Zuordnung nach Zufall (geplantes Experiment) oder durch sorgfältig abgestimmte Zuordnung einan-der entsprechender Bedingungen (natürliches Experiment)" (Bronfenbrenner, 1981, S. 53).

„Menschliche Entwicklung ist der Prozeß, durch den die sich entwickelnde Per-son erweiterte, differenziertere und verläßlichere Vorstellungen über ihre Umwelt erwirbt. Dabei wird sie zu Aktivitäten und Tätigkeiten motiviert und befähigt, die es ihr ermöglichen, die Eigenschaften ihrer Umwelt zu erkennen und zu erhalten oder auf nach Form und Inhalt ähnlich komplexen oder komplexerem Niveau umzubilden" (Bronfenbrenner, 1981, S. 44).

Schließlich lassen sich hierbei auch Methoden der Biographieforschung umsetzen (s. im Folgenden Kahlert et al., 2018).

Biographie als „sinnhafte(s) Handeln eines Subjektes in einer durch einen Lebensprozess vorgegebenen Zeitstruktur" (Sackmann, 2007, S. 50) fungiert als theoretisches Konzept und forschungsmethodische Strategie zur Erfassung von Lebensbeschreibungen in zeitlich-prozesshafter Qualität und in diesen inkludier-ten Lebenskonzepten (vgl. Gildemeister & Robert, 2008). Solch ein Vorgehen schließt ein, dass Biographie im Rahmen der Lebensgeschichte „als Erzählung über diese Ereignisse, als ‚innere' oder ‚subjektive' Seite betrachtet" (ebd. S. 355) wird und die „subjektive Orientierung und Reflexion durch den Akteur" ebenso

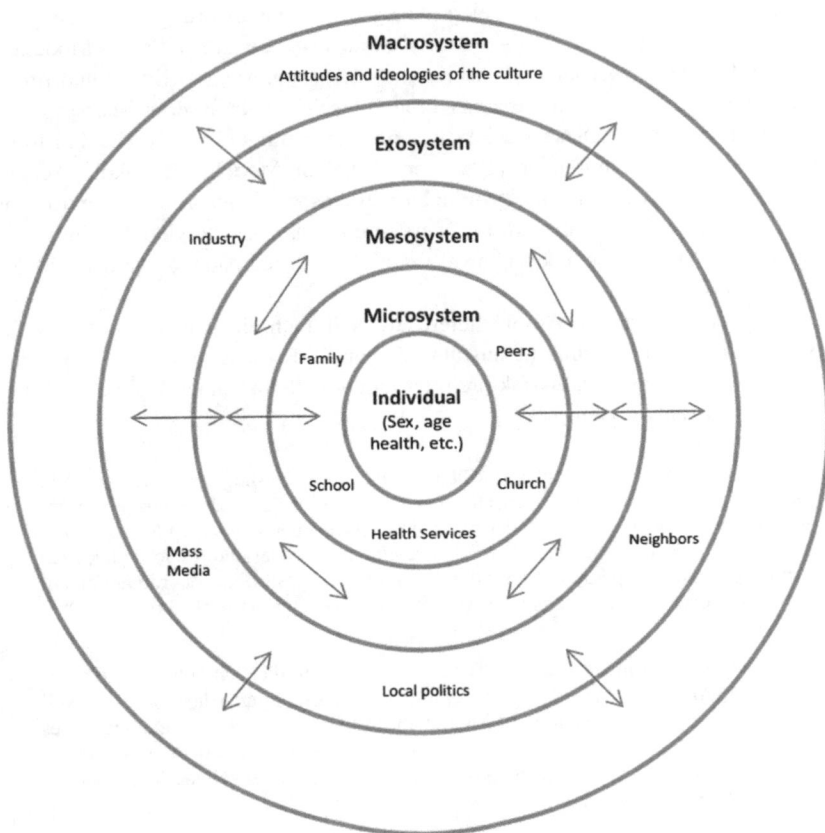

**Abb. 3**  Der ökosystemische Ansatz von Bronfenbrenner (1981) (entnommen aus Woollett, 2016, S. 68)

wie „antizipierende Entscheidungen und Selbstreflexionen" (Sackmann, 2007, S. 50) im Hinblick auf die Lebensgeschichte fokussiert.

Während sich die soziologische Biographieforschung allgemein darauf konzentriert, gesellschaftliche und soziale Strukturen aus Biographien zu extrapolieren und das Individuum als „gesellschaftliches" (vgl. von Felden, 2004, S. 654) zu verstehen, „das zeitlebens damit beschäftigt ist, sich in und mit der Gesellschaft zu entwickeln", betont die Frauen- und Geschlechterforschung stärker den

Zusammenhang, der zwischen der Kategorie „Geschlecht" und dem Konzept der „Biographie" besteht. Biographien als Konstruktionen des Blicks auf das eigene Leben fokussieren nicht das WARUM der Handlung, sondern das WIE (Dausien, 2000) und fokussieren das Spannungsfeld von Struktur und Handeln, die hinsichtlich der Bedingungen ihrer Herausbildung und in ihren Formen in einen je spezifischen historisch-gesellschaftlichen Kontext eingelagert ist. Somit setzt das Biographiekonzept strukturell an der Schnittstelle von Subjektivität und gesellschaftlicher Objektivität, von Mikro- und Makroebene an. Auch für die soziologische Nachhaltigkeitsforschung und die Frage nach der Veränderung von nachhaltigkeitsrelevantem Alltagshandeln erscheint ein qualitativ-biographischer Zugang fruchtbar (Jaeger-Erben, 2013).

## Literatur

Blättel-Mink, B., Brohmann, B., & Defila, R. et al. (2013). *Konsum-Botschaften. Was Forschende für die gesellschaftliche Gestaltung nachhaltigen Konsums empfehlen*. (Syntheseteam des Themenschwerpunkts „Vom Wissen zum Handeln – Neue Wege zum nachhaltigen Konsum"). Hirzel Verlag.

Brand, U., & Wissen, M. (2017). *Imperiale Lebensweisen*. Oekom.

Bronfenbrenner, U. (1981). *Die Ökologie der menschlichen Entwicklung*. Klett-Cotta.

Dausien, B. (2000). „Biographie" als rekonstruktiver Zugang zu „Geschlecht". Perspektiven der Biographieforschung. In Lemmermöhle, D., Fischer, D., Klika, D., & Schlüter, A. (Hrsg.) *Lesarten des Geschlechts. Zur De-Konstruktionsdebatte in der erziehungswissenschaftlichen Geschlechterforschung* (S. 96–115). Leske + Budrich.

Di Giulio A., Fuchs D. (2014). Sustainable Consumption Corridors: Concept, Objections, and Responses. In *Sustainable Consumption. GAIA*, Nr. S1, S. 184–192. https://doi.org/10.14512/gaia.23.S1.6.

Di Giulio, A., Brohmann, B., Clausen, J., Defila, R., Fuchs, D., Kaufmann-Hayoz, R., & Koch A. (2011). Bedürfnisse und Konsum – ein Begriffssystem und dessen Bedeutung im Kontext von Nachhaltigkeit. In Defila, R., Di Giulio, A., & Kaufmann-Hayoz, R. (Hrsg.) *Wesen und Wege nachhaltigen Konsums. Ergebnisse aus dem Themenschwerpunkt „Vom Wissen zum Handeln – Neue Wege zum nachhaltigen Konsum"* (S. 47–71). Oekom.

Epp, A. (2018). Das ökosystemische Entwicklungsmodell als theoretisches Sensibilisierungs- und Betrachtungsraster für empirische Phänomene [48 Absätze]. *Forum Qualitative Sozialforschung/Forum: Qualitative Social Research, 19*(1), Art. 1. https://doi.org/10.17169/fqs-19.1.2725.

Fraser, N. (2013). Neoliberalismus und Feminismus: Eine gefährliche Liaison. *Blätter für deutsche und internationale Politik, 12,* 29–31.

Fuchs, D., & Di Giulio, A. (2016). Consumption corridors: Integrating the good life and justice in sustainable development. In S. Lorek & E. Vadovics (Hrsg.), *Sustainable Consumption and Social Justice in a Constrained World. SCORAI Europe Workshop Proceedings* (S. 14–24). Sustainable Consumption Transitions Series.

Gildemeister, R., & Robert, G. (2008). *Geschlechterdifferenzierungen in lebenszeitlicher Perspektive. Interaktion – Institution – Biografie.* VS Verlag.

Grundmann, M., & Kunze, I. (2008). Systematische Sozialraumforschung: Urie Bronfenbrenners Ökologie der menschlichen Entwicklung und die Modellierung mikrosozialer Raumgestaltung. In Kessl, F. & Reutlinger, C. (Hrsg.), *Schlüsselwerke der Sozialraumforschung – Traditionslinien in Text und Kontexten* (S. 172–188). VS Verlag.

Jaeger-Erben, M. (2013). Everyday life in transition: Biographical Research and Sustainability. In F. Fahy & H. Rau (Hrsg.), *Methods of Sustainability Research in the Social Sciences* (S. 155–172). Sage.

Jaeger-Erben, M. (2010). *Zwischen Routine, Reflektion und Transformation – die Veränderung von alltäglichem Konsum durch Lebensereignisse und die Rolle von Nachhaltigkeit.* Dissertationsschrift, TU Berlin.

Kahlert, H., Miemietz, B., & Onnen, C. (2018). Zur Genderperspektive auf Biographien. In C. Onnen & S. Rode-Breymann (Hrsg.), *Wiederherstellen – Unterbrechen – Verändern? Politiken der (Re-)Produktion* (S. 211–214). L'AGENda, Bd 3. Budrich.

Lessenich, S. (2016). *Neben uns die Sintflut.* Hanser.

Polanyi, K. P. ([1944] 1973). *The Great Transformation. Politische und ökonomische Ursprünge von Gesellschaften und Wirtschaftssystemen* (8. Aufl.). Suhrkamp Taschenbuch Wissenschaft.

Sackmann, R. (2007). *Lebenslaufanalyse und Biografieforschung: Eine Einführung.* VS Verlag.

Schäfer, M., & Jaeger-Erben, M. (2011). Lebensereignisse als Gelegenheitsfenster für nachhaltigen Konsum? Die Veränderung alltäglicher Lebensführung in Umbruchsituationen. In R. Defila, A. Di Giulio, & R. Kaufmann-Hayoz (Hrsg.), *Wesen und Wege nachhaltigen Konsums* (S. 213–228). Oekom.

von Felden, H. (2004). Biographieforschung – Erziehungswissenschaft – Genderforschung. In E. Glaser, D. Klika, & A. Prengel (Hrsg.), *Handbuch Gender und Erziehungswissenschaft* (S. 650–662). Klinkhardt.

WECD World Commission on Environment and Development & United Nations. (1987). Our Common Future. http://www.un-documents.net/wced-ocf.htm. Zugegriffen: 3. März 2022.

Woollett, N. (2016). Adolescents living with HIV: Emerging issues in public health in South Africa. In P. Liamputtong (Hrsg.), *Children and Young People Living with HIV/AIDS. Cross-Cultural Research in Health, Illness and Well-Being* (S. 65–88). Springer International Publishing.

**Corinna Onnen** Univ. Prof. Dr. rer. pol. habil., studierte Diplom-Sozialwissenschaften mit dem Schwerpunkt Familiensoziologie an der Carl-von-Ossietzky Universität Oldenburg. Anschließend arbeitete sie in verschiedenen Familien- und medizinsoziologischen Forschungsprojekten und baute den Lehrstuhl Gender Studies an der Universität Regensburg auf. Nach Professurvertretungen an der HU Berlin, der Universität Erlangen und der RWTH Aachen wurde sie 2008 ordentliche Universitätsprofessorin für Allgemeine Soziologie an der Universität Vechta. Sie forscht mit empirischem Schwerpunkt im Bereich der Familien-, Geschlechter- und Medizinsoziologie. Ihr besonderes Interesse gilt der kompetenzorientierten wissenschaftlichen Nachwuchsförderung u.a. durch die Umsetzung von

Forschungserkenntnissen in moderne Lehr- und Lernprogramme. Ihr Schwerpunkt liegt im Bereich der Gender Studies. Von 2014 bis 2021 war sie die 1. Sprecherin und ab 2021 die 2. Sprecherin der Landesarbeitsgemeinschaft der Einrichtungen für Frauen- und Geschlechterforschung in Niedersachsen (LAGEN). 2021 ist sie Dekanin der Fakultät II: Natur- und Sozialwissenschaften und seit 2022 Vizepräsidentin für Forschung, Nachwuchs und Transfer der Universität Vechta.

# Konzeptionelle und theoretische Beiträge

# Was Hänschen nicht lernt – Potenziale und Herausforderungen von Nachhaltigkeit aus sozialwissenschaftlicher Perspektive

Corinna Onnen und Rita Stein-Redent

## 1    Einführung

Nachhaltigkeit ist heute zu einem Statement geworden und wird in allen Bereichen der Gesellschaft, ob in der Politik, Wirtschaft oder im Alltag verwendet.
Dies geschieht nicht immer mit gleichen Inhalten oder Begriffsverständnissen.
Der vorliegende Beitrag verfolgt die These, dass die Mehrheit der Menschen einen Bezug zum noch auszuführenden Begriffskonzept *Nachhaltigkeit*
haben, welches aufgrund ihres alltagspraktischen Handelns mit einem diffusen Verständnis einhergeht. Darin liegt auch die Problematik, sich dem Begriff
„Nachhaltigkeit" zuzuwenden, diesen greifbar zu machen. Denn wo

> „[…] der Begriff seiner Substanz beraubt ist, lässt sich damit wenig – oder alles –
> machen. Noch den banalsten Vorgang, ja sogar die rücksichtsloseste Plünderung des
> Planeten, kann man mit diesem entkernten Begriff als ‚nachhaltig' ausgeben" (Gro-
> ber, 2010, S. 17).

Was soll unter „Nachhaltigkeit" verstanden werden, die sowohl in der Wirtschaft
als auch in der Politik und darüber hinaus im Bildungswesen Einzug gehalten hat
und ebenso schwer greifbar ist?

Bei der Suche nach einem allgemein akzeptierten – sofern es überhaupt
möglich ist – Verständnis von Nachhaltigkeit, ist Nachhaltigkeit auch als kulturelle Herausforderung mit den entsprechenden Implikationen und Problematiken

C. Onnen · R. Stein-Redent (✉)
Universität Vechta, Vechta, Deutschland
E-Mail: rita.stein-redent@uni-vechta.de

C. Onnen
E-Mail: corinna.onnen@uni-vechta.de

C. Onnen (Hrsg.), *Gelegenheitsfenster für nachhaltigen Konsum*,
https://doi.org/10.1007/978-3-658-37543-0_2

zu sehen. Dazu gehört das Verhältnis des Individuums zu seinen Bedürfnissen, seinem Bedarf und letztlich seinem Konsum – also das Verhältnis des Individuums zu seiner sozialen, ökologischen und ökonomischen Umwelt insgesamt. Dies umfasst einen ressourcenschonenden Umgang mit den vorgefundenen Ressourcen (Möglichkeitsräume), deren gesellschaftliche Zuweisungen und Nutzungsmöglichkeiten und auch das, was man gutes Leben nennt (vgl. Onnen, 2019).

Möglichkeitsräume und deren Wahrnehmung und Nutzung im Hinblick auf Nachhaltigkeit tangieren auch *Bildung für nachhaltige Entwicklung* (kurz: BNE). Bildung hat neben einem gesellschaftlichen Inhalt auch eine individuelle Komponente und kann nicht von unseren Biographien entkoppelt werden.

Nachhaltigkeit – ob im globalen oder lokalen Kontext – bekommt damit eine programmatische Perspektive, in dem sie impliziert, zukunftsfähiges Denken und Handeln zu stärken und dauerhaft zu verankern. Unter Bezugnahme auf die Nachhaltigkeitsstrategie der Bundesregierung befasst sich BNE

> „[…] mit globalen Zusammenhängen und Herausforderungen und den damit verbundenen komplexen ökologischen, wirtschaftlichen und sozialen Folgen. BNE trägt dazu bei, das Bewusstsein für nachhaltige Lebensweisen in die Gesellschaft zu tragen. Damit ist BNE neben politischen Übereinkünften, finanziellen Anreizen oder technologischen Lösungen ein zentrales Instrument auf dem Weg zu einer nachhaltigen Entwicklung" (Bundesregierung, 2016, S. 236).

Im Gegensatz dazu wird „Nachhaltiges Lernen" – eher als BNE – im bildungstheoretischen Kontext verortet, wenn es um Bildungsinhalte geht, deren Ausgestaltung und den daraus zu entwickelnden und hierfür notwendigen Kompetenzen, wenn es um Schlüsselqualifikationen geht oder um das lebenslange Lernen. Darauf verweist Schüssler bereits 2004 (Schüssler, 2004, S. 1).

Eines der größten Spannungsfelder, die sich unserer Ansicht nach zeigen, sind die der Realisierung einer nachhaltigen Lebensweise und eines nachhaltigen Wirtschaftens mit z. B. solchen Fragestellungen nach dem Einfluss von Entscheidungen auf nachhaltigkeitsorientierte Institutionen und die damit verbundenen individuellen Konsumentscheidungen. Weitere Fragen nach der Gestaltung der sozialen Praxis unter den gegenwärtigen, vom Nachhaltigkeitsdiskurs geprägten Alltag und danach, wie Menschen lernen damit umzugehen, erscheinen virulent, um sich den heutigen gesellschaftlichen Herausforderungen zu stellen. Ein Makrophänomen wird ein Mikrophänomen – gesellschaftliche Herausforderungen beeinflussen auch individuelle Biographien. Damit einher gehen die Reflexion vielfältiger Spannungsfelder auf der individuellen Ebene im Alltag, z. B. bei der Realisierung eines nachhaltigen Konsums.

In den nachfolgenden Ausführungen soll genau auf diese Fragen eingegangen werden. Wissend um die Umfänglichkeit der Thematik können in diesem Beitrag nur bestimmte Aspekte dieser genannten Zusammenhänge erörtert werden. Deswegen liegt der Fokus auf Bildung für nachhaltige Entwicklung (BNE) und die biographische Wirksamkeit von *Nachhaltigkeit*. Dieses setzt eine entsprechende Begriffsbestimmung von Nachhaltigkeit und Bildung voraus und impliziert deren Einordnung von Nachhaltigkeit in die unterschiedlichen sozialen Kontexte, die Interdependenzen zwischen Gesellschaft und Individuum (also zwischen Makro- und Mikroebene) und deren Vermittlung und Transmission.

1992 wurde in Rio de Janeiro der globale Prozess zur nachhaltigen Entwicklung von Gesellschaften politisch initiiert; im Schlussdokument der Konferenz – bekannt auch unter dem Namen Agenda 21 – wird Lernen als ein hierfür entsprechendes Verhalten festgeschrieben („Rio-Erklärung" Agenda 21, S. 329 ff.). Diese Agenda wurde von 180 Staaten angenommen und damit fixiert, dass nachhaltige Entwicklung in nationale Bildungssysteme weltweit übernommen werden soll. Die UN hatte in diesem Zusammenhang im Jahr 2002 für die Jahre 2005 bis 2014 die Weltdekade „Bildung für nachhaltige Entwicklung" ausgerufen und der Nationale Aktionsplan für Deutschland wurde entsprechend angepasst (Deutsche UNESCO Kommission, 2011). Damit gehen Anforderungen einher, die von politischer, wirtschaftlicher, kultureller oder sozialer Natur sind und den Zusammenhang von BNE und globalem Lernen einerseits und das Verständnis, die Realisierung von Lebenslangem Lernen sowie die Verbindung von Bildungsgesellschaft als Wissensgesellschaft in einer Weltgesellschaft andererseits betreffen.

Dies bedeutet, dass mit BNE eine Verschränkung von politischen, ökonomischen, kulturellen und sozialen mit wissenschaftlichen Projekten stattfindet. BNE folgt der oben aufgeführten politischen Idee und wird in der praktischen Umsetzung als „bottom up Prozess" geführt. Um einer Ganzheitlichkeit der Betrachtung von BNE gerecht zu werden, muss die Art und Weise der Implementierung ebenso wie das „capacity building" berücksichtigt werden, um die Sichtbarkeiten, die Schaffung von Vernetzungsstrukturen und letztlich auch die Frage der Bewertung berücksichtigt werden. Greift man dies alles für eine soziologische Beschreibung und Erklärung auf, sind Akteur*, Prozess und Struktur hierfür wesentliche Analysekategorien.

Zusammenfassend zeigt sich BNE auf zwei Ebenen: einerseits in der Interpretation von Bildung als nachhaltige Bildung also als *nachhaltiges Lernen*. Solch ein Herangehen sieht Bildung in ihrer Output-Orientierung – wie kann ein jetzt erworbenes Wissen auch in der Zukunft zur Anwendung kommen, reflektiert und mit neuem Wissen angereichert werden und wie kann ein Transport eines solchen Wissens an die nächste Generation „vererbt" werden. Dieses Verständnis zeigt sich in Diskursen über weiterführende Lernprozesse, Lebenslanges Lernen, Kompetenzen, Lernstrategien und Selbstkonzepte (Stein-Redent, 2020). Andererseits gilt es, die Vorstellung von Bildung als Bildung für Nachhaltigkeit in den Blick zu nehmen. Solch eine Bestimmung ist eher umsetzungsorientiert, d. h. hierbei wird das Wissen um konkrete Probleme der Auseinandersetzung von Menschen und deren Umwelt, das konkrete und unmittelbare individuelle nachhaltige Verhalten – z. B. ein entsprechender Konsum – erfasst.

Grundlage jeglichen Wirtschaftens sind die Bedürfnisse der Individuen. Ohne Bedürfnisse und deren Befriedigung gibt es kein Wirtschaften und die Befriedigung von Bedürfnissen erzeugt neue Bedürfnisse, wie schon Wilhelm Busch mit dem Aphorismus treffend formulierte: „Ein jeder Wunsch, wenn er erfüllt ist, kriegt augenblicklich Junge" (Busch, 1960, S. 406). Damit haben auch Bedürfnisse einen nachhaltigen Charakter. Die Besonderheit von Bedürfnissen besteht nach Mädgefrau (2007, S. 9) darin, dass diese sich als hypothetisches Konstrukt dem Zugang von Forschenden entziehen und daher die Mittel der Bedürfnisbefriedigung im Blickpunkt der Betrachtung stehen. Bedürfnisbefriedigung wird ge- und erlernt. „[…] Befriedigungsmittel, die ein Mensch wählt, um seine Bedürfnisse befriedigen zu können, (können) eine aktivierbare Ressource für ihn darstellen […]" (ebd.). D. h. Bedürfnisse und deren Befriedigung[1] konkretisieren sich so gut wie immer in irgendeiner Form von Handlung (Mägdefrau, 2007, S. 10).

> „Die Handlungsdimension verweist also auf die Befriedigungsmittel, die gesellschaftlichen Gruppen oder Einzelpersonen aufgrund ihrer biographischen und sozialen Ressourcen zur Verfügung stehen" (ebd.).
> „Bedürfnisverwirklichungshandlungen sind […] in Erweiterung der Position der klassischen psychologischen Motivationsforschung nicht nur ein intrapersonelles, individualpsychologisches zu beschreibendes Geschehen, sondern gleichzeitig ein soziales Handeln, da die Wahl bestimmter Befriedigungsmittel und die Ablehnung anderer beeinflusst wird durch milieuspezifische, alters-, geschlechts- und kulturspezifische Einflüsse. Besonders bedeutsam ist dabei der begrenzte Zugang, die eingeschränkte Berechtigung zu bestimmten ‚Satisfyern' für bestimmte Gruppen und die gesellschaftliche Verwaltung knapper Mittel, womit die Dimension sozialer Ungleichheit in den Blick rückt" (Mägdefrau, 2007, S. 11).

---

[1] In der Volkswirtschaftslehre gilt die Unterscheidung: Bedürfnisse (subjektives Mangelempfinden), Bedarf (mit Kaufkraft versehenes Bedürfnis), Nachfrage (tatsächlicher Kauf am Markt) = Konsum (vgl. u. a. Fischbach & Wollenberg, 2007, S. 14).

Zudem zeigt sich, dass eine Umsetzung von Handlungsoptionen auch davon abhängig ist, wie Handlungen bewertet und eingeordnet werden im Hinblick auf eine Bedürfnisbefriedigung und wie diese interpretiert werden bzw. verstanden werden. Dies gilt auch für die Lesart von Nachhaltigkeit.

## 2    Nachhaltigkeit als diskursiver Begriff

1972 sorgte der Club of Rome mit dem Bericht „Grenzen des Wachstums" (Meadows et al., 1972) ebenso wie der Bericht „Global 2000" an den US-Präsidenten Jimmy Carter (1980) für eine neue Diskussion über eine nachhaltige Nutzung natürlicher Ressourcen. Der Bericht der Weltkommission für Umwelt und Entwicklung (Brundtland-Report, Hauff, 1987) führte das Konzept „Nachhaltige Entwicklung (NE)" *(sustainable development)* ein und löste seitdem einen regelrechten Boom im öffentlichen Diskurs aus, wurde zum wissenschaftlichen Interesse und festem Bestandteil im entwicklungspolitischen „Geschäft" und findet sich auch im unternehmerischen Marketing von NE. Die Definition von NE im Brundtland-Bericht (1987, S. 46) lautet: „[...] Entwicklung, die die Bedürfnisse der Gegenwart befriedigt, ohne zu riskieren, dass künftige Generationen ihre eigenen Bedürfnisse nicht befriedigen können" (Kropp, 2019, S. 5) und wird jedoch meist nur unvollständig wiedergegeben (ebd.).

Der zweite Grundgedanke, der die biophysikalischen Grenzen technologischer und gesellschaftsorganisatorischer Möglichkeiten einer zukunftsfähigen Umwelt betont, wird oft „unterschlagen" (Hauff, 1987, S. 46 zitiert in Fürst (2008, S. 480)), denn „(...) der Gedanke von Beschränkungen, die der Stand der Technologie und sozialen Organisation auf die Fähigkeit der Umwelt ausübt, gegenwärtige und zukünftige Bedürfnisse zu befriedigen" ist mitzudenken (Brundtland-Bericht, 1987; Hauff, 1987).

*Nachhaltige Entwicklung* kann als regulative Idee verstanden werden, die auf das Zusammenleben von Generationen und als Herausforderung für das Wirtschaften und das Soziale abzielt. Gleichzeitig wird eine Perspektive eingenommen, die kulturelle Herausforderungen mit neuen Implikationen versieht. Diese sind im Verhältnis des Individuums zu dessen Bedürfnissen, Nachfragen und letztlich seinem Konsum angesiedelt, also im Verhältnis des Individuums zu seiner sozialen, ökologischen und ökonomischen Umwelt insgesamt. Der Umgang mit vorgefundenen Ressourcen wird hierbei ebenso eingeschlossen, wie die Möglichkeitsräume bei deren Zuweisungen und Optionen der Nutzung oder auch ein Verständnis von einem guten Leben (vgl. Onnen, 2019).

Die gesamte Thematik der Nachhaltigkeit soziologisch aufzugreifen, heißt unterschiedliche Betrachtungs- und Handlungsebenen von Nachhaltigkeit in den Blick zu nehmen. Auf der Makroebene geht es vordergründig um gesellschaftliche Rahmenbedingungen, auf der Mikroebene um Subjekte bzw. Akteur* und auf der Mesoebene um Organisationen, Institutionen und soziale Netzwerke. Darin eingeschlossen gilt es, auf den jeweiligen Ebenen u. a. Prozesse, Funktionen und Bedürfnisse zusammen zu führen und diese zu reflektieren. Im Brundtland-Bericht wird sehr pointiert darauf hingewiesen, dass diese verschiedenen Ebenen stets Handlungen für die Zukunft auf der Basis aktueller Wahrnehmungen antizipieren und dementsprechend auch ideologisch vom aktuellen State-of-the-Art ausgehen *müssen:* „Sustainable development seeks to meet the needs and aspirations of the present without compromising the ability to meet those of the future" (WECD, 1987, S. 51). Die Generationenfrage muss ebenso analysiert werden wie Fragen der intra- und intertemporalen Verteilung und sozialer Gerechtigkeit. Somit zeigen sich vielfältige soziologische Fragestellungen im Hinblick des Einflusses von Nachhaltigkeit auf Wissen, Macht, Kultur, soziale und generativen gesellschaftlichem Gefüge und die darin eingewobenen Mechanismen der Umsetzung.

Der Nachhaltigkeitsdiskurs in Deutschland hat seit den 1980er Jahren mehrere Wellen durchlaufen: In den 1980ern waren es Aspekte von Natur und Kultur, in den 1990ern auch Arbeitsbedingungen, wie die Schrift von Rifkin (1995): The End of Work zeigt. Schaut man nun auf die Nachhaltigkeitsforschung, die inzwischen sehr umfänglich geworden ist, haben Gerken und Renner (1996, S. 33 ff.) Mitte der 1990er Jahre Nachhaltigkeitskonzeptionen systematisiert. Folgt man deren Einordnung, kann konstatiert werden, dass die Debatte um Nachhaltigkeit zunächst sehr stark ordnungspolitisch und ökonomisch geprägt war und die Soziologie erst langsam hier Fuß fasst.[2] Dies belegen soziologisch geführte Debatten um theoretische Konzepte des sozialen Wandels und um Wissen als „Produktionsfaktor". Gerade letzteres zeigt sich zum einen in Diskussionen um die Regulierungsfähigkeit technischer Entwicklungen und den Umgang mit Risiken. Zum anderen werden Konzepte über Bedürfnisbefriedigung und Forschungen zu Bewusstwerdungsprozessen über Akteure* in Fremd- und Selbstwahrnehmung realisiert (vgl. Gerken & Renner, 1996).

Auch hieran wird die hohe Komplexität des vorgestellten Gegenstandes sichtbar.

---

[2] Das erste Netzwerktreffen „Soziologie der Nachhaltigkeit" im Rahmen der DFG fand 2017 an der Universität Lüneburg statt (Henkel, 2017).

# 3    Nachhaltigkeit und natürliche Ressourcen

Der Begriff „Nachhaltigkeit" wird vielfältig verwendet. Traditionell wird in Anlehnung an das Verständnis von Nachhaltigkeit auf dessen Verständnis in der Forstwirtschaft zurückgegriffen, wo seit Jahrhunderten das Prinzip von Nachhaltigkeit als eine Art und Weise des Wirtschaftens in der Holzwirtschaft gang und gäbe ist. Carl von Carlowitz hat in seinem Werk „Sylvicultura oeconomica" im Jahr 1713 dargestellt, dass eine weitere Not an Holz nur durch dadurch vermieden werden kann, wenn sichergestellt wird, dass nur so viel Holz geschlagen wird, wie durch die zeitgleiche Aufforstung auch wieder nachwachsen kann (vgl. Forstwirtschaft in NRW 2021, zitiert nach Carlowitz 1713). Seit Erscheinen des Brundtland-Berichts, 1987 wird bis heute unter Nachhaltigkeit verstanden: „Eine Entwicklung, die den Bedürfnissen der Gegenwart entspricht, ohne die Fähigkeit künftiger Generationen zu beeinträchtigen, ihre eigenen Bedürfnisse zu befriedigen" (Brundtland-Bericht, 1987, S. 37). Nachhaltigkeit bedeutet somit, dass Ressourcen in ihrer Existenz als sozio-kulturelle, ökologische und ökonomische Ressourcen nur so weit ver- und gebraucht werden, dass sie auch zukünftigen Generationen in der gleichen Qualität und Quantität zur Verfügung stehen können/sollen. Nachhaltigkeit ist somit ein Querschnittsthema was alle gesellschaftlichen Bereiche tangiert. Die Schwerpunkte der Agenda 21 zeigen auf, wie sich durch verschiedene Maßnahmen ein nachhaltiger Umgang mit Ressourcen generieren lässt (vgl. Agenda 21).

# 4    Das Konzept der Bildung für nachhaltige Entwicklung (BNE)

Die Bereitstellung natürlicher Ressourcen, die Bedeutung eines kritischen Nachhaltigkeitsbewusstseins und nachhaltiges Handeln sind konfliktbehaftete Themen, die flankiert werden von Fragen nach Zugängen sozial intendierter gesellschaftlicher Teilhabe. Sichtbar werden diese insbesondere in einer sozial differenzierten Argumentations- und Handlungskompetenz, sodass allein die argumentativen Diskurse schon zu neuen Formen sozialer Ungleichheit führen können. Daneben bilden institutionelle Regulierungen, die Qualität von Machtbeziehungen, spezifische Akteur*konstellationen und die Wirkung von kulturellen Werten den Rahmen bei der Akzeptanz und Aktivierung von Nachhaltigkeit ganz allgemein. Will man dies alles soziologisch analysieren, spricht vieles dafür hier eine integrative Mehrebenanalyse ins Spiel zu bringen, um so der Komplexität dieses Phänomens zu entsprechen. Und Nachhaltigkeit ist keineswegs eine nationale

Aufgabe, sondern eine globale, die von einer Stärkung und dauerhaften Verankerung eines zukunftsfähigen Denkens und Handelns weltweit begleitet werden
muss. Damit wird der soziologische Topos auf die Weltgesellschaft gelenkt (Beck,
2006).

Mit der Akzeptanz von Nachhaltigkeit als normativem Leitbild und dem Erreichen eines kollektiv gewollten Outputs im Hinblick der Ausgestaltung einer
nachhaltigen Gesellschaft, muss Nachhaltigkeit notwendigerweise Berücksichtigung in der Modernisierungsdebatte finden (und findet sie auch) und dabei das
Ökologische mit einer sozialen Komponente versehen werden. Dabei wird Wissen
von der Ebene einer „reinen" Vermittlung auf die Ebene des Anwendungsbezugs
in konkreten Handlungssituationen gehoben und so mit dem Label einer „Gestaltungskompetenz" versehen (BNE-Portal, o. J.). De Haan (2008, S. 27) sieht im
Lernen ein

> „[...] Bevorratungskonzept für den Erwerb von Fähigkeiten und Fertigkeiten zum
> künftigen Handeln. Dabei wird mit BNE eindeutig eine spezifische Form des Erwerbs
> kognitiver Muster bevorzugt: die prospektive. Grundsätzlich existieren prospektive
> und retrospektive Strategien als kognitive Muster zum Lösen von Problemen. Retro-
> spektive Strategien gehen von bestehenden – oder bewährten – Hypothesen aus und
> suchen nach Fakten, die dies erneut verifizieren. Prospektive Strategien suchen nach
> einer Vielzahl von Informationen, gehen von den gefundenen Fakten aus und entwi-
> ckeln kreative Hypothesen, die in die Zukunft hineinreichen."

Internationale Dokumente – insbesondere die der Vereinten Nationen und der
UNESCO – formulieren ein sehr weites Verständnis von Nachhaltigkeit und
den Aufgaben der BNE. Neben allgemein anerkannten Themen von BNE, wie
die Entwicklung nachhaltiger Lebensstile, der demografische Wandel, innovative
Technologien, Probleme des Konsums, Umweltverschmutzung, Klimawandel etc.
werden auch Armutsbekämpfung, Bekämpfung von HIV/AIDS und eine Herstellung der Gleichstellung der Geschlechter zu den Aufgabenfeldern von BNE (vgl.
Deutsche UNESCO Kommission, 2011).[3]

Dieses weite Verständnis von BNE ist nicht unproblematisch, so de Haan
(2008, S. 25): „Denn nachhaltige Entwicklung wird damit zu einem Lern- und
Handlungsfeld deklariert, in dem alles, was einer gesellschaftlichen Entwicklung
im positiven Sinne entgegensteht oder für die Zukunft als sinnvoll erscheint, unter

---

[3] Die UNESCO rief 2004 die erste Dekade des Weltaktionsprogramms „Bildung für nachhaltige Entwicklung" für die Jahre 2005–2014 mit den Fachforen Frühkindliche Bildung,
Schulische Bildung, Berufliche Bildung, Hochschulbildung, Non-formales und informel-
les Lernen/Jugend sowie Kommunen aus. Danach folgte für die Dekade 2020–2030 das
Programm "Education for Sustainable Development: Learn for our planet. Act for sustainability" – kurz „ESD 2030" (vgl. www.bne-portal.de, Zugriff am 02.03.2022).

der BNE subsumiert wird. Es scheint – und wird manchmal sogar formuliert – als solle man aus der BNE heraus generell die Qualität der Bildungssysteme beurteilen, über BNE die Armut bekämpfen, die Alphabetisierung vorantreiben, die Gleichheit der Geschlechter durchsetzen. So sinnvoll all diese Initiativen sind, so sehr überfrachtet man die BNE mit diesen Ansprüchen. Zudem gerät das Verständnis von BNE diffus und man macht sich auch unglaubwürdig, wenn ein so schmales Lern- und Handlungsfeld wie BNE all diese Aufgaben (mit) schultern soll" (2008, S. 25). Er schlägt vor, BNE unter den Rahmenbedingungen eines Landes zu Anwendung zu bringen, da es gilt spezifischen Problemlagen und jeweiligen gesellschaftlichen Strukturen sowie vorhandener Expertise und Professionalität zu berücksichtigen. Die Herausforderungen, die damit einher gehen sind in sozialer, ökonomischer, ökologischer und kultureller Hinsicht zu verstehen und bedeuten letztlich die Handhabung von handlungsorientiertem und handlungsorientierendem Wissen in konkreten Frames (Gudjons, 2014).

„Lerntheoretisch gesehen bezieht sich die Rede von der *Nachhaltigkeit* auf die *dauerhafte und sozial verantwortete Wirkung* von Bildungs-, lern- und den damit zusammenhängenden Entwicklungsprozessen" – so Rihm und Häcker (2007, S. 200 Hervorh. i. O.) und nach Schimank (2015, S. 25) rückt „[...] Nachhaltigkeit den subjektiven Lernprozess und damit verbundenen langanhaltenden Wirkungen von Bildungsinterventionen und damit die Frage nach Aufgabenformaten, Methoden und Lehr- und Lernmethoden ins Zentrum der Betrachtung, die den Erwerb eines anschlussfähigen historischen" Wissens (oder von Wissen gleich welcher Art – d. A.) unterstützen. Die Unmittelbarkeit des Zusammenhangs von Lernkontexten und Partizipationsbefähigung im Lernen und Umgang mit Nachhaltigkeit wird damit unterstrichen.

## 5 Nachhaltiger Konsum

Wachstum und Industrialisierung sind untrennbar miteinander verbunden. Wirtschaftliches Wachstum bedeutet damit auch Wachstum von Konsum (Hansen & Bode, 1999).

Als sinnstiftende Komponente eines individuellen Konsums sind Selbstbezug und eine Zuweisung von sozialem Status hier zu nennen. Darüber hinaus tragen Konsumgegenstände symbolische Züge und verweisen bei deren Nutzung auf Typen des Konsums, je nach gesellschaftlicher Einbettung desselben:

„Der postmoderne Konsument – nicht als Typ, sondern als Konsumstil verstanden – ist heute marktbeherrschend. Veränderungen in Wirtschaft und Gesellschaft führen immer auch zu Veränderungen des Denk- und Verhaltensmusters der Menschen (Baumann, 2003 zit. aus Gutjahr, 2011, S. 117). Die für die Entwicklung des neuen postmodernen Konsumenten wichtigsten wirtschaftlichen Veränderungen haben in den vergangenen 20 Jahren stattgefunden. Wesentliche Veränderungen der Lebenswelt moderner Menschen sind stets von wissenschaftlichen oder technischen Innovationen ausgelöst worden" (Gutjahr, 2011, S. 117).

Folgt man dieser These, stellt sich die Frage, wie Denkmuster generell verändert werden können, auch in punkto Nachhaltigkeit? Der gesellschaftliche Wandel, der seit der Industrialisierung begonnen hat, betont eine stärker werdende Dominanz des ökonomischen mit allen sozialen Folgen, die damit einhergehen (vgl. Onnen, 2021). Eine weitere Problematik, die dabei sichtbar wird – besteht in den Paradoxien des Phänomens Kultur. Dazu weisen Demorgon und Molz (1996, S. 43 f.) auf drei (scheinbar) widersprüchliche Eigenschaften von Kultur hin: „Kontinuität und Wandel, Vereinheitlichung und Differenzierung und Öffnung und Abgrenzung" (zit. aus: Hauser & Banse, 2010, S. 22).

Aktuelle Konsummuster stellen sich als wesentliches Element des Problems einer nicht vorhandenen Nachhaltigkeit im Konsumverhalten dar (Marchland, 2015, S. 86), welches als *Problem der Unnachhaltigkeit* benannt wird (vgl. z. B. Assadourian, 2010, S. 1; Reisch, 2001, S. 368). Während eine globale Ressourcenknappheit und die Auswirkungen von Konsum auf Umweltprobleme bereits lange diskutiert werden (vgl. für einen Überblick Jackson, 2006, S. 2 f.), wurde der Begriff „sustainable consumption" dagegen erst 1992 in den Dokumenten zur Rio-Konferenz der Vereinten Nationen für Umwelt und Entwicklung eingeführt (Jackson, 2006, S. 3) und bahnte sich den Weg für einen eigenen Diskurs. Nach dem Grundsatz 8 der Rio-Erklärung über Umwelt und Entwicklung von 1992 werden die Staaten aufgefordert, sie sollten „nicht nachhaltige […] Konsumgewohnheiten abbauen und beseitigen (…)" (Konferenz der Vereinten Nationen, 1992b).

In der Agenda 21 wird die „Veränderung der Konsumgewohnheiten" in einem eigenen Kapitel behandelt (Konferenz der Vereinten Nationen für Umwelt und Entwicklung, 1992a, S. 18). Das Konzept nachhaltigen Konsums wird dabei im Wesentlichen dadurch bestimmt, dass nachhaltiger Konsum nicht unnachhaltig sein sollte (Jackson, 2006, S. 4), also über eine Negativdefinition.

Das bedeutet, dass solch eine Annäherung an den Begriff des *nachhaltigen Konsums* den Blick eher auf das richtet, was es zu vermeiden als auf das, was es zu schaffen gilt, was wiederum viel Interpretationsspielraum dafür lässt, was „nachhaltig" sein könnte.

In der Wirtschaftstheorie (VWL) wird oft der Begriff der *Konsumenten-Souveränität* genannt. Dieses „Prinzip der Konsumentensouveränität zählt zum normativen Kern einer auf methodologischem Individualismus basierenden Ökonomie. In den Worten Samuelsons bedeutet Konsumentensouveränität ‚[...] individuals' preferences are to'count" (Samuelson, 1975, S. 223 zit. in Lerch, 2000). Darunter wird das Prinzip verstanden, nachdem

> „Konsumenten als vollständig informiertes und rational handelndes Wirtschaftssubjekt gelten. Ziel der Wettbewerbspolitik ist demnach, die Informationen zu verbessern und die Bedingungen der vollkommenen Konkurrenz herzustellen. Das Leitbild Produzentensouveränität geht davon aus, dass Produzenten ihre Souveränität durch manipulierende Werbung und Beschränkungen des Wettbewerbs bestimmen. Die Wettbewerbspolitik sollte konsequent durch Missbrauchsaufsicht über marktbeherrschende Unternehmen vorgehen. Die sog. freie Konsumwahl ist eine zwischen der Konsumentensouveränität und der Produzentensouveränität liegende Vorstellung" (Mecke, 2018).

Schon 1953 hat Donner (1953, S. 655) hingewiesen, dass

> „[...] heute kaum noch ernstlich bestritten [wird], daß die Wirtschaft kein Selbstzweck sei, sondern ein Mittel zur Lebensgestaltung darstelle. Immer wieder wird betont, daß der Mensch im Mittelpunkt des Handelns stehe, daß sich an seinen Wünschen die Wirtschaft nach Weg und Ziel zu orientieren habe. Der Mensch — damit meint man den Verbraucher — müsse in der Lage sein, auf dem Markte für sein Geld diejenigen Güter zu erhalten, die er wünsche, und er müsse ferner durch seinen Wahlakt auf dem Markte die Produktion bestimmen können. Eine Wirtschaftsordnung, so wird erklärt, sei erst dann sozial optimal, wenn diese Forderung nach Konsumentensouveränität erfüllt ist".

Und weiter:

> „Statt (Donner, 1953, S. 661) ‚optimaler Befriedigung der Konsumentenwünsche', die vielfach erst ‚geweckt' werden müssen, sollte die materielle Existenzsicherung als Wirtschaftsziel angestrebt werden. Es bleibt dem Konsumenten überlassen, zu entscheiden, ob er eine begrenzte, solide, preiswerte Angebotskollektion einem Markt vorzieht, der bei überteuerten Grundbedarfsartikeln die Produktivkräfte für Tand, Luxusgüter und modische Extravaganzen vergeudet."

In Bezug darauf werden im wirtschaftstheoretischen Kontext die Beziehungen zwischen vollkommenen und unvollkommenen Markt und die Umsetzung einer Konsumentensouveränität diskutiert. Dies in einem soziologischen Diskurs über Nachhaltigkeit aufzunehmen, könnte zu neuen Erkenntnissen im Zusammenspiel von Akteur*, Markt und Bedürfnisbefriedigung führen.

Für den vorliegenden Artikel bedeutet das vordergründig zu klären, wie und in welcher Form unter den Wirkmechanismen des ökonomischen Markts die

individuelle Verantwortung in Bezug auf Bedürfnisbefriedigung und Konsumrea-
lisierung zu erklären ist.

## 6    Soziologische theoretische Erklärungsmodelle für nachhaltigen Konsum

In der Soziologie gelten klassischerweise unterschiedliche Theoriekonzepte. Es
handelt sich um die Mikro- und Makro- Betrachtung mit ihren jeweiligen
Analyseausgangspunkten – und die darin inkludierten Bezüge auf Menschen-
bilder – den *Homo sociologicus* (vgl. Dahrendorf, 2010) und den stets rational
handelnden *Homo oeconomicus* (vgl. Kirchgässner, 2013). Ohne hier näher darauf
einzugehen, ist es wichtig darauf hinzuweisen, dass insbesondere der *Homo oeconomicus* das utilitaristische Konzept zum Makro-Mikro-Makro -Modell erweitert
und damit dem Rational Choice Paradigma seine Grundlage gibt (vgl. hierzu
u. a. Coleman, 1991, Homans, 1972, Esser, 1999). Der *Homo sociologicus*
betrachtet den Menschen als soziales Wesen und bezieht dessen sozialpsycholo-
gisch intendiertes Handeln ein. Durch diese Sichtweise besteht die Möglichkeit,
soziales Handeln aus Sicht des Individuums zu beschreiben, zu erklären und
zu interpretieren. Diese beiden Modelle zeigen, bei aller Kritik an ihnen, die
unterschiedlichen Vorgehensweisen für die Analyse von Einstellungen, Wertorientierungen und Verhaltensweisen von Individuen in der jüngeren soziologischen
Theorie (Rommerskirchen, 2017, S. 245 f.).

Für diese Denkrichtung hat bereits Durkheim die Grundlage geliefert, indem
er den Menschen als *Homo duplex* für die Analyse der Determiniertheit des
Menschen durch „soziale Tatsachen" hervorhebt. So sieht er den Menschen als
ein „Doppelwesen", das aus zwei Teilen besteht: Zum einen aus einem natürlichen Teil, der die menschlichen Triebe und Bedürfnisse umfasst, zum anderen
aus einem sozialen Teil, in dem internalisierte kulturelle Normen/Regeln und
gesellschaftlich geprägte Zwänge auf den Menschen einwirkenden (Durkheim,
1897/2020, S. 237 f.). Als problematisch erweist sich der Umstand, diese beiden Teile – sowohl den natürlichen als auch den sozialen – in ein harmonisches
Gleichgewicht zu bringen. Durch die auf die Menschen von außen einströmenden
„sozialen Tatsachen" bzw. durch die gesellschaftlichen Zwänge, wird der natürliche Teil im Menschen immer stärker eingeengt bzw. begrenzt und der soziale
Teil nimmt dermaßen Überhand, bis dieser den natürlichen, urwüchsigen Teil im
Menschen nach und nach komplett verdrängt (Rosa et al., 2007, S. 72 f.).

Durkheim charakterisiert die Gesellschaft: als eine Realitätsebene *sui generis,*
die nicht auf anderes reduziert werden kann: „Soziales kann nur aus Sozialem

erklärt werden" (Rosa et al., 2007, S. 86. Hervorheb. i. O.). Nach Durkheim sind sämtliche individuellen Handlungen auf eine überindividuelle soziale Wirklichkeit zurückzuführen, die er als „kollektives Bewusstsein". bezeichnet. Dieses Bewusstsein verkörpere den Handlungsrahmen aller Soziabilität. Somit sind rein individuelle, von der kollektiven Macht des Sozialen unabhängige, Handlungen kaum bzw. gar nicht möglich (vgl. dazu Weiß, 1989).

Jede*r Handelnde ist bestrebt, „einen Ausgleich zwischen seinen individuellen Bedürfnissen und gesellschaftlichen Anforderungen zu finden" (Korte, 2006, S. 174). Das heißt, dass jeder Mensch von Natur aus versucht, soziale Sanktionen zu vermeiden, die sich möglicherweise aus Widersprüchen zwischen individuellen Zielen und gesellschaftlichen Erfordernissen in dessen Handeln ergeben könnten. Handeln wird von „Außen" bestimmt und kann damit nur motivational orientiert (ebd.): „So kommt Parsons von allgemeinen Bedürfnisdispositionen, wie der optimalen Anpassung an die physikalische Umwelt, über die motivationale Orientierung, die die anthropologische Grundlage für die Anpassung an die Systeme begründet, zu (einer dritten Kategorie), den Wertorientierungen" (Korte, 2006, S. 175 f.). Diese Wertorientierungen bilden die in einer Gesellschaft gültigen Wertvorstellungen über das „richtige Verhalten" ab, sind damit normative Vorgaben und Orientierungen für das Handeln. Diese

„[...] bestimmen zum Teil die Ziele und Zwecke seines (Aktors bzw. handelnden) teleologischen Orientierungen und die ‚normativen Bedingungen', unter denen diese verfolgt werden können oder sollten, ferner die Regeln, im besonderen (sic!) hinsichtlich der Respektierung der ‚Rechte' anderer, denen sein Handeln unterliegt" (ebd., S. 176).

Denn, so Parsons (1976, S. 131), muss das Individuum

„[...] durch Lernprozesse die adäquate Motivation entwickeln und während des ganzen Lebens erhalten werden, an sozial positiv bewerteten und gesellschaftlich kontrollierten Interaktionszusammenhängen teilzunehmen. Andererseits müssen die Handlungszusammenhänge einer Gesellschaft ihren Mitgliedern hinreichend Befriedigung und Belohnung bieten, so daß die Gesellschaft für ihre Systemfunktionen kontinuierlich auf die Leistungen ihrer Mitglieder zurückgreifen kann."

Dies gilt zweifelsfrei auch für den Umgang mit Nachhaltigkeit. Nach Etzoni (1975, S. 27) gibt es keine Menschen außerhalb von Gesellschaft. Das soziale Sein eines Menschen hängt davon ab, was er selbst daraus macht, denn, der Mensch hat, so Etzoni „[...] die Fähigkeit, sein inneres Wesen zu beherrschen, und der *wichtigste Weg dazu liegt in der Verbindung mit anderen, die ihm ähnlich sind, in gesellschaftlichem Handeln"* (Hervorh. i. O.).

„Das soziale Selbst ist jedoch nicht eine Zufallskombination aus Personen; es ist strukturiert, seine Bewegungen sind organisiert. Die soziale Entität ist keine bedrückende Realität, die über den Individuen schwebt und ihr Handeln ist eingeschränkt. Sie greift tiefer: sie ist Teil dessen, was das Individuum als sein unverlierbares Selbst betrachte ..." (ebd.).

In diesem Zusammenhang verweist Etzoni (1975, S. 30) auch darauf hin, dass eine Gesellschaft formbarer und durch die Bedürfnisse ihrer Mitglieder sensibler gemacht und damit auch in ihren Werten immer ähnlicher wird. Zu beachten ist aber, dass zwischen

„[…] den gesellschaftlichen Idealen und der gesellschaftlichen Realität etablierter Interessen, Statuskonstellationen und Machtpolitik (…) eine universale, unüberbrückbare Lücke (klafft). Eine Zunahme an sozialer Formbarkeit eröffnet neue Möglichkeiten einer vollständigeren Realisierung gesellschaftlicher Werte. Die Aktivierung einer Gesellschaft und die Steigerung ihrer Sensibilität gegenüber den Bedürfnissen der Mitglieder stellt sicher, daß die neuen Optionen zur Realisierung der Werte […] genutzt werden" (Etzoni, 1975, S. 30).

Damit kommt neuen sozialen Optionen die Aufgabe zu, die Realisierung von Werten zu fördern. Da diese nicht nur als Mittel zu ihrer Restriktion zu betrachten sind, bedarf es einer beständigen Zufuhr neuer Energien für gesellschaftliche Aktivitäten (Etzoni, 1975, S. 31). Das kann z. B. für die *Fridays For Future*-Bewegung gelten.

„In den sozialen Molekülen, den Großgruppen, ist genug latente Energie vorhanden, um eine breite Realisierung von Werten zu erreichen. Was wir also untersuchen müssen, sind Möglichkeiten der Mobilisierung und Kanalisierung dieser latenten Energie" (ebd.).

Die Möglichkeiten der Nutzung solcher Energien und deren Bewertung bzw. Einordnung bedeutet aber auch immer, auf das Subjekt bezogen[4], dass jedes Individuum seine eigene Wirklichkeit konstruiert, sodass es unterschiedliche Wirklichkeiten, verschiedene „Perspektiven auf die Wirklichkeit" gibt, die sich auf die Realität beziehen (Schirmer, 2009, S. 45). Daher ist eine gemeinsame Bezugsrealität notwendig, auf die sich alle beziehen, auch um eine sinnvolle Kommunikation führen zu können (Schülein & Reitze, 2012, S. 273). Denn Forschenden ist es aus konstruktivistischer Perspektive nicht möglich, ihren Forschungsgegenstand neutral zu betrachten, weil jede Herangehensweise von einem „spezifischen soziokulturellen Blickwinkel geprägt" (Schirmer, 2009, S. 46) ist.

---

[4] nach Marchand (2015, S. 19 f.) mit Bezug auf Schirmer (2009) und Schülein und Reitze (2012) in ihren Ausführungen.

Nimmt man dies auf, so zeigt sich die schon mehrfach postulierte hohe Komplexität des Diskurses um Nachhaltigkeit und die hierin implementierte Frage von möglichen Steuerungsprozessen derselben. Dies heißt auch, sich sowohl mikro- als auch makrointendierten Analysen zu stellen.

Parsons Verwendung des soziologischen Rollenbegriffes erlaubt eine weitere Perspektive für den Rahmen, innerhalb dessen sich ein Individuum bewegt bzw. agiert. Dieser Rahmen wird hauptsächlich von den gesellschaftlichen Wertorientierungen bestimmt. Diese Wertorientierungen bestimmen sein oder ihr Handeln in den jeweiligen Situationen und sind letztlich ausschlaggebend für die Erwartungen, die an ein Individuum hierbei gestellt werden und von ihm oder ihr zu befolgen sind. Für die Befriedigung der Bedürfnisse, denn diese bestimmen bekanntlich das Handeln überhaupt, braucht das Individuum dies alles um in einer Gesellschaft zurecht zu kommen. Die Verinnerlichung für das richtige Agieren in den jeweiligen Situationen unter den Augen des „kontrollierenden" Sozialen erfolgt über die Sozialisation. Parsons (1968, S. 162) schreibt dazu:

> „Die Sozialisationsfunktion kann zusammenfassend gekennzeichnet werden als die Entwicklung von Bereitschaften und Fähigkeiten der Individuen als wesentlicher Voraussetzung ihrer späteren Rollenerfüllung. Bereitschaft kann wiederrum in zwei Komponenten aufgeteilt werden: Bereitschaft zur Verwirklichung der allgemeinen Werte der Gesellschaft und Bereitschaft zur Gesellschaft"

und mit Durkheim ergänzend

> „[…] ist das soziale Leben unter all seinen Aspekten und zu allen Augenblicken seiner Geschichte nur dank eines umfangreichen Symbolismus möglich" (Durkheim, 1981, S. 116 f.).

Damit ist auch jeglicher Konsum, ob nachhaltig oder nicht, als soziales Tun im Alltäglichen, wie oben ausgeführt, als etwas Symbolisches zu verstehen.

---

# 7 Alltagswelt und nachhaltiger Konsum

Fragen der eigenen Lebenswelt und des näheren Umfelds der Konsumierenden sollten bei allen gesellschaftsbezogenen Analysen Berücksichtigung finden, so auch bei der Einschätzung von BNE. In seiner Kritik an Langer (2013) hat Marchand (2015, S. 17) formuliert:

> „Ich wünsche uns allen, dass wir unsere Verbrauchermacht öfter dafür nutzenpositive Entwicklungen anzustoßen. Denn wir sind Teil der Maschine und tragen einen Teil der

Schuld, wenn Menschen leiden, damit es uns für ein paar Minuten des Konsumglücks besser geht" (zit. aus Marchand (2015, S.17).

Marchand (2015, S. 17) übt in diesem Zusammenhang auch Kritik an Publikationen zum Thema Nachhaltigkeit:

> „So bleibt beispielsweise unberücksichtigt, dass eine Konsumentin ihre eigene Freude an einem Konsumgut z. B. durch Geschenke mit anderen teilen und dass dies positive Folgen für ihre sozialen Beziehungen haben kann. Auch der Verkäufer dieses Produktes könnte sich freuen, dass er es verkaufen darf und dadurch sein Arbeitsplatz langfristig gesichert wird. Und um alles noch komplizierter zu machen – Muster des Umgangs mit Informationen zu Konsumfolgen und Verantwortungszuschreibungen zeigen in unterschiedlichen Konsequenzen für getroffene Entscheidungen" (Marchand, 2015, S. 21).

Er verweist auf ein dreifaches Paradoxon:

> „Das definitorische Paradoxon besteht darin, dass Informationen als hilfreich für die Lösung nachhaltigkeitsrelevanter Konsumnebenfolgen definiert werden (…). Das delegatorische Paradoxon betrifft ein Verantwortungsmanagement, bei dem eine anteilige Verantwortungsübernahme über die daraus konstruierte subjektive ethische Überlegenheit zum Privileg wird. Das Distinktionsparadoxon beschreibt die Tendenz zu käuflicher Konsumskepsis, bei der bestimmte Güter mit Signalwirkung konsumiert werden, um sich als nachhaltigkeitsunterstützend von anderen positiv abzugrenzen" (ebd.).

Verantwortungszuschreibungen sind demnach nicht subjektiver bzw. individueller, sondern kollektiver Natur und fordern für deren Interpretation eine integrative Mehrebenenanalyse, geradezu heraus und machen Auseinandersetzungen mit Kompetenzmodellen (welche Kompetenzen brauche ich und wo bekomme ich diese her) im Hinblick auf BNE notwendiger denn je. „Im Ergebnis umreißen Vernetzungs-, Positionierungs- und Navigationskompetenz, was nötig ist, um zu angemessenen Urteilen über nachhaltigen Konsum kommen zu können" (Marchand, 2015, S. 22).

Damit kommen wiederum Mikro- und Makroanalysen ins Spiel. Diskutiert werden kann auch das Modell der Frame-Selektion (MFS), das „[...] die soziologischen Einsichten in die Bedeutung der Definition der Situation und der variablen Rationalität auf (greift, d. A.) und [.] sie in eine erklärende Handlungstheorie" Kroneberg (2011, S. 119) überführt.

Nachhaltiger Konsum soll damit verstanden werden, als der Konsum, der sich am Leitbild der Nachhaltigkeit orientiert und deswegen in den Fokus gerückt werden muss (Heidbrink & Schmidt, 2011, S. 31).

Aufbauend auf dem Nachhaltigkeitsbegriff der Vereinten Nationen bedeutet nachhaltiger Konsum z. B. für Defila, Di Giulio und Kaufmann-Hayoz (2011, S. 13), „[…] dass der Erwerb, die Nutzung und die Entsorgung von Gütern in einer Weise geschehen, die dazu beitragen, dass alle Menschen – gegenwärtige wie künftige – ihre (Grund-)Bedürfnisse und ihren Wunsch nach einem guten Leben verwirklichen können". Wie die Diskussion des Nachhaltigkeitsbegriffs gezeigt hat, bleibt damit noch deutlicher Interpretationsspielraum (vgl. auch OECD, 2002, S. 17 siehe Marchand, 2015, S. 95). Belz und Bilharz (2007, S. 27 f.) unterscheiden zwischen nachhaltigem Konsum im engeren und im weiteren Sinn. Während im weiteren Sinn schon Konsumoptionen als nachhaltig gelten, die die ökologische und/oder soziale Belastung im Vergleich zu einer konventionellen Option verringern, gelten im engeren Sinn nur Konsummuster als nachhaltig, die das Ziel der Nachhaltigkeit nicht gefährden würden, wenn sie sich inter- und intragenerationell allgemein durchsetzen (vgl. Belz & Bilharz, 2007, S. 27 f. siehe Marchand, 2015, S. 95).

## 8    Biographische Wirksamkeit

Gesellschaftliche Veränderungen bleiben nicht ohne Auswirkungen auf individuelle Lebensbedingungen und Bewältigungsstrategien. Jegliche sozialstrukturellen Entwicklungen haben Einfluss auf ge- und erlernte traditionelle Gewohnheiten, Qualität sowie Art und Weise von Kompetenzen, Fähigkeiten und Dispositionen und letztlich auf die biographische Ausgestaltung. Diese scheinbar als selbstverständlich geltenden Feststellungen werden unter Berücksichtigung von Nachhaltigkeit mit neuen Inhalten versehen. Denn vorherrschende Leitbilder als Garant von Lebensbewältigungsmustern und die Ausgestaltung individueller Lebensqualität werden um die Komponente Nachhaltigkeit erweitert und in die alltägliche Praxis der Bedürfnisbefriedigung, wenn auch zunächst sukzessive, überführt in ein „nachhaltiges Neuarrangement der Lebensführung" (Schimank, 2015, S. 25). In individuellen Lebensläufen werden in unterschiedlicher Art und Weise Identität(en) und Identifikationen, Selbst- und Fremdzuschreibungsprozesse sichtbar, zeigen sich Lebenswelten und deren Strategien der Bewältigung derselben, zeigen sich Entscheidungsspielräume und -muster vor allem im Hinblick auf die Wirkmechanismen von Institutionen.

> „Biographie im Kontext gesellschaftlicher Institutionen zu thematisieren, besitzt aus einer Alltagsperspektive eine kaum zu hinterfragende Selbstverständlichkeit. Das eigene Leben ist in unseren komplexen Gesellschaften so stark an institutionalisierte

Praxen und Organisationsweisen gebunden, dass das Verhältnis zwischen Institutionen und Biographie oftmals aus einer konstitutiven Selbstverborgenheit entrissen werden muss. Erfahrbar wird dieses Verhältnis für die sozialen Akteur_innen, wenn z. B. bei Selbstpräsentationen reflexiv eingefangen wird, dass Institutionen zu Symbolen eigener biographischer Gestaltungsprozesse avanciert sind. Damit besitzt das Verhältnis von Institutionen und Lebensgeschichte ein relevantes Potenzial für biographische Selbstpositionierungen im sozialen Raum" (Hanses, 2018, S. 380).

Die soziologische Biographieforschung befasst sich damit, die „Vergesellschaftungsprozesse" des Individuums zu verstehen und herauszuarbeiten, was aus dessen Sicht zu einem spezifischen Handeln resp. Verhalten geführt hat. Das Konzept der Biographieforschung versucht, individuelle Lebensverläufe, gesellschaftliche Vorstellungen und Deutungen miteinander in Beziehung zu setzen und auf diese Weise Verhalten zu erklären – Dausien (2006) betont die Interdependenz zwischen „Prozessdimension und Produktperspektive" (zit. in Onnen & Tannhäuser, 2017, S. 172). Dass bei den individuellen wie auch gesellschaftlichen Deutungen sowohl der Zeitgeist als auch Sozialisationseffekte wie sozio-strukturelle, sozioökonomische Komponenten u. v. m. eine Rolle spielen (müssen), ergibt sich damit fast zwangsläufig.

Es muss also der Versuch unternommen werden, „Nachhaltigkeit" als integrierten Ansatz zu verstehen, der als Handlungsprinzip zur Orientierung für das Individuum gilt und gleichzeitig als Leitbild, dessen Anwendungsbezug am Ergebnis orientiert ist. Gleichzeitig muss aber auch den Fragen nachgegangen werden, wie „Nachhaltigkeit" nachhaltig wird, welche Transmissionsriemen existieren, die es erlauben Nachhaltigkeit als einen dauerhaft angelegten Prozess zu begreifen und letztlich zu verinnerlichen und welche Rolle dabei der BNE zukommt.

Truschkat (2018, S. 129) verweist auf den Zusammenhang zwischen gesellschaftlichen Diskursen und individuellen Biographien und damit auf eine interdependente Beziehung zwischen Biographie, Subjektivität und Diskurs. Sie betont hierbei insbesondere die Eigenleistung des Subjekts bei der Konstruktion der eigenen Realität bzw. des Alltags durch Sprache. Die poststrukturalistische Biographieforschung fokussiert z. B. in besonderem Maße Sprache als ein wichtiges Merkmal zur Artikulation der individuellen Lebenswelt (Gregor, 2018, S. 91) – Sprachkompetenz wiederum ist abhängig vom Bildungsgrad des Sprechenden, die Kompetenz der Wahrnehmung dieses Bildungsgrades ebenso, denn das Individuum muss in der Lage sein, sich im Rahmen der biographischen Forschung überhaupt zum Thema zu artikulieren. Spies (2018, S. 538) formuliert unter Berufung auf Foucault (1981) treffend:

„Diskurse bestimmen, was zu einer bestimmten Zeit sagbar ist und was nicht. Es sind ‚Praktiken [...] die systematisch die Gegenstände bilden, von denen sie sprechen‘ (Foucault, 1981, S. 74)“.

Doch wie kommt nun der Mensch auf die Idee, sich selbst als „nachhaltig“ zu etikettieren?

Die sozialkognitive Lerntheorie geht mit ihren drei bzw. vier Perspektiven auf modellhaftes Lernen ein: Bereits bekannte Verhaltensweisen können durch Beobachtung des eigenen Verhaltens beeinflussende hemmende oder enthemmende Wirkungen haben. Für die weitere Betrachtung scheinen jedoch das „modellierende (= bewusstes Nachahmen eines bis dahin unbekannten beobachteten Verhaltens) und das auslösende Lernen durch Nachahmung eines bekannten Verhaltens (= „Mitmachen“) von Interesse“ (vgl. Bandura, 1976).

Bei der Analyse von Lernorttheorien berufen sich Emig und Hellmer (2005, S. 110) auf das Verhältnis des lernenden Individuums zu seinen objektiven Strukturen unter Berufung auf Combes (2004, S. 50) Definition des Bildungsgangs. Dabei gehen sie dessen linearer Abfolge aus als „..., der vor allem aber auch als Resultat der eigenen Verarbeitung von Erfahrung und Erfahrungskrisen gefasst werden muss“ (Combe, 2004, S. 50, zit. in Emig & Hellmer, 2005, S. 110).

Der Zusammenhang von Nachhaltigkeit und Bildung/Lernen wird heute immer bedeutungsvoller, auch weil der Umgang und das Verständnis von Nachhaltigkeit zunehmend durch die Eigenleistung des Individuums, dessen Sozialisation und sozialen Positionierung, der biographischen Dispositionen sowie dessen nachhaltigem Konsum abhängt. Insbesondere das Verhältnis des Individuums zu seinen Bedürfnissen, seinen Bedarfen und letztlichem seinem Konsum prägt die Beziehung des Individuums zu seiner sozialen, ökologischen und ökonomischen Umwelt.

Somit müssen unterschiedliche Betrachtungs- und Handlungsebenen in den Blick genommen werden. Auf der Makroebene geht es vordergründig um die gesellschaftlichen Rahmenbedingungen, auf der Mikroebene um das Subjekt bzw. Akteur*in und auf der Mesoebene um Organisationen, Institutionen und soziale Netzwerke unter dem Blickwinkel von Nachhaltigkeit. Darin eingeschlossen gilt es, auf den jeweiligen Ebenen, Prozesse, Funktionen und Bedürfnisse zusammen zu führen und diese zu reflektieren. Gleichfalls ist mitzudenken, dass das Verständnis und die Umsetzung von Nachhaltigkeit kein lokaler, sondern globaler Prozess ist, heißt für die Sozialwissenschaften Nachhaltigkeit auch in einen globalen Kontext zu verorten. Denn Nachhaltigkeit ist von globaler Natur und kann nur durch eine dauerhafte Verankerung in einem weltweiten nachhaltigkeitsorientierten Denken und Handelns erreicht werden. Dafür braucht es umfängliche Bildung.

Dass die natürlichen Ressourcen begrenzt sind und ein kritisches Nachhaltigkeitsbewusstsein und nachhaltiges Handeln heute zu den nicht mehr zu hinterfragenden Notwendigkeiten zählt, steht außer Frage. Gleichwohl sind hierbei die Zugänge sozial intendierter gesellschaftlicher Teilhabe zu diskutieren. Diese zeigen sich insbesondere in einer sozial differenzierten Argumentations- und Handlungskompetenz, die zu neuen Formen sozialer Ungleichheit in Bezug auf Nachhaltigkeit führen kann. Damit einher geht das Entstehen von sozialen Ungleichheiten in Bezug auf Nachhaltigkeit und ist in die sozialwissenschaftlichen Debatten zu Nachhaltigkeit aufzunehmen. Zusätzlich bilden institutionelle Regulierungen, die Qualität von Machtbeziehungen und die Wirkung kultureller Werte in einer Gesellschaft die Basis im Umgang mit Nachhaltigkeit. Vieles spricht dafür, hier einen integrativen Ansatz zu verfolgen, um so der Vielschichtigkeit des Phänomens Nachhaltigkeit zu entsprechen. Mit dem Vorhandensein von Nachhaltigkeit als normativem Leitbild und dem Erreichen von Nachhaltigkeit als kollektiv erwünschtem Input wie Output wird Nachhaltigkeit zu einem wichtigen Faktor der gesellschaftlichen Zukunft.

*Nachhaltigkeit* stellt also aufgrund unterschiedlicher Verständnisse und Diskurse darüber einen diffusen Begriff dar, der wohl nicht eindeutig bestimmbar bleibt. Vielmehr beinhaltet dieser Begriff eine Verschränkung von alltagsweltlichen, politischen und wissenschaftlichen Projekten. Daher ist es unabdingbar, die verschiedenen Facetten und Implikationen zu erörtern, wissend, dass dies nicht in Gänze und umfassend erfolgen kann und eine Verschränkung eines politischen mit einem wissenschaftlichen Projekt stattfindet. Die größten Spannungsfelder scheinen die der Realisierung einer nachhaltigen Lebensweise und eines nachhaltigen Wirtschaftens sowie die Herausbildung eines nachhaltigkeitsorientierten Bewusstseins und dessen alltagspraktische Umsetzung zu sein. *Nachhaltigkeit* ist somit Handlungsprinzip und Regulativ, ist zugleich Leitbild und im Anwendungsbezug sowohl input- als auch outputorientiert. Die sich daraus ergebenden Wechselbezüge sind notwendigerweise zugleich Gegenstand und Herausforderung einer Nachhaltigkeits-Soziologie.

## Literatur

Assadourian, E. (2010). Cultural change for a bearable climate. *Sustainability: Science, Practice & Policy, 6*(2), 1–5.

Bandura, A. (1976). Verhaltenstheorie und die Modelle des Menschen. In A. Bandura (Hrsg.), *Lernen am Modell: Ansätze zu einer sozial-kognitiven Lerntheorie* (S. 205–229). Klett.

Beck, U. (2006). Europäisierung – Soziologie für das 21. Jahrhundert. In K.-S. Rehberg (Hrsg.), *Soziale Ungleichheit, kulturelle Unterschiede: Verhandlungen des 32. Kongresses der Deutschen Gesellschaft für Soziologie in München* (S. 513–525). Teilbd. 1 und 2. Campus.

Belz, F.-M. & Bilharz, M. (2007). Nachhaltiger Konsum, geteilte Verantwortung und Verbraucherpolitik: Grundlagen. In F.-M. Belz, G. Karg, & D. Witt (Hrsg.), *Nachhaltiger Konsum und Verbraucherpolitik im 21. Jahrhundert* (S. 21–52). Metropolis-Verlag.

BNE-Portal. https://www.bne-portal.de/bne/de/das-konzept-der-gestaltungs-kompetenz. Zugegriffen: 3. März 2022.

Brundtland-Bericht. (1987) – s. Hauff, V. (Hrsg.) (1987), auch WECD (1987).

Bundesregierung. (2016). Deutsche Nachhaltigkeitsstrategie, Neuauflage 2016. https://www.bundesregierung.de/resource/blob/975292/730844/3d30c6c2875a9a08d364620a b7916af6/deutsche-nachhaltigkeitsstrategie-neuauflage-2016-download-bpa-data.pdf. Zugegriffen: 3. März 2022.

Busch, W. (1960). *Gedicht Niemals, Schein und Sein*. Historisch-kritische Gesamtausgabe, hrsg. von Friedrich Bohne. 4 Bände. Vollmer. hier: Bd 4.

Carlowitz, H.-C. Nachhaltende Nutzung – ein Geschenk an die Welt. https://www.forstwirt schaft-in-deutschland.de/forstwirtschaft/nachhaltigkeit/. Zugegriffen: 3. März 2022.

Coleman, J. (1991). *Grundlagen der Sozialtheorie: Bd. 1: Handlung und Handlungssysteme.* Oldenbourg.

Combe, A. (2004). Brauchen wir eine Bildungsgangforschung? Grundbegriffliche Klärung. In M. Trautmann (Hrsg.), *Entwicklungsaufgaben im Bildungsgang* (S. 48–63). VS Verlag.

Dahrendorf, R. (2010). *Homo Sociologicus: Ein Versuch zur Geschichte, Bedeutung und Kritik der Kategorie der sozialen Rolle* (17. Aufl.). VS Verlag.

De Haan, G. (2008). Gestaltungskompetenz als Kompetenzkonzept der Bildung für nachhaltige Entwicklung. In I. Bormann & G. De Haan (Hrsg.), *Kompetenzen der Bildung für nachhaltige Entwicklung: Operationalisierung, Messung, Rahmenbedingungen, Befunde* (S. 23–43). VS Verlag.

Defila, R., Di Giulio, A. & Kaufmann-Hayoz, R. (2011). Einführung. In R. Defila, A. Di Giulio, & R. Kaufmann-Hayoz (Hrsg.), *Wesen und Wege nachhaltigen Konsums. Ergebnisse aus dem Themenschwerpunkt „Vom Wissen zum Handeln - Neue Wege zum nachhaltigen Konsum"* (S. 11–20). Oekom.

Demorgon, J., & Molz, M. (1996). *Bedingungen und Auswirkungen der Analyse von Kultur(en) und interkulturellen Interaktionen. In Psychologie interkulturellen Handelns.* Hogrefe.

Deutsche UNESCO-Kommission. (2011). Nationaler Aktionsplan für Deutschland 2011, UN-Dekade „Bildung für nachhaltige Entwicklung" 2005–2014. https://www.unesco. de/sites/default/files/2018-05/UN_Bro_2011_NAP_110817_a_02.pdf. Zugegriffen: 3. März 2022.

Donner, W. (1953). Mythos und Möglichkeit einer Konsumentensouveränität. In GM 4, (S. 655–661). http://library.fes.de/gmh/main/pdf-files/gmh/1953/1953-11-a-655.pdf. Zugegriffen: 3. März 2022.

Durkheim, É. (1897/2020). *Der Selbstmord.* Suhrkamp.

Durkheim, É. (1912/1981). *Die elementaren Formen des religiösen Lebens.* Suhrkamp.

Emig, E., & Hellmer, J. (2005). Gelegenheitsstrukturen des Lernens in Bildungsgängen: Die Lernorte Schule und Betrieb. In B. Schenk (Hrsg.), *Bausteine einer Bildungsgangtheorie* (S. 108–123). VS Verlag.

Esser, H. (1999). *Soziologie. Spezielle Grundlagen: Bd. 1: Situationslogik und Handeln.* Campus.

Etzoni, A. (1975). *Die aktive Gesellschaft. Eine Theorie gesellschaftlicher und politischer Prozesse.* Westdeutscher Verlag.

Fischbach, R., & Wollenberg, K. (2007). *Volkswirtschaftslehre I: Einführung und Grundlagen* (13. Aufl.). De Gryter/Oldenbourg.

Foucault, M. (1981). *Archäologie des Wissens.* Suhrkamp.

Fürst, E. (2008). Nachhaltige Entwicklung. *Peripherie, 112*(28), 480–482.

Gerken, L. & Renner, A. (1996). *Nachhaltigkeit durch Wettbewerb.* J.C.B. Mohr (Paul Siebeck).

Gregor, J. A. (2018). Poststrukturalismus und Biographieforschung. In H. Lutz, M. Schiebel, & E. Tuider (Hrsg.), *Handbuch Biographieforschung* (S. 89–99). VS Verlag.

Grober, U. (2010). *Die Entdeckung der Nachhaltigkeit: Kulturgeschichte eines Begriffs.* Kunstmann.

Gudjons, H. (2014). *Handlungsorientiert lehren und lernen. Schüleraktivierung – Selbsttätigkeit – Projektarbeit* (8. Aufl.). Klinkhardt.

Gutjahr, G. (2011). *Markenpsychologie. Wie Marken wirken – Was Marken stark macht* (S. 117–122). Gabler.

Hansen, U., & Bode, M. (1999). Marketing & Konsum. Theorie und Praxis von der Industrialisierung bis ins 21. Jahrhundert. 5. Aufl. München: Vahlen. https://sisis.rz.htw-berlin. de/inh2011/12396245.pdf. Zugegriffen: 3. März 2022.

Hanses, A. (2018). Biographie und Institutionen. In H. Lutz, M. Schiebel, & E. Tuider (Hrsg.), *Handbuch Biographieforschung* (S. 380–389). VS Verlag.

Hauff, V. (Hrsg.) (1987). *Unsere gemeinsame Zukunft. Der Brundtland-Bericht der Weltkommission für Umwelt und Entwicklung.* Eggenkamp. https://www.nachhaltigkeit.info/ artikel/brundtland_report_563.htm. Zugegriffen: 3. März 2022.

Hauser, R. & Banse, G. (2010). Kultur und Kulturalität. Annäherung an ein vielschichtiges Konzept. In Parodi, O., Banse, G., & Schaffer, A. (Hrsg.), *Wechselspiele: Kultur und Nachhaltigkeit* (S. 21–41). Berlin: Sigma.

Heidbrink, L., & Schmidt, I. (2011). Das Prinzip der Konsumentenverantwortung - Grundlagen, Bedingungen und Umsetzungen verantwortlichen Konsums. In Heidbrink, L., Schmidt, I. & Ahaus, B. (Hrsg.), *Die Verantwortung des Konsumenten. Über das Verhältnis von Markt, Moral und Konsum* (S. 25–56). Campus Verlag.

Henkel, A. (2017). Soziologie der Nachhaltigkeit. Erstes Treffen des DFG-Netzwerks SONA, Heft 3, (S. 306–317). http://publikationen.soziologie.de/index.php/soziologie/art icle/view/935. Zugegriffen: 3. März 2022

Homans, G. C. (1972). *Grundfragen soziologischer Theorie. Aufsätze.* Hrsg. u. mit einem Vorwort versehen von Vanberg, VS Verlag

Jackson, T. (2006). Readings in sustainable consumption. In T. Jackson (Hrsg.), *The Earthscan reader insustainable consumption* (S. 1–23). Earthscan.

Kirchgässner, G. (2013). *Homo oeconomicus: Das ökonomische Modell individuellen Verhaltens und seine Anwendung in den Wirtschafts- und Sozialwissenschaften* (4. Aufl.). Mohr Siebeck.

Konferenz der Vereinten Nationen für Umwelt und Entwicklung. (1992a). Agenda 21. Rio de Janeiro. http://www.un.org/Depts/german/conf/agenda21/agenda_21.pdf. Zugegriffen: 3. März 2022.

Konferenz der Vereinten Nationen für Umwelt und Entwicklung. (1992b). Rio-Erklärung über Umwelt und Entwicklung. Rio de Janeiro. http://www.un.org/depts/german/conf/agenda21/rio.pdf. Zugegriffen: 3. März 2022.

Korte, H. (2006). *Einführung in die Geschichte der Soziologie* (8. Aufl.). VS Verlag.

Kroneberg, C. (2011). *Die Erklärung sozialen Handelns. Grundlagen und Anwendung einer integrativen Theorie.* VS Verlag.

Kropp, A. (2019). *Grundlagen der Nachhaltigen Entwicklung. Handlungsmöglichkeiten und Strategien zur Umsetzung.* Springer Fachmedien.

Langer, C. (2013). *Sind wir alle Mörder? Claudia Langer über KiK und die Brandkatastrophe in Bangladesch.* Utopie AG.

Lerch, A. (2000). Das Prinzip der Konsumentensouveränität aus ethischer Sicht. *zfwu*, ½, 174–186.

Mädgefrau, J. (2007). *Bedürfnisse und Pädagogik. Eine Untersuchung an Hauptschulen.* Klinkhardt.

Marchand, S. (2015). *Nachhaltig entscheiden lernen. Urteilskompetenzen für nachhaltigen Konsum bei Jugendlichen.* Klinkhardt.

Meadows, D., Randers, J., & Behrens III, W. W. (1972). *The Limits to Growth. A Report for the Club of Rome's Project on the Predicament of Mankind.* Universe Books, New York 1972. Siehe auch: Die Grenzen des Wachstums. Bericht des Club of Rome zur Lage der Menschheit. Aus dem Amerikanischen von Hans-Dieter Heck.Deutsche Verlags-Anstalt.

Mecke, I. (2018). Konsumentensouveränität. In *Gabler Wirtschaftslexikon Online.* Springer. https://wirtschaftslexikon.gabler.de/definition/konsumentensouveraenitaet-38460/version-261883. Zugegriffen: 3. März 2022.

OECD. (2002). Bericht des Weltgipfels für nachhaltige Entwicklung, Johannesburg (Südafrika), 26. August - 4. September 2002. https://www.un.org/Depts/german/conf/jhnnsbrg/a.conf.199-20.pdf. Zugegriffen: 3. März 2022..

Onnen, C. (2021). Digitalisierung: Versuch einer soziologischen Begriffseinordnung. In F. Apelt, J. Grabow, & L. Suhrcke (Hrsg.), *Buzzword Digitalisierung. Relevanz von Geschlecht und Vielfalt in digitalen Gesellschaften* (L'AGENda Bd. 11, S. 13–25). Verlag Barbara Budrich.

Onnen, C. (2019). Das erfolgreiche Leben. In M. Junge (Hrsg.), *Das Bild in der Metapher* (S. 33–49). Springer.

Onnen, C. & Tannhäuser, M. (2017). Oberärztin in der Hochschulmedizin – Sprungbrett oder Endstation? Eine Analyse von Berufsbiographien zur Erklärung „geschlechterspezifischer" Karriereverläufe". In Onnen, C. & Rode-Breymann, S. (Hrsg.), *Zum Selbstverständnis der Gender Studies. Methoden - Methodologien - theoretische Diskussionen und empirische Übersetzungen* (S. 167–183). Verlag Barbara Budrich.

Parsons, T. (1976). *Zur Theorie sozialer Systeme.* Westdeutscher Verlag.

Parsons, T. (1968). *Sozialstruktur und Persönlichkeit.* Europäische Verlagsanstalt.

Reisch, L. A. (2001). Time and wealth. The role of time and temporalities for sustainable patterns of consumption. *Time & Society, 10*(2/3): 387–405.

Rifkin, J. (1995). *The End of Work: The Decline of the Global Labor Force and the Dawn of the Post-Market Era.* Putnam Publishing Group.

Rihm, T., & Häcker, T. (2007). Nachhaltig Lernen angesichts normierender Standards und faktischer Vielfalt. *Pädagogische Rundschau, 2,* 199–122.

Rommerskirchen, J. (2017). *Soziologie & Kommunikation. Theorien und Paradigmen von der Antike bis zur Gegenwart.* VS Verlag.

Rosa, H., Strecker, D., & Kottmann, A. (2007). *Soziologische Theorien. Émile Durkheim – Differenzierung* 1 (S. 67–88). UVK Verlag.

Schimank, U. (2015). Lebensplanung!? Biografische Entscheidungspraktiken irritierter Mittelschichten. In *Berliner Journal für Soziologie,* Jg. 25, (S. 7–31).

Schirmer, D. (2009). *Empirische Methoden der Sozialforschung. Grundlagen und Techniken.* UTB.

Schülein, J. A., & Reitze, S. (2012). *Wissenschaftstheorie für Einsteiger* (3. Aufl.). Facultas.

Schüssler, I. (2004). Nachhaltiges Lernen. Einblicke in eine Längsschnittuntersuchung unter Kategorie „Emotionalität in Lernprozessen". https://www.semanticscholar.org/paper/ Nachhaltiges-Lernen.-Einblicke-in-eine-unter-in-Sch%C3%BCssler/e1ff6daefcd98ca d3871452353f7bde5f0a70429?S.2df. Zugegriffen: 3. März 2022.

Spies, T. (2018). Biographie, Diskurs und Artikulation. In H. Lutz, M. Schiebel, & E. Tuider (Hrsg.), *Handbuch Biographieforschung* (S. 537–548). VS Verlag.

Stein-Redent, R. (2020). Selbstkonzepte, Lernstrategien und Interkulturalität – einige Überlegungen dazu. In Köhler-Offierski, A., Kumbruck, C. & Straßer, G. (Hrsg.), *Interkulturelle Didaktik: Verschiedene Wege zu einem Ziel.* Arbeitspapiere der EH Darmstadt, Nr. 24, (S. 50–59).

Truschkat, I. (2018). Diskurstheoretische Ansätze in der Biographieforschung. In H. Lutz, M. Schiebel, & E. Tuider (Hrsg.), *Handbuch Biographieforschung* (S. 127–138). VS Verlag für Sozialwissenschaften.

Weiß, S. (1989). Émile Durkheims Verständnis der, auf den Menschen als sog. „homo duplex" einwirkenden, Unausweichlichkeit „sozialer Tatsachen", tabularasa onlinemagazin 07/2013. https://www.tabularasamagazin.de/emile-durkheims-verstaendnis-der-auf-den-menschen-als-sog-homo-duplex-einwirkenden-unausweichlichkeit-sozialer-tatsachen/. Zugegriffen: 3. März 2022.

WECD World Commission on Environment and Development &United Nations. (1987). Our Common Future (auch „Brundtland-Bericht" – s. a. Hauff, V.). http://www.un-docume nts.net/wced-ocf.htm. Zugegriffen: 3. März 2022.

**Corinna Onnen** Univ. Prof. Dr. rer. pol. habil., studierte Diplom-Sozialwissenschaften mit dem Schwerpunkt Familiensoziologie an der Carl-von-Ossietzky Universität Oldenburg. Anschließend arbeitete sie in verschiedenen Familien- und medizinsoziologischen Forschungsprojekten und baute den Lehrstuhl Gender Studies an der Universität Regensburg auf. Nach Professurvertretungen an der HU Berlin, der Universität Erlangen und der RWTH Aachen wurde sie 2008 ordentliche Universitätsprofessorin für Allgemeine Soziologie an der Universität Vechta. Sie forscht mit empirischem Schwerpunkt im Bereich der Familien-, Geschlechter- und Medizinsoziologie. Ihr besonderes Interesse gilt der kompetenzorientierten wissenschaftlichen Nachwuchsförderung u.a. durch die Umsetzung von Forschungserkenntnissen in moderne Lehr- und Lernprogramme. Ihr Schwerpunkt liegt im Bereich der Gender Studies. Von 2014 bis 2021 war sie die 1. Sprecherin und ab 2021 die 2.

Sprecherin der Landesarbeitsgemeinschaft der Einrichtungen für Frauen- und Geschlechter-
forschung in Niedersachsen (LAGEN). Seit 2021 ist sie Dekanin der Fakultät II: Natur- und
Sozialwissenschaften der Universität Vechta und seit 2022 Vizepräsidentin für Forschung,
Nachwuchs und Transfer der Universität Vechta.

**Rita Stein-Redent** apl. Prof. Dr. oec. habil. studierte an der Ökonomischen Fakultät der
Universität Rostow am Don (Russische Föderation). Sie promovierte an der Hochschule für
Ökonomie in Berlin und habilitierte an der Fakultät für Soziologie der Universität Biele-
feld. Derzeit forscht und lehrt sie an der Universität Vechta im Fach Sozialwissenschaften
mit den Forschungsschwerpunkten im Bereich der vergleichenden Sozialstrukturanalyse,
der Osteuropaforschung mit dem Fokus auf Geschlechter- und Familienforschung sowie im
Bereich der Bildungsmobilität. Seit 2021 ist sie Studiendekanin der Fakultät II: Natur- und
Sozialwissenschaften der Universität Vechta

# Soziale Nachhaltigkeit und Generativität – Eine Begriffs- und Verhältnisbestimmung aus phänomenologischer Sicht

Anna Orlikowski

## 1    Einleitung

Die Dimension des Sozialen spielt in den aktuellen Diskursen zur Nachhaltigkeit eine zentrale Rolle, denn das Handeln auf der gesellschaftlichen Ebene bezogen auf die Entscheidungen sowie ihre Wirkungen in der Vergangenheit, Gegenwart und Zukunft betreffen nicht nur die Zukunftsfähigkeit einer Gesellschaft, sondern gestalten die Bedingungen der Möglichkeit für eine soziale Nachhaltigkeit als Grundlage einer gemeinsamen Mitwelt und Zukunft.

Im Rekurs auf die phänomenologische Soziologie nach Schütz und Luckmann wird ein Zusammenhang zwischen einer historisch-generativen Struktur der Lebenswelt und den gesellschaftlichen Bedingungen der Wahl vor dem Hintergrund des Handlungsverstehens hergestellt (Schütz & Luckmann, 2003, S. 447 ff.). Hierbei wird der Begriff der Nachhaltigkeit geprüft und kontextualisiert im Hinblick auf Entwerfen und Wirken von Handlungen, worin sich ein Vorgriff auf die Zukunft realisiert. Dieser Zugang fokussiert keine Nachhaltigkeitsziele oder deren normativen Leitkategorien, vielmehr geht es um eine analytische Perspektive auf folgende Fragen: Welche Rolle spielen lebensweltliche und generative Kontexte für die Entwicklung von Nachhaltigkeitsbewusstsein? Wie beeinflussen kulturell geprägte Werteorientierungen unser Denken und Handeln? Und wie wirkt sich der gesellschaftliche Wissensvorrat auf die Herausbildung subjektiver Einstellungen zur Umwelt aus?

A. Orlikowski (✉)
Universität Vechta, Vechta, Deutschland
E-Mail: anna.orlikowski@uni-vechta.de

C. Onnen (Hrsg.), *Gelegenheitsfenster für nachhaltigen Konsum*,
https://doi.org/10.1007/978-3-658-37543-0_3

Im ersten Teil des Beitrags wird mit Blick auf die *Lebenswelt und gesellschaftliches Handeln* der phänomenologische Zugang gewählt, um die Verflechtung zwischen Situationsräumlichkeit, Intersubjektivität und Handlungsverstehen zu theoretisieren. Der zweite Teil behandelt *Nachhaltigkeit als ein generatives Phänomen,* in dem das Konzept der Generativität im Hinblick auf überlieferte Erfahrung, lebensgeschichtlich verfestigte Maßstäbe und Einstellungen thematisiert wird. Die Frage nach *Eigenverantwortlichkeit im Kontext des nachhaltigen Handelns und Konsums* wird im dritten Abschnitt am Leitfaden der intergenerativen Perspektive problematisiert. Im Abschlussteil erfolgt ein Ausblick auf mögliche Forschungs- und Theoretisierungsansätze.

## 2    Lebenswelt und gesellschaftliches Handeln

In Schütz' Grundlegung der phänomenologischen Soziologie spielt der Husserlsche Begriff der Lebenswelt eine zentrale Rolle (Schütz & Luckmann, 2003, S. 29 ff.; Waldenfels, 2005, S. 7 f.; Husserl, 1952). Er ist bedeutsam für das Verständnis sozialer Beziehungen, Strukturen und Handlungen sowie Ausgangspunkt des analytischen Vorgehens zur Beschreibung und Bestimmung von Erfahrungswirklichkeiten. Ein phänomenologischer Zugang fokussiert die soziale Wirklichkeit, wie sie subjektiv erlebt, erfahren und gestaltet wird (Zahavi, 2007, S. 94). Dabei wird die subjektive Existenz vorrangig „als leiblich, sozial und kulturell eingebettetes In-der-Welt-sein" verstanden. In diesem Sinne trägt die Phänomenologie zur Entfaltung der Human- und Sozialwissenschaften[1] bei und gilt ferner als Proto- oder Metasoziologie:

> „Protosoziologie meint [...] die auf dem Wege phänomenologischer Konstitutionsanalysen Schicht um Schicht freizulegende Matrix jener invarianten und damit universalen ‚Strukturen der Lebenswelt' (Schütz & Luckmann, 2003), auf denen alle in einer konkreten kulturellen, historischen und sozialen Welt möglichen menschlichen Erfahrungen aufbauen" (Raab et al., 2008, S. 12).

Die universalen Strukturen der Lebenswelt verweisen auf Leiblichkeit, Generativität und Zeitlichkeit, die erst durch ihre Einbettung in die jeweilige Sozial- und

---

[1] Schütz zählt zu den Hauptakteuren im Bemühen um eine phänomenologische Fundierung der Soziologie. Einen umfassenden Überblick über die aktuellen Debatten und Themenfelder zur Verhältnisbestimmung zwischen Phänomenologie und Soziologie liefert der Sammelband *Phänomenologie und Soziologie. Theoretische Positionen, aktuelle Problemfelder und empirische Umsetzungen* (2008, Hrsg. Raab et al.); außerdem Srubar (2007): *Phänomenologie und soziologische Theorie. Aufsätze zur pragmatischen Lebenswelttheorie.*

Kulturwelt (subjektive) Sinnzusammenhänge fundieren. Ferner ist die Lebenswelt „von Anbeginn intersubjektiv" (Schütz & Luckmann, 2003, S. 44). Sie basiert auf einer vorwissenschaftlichen Alltagserfahrung und wird als ‚Boden', ‚Untergrund' oder ‚Doxa' (Husserl, 1986, S. 280 f.) bestimmt. In dieser Fundierungsfunktion enthält die Lebenswelt einen impliziten Wissensvorrat, der auch für das wissenschaftliche Wissen grundlegend ist. Mit dem phänomenologischen Rückgang auf den Begriff der Lebenswelt wird darüber hinaus ein wissenschaftskritischer Ansatz begründet, der auf eine Situiertheit des Wissens in den vorreflexiven Strukturen verweist und somit den Objektivitätsglauben der Wissenschaft infrage stellt (dazu: Waldenfels, 2005, S. 8, 16 ff.; Orlikowski, 2016b, S. 102 f.).

Bezogen auf den Nachhaltigkeitsdiskurs wird *Nachhaltigkeit* hier als ein soziokulturelles Phänomen bestimmt, welches Wissen und gesellschaftliches Handeln voraussetzt. Ein phänomenologisches Vorgehen soll das Nachhaltigkeitsphänomen in seinen Erscheinungs- und Wirkungsweisen sowie unter Berücksichtigung subjektiv-relativer Interdependenzen untersuchen. Somit wird aus sozialphänomenologischer Perspektive auf das Paradigma des Selbst- und Fremdverstehens – als Basis einer sozialen Mitwelt – sowie auf das Handlungsverstehen im Sinne einer gesellschaftlichen Praxis eingegangen.

In Schütz' Auffassung von Soziologie steht die „Beziehung des Einzelnen zum gesellschaftlichen Ganzen" (Schütz, 2004, S. 83) im Vordergrund; es geht also weniger um die existenzielle Frage nach dem Sein des Menschen, sondern um die Frage nach der Sozialität sowie den gesellschaftlichen Handlungsweisen. In seiner deskriptiven Analyse des gesellschaftlichen Seins beruft er sich auf Webers ‚verstehende' Soziologie im Sinne „einer Wissenschaft, welche die Deutung des subjektiven [...] Sinnes sozialer Verhaltensweisen zum Thema hat" (Schütz, 2004, S. 86). Diese Auseinandersetzung entlang der Intersubjektivitätsproblematik rekurriert einerseits auf Webers Handlungstheorie, andererseits auf Husserls Phänomenologie der Lebenswelt. Indem aber Schütz die transzendental-phänomenologische Bewusstseinsanalyse (Husserl) zugunsten einer handlungstheoretischen Perspektive umwidmet, macht er sie anschlussfähiger für das Untersuchungsfeld des sozialen Handelns (vgl. Endreß & Renn, 2004, S. 42, Einleitung der Herausgeber in Schütz, 2004; Orlikowski, 2016a, S. 175).

Um das Handeln in sozialen Kontexten verstehen zu können, muss die Intersubjektivität der Lebenswelt als eine gemeinsame Verständigungsstruktur herausgestellt werden. Trotz der heterogenen Sozialbeziehungen und Wechselwirkungen beziehen wir uns nämlich „auf einen gemeinsamen Interpretationsrahmen" (Schütz & Luckmann, 2003, S. 31). Dabei resultiert diese Rahmung nicht aus einer Neuinterpretation der Wirklichkeit, sondern entspringt einer lebensweltlichen Erfahrung, die mit dem eigenen Wissensvorrat nur bestätigt wird.

Zunächst nimmt das Subjekt in der natürlichen bzw. vorreflexiven Einstellung fraglos hin/wahr, dass die anderen Menschen mit einem Bewusstsein ausgestattet sind, das dem eigenen prinzipiell ähnlich ist (Appräsentationsthese[2]). Des Weiteren begegnen uns die anderen immer schon in sozialen Kontexten und Rollen, die indirekt „auf Gemeinsames, auf typische Funktionen unserer sozialen Wirklichkeit" (Meyer-Drawe, 2001, S. 130) verweisen. Das Wissen um die Mitwelt fundiert eine gemeinsame Wirklichkeit der Außendinge, worin Beziehungen und Wechselwirkungen auf leiblicher, intersubjektiver und sozialer Ebene vorkommen.

*Intersubjektive Lebenswelt und das Paradigma des Fremdverstehens*
In einer phänomenologisch fundierten Analyse des Fremdverstehens steht die intersubjektive Sinngebung im Zentrum einer soziologischen Betrachtungsweise, die darauf abzielt, die Grundstrukturen der alltäglichen Wirklichkeitserfahrung zu reflektieren. Zu dieser Erfahrung gehört die Möglichkeit des Handelns und Gestaltens innerhalb der Lebenswelt, indem der Mensch „in ihr durch die Vermittlung seines Leibes wirkt" (Schütz & Luckmann, 2003, S. 29). Der Leibbegriff wird bei Schütz nicht nur in seiner vorreflexiven Fundierungsfunktion, sondern primär als ein handelnder Leib verstanden: „Unsere leiblichen Bewegungen greifen in die Lebenswelt ein und verändern ihre Gegenstände und deren wechselseitige Beziehungen" (Schütz & Luckmann, 2003, S. 32). Mit dem Ausdruck des Zur-Welt-Seins wird die konkrete leibliche Existenz herausgestellt; außerdem als subjekt-relativer Standpunkt nimmt der Eigenleib bei der Erkundung und Erforschung der Dinge immerzu Bezug (Waldenfels, 2013, S. 9; Merleau-Ponty, 1966, S. 106; Orlikowski, 2016a, S. 167 f.). In diesem Sinne wird der Ausdruck „Bewegung der Existenz" (Merleau-Ponty, 1966, S. 114) verständlich, denn durch den aktiven Leib wird ein spezifischer Ausdrucks- und Erfahrungsraum als gelebter Raum fundiert.

Einen wesentlichen Aspekt in der Wechselbeziehung zwischen Leib und Raum stellt die „Situationsräumlichkeit" dar (Merleau-Ponty, 1966, S. 125). Hierin werden nicht nur die Koordinaten der physischen Raumerfahrung eingezeichnet, *sondern es geht um die Strukturen des Subjekts als Situation:* „Diese integriert in sich Raum, Zeit, Intersubjektivität, Geschichte, Affektivität und die

---

[2] Mit dem Begriff der ‚Appräsentation' wird das Phänomen der Fremdwahrnehmung bzw. Intersubjektivität auf der Ebene der Analogie expliziert. Ausführlicher dazu vgl. Schütz und Luckmann (2003, S. 634 ff.); Husserl (1986, S. 166 ff).

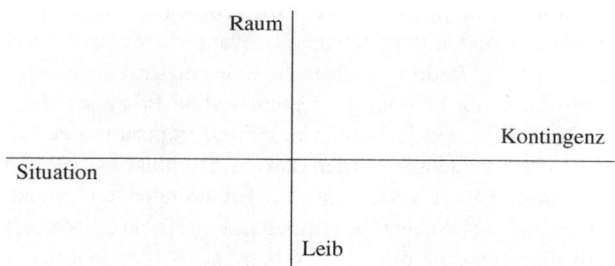

**Abb. 1** Situationsräumlichkeit als Gelegenheitsstruktur

Gemeinschaft" (Depraz, 2012, S. 165). Erst mit der Konstitution von Situationsräumlichkeit ist so etwas wie Gelegenheit möglich bzw. Situationsräumlichkeit
ist die begriffliche Entsprechung für Gelegenheitsstruktur(en)[3] (Abb. 1).

Ausgehend vom lebensweltlichen Erfahrungsraum werden Gelegenheitsstrukturen auf der Ebene des Handelns ausgestaltet. Handeln als eine subjektive
Bewusstseinsleistung „ist zugleich *die* Voraussetzung für den Aufbau der Sozialwelt" (Schütz & Luckmann, 2003, S. 452). Für Schütz verbindet sich das
Handlungsverstehen mit den sozialen Aspekten wie Relevanz, Erfahrungsvorrat, Normativität und subjektiven Einstellungen. Handeln beinhaltet ebenso Tun
und Lassen: manches kann man *entweder tun oder lassen*. Es ist ein Bereich
der Möglichkeiten, der einen Entschluss bzw. eine bewusste Entscheidung oder
Zielsetzung erfordert.

Auf der Ebene der Intersubjektivität müssen die Begriffe Handeln und Verhalten differenziert werden (Schütz & Luckmann, 2003, S. 454); denn Handeln kann
nur aus der Perspektive der ersten Person als solches bestätigt werden, indem
*ich* (1. Person-Singular) einen „subjektiv vorentworfenen Erfahrungsablauf" als
Handelnde*r umsetze. Das, was Handeln vermittelt, ist Verhalten, das als Ver-
körperung von Handeln von Mitmenschen erfasst werden kann (ebd. S. 455). Es
verweist auf eine Überschneidung von Selbst- und Fremdwahrnehmung, die auf
der Ebene der interpretativen Relevanz von Bedeutung ist. Außerdem gibt es eine

---

[3] Merleau-Ponty macht einen Unterschied zwischen der leib-subjektiven Situationsräumlichkeit und einer Positionsräumlichkeit der bloßen Gegenstände (Merleau-Ponty, 1966, S. 125;
vgl. Orlikowski, 2019, S. 125). Erst in der Verflechtung der Leiblichkeit mit den räumlich-
situativen Möglichkeiten der Lebenswelt werden Handlungsspielräume konstituiert. Ferner
gewinnt der Begriff der Situation im Kontext der Existenzphilosophie – u. a. bei de Beauvoir
und Sartre – an Bedeutung und verweist auf eine geschichtliche, soziale und biographische
Situiertheit des Subjekts.

Verflechtung von Motivation, als einer der drei Dimensionen der Relevanz, also mit der thematischen und interpretativen Relevanz. In Schütz' handlungstheoretischem Ansatz ist die Rede von diversen Relevanzstrukturen, die zusammen mit den intersubjektiven Strukturen der Lebenswelt an Prozessen der Sinngenese sowie an Entscheidungs- und Handlungsprozessen wirksam sind. Denn Bedeutungen und Sinnzusammenhänge werden durch Ausschluss und Bestätigung bzw. Präferenzen etabliert. Ferner verweisen alle Erfahrungen und Handlungen auf Relevanzsysteme, die bei Schütz in thematische Relevanz, Interpretationsrelevanz und Motivationsrelevanz differenziert werden (Schütz & Luckmann, 2003, S. 252 ff.). Dabei greifen die unterschiedlichen wie subjektiven Relevanzsysteme ineinander und werden in Entscheidungssituationen abgewogen bzw. fungieren in der Lebenswelt als das „Relevanzproblem":

> „Jede Entscheidung stellt außerdem den Handelnden mehr oder minder explizit vor eine Reihe von Relevanzen. Das Relevanzproblem ist vielleicht das wichtigste und zugleich schwierigste Problem, das es in der Beschreibung der Lebenswelt zu lösen gilt. Welche Rolle spielen Relevanzstrukturen in der Konstitution lebensweltlicher Situationen, wie bestimmen sie den Verlauf der Auslegung und wie stellen sie eine Beziehung zwischen dem jeweiligen Wissensvorrat und aktuellen Erfahrungen und Handlungen her?" (Schütz & Luckmann, 2003, S. 253)

Insofern stellen uns Entscheidungsprozesse vor mögliche Probleme, auch weil Handeln in erster Linie sozial verankert ist. Vor dem Hintergrund der Relevanzsysteme spielt die ‚Normalität' als Grundlage gemeinsamer Sozialwelt eine zentrale Rolle, die sich mit dem Wissensvorrat verbindet. Dieses implizite Wissen bestimmt und normiert das gesellschaftliche Handeln, indem Entscheidungsprozesse innerhalb bestimmter Erfahrungsbereiche, Vergleichswerte und lebensgeschichtlich verfestigter Maßstäbe bleiben. Schütz schreibt: „Der normale Mensch braucht nicht immer nach neuem zu vergleichen" – was in diesem Kontext bedeutet, dass *man* Entscheidungen nicht „als ungeschichtlicher Einzelmensch" trifft, sondern auf Grundlage der Zugehörigkeit zu einer historischen Gesellschaft (Schütz & Luckmann, 2003, S. 507).

Auf der Ebene einer modernen Markt- und Konsumlogik entspricht das dem Sprechen von „Otto-Normalverbraucher", der im Modus der Durchschnittlichkeit das unbestimmte *Man* repräsentiert.[4] Auch die Zugehörigkeit zu einer

---

[4] Heidegger entwickelt in seiner Analyse des alltäglichen Miteinanderseins das Neutrum *Man,* das eine Form der „Uneigentlichkeit" im Kontrast zum Selbstsein darstellt. „Das Man kann es sich gleichsam leisten, daß ‚man' sich ständig auf es beruft." (Heidegger, 1993 [1927], S. 127).

„Konsumgesellschaft" besteht darin, „sich an die Grundsätze der Konsumkultur anzupassen und sich strikt daran zu halten" (Bauman, 2009, S. 72). Die Konstitution der Mitwelt mit ihren unterschiedlichen Lebenswelten (wie z. B. Berufswelt, Konsumwelt, Privatheit) funktioniert durch die Einhaltung der vorgegebenen Maßstäbe, die den jeweiligen Bereich strukturieren. Anpassungs- und Aushandlungsprozesse verlaufen innerhalb dieser Strukturen und sind handlungsrelevant. Hinsichtlich von Veränderungspotenzialen ist wiederum Reflexivität notwendig, um die sozialkonstruierten Maßstäbe als solche aufzudecken und zu dekonstruieren.

Ferner ist das Handeln in allen seinen Phasen von Entwurf, Entschluss und Umsetzung entsprechend motiviert: bewusste oder gewohnheitsmäßige Wahl von Handlungszielen ist stets motiviert durch Einstellungen, Ablagerungen spezifischer, handlungsrelevanter Erfahrungen und Erlebnisse (Schütz & Luckmann, 2003, S. 473). Dabei wird unterstrichen, dass die subjekt-relativen Einstellungen selbst nicht motiviert sind; sie resultieren aus keiner bewussten Wahl: „Man entwirft seine Einstellungen nicht: Man plant sein Handeln, aber nicht seine Neigungen zum Handeln" (ebd. S. 474). Einstellungen und Beweggründe sind dem Handelnden nicht völlig transparent bzw. die Vorgeschichte der Einstellungen liegt im Dunkeln (ebd. S. 475). Diese Sichtweise hat durchaus Konsequenzen im Hinblick auf die Komplexität der lebensweltlichen Praxis. Im Zusammenhang der Entstehung subjektiver Relevanzsysteme weist Schütz darauf hin,

„[...] daß Interessen und Vorlieben als subjektive Einstellungen und Weil-Motive weitgehend in Ablagerungen intersubjektiver Erfahrungen aufgebaut wurden; daß Pläne, Durchführbarkeitskalküle und Entscheidungsgründe als Bestandteile eines subjektiven Handlungsrepertoires in sozial verbindlichen Lernvorgängen dem gesellschaftlichen Wissensvorrat entnommen wurden" (Schütz & Luckmann, 2003, S. 508).

Mit dem sozialphänomenologischen Zugang wird auf der Ebene der intersubjektiven Erfahrung die Vielschichtigkeit des sozialen Handelns auf der Grundlage von subjektiver und generativer Verankerung herausgestellt. Das leibliche Subjekt als Situation fügt sich in die konstitutive Logik einer gesellschaftlichen Norm und nimmt so Bezug zur *Um-* und *Mit*welt. Im Sinne von Verbindlichkeit und Wirksamkeit fungiert der gesellschaftliche Wissensvorrats als eine nachhaltige Struktur der Sozialität. Der nachfolgende Abschnitt geht, hinsichtlich der Frage nach einer strukturellen Verflechtung zwischen geschichtlicher Sozialwelt und Nachhaltigkeit, auf das theoretische Konzept der Generativität ein.

# 3    Nachhaltigkeit als generatives Phänomen

Zum allgemeinen Verständnis des Nachhaltigkeitsdenkens gehört die Perspektive der Lebens- und Ressourcenerhaltung für die zukünftigen Generationen (Grunwald & Kopfmüller, 2012, S. 31); dieses wird auch unter dem ethischen Aspekt der Generationengerechtigkeit (SRZG, 2003) und als Zukunftsverantwortung im Sinne eines planetarischen Generationenvertrags (Herzog, 2021, S. 11) in die aktuellen Diskurse einbezogen. Die Voraussetzungen für ein intergeneratives Verantwortungsbewusstsein liegen in den tradierten und sozial vermittelten Wissensbeständen begründet. Somit ermöglicht eine phänomenologische Analyse von generativen Ordnungen und Orientierungen einen Leitfaden bei der Frage nach einer sozialen Nachhaltigkeit.

*Generativität* wird hier vordergründig als ein Konzept gedacht, das auf eine geschichtlich und generativ strukturierte Lebenswelt verweist, deren biographisch wie historisch bedingten Aspekte die Verständigungsgrundlage einer Gesellschaft fundieren. Ferner geht es um den leiblichen Aspekt der Generativität wie Elternschaft, Verwandtschaft und Sexualität, der das soziale Miteinander im Sinne der Sozialität strukturiert.[5] In diesem philosophischen Konzept, das auf Husserls Phänomenologie der Intersubjektivität rekurriert, werden die beiden Ebenen des Generativen berücksichtigt. Somit handelt es sich um einen „Ansatz, der die biologische Vererbung und die geistig-kulturelle Überlieferung in eine untrennbare Wechselbeziehung, ja in ein Zusammenspiel eintreten lässt" (Shchyttsova, 2016, S. 120). Dieses Verständnis der generativen Strukturen der Lebenswelt verweist auch auf die Wirkmächtigkeit kulturell geprägter Werteorientierungen, die wiederum die Entwicklung von Nachhaltigkeitsbewusstsein mitbestimmen.

Nach der Herausstellung der fundierenden Aspekte im Verhältnis zwischen Leib, Subjekt und Sozialwelt gilt das Augenmerk einer subjektiven Erfahrung der Generativität, wie sie unmittelbar den Horizont jeder Lebenswelt mitbestimmt. Gemeint ist damit ein Bewusstsein der Geschichtlichkeit, das – ausgehend von eigener biographischer Situation, einer Erfahrung der Generationen sowie sozialer Vergangenheit als „Erfahrung der Vorwelt" – bei Schütz figuriert (Schütz & Luckmann, 2003, S. 133 f.). Die Geschichtlichkeit der Sozialwelt mit ihren Relevanzsystemen vermittelt Sicherheit, Zuverlässigkeit und bildet eine allgemeine Verständigungsgrundlage (Wissensvorrat) für Werte und Normen einer Gemeinschaft. Daraus erwächst das, was wir unter Tradition verstehen, die

---

[5] In diesem Beitrag spielt der Aspekt der leiblichen Generativität eine eher untergeordnete Rolle. Ich verweise auf die fundierte Auseinandersetzung mit dem Begriff der Generativität im Anschluss an Husserl in Schües (2008).

als generativ gewachsene Gewohnheit eine historische Dimension impliziert. In Schütz' Analysen zur zeitlichen Struktur der Lebenswelt werden drei Grundaspekte herausgestellt: „Fortdauer/Endlichkeit, Zwangsläufigkeit/first things first und Geschichtlichkeit/Situation" (ebd. S. 87). Die genannten Aspekte strukturieren unseren Erfahrungs- und Erwartungshorizont, das Handeln im Hinblick auf den Lebensentwurf sowie den Bereich des Bewirkbaren. Bezogen auf das Entwerfen und Handeln spielt wiederum die Bedeutung ‚Leib' eine zentrale Rolle, indem der menschliche Leibkörper auf seine Umwelt einwirken kann, gleichwohl er durch seine geschichtliche und biographische Situation[6] „begrenzt" ist.

Handelnde Subjekte sind „immer schon" in Gesellschaft (ebd. S. 543), was auch bedeutet, dass gesellschaftliche Habitualisierungs- und Inkorporationsprozesse auf Individuen einwirken, indem sie körperlich ihre soziale Position zum Ausdruck bringen und entsprechende Handlungsstrategien verfolgen. Praxistheoretisch beinhaltet der Habitus (auf der Ebene von Haltungen und Handlungen) historisch generierte Dispositionen, die als inkorporierte Geschichte das Handeln unbewusst mitbestimmen (vgl. Hillebrandt, 2014, S. 61 ff.; Hubrich, 2013, S. 75 f.). Maßgeblich ist also ein implizites inkorporiertes Wissen um den generativen Kontext: „Für jedermann ist der unbefragte Boden seines Lebens, daß es Andere vor ihm gab, mit ihm gibt und nach ihm geben wird" (Schütz & Luckmann, 2003, S. 543). Diese normative Orientierung verweist auf generativ strukturierte Lebenswelt sowie sedimentierte Wissensbestände, worin allgemeingültige Annahmen verankert sind. Auf der Ebene des Alltagswissens äußert sich das z. B. in solchen (Handlungs-)Vorgaben, die jedermann kennt: ‚*Ein Mann sollte in seinem Leben einen Baum pflanzen, ein Haus bauen und ein Kind zeugen*'. Hier geht es symbolisch um den Aspekt der Fortdauer, dass der Baum, das Haus und das Kind über die eigene Existenz hinaus Bestand haben werden. Ferner fällt die individuelle Entscheidung für den Nachwuchs mit einer Reflexion des eigenen und gesellschaftlichen Lebensstils zusammen.[7] Werdende Eltern treffen voraussichtlich andere Konsumentscheidungen und ändern ihre Kaufgewohnheiten; denn die Sorge um Zukunftsfähigkeit, Lebenschancen und Erhaltung der Umwelt betrifft ganz konkret die nächste Generation, für die sie als Eltern Verantwortung tragen (vgl. auch Rickwärtz in diesem Band).

---

[6] „Zu den vorgegebenen Elementen der biographischen Situation gehört eine historische Sozialstruktur" (Schütz & Luckmann, 2003, S. 332).

[7] Aktuell gibt es auch einen kontroversen Diskurs, der zum Verzicht auf den Nachwuchs („Birthstrike") aufruft zugunsten des Klimaschutzes. Siehe dazu den Beitrag „Wie klimaschädlich sind Kinder wirklich?" (Franck, 2019): https://www.quarks.de/umwelt/klimaw andel/wie-klimaschaedlich-sind-kinder-wirklich/.

Die Perspektive der Zukunftssicherung erhält so einen praktischen Umsetzungscharakter, worin soziale Nachhaltigkeit sich in den Wirk- und Handlungsweisen abzeichnet. Handlungsweisen, die sich als funktional und langfristig bewährt haben, gehen in den sozialen Erfahrungsbestand ein und werden auch intergenerativ übermittelt. Der Erfahrungsvorrat wird „zum großen Teil sozial übermittelt […]; die Rezepte haben sich schon anderweitig ‚bewährt‘. Die erste Garantie des Rezepts ist sozial" (Schütz & Luckmann, 2003, S. 43). In diesem Bedeutungskontext soll auch der Begriff der sozialen Nachhaltigkeit begründet werden; die Nachhaltigkeit zielt darauf ab, die lebensweltlich und generativ verfestigten Werteorientierungen im Denken und Handeln zu reproduzieren. Dabei bildet eine gemeinsame ‚historisch vorgegebene‘ Sozial- und Kulturwelt einen verbindlichen Verweisungszusammenhang im Hinblick auf die Beständigkeit der Welt:

> „Ich vertraue darauf, daß die Welt, so wie sie mir bisher bekannt ist, weiter so bleiben wird und daß folglich der aus meinen eigenen Erfahrung gebildete und der von Mitmenschen übernommene Wissensvorrat weiterhin seine grundsätzliche Gültigkeit beibehalten wird" (Schütz & Luckmann, 2003, S. 34).

Die Erfahrung der Lebenswelt geht also von einer unreflektierten Konstanz der Welt aus. Diese Konstanz – als Identität des „Und-so-weiter" (ebd. S. 34) – enthält unter anderem die soziale Wissensdimension mit ihren Gültigkeitsnormen, die in dem sogenannten Wissens- bzw. Erfahrungsvorrat sedimentiert sind. Darin zeigt sich auch das Paradox der Lebenswelt als *Paradox der Konstanz und Kontingenz*. Mit Kontingenz sind hier die unvorhersehbaren Möglichkeiten gemeint, die eine vorausgesetzte (vertraute) Ordnung sowie deren Gültigkeit durchstreichen. Im positiven Sinne beinhaltet Kontingenz notwendige Anpassungsmodi, die auf der Ebene des Verstehens und Handelns umgesetzt werden können zugunsten von Kontinuität (der Welt). Im Phänomen der Nachhaltigkeit wird der Widerstreit zwischen Konstanz und Kontingenz wirksam; denn das Erhalten und Bewahren berufen sich auf das gültige Wissen sowie Handlungsnormen, die eine Rationalität der Machbarkeit vorgeben.[8] Die rasanten Entwicklungen auf gesellschaftlicher, globaler und ökologischer Ebene widersprechen dieser Rationalität und erfordern ein Umdenken, das durchaus mit der Anschlussfähigkeit an Wissenspraktiken und Denktraditionen bricht (vgl. Adam, 2013, S. 312). Bereits Ende der 1970er

---

[8] Franzen hat in seinem Essay *Wann hören wir auf, uns etwas vorzumachen?* (2020) auf die irreversiblen Folgen des Klimawandels wie auch auf die irrationalen Haltungen und Hoffnungen hinsichtlich dieser Krisenbewältigung hingewiesen. Trotz der „unlösbaren Probleme" sieht der Autor eine Notwendigkeit, der Realität des Klimawandels ins Auge zu sehen und „ethische Entscheidungen" zu treffen.

Jahre hat Jonas auf die Notwendigkeit des Bruchs mit dem überlieferten Wissen hingewiesen:

> „Was der Mensch heute tun kann und dann, in der unwiderstehlichen Ausübung dieses Könnens, weiterhin zu tun gezwungen ist, das hat nicht seinesgleichen in vergangener Erfahrung. Auf sie war alle bisherige Weisheit über rechtes Verhalten zugeschnitten" (Jonas, 2004, S. 87).

Die generativ überlieferten Erfahrungen sowie lebensgeschichtlich verfestigten Maßstäbe, Entwürfe und Einstellungen verbinden sich mit einer gesellschaftlichen Handlungsrhetorik und Gesellschaftsmoral. Hinsichtlich einer Zukunftsverantwortung besteht die Herausforderung aber eher darin, ein „Neuland kollektiver Praxis" (ebd.) zu betreten. Diese Wende im intergenerativen Verständnis von Erhalten und Bewahren hängt nicht zuletzt mit den rasanten ökologischen und technologischen Entwicklungen zusammen, mit denen sich die Voraussetzungen von planbarem Handeln geändert haben.

In Schütz' handlungstheoretischem Ansatz spielt die reflexive Wendung eine zentrale Rolle, dadurch wird dem Handeln eine Sinnhaftigkeit unterstellt. Der Sinn bzw. die Reflexion ist immer schon nachträglich: „Verhalten, Handeln und Handlung kommt ihr spezifischer Sinn erst nach der reflexiven Zuwendung zu" (Bongaerts, 2008, S. 225; vgl. Schütz, 2004, S. 174). Dies betrifft auch das Erfahrungswissen, das unreflektiert reproduziert und erst nachträglich reflexiv nachvollzogen wird bzw. einen Sinn erhält. In der Perspektive des sozialen Handelns geht es „um die Rekonstruktion des Wissens, über das die Handelnden in ihrer Lebenswelt verfügen" (Bongaerts, 2008, S. 225). Für die unausweichliche Neuorientierung, auch unter dem Aspekt einer (neuen) Sinnstiftung, ist also Reflexivität erforderlich – und zwar im Hinblick „auf Wissen, das in früheren Erfahrungen erworben wurde, sozial verteilt und angeeignet ist" (ebd. S. 225). Das reflexive Vorgehen zielt auf die historischen und einverleibten Wissensbestände sowie deren Ursprung. Damit lässt sich ein Verweis auf Foucaults genealogische Methode herstellen, worin die Sinngenese sowie diskursive Geschichte des Wissens untersucht und dekonstruiert werden.[9]

Die in diesem Beitrag fokussierte Sicht auf die intergenerativ verankerten Strukturen sowie Verhaltensweisen deutet den Begriff der Nachhaltigkeit als eine

---

[9] Insbesondere in *Die Ordnung der Dinge* (1974) und in *Archäologie des Wissens* (1981) entwickelt Foucault eine analytische Perspektive auf das historische Zustandekommen von Wissens- und Diskursformationen.

Erfahrung historischer Kontinuität, worin ein gesellschaftlich relevantes Wissen den Sinnhorizont mitbestimmt. Gesellschaftlicher bzw. historischer Wandel beinhaltet die Perspektive der Nachhaltigkeit als Kontinuität durch Kontingenz.

## 4    Moderner Konsum und die Herausforderung intergenerativer Verantwortung

Das Vorhaben hinsichtlich einer sozialphänomenologischen Fundierung des begrifflichen Zusammenhangs zwischen sozialer Nachhaltigkeit und Generativität zielt auf ein vertieftes Verständnis der lebensweltlichen Strukturen und der darin verankerten subjektiven Einstellungen zur Umwelt. Gerade mit Blick auf die intergenerativen Verflechtungen wird die Sorge um Zukunftssicherung für nachfolgende Generationen als zentrale Herausforderung wie auch als moralische Verpflichtung relevant. Mit dem Bewusstsein für die *conditio humana,* dass Menschheit im generativen Zusammenhang gedacht werden muss, wird das Umwelthandeln hinsichtlich der Bewahrung von Umweltressourcen und Lebensgrundlagen intentional.

In Schütz' handlungstheoretischer Perspektive wird einerseits auf die Nichttransparenz von Handlungsmotiven bzw. auf spontane unreflektierte Abläufe und Entschlüsse hingedeutet, andererseits auch darauf, dass Alltagshandeln eher routiniert als bewusst reflexiv abläuft (Bongaerts, 2008, S. 225; Schütz & Luckmann, 2003, S. 451 f.). Zu einer funktionierenden Sozialwelt gehören demnach bestimmte Verhaltensnormen, die erwartungsgemäß von mündigen Anderen nach dem Prinzip der Zurechnungsfähigkeit umgesetzt werden:

> „*Irgendeine* Form der Zurechnungsfähigkeit ist im Aufbau historischer Sozialwelten notwendig vorausgesetzt. Dieses Prinzip konstituiert die Lebenswelt – und vor allem die Alltagswirklichkeit – als den Bereich der Praxis" (Schütz & Luckmann, 2003, S. 454).

Im normativen Kontext der Sozialwelt geht man von einem Prinzip der Zurechnungsfähigkeit aus, das als Grundlage sozialer Ordnung auf Intentionalität des Handelns verweist. Ferner wird Verantwortlichkeit durch die anderen Mitmenschen also intersubjektiv auferlegt; die Verantwortungsübernahme betrifft die eigenen Handlungen, die vergangenen und die gegenwärtigen (Schütz & Luckmann, 2003, S. 333). Für unsere Auseinandersetzung ergibt sich die Frage, welche Rolle dabei Konsum als Alltagshandeln im Hinblick auf die nachhaltigen Folgen von Kaufentscheidungen spielt und inwiefern die Verantwortungsübernahme für die künftigen Generationen hier praktisch gedacht werden kann.

Seit der Moderne spiegelt das Kompositum „Konsumgesellschaft"[10] die prägnante Wechselbeziehung bzw. Abhängigkeit zwischen einer „konsumistische[n] *Kultur*" und der gesellschaftlichen Identität als Konsument wider (Bauman, 2009, S. 71). Im Kontext des gesellschaftlichen Handelns ist Konsum also identitätsstiftend. Das Haben bestimmt, wer *man* ist. Konsum erhält eine wichtige Funktion bei der sozialen Konstruktion von Identität, Status und Zugehörigkeit: Ich bin zugehörig, weil ich konsumiere bzw. besitze, ich kaufe also bin ich (vgl. Bauman, 2009, S. 72). Das westliche Konsummodell erreicht Europa erst nach dem Zweiten Weltkrieg; Wallaschkowski spricht von einem „Sprung zur Konsumgesellschaft" (2019, S. 17), der unumkehrbar scheint. Heutige Konsumgesellschaften zeichnen sich durch „eine umfassende Teilhabe nahezu aller Bevölkerungsschichten an den ‚Annehmlichkeiten' des modernen Lebens aus" (ebd. S. 37). In diesem Sinne kann man davon sprechen, dass Konsum verbindet, indem er auf eine gemeinsame Erfahrungswelt verweist und somit einen wichtigen Aspekt der Alltagspraxis ausmacht.

Die Relevanz sowie Verankerung des Konsums in der Alltagspraxis verbinden sich mit einem konsumistischen Lebensstil, der dazu beiträgt, dass bestimmte Handlungsweisen (Konsumentscheidungen, Begehren, Mobilität) unreflektiert reproduziert werden. Der konsumistische Lebensstil ist darüber hinaus ausschlaggebend im Kontext gesellschaftlicher Anerkennung und dient „der Teilnahme an sozialer Kommunikation und Gemeinschaft, der individuellen Selbstverwirklichung und […] der Statuserlangung" (Grunwald & Kopfmüller, 2012, S. 191). Als weiterer Aspekt lässt sich festhalten, dass es sich bei diesem konsumistischen Lebensstil um eine Wechselwirkung bzw. eine Ökonomie der Beziehung handelt, die immer schon soziale Strukturen mitbestimmt, wie sie auch im Hinblick auf die intergenerative Ökonomie des Tausches (als Sorge) relevant wird (Hillebrandt, 2016, S. 262 ff.). Es geht hier also um die Berücksichtigung einer komplexen analytischen Perspektive auf Konsum(-entscheidungen) vor dem Hintergrund der Frage nach Eigenverantwortlichkeit. Dabei fungieren die Omnirelevanz sowie der appellative Charakter der Konsumgesellschaft als wirkmächtige Strukturen, worin das Prinzip der Zurechnungsfähigkeit unterwandert wird. Was ist damit gemeint

---

[10] Bauman (2009) rekurriert auf die Begriffsprägung von Althusser (1977), worin *der appellative Charakter der Konsumgesellschaft* hervorgehoben wird: „Die ‚Konsumgesellschaft' ist eine Gesellschaft, die […] ihre Mitglieder *primär in ihrer Eigenschaft als Konsumenten* ‚interpelliert' oder ‚anruft' […]" (S. 71).

und wie lässt sich Mündigkeit[11] im Hinblick auf selbstverantwortliches sowie nachhaltiges Handeln bzw. Konsumieren wiedererlangen?

Im Alltagsverständnis wie im Allgemeinen Sprechen von der Konsumgesellschaft wird diese als Ursache (,Wurzel allen Übels') für den konsumistischen Lebensstil gesehen. Das kommt in solchen Aussagen zum Ausdruck wie z. B.: die Konsumgesellschaft, die Politik, die Wirtschaft sind für *mein* Konsumverhalten verantwortlich; aber auch darin – ,Gelegenheit macht nachhaltig'. Diese Aussagen verweisen auf eine strukturelle Unmündigkeit und stehen im Kontrast zum Prinzip der Zurechnungsfähigkeit, das von einer Reflexivität im Hinblick auf eigenes Handeln ausgeht. Ferner fördert die Struktur der heutigen Konsumgesellschaft kurzfristige Bedürfnisbefriedigung – konsumieren um des Konsums willen – zugunsten des anhaltenden wirtschaftlichen Wachstums, der in den letzten Jahrzehnten das gesellschaftliche Ideal sowie den Fortschrittglauben prägte. Infolge der Nachhaltigkeits- und Transformationsdiskurse wird das Primat des stetigen Wachstums durchaus kritisch hinterfragt, – gerade, wenn es darum geht, nachhaltige Alternativen gegen den sinnentleerten Konsumismus zu entwerfen (u. a. Seidl & Zahrnt, 2010; Loske, 2015; Bohn et al., 2019, S. 7 ff.).

Wie bereits angesprochen, liegt die Schwierigkeit in einer strukturellen Unmündigkeit. Das heißt, dass das postmoderne Subjekt (des Konsums) in seiner Handlungs- und Entscheidungssouveränität eingeschränkt wird zugunsten von Eigendynamik der kulturellen, ökonomischen und gesellschaftlichen Prozesse. Die Ursachen dafür sieht Stiegler (2008) vor allem in einer zunehmenden „Infantilisierung der Gesellschaft" und zwar durch Aufmerksamkeitsvereinnahmung, die durch manipulative Medien, instrumentelles Marketing sowie modernen Konsum vorangetrieben wird (S. 76). Der französische Kulturwissenschaftler entwirft in seiner Streitschrift *Die Logik der Sorge. Verlust der Aufklärung durch Medien und Technik* eine Kritik an der Übermacht der neuen Medien und am globalen Kapitalismus im Hinblick auf den Verlust der sozialen Fähigkeit, Verantwortung zu übernehmen. Die Herausbildung von Umweltbewusstsein, Verantwortung sowie einer reflexiven Haltung stellt also eine genuine Herausforderung dar, die darin besteht, die Komplexität und Wechselwirkung dieser Prozesse zu verstehen und gleichzeitig den eigenen Handlungsspielraum auszuweiten.

---

[11] Zur Begriffstradition sowie zum Verständnis von Mündigkeit verweise ich auf die ausführliche Auseinandersetzung von Cannaday (2018): *Mündigkeit. Eine Praxis der Selbst- und Mitbestimmung.* Cannaday verweist zudem auf „einen Kompetenzunterschied […], ob jemand mündig ist, wenn er sein Leben nach universellen Prinzipien gestaltet, persönliche Präferenzen als Maßstab heranzieht oder seine Mündigkeit erst […] in und über soziale Aushandlungsprozesse realisiert." (2018, S. 11).

Hierbei kommt der Bildung[12] eine besondere Bedeutung zu, indem diese auf Dauerhaftigkeit bzw. auf nachhaltige Bildungseffekte abzielt und somit das genaue Gegenteil des Konsums darstellt (vgl. Stiegler, 2008, S. 80). Bildung in diesem (bildungsphilosophischen) Sinne ist im Wesentlichen Selbst-Bildung[13] (Gaus, 2012, S. 58), worin sich das Ideal der Mündigkeit bzw. Zurechnungsfähigkeit verwirklicht. Ferner ist Mündigkeit „eine historische Errungenschaft" – wie es Stiegler (2008, S. 81) hervorhebt – und in diesem Kontext kann sie als das eigentliche Prinzip der Nachhaltigkeit verstanden werden, worin die Objektivierung des subjektiven Wissens als Übergang in den gesellschaftlichen Wissensvorrat wirksam wird. Der gesellschaftliche Wissensvorrat beinhaltet neben dem Alltagswissen ethische Normen und Werte auf Basis von intergenerationaler Vermittlung. Diese vorausgesetzte Ordnung bzw. Beziehung zwischen den Generationen wird im Zuge der technologischen Entwicklungen (Digitalisierung, Hypermedialisierung, KI) „rekonfiguriert", was ferner einen Verlust an Verantwortung sowie „Zerstörung der Sorge-Systeme" bewirkt (Stiegler, 2008, S. 56 f.; S. 80 f.). Der Einsatz der Bildung darf also nicht auf bloßen Kompetenzerwerb wie auch auf ein Funktionieren im technologischen Milieu reduziert werden, vielmehr erfordert es eine „Neu-Erfindung der Mündigkeit" (ebd. S. 80), welche die Voraussetzungen für eine reflexive Wende im Hinblick auf Intersubjektivität, Generativität und Umweltbewusstsein schafft.

## 5    Fazit und Ausblick

Der hier vorgestellte Ansatz geht davon aus, dass Handeln grundsätzlich nachhaltig ist, weil es in einen Gesamtkontext gesellschaftlicher und generativer Strukturen eingeschrieben ist, worin es wirksam wird. Im Kontrast zur pauschalen wie inflationären Verwendung des Begriffs *Nachhaltigkeit,* der gleichsam in allen gegenwärtigen Lebens- und Konsumbereichen als normative Leitkategorie eingesetzt wird und u. a. Produkte, Mobilität oder Lebensmittelindustrie etikettiert, wird in diesem Beitrag ein Verständnis der sozialen Kategorie der Nachhaltigkeit hervorgehoben, die eng mit dem Aspekt der menschlichen Generativität

---

[12] Der Diskurs zur Nachhaltigkeitsvermittlung und -zielen im Kontext der Bildung für Nachhaltige Entwicklung – BNE (https://www.bne-portal.de/) und zur Bestimmung von Nachhaltigkeitskompetenz(en) muss kritisch im Hinblick auf die bloße Kompetenzorientierung geprüft werden. Zur fundierten Auseinandersetzung mit dem BNE-Konzept siehe den Beitrag von Onnen und Stein-Redent in diesem Band.

[13] Zur Differenzierung der Begriffe und Konzepte ‚Bildung', ‚Erziehung' und ‚Sozialisation' wird auf den Beitrag von Gaus (2012) verwiesen.

zusammenhängt. Daraus folgt, dass Nachhaltigkeit primär aus sozialer Interaktion resultiert, worin sich ein intergenerativ generiertes Wissen reproduziert und so gesellschaftlich relevant wird. Ferner sind Relevanzsysteme nachhaltig wirksam, weil sie eine soziale Verbindlichkeit schaffen und normsetzend sind.

Ein sozialphänomenologischer Ansatz zielt also auf die impliziten Mechanismen des sozialen Zusammenwirkens und verweist auf die konkrete Lebens- bzw. Konsumwelt im Sinne eines deskriptiven Zugangs zur Intersubjektivität. Im Hinblick auf soziale Verflechtungen könnten weitere methodologische Anknüpfungen zu Konsum als Praxis der Subjektivierung, praxistheoretische Ansätze zu Konsumhandeln und Habitus, Lebensstil, Intentionalität sowie Umweltbewusstsein hergestellt werden. In dieser Perspektivierung werden die vielfältigen Strukturmomente und Lebensformen darstellbar, die sich u. a. auf Wissensbestände, Handlungsabläufe sowie auf Denk- und Wahrnehmungsmuster beziehen. Damit bildet die Analyse subjektiver bzw. generativer Ordnungen und Orientierungen in einer komplexen Welt den Leitfaden hinsichtlich der Frage nach relevanten Gelegenheitsfenstern im Herausbilden eines Verhaltens von sozialer Nachhaltigkeit.

## Literatur

Adam, B. (2013). Sustainability and Gender from a Time-ecological Perspective. In S. Hofmeister et al. (Hrsg.), *Geschlechterverhältnisse und Nachhaltigkeit. Die Kategorie Geschlecht in den Nachhaltigkeitswissenschaften* (S. 304–312). Budrich.

Althusser, L. (1977). Ideologie und ideologische Staatsapparate. Anmerkungen für eine Untersuchung. In L. Althusser (Hrsg.), *Ideologie und ideologische Staatsapparate. Aufsätze zur marxistischen Theorie* (S. 108–153). VSA.

Bauman, Z. (2009). *Leben als Konsum.* Hamburger Edition.

Bongaerts, G. (2008). Verhalten, Handeln, Handlung und soziale Praxis. In J. Raab et al. (Hrsg.), *Phänomenologie und Soziologie. Theoretische Positionen, aktuelle Problemfelder und empirische Umsetzungen einen umfassenden Überblick über die aktuelle Debatten und Themenfelder* (S. 223–232). Springer VS.

Cannaday, T. (2018). *Mündigkeit. Eine Praxis der Selbst- und Mitbestimmung.* Campus.

Bohn, C., Fuchs, D., Kerkhoff, A., & Müller, C. (Hrsg.) (2019). *Gegenwart und Zukunft sozial-ökologischer Transformation.* Nomos.

Depraz, N. (2012). *Phänomenologie in der Praxis. Eine Einführung.* Alber.

Endreß, M., & Renn, J. (2004). *Einleitung der Herausgeber.* In A. Schütz, *Der sinnhafte Aufbau der sozialen Welt. Eine Einleitung in die verstehende Soziologie.* Werkausgabe Bd. II. (S. 8–66). UTB.

Foucault, M. (1974). *Die Ordnung der Dinge – Eine Archäologie der Humanwissenschaften.* Suhrkamp.

Foucault, M. (1981). *Archäologie des Wissens.* Suhrkamp.

Franck, A. (2019). Wie klimaschädlich sind Kinder wirklich? Quarks online. https://www. quarks.de/umwelt/klimawandel/wie-klimaschaedlich-sind-kinder-wirklich/. Zugegriffen: 3. März 2022.

Franzen, J. (2020). *Wann hören wir auf, uns etwas vorzumachen?* Rowohlt.

Gaus, D. (2012). Bildung und Erziehung – Klärungen, Veränderungen und Verflechtungen vager Begriffe. In W. Stange et al. (Hrsg.), *Erziehungs- und Bildungspartnerschaften* (S. 57–66). Springer VS.

Grunwald, A., & Kopfmüller, J. (2012). *Nachhaltigkeit: Eine Einführung* (2. Aufl.). Campus.

Heidegger, M. (1993 [1927]). *Sein und Zeit.* Max Niemeyer.

Hillebrandt, F. (2014). *Soziologische Praxistheorien. Eine Einführung.* Springer VS.

Hillebrandt, F. (2016). Ökonomische Praxis. Zur überraschenden Verbindlichkeit des Tauschens. In T. Bedorf & S. Herrmann (Hrsg.), *Das soziale Band. Geschichte und Gegenwart eines sozialtheoretischen Grundbegriffs* (S. 262–292). Campus.

Hubrich, M. (2013). *Körperbegriff und Körperpraxis. Perspektiven für die soziologische Theorie.* Springer VS.

Husserl, E. (1986). *Die Phänomenologie der Lebenswelt. Ausgewählte Texte II.* Reclam.

Husserl, E. (1952). *Ideen zu einer reinen Phänomenologie und phänomenologischen Philosophie II.* In M. Biemel (Hrsg.), *Husserliana IV.* Nijhoff.

Jonas, H. (2004). *Leben, Wissenschaft, Verantwortung. Ausgewählte Texte.* Reclam.

Loske, R. (2015). *Politik der Zukunftsfähigkeit. Konturen einer Nachhaltigkeitswende.* Fischer.

Merleau-Ponty, M. (1966). *Phänomenologie der Wahrnehmung.* De Gruyter.

Meyer-Drawe, K. (2001). *Leiblichkeit und Sozialität phänomenologische Beiträge zu einer pädagogischen Theorie der Inter-Subjektivität.* Fink.

Orlikowski, A. (2016a). Leib, Ausdruck und Sozialität. In A. Gniazdowski (Hrsg.) *Phenomenology and Social Sciences. Archive of the History of Philosophy and Social Thought* (Vol. 61/2016a), (S. 165–178). Institute of Philosophy and Sociology of the Polish Academy of Sciences.

Orlikowski, A. (2016b). Phänomenologie als Rückgang auf das Prä-Reflexive. In M. Ates et al. (Hrsg.), *Überwundene Metaphysik? Beiträge zur Konstellation von Phänomenologie und Metaphysikkritik* (S. 102–117). Alber.

Orlikowski, A. (2019). Leib als Ausdruck oder der performative Charakter der Existenz: Merleau-Ponty und Butler. In M. Brinkmann et al. (Hrsg.) *Leib – Leiblichkeit – Embodiment. Pädagogische Perspektiven auf eine Phänomenologie des Leibes* (S. 123–138). Springer VS.

Raab, J., Pfadenhauer, M., Stegmaier, P., Dreher, J., & Schnettler, B. (Hrsg.). (2008). *Phänomenologie und Soziologie. Theoretische Positionen, aktuelle Problemfelder und empirische Umsetzungen einen umfassenden Überblick über die aktuellen Debatten und Themenfelder.* Springer VS.

Schües, C. (2008). *Philosophie des Geborenseins.* Alber.

Schütz, A., & Luckmann, T. (2003). *Strukturen der Lebenswelt.* UTB.

Schütz, A. (2004). *Der sinnhafte Aufbau der sozialen Welt. Eine Einleitung in die verstehende Soziologie.* Werkausgabe Bd. II. UTB.

Seidl, I., & Zahrnt, A. (Hrsg.). (2010). *Postwachstumsgesellschaft. Konzepte für die Zukunft.* Metropolis Verlag.

Shchyttsova, T. (2016). *Jenseits der Unbezüglichkeit. Geborensein und intergenerative Erfahrung.* Orbis Phaenomenologicus Studien (Bd. 42). Königshausen & Neumann.

Herzog, S. (Hrsg.). (2021). *Das Thema Nachhaltigkeit – Eine Leerstelle in Biografien? Ein Generationenvergleich.* Beltz Juventa.

Srubar, I. (2007). *Phänomenologie und soziologische Theorie. Aufsätze zur pragmatischen Lebenswelttheorie.* Springer VS.

Stiegler, B. (2008). *Die Logik der Sorge. Verlust der Aufklärung durch Medien und Technik.* Suhrkamp.

Stiftung für die Rechte zukünftiger Generationen [SRZG] (Hrsg.). (2003). *Handbuch Generationengerechtigkeit.* Oekom. https://generationengerechtigkeit.info/.

Waldenfels, B. (2005). *In den Netzen der Lebenswelt* (3. Aufl.). Suhrkamp.

Waldenfels, B. (2013 [2000]). *Das leibliche Selbst. Vorlesungen zur Phänomenologie des Leibes.* 5. Aufl. Suhrkamp.

Wallaschkowski, S. (2019). *Die Entstehung des modernen Konsums. Entwicklungslinien von 1750 bis heute.* Springer Nature.

Zahavi, D. (2007). *Phänomenologie für Einsteiger.* Fink.

**Anna Orlikowski** Dr. phil., studierte Philosophie, Pädagogik und Kunstpädagogik an der Bergischen Universität Wuppertal; 2010 promovierte sie am Philosophischem Seminar im Bereich der französischen Phänomenologie: Merleau-Pontys Weg zur Welt der rohen Wahrnehmung (2012). Seit mehr als 10 Jahren arbeitet sie als Wissenschaftlerin u. a. an der Bergischen Universität Wuppertal, Universität Bielefeld und Hochschule Ostwestfalen-Lippe in Lehre und Forschungsprojekten. Zurzeit ist sie wissenschaftliche Mitarbeiterin im Fach Sozialwissenschaften an der Universität Vechta und verantwortet strukturierte Nachwuchsförderung. Ihre Forschungsschwerpunkte sind: Phänomenologie, Phänomenologische Soziologie und Gender Studies. Themen: Intersubjektivität, Leiblichkeit, Generativität.

# Räume nachhaltigen Pro*Sums? Urbane Gärten als Zwischenräume nutzen und gestalten

Tanja Mölders

> *„All diese harmlos wirkenden Praxen sind der Versuch, Dinge wieder zusammenzubringen, die zuvor getrennt wurden: Produktion von Konsum, Stadt von Land, Kultur von Natur."*
>
> (Müller, 2013, S. 150)

## 1 Einleitung: Urbane Gärten als raum-zeitliche Gelegenheitsfenster

Gärten waren und sind ein raumprägendes Element von (Groß-)Städten. Im historischen Rückblick wurde die subsistente Produktion von Nahrungsmitteln in der Stadt immer dann besonders bedeutsam, wenn die Bewohner*innen aufgrund von schlechten Lebens-, Wohn- und Arbeitsbedingungen in die ‚Krise' gerieten. Auch in Deutschland kann mit den sozialreformerischen Ansätzen von Schrebergärten und Gartenstädten auf eine lange Tradition von Gärten in der Stadt zurückgeblickt werden. Urban Gardening ist mit diesen frühen Bewegungen jedoch diskursiv mehr oder weniger unverbunden und hat seinen Ursprung in den USA. Hier initiierten migrantische Communities in den 1980er und 1990er Jahren Gärten in Metropolen. Auch sie reagierten damit auf eine ‚Krise des Urbanen', die nicht mehr industriell, sondern *post*industriell verfasst ist: Kritisiert wird die neoliberale Stadt, die zu sozialer Segregation und Verwahrlosung führt und die Aneignungsmöglichkeiten von Stadt(-grün) einschränkt (Kumnig et al., 2017). Die Urban

T. Mölders (✉)
ARL – Akademie für Raumentwicklung in der Leibniz-Gemeinschaft, Hannover, Deutschland
E-Mail: tanja.moelders@arl-net.de

C. Onnen (Hrsg.), *Gelegenheitsfenster für nachhaltigen Konsum*,
https://doi.org/10.1007/978-3-658-37543-0_4

Gardening-Bewegung wurde auch in Deutschland aufgegriffen: Ebenfalls vor dem Erfahrungshintergrund der Migration und einem interkulturellen Gartenprojekt in Göttingen, entstanden seit den 1990er Jahren zunächst „interkulturelle urbane Gemeinschaftsgärten". Seit den 2000er Jahren etablierten sich in vielen deutschen Städten mehr und mehr junge, urbane, künstlerische und (manchmal) „gestylte" Gemeinschaftsgärten (van Dyck et al., 2017, S. 88).

In Urban Gardening-Diskursen werden die Gärten vielfach als „Experimentier-räume" adressiert (z. B. Gardening Manifest, 2014). Experimentiert wird dabei mit ‚Natur', indem gesät, gepflanzt, gepflegt – eben gegärtnert wird. Experi-mentiert wird aber auch im Bereich des Sozialen, denn als Gemeinschaftsgärten fordern urbane Gärten dazu heraus, Commoning-Prozesse zu gestalten und so das gemeinsame Gärtnern selbst zu organisieren.[1] Ein solches Verständnis von urbanen Gärten als sozial-ökologisches Phänomen, in denen Menschen sich über ihre Tätigkeiten sowie auch über Bedeutungszuschreibungen mit einer – zugleich selbst tätigen – ‚Natur' in Beziehung setzen und so ihre gesellschaftlichen Natur-verhältnisse bewusst nachhaltig zu gestalten versuchen, verweist auf die Funktion dieser Gärten als Gelegenheitsfenster für nachhaltige (Stadt-)Entwicklung. Dabei leisten sie auch einen konkreten Beitrag zum nachhaltigen Konsum, indem sie die Erfüllung materieller (z. B. Nahrungsmittel) sowie immaterieller (z. B. Erholung, Gemeinschaft) Grundbedürfnisse erfüllen und das Gärtnern so selbst zu einer Konsumpraxis wird. Die Gelegenheit ist dabei sowohl durch eine räumliche als auch durch eine zeitliche Komponente charakterisiert: Vielfach handelt es sich um temporäre (Zwischen-)Nutzungen auf Stadtbrachen. Mit den Gärten werden so ehemalige Nutzungen sowohl auf der Ebene des Materiellen (z. B. „Hochbeete statt Parkplätze") als auch auf der Ebene des Symbolischen (z. B. „Bedürfnisori-entierung statt Gewinnmaximierung") überschrieben. Dass die Gärten vielfach nicht ‚verwurzelt', sondern über Pflanzungen in beweglichen Beeten, Kübeln oder sonstigen Gefäßen mobil sind, unterstreicht die ihnen eigene raum-zeitliche Flexibilität: Wenn das eine Gelegenheitsfenster sich schließt, ist es möglich ‚um-zuziehen' und so einen anderen Stadtraum ‚neu' zu gestalten (Müller, 2013, S. 146 f.).

---

[1] Entsprechend kategorisiert Eizenberg (2017, S. 34) Gemeinschaftsgärten als „Ausdrucks-form real existierender urbaner *Commons*", die sie – mit Verweis auf De Angelis (2003) – durch vier Kernmerkmale charakterisiert sieht: Urbane Commons werden hergestellt, bieten eine Reihe von Qualitäten, die für den Lebensunterhalt bedeutsam sind, erfüllen soziale Bedürfnisse in einer nicht kommodifizierten Art und erfordern Gemeinschaften (Eizenberg, 2017, S. 36). Als Räume lassen sie sich weder als öffentlich noch als privat charakterisieren (Eizenberg, 2017, S. 36).

In meinem Beitrag werde ich diese räumliche Perspektive auf Gelegenheitsfenster für nachhaltigen Konsum am Beispiel des Urban Gardenings ausarbeiten. Dazu schließe ich an eigene Vorarbeiten zum Thema Urban Gardening im Kontext nachhaltiger (Stadt-)Entwicklung (z. B. Mölders & Kühnemann, 2017; Mölders, im Erscheinen) sowie zur Bedeutung der Kategorie Raum für die Transformations- und Nachhaltigkeitsforschung an (z. B. Mölders, 2017; Levin-Keitel et al., 2018). Der erkenntnisleitenden Frage, inwiefern urbane Gärten Gelegenheitsfenster für nachhaltigen Konsum darstellen, gehe ich nach, indem ich nachhaltige Entwicklung aus einer sozial-ökologischen Perspektive als eine Entwicklung begreife, die die soziale und ökologische Reproduktionsfähigkeit von Menschen und Natur sicherstellt. Dazu beziehe ich mich auf den Forschungsansatz (Re)Produktivität, wie er von Biesecker und Hofmeister (2006) für die sozial-ökologische Nachhaltigkeitsforschung entwickelt wurde. Neben den Kategorien Raum und Natur wird damit die Kategorie Geschlecht als eine analytische Kategorie zur Dechiffrierung von Dichotomisierungen und Hierarchisierung gesellschaftlicher Raum- und Naturverhältnisse bedeutsam (Mölders, 2017). Vor dem Hintergrund dieser Positionierungen lassen sich zwei Annahmen formulieren, die meine Überlegungen im Folgenden anleiten: Erstens gehe ich davon aus, dass eine sozial-ökologisch fundierte räumliche Perspektive dabei hilft, Gelegenheitsfenster für nachhaltigen Konsum zu erkennen und zu gestalten. Zweitens gehe ich mit dem Ansatz (Re)Produktivität davon aus, dass Gelegenheiten für nachhaltigen Konsum insbesondere dort be- und entstehen, wo sicher geglaubte gesellschaftliche Raum- und Naturverhältnisse irritiert werden und die Möglichkeit besteht, sie ‚neu' zu arrangieren.

In Abchnitt 2 stelle ich zunächst die räumlichen Implikationen urbaner Gärten dar, um daran anschießend ihren Beitrag zu einer Transformation gesellschaftlicher Naturverhältnisse sowie von Stadt-Land-Verhältnissen zu beleuchten. Abschn. 3 formuliert mit dem Ansatz (Re)Produktivität eine sozial-ökologisch begründete Analyseperspektive auf nachhaltigen Konsum. Der Beitrag schließt mit einem Fazit und Ausblick, in denen nach den theoretischen und politischen Konsequenzen der formulierten Erkenntnisse gefragt wird.

## 2    Urbane Gärten als Räume sozial-ökologischer Transformation

Mit der Zunahme von urbanen Gärten hat sich auch die wissenschaftliche Auseinandersetzung mit diesem Phänomen intensiviert. Vor dem Hintergrund verschiedener disziplinärer Zugänge, die jeweils spezifische Konzepte und Fragestellungen verfolgen, haben sich unterschiedliche thematische Schwerpunktsetzungen, Perspektiven und Positionen entwickelt (vgl. für einen Überblick z. B. Müller, 2012a; Kumnig et al., 2017; Certomà et al., 2019). Obwohl in vielen Arbeiten die räumliche Dimension der Gärten angesprochen wird, sind explizit raumwissenschaftliche – und vor allem raumtheoretische – Überlegungen zu urbanen Gärten eher selten. Eine Ausnahme bilden beispielsweise die humangeographischen Arbeiten von Milbourne (2012, 2018), die planungstheoretischen Arbeiten von Sondermann (2015, 2017) sowie Arbeiten, die urbane Gemeinschaftsgärten mit der Produktion von Raum nach Lefebvre verbinden (z. B. Eizenberg, 2017; Haderer, 2017). Deutlich wird, dass urbane Gärten auf unterschiedlichen räumlichen Skalen Wirksamkeit entfalten: Einerseits wird auf globale sozial-ökologische Krisen reagiert oder die urbanen Gärtner*innen vernetzen sich international. Andererseits sind die Projekte lokal verortet und stark in das unmittelbare sozial-räumliche Umfeld eingebunden. Als Orte in städtischen Räumen leisten die Gärten so Beiträge zum *place-making* und zur räumlichen Identität (Milbourne, 2018, S. 918 f.). Außerdem zeigen sich konzeptionelle Verbindungen zwischen gesellschaftlichen Natur- und Raumverhältnissen: Das vermittlungstheoretische Verständnis von Natur und Gesellschaft als gesellschaftliche Naturverhältnisse spiegelt sich in einem relationalen Raumverständnis, das materiell-physische und diskursiv-symbolische Raumeigenschaften miteinander zu verbinden sucht (Mölders, 2017).

Anschließend an ein Verständnis von urbanen Gärten als gesellschaftliche Raumverhältnisse (Mölders & Kühnemann, 2017, Mölders im Erscheinen) werden im Folgenden zwei Diskursstränge skizziert, in denen Perspektiven und Positionen in Bezug auf urbane Gärten als Räume sozial-ökologischer Transformation deutlich werden: Dies ist erstens die Transformation gesellschaftlicher Naturverhältnisse (Abschn. 2.1) und zweitens die Transformation von Stadt-Land-Verhältnissen (Abschn. 2.2). Fragen nachhaltigen Konsums sind – insbesondere über die Thematisierung von Ernährungssystemen und -politiken – in diese Diskursstränge implizit und explizit eingeschrieben und werden entsprechend herausgearbeitet. In einem Zwischenfazit (Abschn. 2.3) werden die skizierten Transformationsprozesse zusammengeführt, indem die urbanen Gärten als Zwischenräume konzeptualisiert werden.

## 2.1 Transformation gesellschaftlicher Naturverhältnisse

Urbane Gärten sind ein viel zitiertes Beispiel, wenn es um ‚Natur in der Stadt' geht. Dabei sind Gärten ein sozial-ökologisches Phänomen per se – „the garden represents a powerful *idea,* providing a space of possibilities and permitting the construction of new sets of relations between nature, society and culture, as well as different arrangements of power" (Milbourne, 2018, S. 915). Damit verbindet sich in Gärten das sozial-ökologische Vermittlungsverhältnis zwischen Natur und Gesellschaft mit dem räumlichen Vermittlungsverhältnis von physischen Raumeigenschaften und sozialen Raumkonstruktionen: Räume sind Ausdruck gesellschaftlicher Naturverhältnisse, die so (empirisch) lesbar werden (Forschungsverbund „Blockierter Wandel?", 2007, S. 32; Mölders, 2010, S. 93).

In der Literatur werden urbane Gärten vielfach als ein Ausdruck für die Transformation gesellschaftlicher Naturverhältnisse diskutiert, mit der die moderne Natur-Kultur-Dichotomie und die darin eingeschriebenen Zuweisungen von Körper versus Geist, Objekt versus Subjekt etc. überwunden bzw. „das Verhältnis von Kultur und Natur in vielversprechender Weise neu verhandelt und vergesellschaftet" wird (Müller, 2012b, S. 22; auch Müller, 2013, S. 149 f., 2017; Kropp, 2012). Indem Natur in der Gestalt von Gemüse- und Zierpflanzen, Boden und Insekten in die Stadt – als vermeintlichem Kulturraum – geholt wird, entstehen „hybride Räume" (Müller, 2013, S. 147; Kropp, 2012, S. 83) in Form von NaturKulturRäumen (Mölders, 2010). „Was im Garten dann als ‚Natur' und was als ‚Stadt' zu betrachten ist, wäre eine Frage der Gestaltungsspielräume und der Mischverhältnisse" (Kropp, 2012, S. 81). Bedeutsam für diese Transformation der gesellschaftlichen Naturverhältnisse ist auch die Praxis des Upcyclings (Müller, 2013, 2017; Werner, 2012). Indem Dinge, die gemäß der industriellen Logik verbraucht und wertlos sind, als Pflanzgefäße, Gartenmöbel oder Kunst in den Gärten zum Einsatz kommen und so (wieder) in Wert gesetzt werden, wird der Versuch unternommen, die Gärten nicht als Orte ‚heiler' oder ‚reiner' Natur abzugrenzen, sondern vielmehr mit der Stadt und ihren (Abfall-)Produkten zu verbinden bzw. diese mit neuen (Be-)Deutungen zu belegen.

Diese Transformation gesellschaftlicher Naturverhältnisse von der neuzeitlichen Unterscheidung zwischen Natur und Kultur hin zu einem Natur-Kultur-Kontinuum (Müller, 2013, S. 149 f.) verbindet sich sowohl auf der materiell-physischen als auch auf der diskursiv-symbolischen Ebene mit Fragen nachhaltigen Konsums: Angestrebt wird eine Transformation weg vom industriellen Massenkonsum und kommerziellen Konsumzwang hin zu einer Wertschätzung der kleinbäuerlichen Wirtschaft, der Subsistenzproduktion und der Wiederverwertung. Es soll eine Logik erfahren und eingeübt werden, „die nicht auf Verwertung,

sondern auf Versorgung ausgerichtet ist" (Müller, 2017, S. 398). Dabei spielt der
Anbau von Gemüse – sowie auch der interkulturelle Erfahrungsaustausch über
Sorten und Verwertungspraktiken – eine zentrale Rolle. Das (gemeinsame) Gärtnern wird als Begegnung mit und Erfahrung von Naturprozessen begriffen – eine
Natur, die einen Beitrag zum Funktionieren der (ökologischen) Stadtnatur leistet
und zugleich Lebensmittel für unseren Konsum zu produzieren vermag. Müller
(2013, S. 146) beschreibt die gärtnerischen Praktiken in urbanen Gärten als Teil
einer Selbstermächtigung und unterscheidet sie – insbesondere mit Blick auf den
darin eingeschriebenen Umgang mit Natur – kategorisch von jenen gärtnerischen
Praktiken wie sie im Kleingarten betrieben werden, „der eindeutig in der Kontinuität einer industriegesellschaftlichen Kolonialisierung der Natur steht" (Müller,
2017, S. 394). Sie argumentiert, dass der Gemeinschaftsgarten des neuen Typs
mit diesen Herrschaftstechniken breche.

## 2.2   Transformation von Stadt-Land-Verhältnissen

Die Kultur-Natur-Dichotomie ist unmittelbar mit einer weiteren zentralen Dicho-
tomie der europäischen Moderne verbunden: der Trennung von Stadt und Land.
Und auch diese Trennung wird – so die Argumentation innerhalb von Urban Gardening Diskursen – durch die neuen urbanen Gemeinschaftsgärten infrage gestellt
oder sogar aufgelöst (z. B. Müller, 2012b, 2013, S. 23; Bohn & Viljoen, 2012).
In Auflösung begriffen ist damit eine Zuweisung von Nahrungsmittelproduktion
in den ländlichen Raum gegenüber der Stadt als Raum des Konsums. Stattdessen
werden die urbanen Gärten als „Produktive Stadtlandschaft" (Brückner, 2016)
verstanden, die die Produktion von Nahrungsmitteln jenseits ihrer industriellen
Massenproduktion (zurück) in die Stadt holen. Betont wird, dass es dabei nicht
um eine Romantisierung des Ländlichen gehe, sondern darum, den städtischen
Raum zu einem Ort des guten Lebens für alle zu machen. Müller (2013) spricht
von „Sehnsuchtsstadt statt Landlust": „Hier geht es nicht um eine verklärende
Romantisierung des Landes vom sicheren Hafen der Stadt aus, hier geht es vielmehr um die Sehnsucht nach einer Stadt, die das Land nicht ausbeutet und
vergiftet, sondern die es wertschätzt und mit ihm kooperiert, einer Stadt auch,
die facettenreicher erlebt werden will und die als pluraler Lebensraum inszeniert
wird, und zwar jenseits von Investorenkonzepten und auch jenseits postfordis-
tischer Verwaltungskonstrukte" (Müller, 2013, S. 144). Das Selbstverständnis
urbaner Gärten als hybride NaturKulturRäume lässt sich aus dieser Perspektive
um ein Verständnis als StadtLandRäume erweitern.

Auch die Transformation von Stadt-Land-Verhältnissen verbindet sich mit Fragen des nachhaltigen Konsums. Verschiedene Autor*innen argumentieren aus einer an landwirtschaftlicher Praxis und Ernährungssouveränität orientierten Perspektive (z. B. Müller, 2012b; Lohrberg, 2012; Dams, 2012; van Dyck et al., 2017). Dabei wird einerseits deutlich, was auch zu Beginn des vorliegenden Beitrags angemerkt wurde: Gärten haben schon immer zur Stadt gehört und einen Beitrag zur Ernährung der städtischen Bevölkerung geleistet. Andererseits grenzen einige Autor*innen insbesondere die Klein- und Schrebergärten als „Gärten der Industriemoderne" kategorisch von den neuen urbanen Gemeinschaftsgärten als „Gärten der Reflexiven Moderne" ab (Kropp, 2012): Während die ersten Orte der Grenzziehung und Unterscheidung seien, in denen „eine strenge Ordnung des Entweder-oder herrscht" (Kropp, 2012, S. 79) präsentierten die zweiten die „bunte Welt urbaner Mischformen" (Kropp, 2012, S. 80). Sie sind damit kein „Refugium jenseits der lauten Stadt" wie es die Kleingärten sind und waren (Müller, 2017, S. 393). Hinsichtlich der Versorgung mit Lebensmitteln durch urbane Gärten im Sinne einer Ernährungssouveränität merkt Müller (2017, S. 398 f.) an, dass es zunächst nicht darum ginge, ob eine Stadt durch Urban Gardening ernährt werden könne, sondern darum, „die Nahrungsmittelfrage" zu einer zentralen gesellschaftlichen Frage zu machen.

## 2.3    Erstes Zwischenfazit: Urbane Gärten als Zwischenräume

Die Ausführungen zur Transformation gesellschaftlicher Natur- sowie Stadt-Land-Verhältnisse haben den hybriden Charakter urbaner Gärten deutlich gemacht: Die Gärten stellen sich als NaturKulturRäume und als StadtLandRäume dar, d. h. als Räume, die sicher geglaubte Trennungen irritieren und – auch bezogen auf das (Raum-)Verhältnis öffentlich und privat – den Blick auf das „Dazwischen" lenken (vgl. dazu auch Milbourne, 2018). Diese Hinwendung zum Zwischenraum zeigt sich auch für die Trennung von Produktion und Konsum. Indem urbane Gärten Räume sind, in denen Menschen Nahrungsmittel sowohl anbauen als auch ernten und verwerten, lassen sie sich als ProduktionKonsumRäume – als Räume des Pro*Sums – begreifen. Aus nachhaltigkeitswissenschaftlicher Perspektive stellt sich die Frage, ob solche hybriden Räume ‚nachhaltiger' sind als solche Räume, die an modernen Trennungen festhalten, die also – um mit Latour zu sprechen – „gereinigt" sind.

In einer ersten Annäherung an diese Frage lässt sich, im Anschluss an die feministische Nachhaltigkeitsforschung, festhalten, dass solcherart Zwischenräume dann als nachhaltig zu qualifizieren sind, wenn sie die Auf- und Abwertungen, d. h. die in Dichotomisierungen vielfach eingeschriebenen macht- und herrschaftsförmigen Zuweisungen überwinden (Forschungsverbund „Blockierter Wandel?", 2007). Dann steht die ‚reproduktive Natur' der ‚produktiven Gesellschaft' ebenso wenig gegenüber, wie das ‚rückschrittliche Land' der ‚vorwärtsgewandten Stadt'. Vielmehr geht es darum, die „neuen Bezogenheiten" (an)zuerkennen, die zwischen den Sphären be- und entstehen (Forschungsverbund „Blockierter Wandel?", 2007, S. 134 ff.). Trotz dieser vermittelnden, integrativen Funktion sind Zwischenräume keineswegs ‚Orte der Harmonie', sondern von Nutzungs- und Zielkonflikten durchzogen (Forschungsverbund „Blockierter Wandel?", 2007, S. 135). Solcherart Konflikte demokratisch auszutragen und zwischen Laien und Expert*innen, zwischen ehren- und hauptamtlich Tätigen etc. zu vermitteln, macht Zwischenräume im Allgemeinen und die urbanen Gärten im Besonderen zu politischen Räumen.

## 3    Nachhaltiger Konsum als (re)produktionstheoretische Verhältnisbestimmung

Nachhaltigkeit – genauer nachhaltige Entwicklung – ist ein wissenschaftlich und politisch diskursiv umkämpfter Begriff, den es konzeptionell zu füllen gilt, wenn er nicht zu einer ‚Leerformel' verkommen soll. Dabei sind Versuche, nachhaltige Entwicklung über die Formulierung von Indikatoren und quantitativen Zielvorgaben zu bestimmen, insbesondere aus Perspektive kritischer Wissenschaft nicht unumstritten, wie zuletzt die Debatte um die Sustainable Development Goals zeigte (Liverman, 2018). Trotz der vielfältigen und zum Teil widersprüchlichen Deutungen von nachhaltiger Entwicklung zwischen ökologischer Modernisierung und radikalem gesellschaftlichem Umbau, bilden die Orientierung am Gerechtigkeitspostulat (intra- und intergenerationelle Gerechtigkeit) und am Integrationsgebot (gemeinsame Betrachtung ökologischer, sozialer und ökonomischer Krisen) zentrale Referenzpunkte der Debatte. In diese normativen Orientierungen sind Bezüge zur Kategorie Geschlecht explizit und implizit eingeschrieben. So verbindet sich die Forderung nach einer intragenerationellen, d. h. alle heute lebenden Menschen einschließenden Gerechtigkeit unmittelbar mit der Forderung nach Geschlechtergerechtigkeit. Außerdem stellt die Kategorie Geschlecht eine Integrationsdimension dar, die auf individueller, struktureller und prozeduraler Ebene in die Themenbereiche nachhaltiger Entwicklung hineinwirkt und deren Interdependenzen verdeutlicht. Entsprechend wurden eine Reihe Forschungsbereiche und -ansätze entwickelt, in denen Geschlechterperspektiven auf Nachhaltigkeit theoretisch und empirisch ausgearbeitet sind (für eine Übersicht vgl. Hofmeister et al., 2013). An diese Vorarbeiten anknüpfend wird im Folgenden der sozial-ökologisch orientierte Ansatz (Re)Produktivität vorgestellt (Abschn. 3.1) und auf das Themenfeld nachhaltiger Konsum angewendet (Abschn. 3.2). In einem Zwischenfazit (Abschn. 3.3) wird diskutiert, inwiefern urbane Gärten als (re)produktive Räume zu interpretieren sind.

## 3.1 Nachhaltigkeit aus (re)produktionstheoretischer Perspektive

Mit der Kategorie (Re)Produktivität haben Biesecker und Hofmeister (z. B. 2006, 2013, 2015) aus ökonomischer und umweltwissenschaftlicher Perspektive zur Konkretisierung der Verbindungen zwischen gesellschaftlichen Natur- und Geschlechterverhältnissen und damit zur Formulierung eines feministischen Nachhaltigkeitsverständnisses beigetragen. Ausgangspunkt ihres Ansatzes ist die Kritik an der Trennung einer produktiven, d. h. ökonomisch in Wert gesetzten von einer ‚reproduktiven'[2], d. h. ökonomisch nicht in Wert gesetzten Sphäre. Aus einer sozial-ökologisch orientierten Perspektive beschreiben sie eine solche Trennung sowohl für den Bereich des Sozialen (Kategorie Geschlecht) als auch für den Bereich des Ökologischen (Kategorie Natur).

Die beiden Wissenschaftlerinnen arbeiten heraus, dass alle lebendigen Tätigkeiten (von Menschen und Natur) produktiv sind, dass also die Produktions-Reproduktions-Differenz ausschließlich im (markt-)ökonomischen System existiert (Biesecker & Hofmeister, 2006, S. 33). Damit wird die Kritik an der Trennung von Produktion und ‚Reproduktion' zu einer Ökonomiekritik – einer Kritik an der kapitalistischen Ökonomie der Industriemoderne. Dieses System setzt die (sozial) ‚weibliche Reproduktivität' ebenso wie die ‚natürliche Reproduktivität' als gegeben voraus, ohne sie (ökonomisch) in Wert zu setzen. Entsprechend diagnostizieren sie eine Gleichursprünglichkeit zwischen der sozialen Krise der ‚Reproduktionsarbeit' und der ökologischen Krise der Natur,

---

[2] Die Markierung von ‚Reproduktion' – und aller verwandten Begriffe – mit einfachen Anführungszeichen verdeutlicht die Annahme, dass es aus (re)produktionstheoretischer Sicht keine ‚Reproduktivität' jenseits von Produktivität gibt.

die zusammen in eine sozial-ökologische Krise münden: „Indem die ökonomische (Wert)Rationalität als ‚Reproduktives' alles von sich abspaltet, was die ökonomische (Verwertungs-)Praxis als Produktivität in sich hineinholt und (wieder)hervorbringt, werden gesellschaftliche Natur-/Geschlechterverhältnisse (in Einem) generiert, die der Erneuerung sowohl der physisch materiellen als auch der sozial lebensweltlichen Grundlagen künftigen Lebens und Wirtschaftens systematisch entgegenwirken" (Hofmeister, 2013, S. 130).

Mit ihrem Ansatz formulieren Biesecker und Hofmeister sowohl eine kritisch-analytische Perspektive auf die Trennung von Produktion und ‚Reproduktion' sowie die damit einhergehende Hierarchisierung der beiden Sphären als auch eine visionäre Perspektive, die nach Verbindungen von Produktion und ‚Reproduktion' in der Kategorie (Re)Produktivität fragt. Mit der Kategorie (Re)Produktivität wird der Blick auf die Produktivität des ‚Reproduktiven' gelenkt. Diese anzuerkennen und ihre Entfaltung dort zu ermöglichen, wo Prozesse und Produkte entstehen, die die Reproduktionsfähigkeit von ‚Natur' und Gesellschaft auch zukünftig sichern, ist eine Voraussetzung für nachhaltige Entwicklung, und zwar sowohl mit Blick auf Gesellschaft als auch mit Blick auf Natur.

Indem mit dem Ansatz (Re)Produktivität in kritischer sowie visionärer Perspektive auf zukünftige sozial-ökologische Folgen des gegenwärtigen Denkens und Handelns geblickt wird, ist er unmittelbar mit Fragen nachhaltigen bzw. vorsorgenden Wirtschaftens verbunden (Hofmeister, 2013, S. 132; Biesecker & Hofmeister, 2015, S. 88 f.). Hier fungiert (Re)Produktivität als eine „Vermittlungskategorie" (Biesecker & Hofmeister, 2015, S. 88 ff.) zwischen (ökonomisch) getrennten Sphären und leuchtet so solche Zwischenräume aus, wie sie im ersten Zwischenfazit (Abschn. 2.3) skizziert wurden. In Anlehnung an die Arbeiten des Netzwerks Vorsorgendes Wirtschaften[3] ist dabei die Orientierung an den Prinzipien „Vorsorge", „Kooperation" und „Orientierung am für das gute Leben Notwendigen" denk- und handlungsleitend.

## 3.2　Nachhaltiger Konsum als (re)produktiver Konsum

Wie lässt sich nachhaltiger Konsum konzeptualisieren, wenn ein (re)produktionstheoretisches Verständnis von Nachhaltigkeit zugrunde gelegt

---

[3] Im Netzwerk Vorsorgendes Wirtschaften arbeiten seit über 20 Jahren Wissenschaftlerinnen und Praktikerinnen am Entwurf einer ‚neuen' – an Geschlechtergerechtigkeit und Naturerhalt orientierten – Ökonomie (Biesecker et al., 2000; Netzwerk Vorsorgendes Wirtschaften, 2013; www.vorsorgendeswirtschaften.de).

wird? Wo verlaufen in Bezug auf Konsum welche Trennungen zwischen einer (geschlechtlich konnotierten) produktiven und einer ‚reproduktiven' Sphäre?

Antworten auf diese Fragen lassen sich insbesondere auf Basis der Arbeiten von Weller (u. a. 2004, 2013, 2020) formulieren, die das Forschungs- und Handlungsfeld Konsum im Forschungsbereich Gender & Environment theoretisch und empirisch untersucht hat und dabei unmittelbar auf das Kategorienpaar Produktion-Reproduktion Bezug nimmt: Sie entwickelt die Analyse von Produktions-Reproduktions-Differenzen als eine „Dekonstruktionsanalyse" (Weller, 2004, S. 47 ff.), mit der sich auf der strukturellen Ebene nach impliziten Geschlechterbezügen fragen lässt. Dabei wird deutlich, dass die Trennung von Produktion und ‚Reproduktion' unmittelbar mit der Trennung von Produktion und Konsum verbunden ist: Produktion gilt als produktiv, sozial männlich, öffentlich und mit Gestaltungsmacht ausgestattet. Konsum hingegen als ‚reproduktiv', sozial weiblich, privat und reagierend.

In Anerkennung und Kritik dieser Trennungen und darin eingeschriebener Hierarchisierungen adressiert nachhaltiger Konsum sowohl die Sphäre des Konsums als auch die Sphäre der Produktion – „im Englischen findet sich häufiger der eindeutigere, aber auch sperrigere Begriff Sustainable Consumption and Production (SCP)" (Weller, 2013, S. 287). Das Forschungs- und Handlungsfeld nachhaltiger Konsum umfasst mithin nachhaltige Produktions- und Konsummuster und adressiert ‚Prosumer*innen' als Akteur*innen, die zugleich Produzent*innen und Konsument*innen sind.

Insbesondere die Ergebnisse der Geschlechterforschung verdeutlichen jedoch, dass hierarchisierende Trennungen zwischen produktiven und ‚reproduktiven' Bereichen auch im Nachhaltigkeitskontext fest- und fortgeschrieben werden. So zeigt sich bei der Unterscheidung von Nachhaltigkeitsstrategien eine klare Zuordnung, wonach Effizienz- und Konsistenzstrategien der Produktion und Suffizienzstrategien dem Konsum zugeordnet werden – eine Zuordnung, die als Fortschreibung der „Trennung zwischen männlich gedachter Produktion und der dort verorteten Ressourceneffizienz einerseits und weiblich gedachtem Konsum und der dort verorteten Genügsamkeit andererseits" interpretiert werden kann (Weller, 2013, S. 288). Eine solche „Feminisierung der Umweltverantwortung" wurde bereits Anfang der 1990er Jahre am Beispiel der Hausmüllproblematik durch Schultz und Weiland beschrieben: Die Umweltforschung und -politik verschiebt einen Großteil der Umweltverantwortung in den privaten Bereich (Weller, 2004, S. 51 ff. mit Verweis auf Schultz & Weiland, 1991; Schultz, 1995), ohne dabei die „Krise der Reproduktionsarbeit" wahrzunehmen und anzuerkennen (Weller, 2004, S. 53 ff.).

Es bleibt festzuhalten, dass Gestaltung und Ermöglichung (re)produktiven Konsums keineswegs trivial sind und einer Reflexion sowie Revision gesellschaftlicher (Macht-)Strukturen bedürfen, wie sie etwa in die geschlechtliche Arbeitsteilung eingeschrieben sind. Pro*Sum – hier verstanden als (re)produktionstheoretisch konzeptualisierte Verbindung von Produktion und Konsum[4] – wirkt sich auch auf die Ausgestaltung der in Abschn. 3.1 vorgestellten Prinzipien Vorsorgenden Wirtschaftens aus: Die Orientierung an Vorsorge bedeutet, stets danach zu fragen, was die zukünftigen Produkte des gegenwärtigen Pro*Sumierens sind. Kooperation bedeutet, dass Produzent*innen und Konsument*innen, Expert*innen und Laien, öffentliche und private Akteur*innen als Pro*Sument*innen auf Augenhöhe zusammenarbeiten. Schließlich verbinden sich in der Orientierung am für das gute Leben notwendigen Suffizienzstrategien mit einem bedürfnisorientierten Ansatz, der die individuellen Lebenswirklichkeiten und Perspektiven der Pro*Sument*innen (be)achtet.

## 3.3  Zweites Zwischenfazit: Urbane Gärten als (re)produktive Räume?

Inwiefern lassen sich urbane Gärten als (re)produktive Räume interpretieren, d. h. als Räume, in denen die Produktivität der ,reproduktiven' Tätigkeiten von Menschen und Natur zum Ausdruck gebracht wird? In Abschn. 2 wurden urbane Gärten als Zwischenräume konzeptualisiert – als hybride Räume, die eine vermittelnde Position zwischen den modernen Trennungen von Kultur und Natur, Stadt und Land sowie Produktion und Konsum einnehmen. Wie in Abschn. 3.2 für die Dichotomisierung von Produktion und Konsum gezeigt wurde, ist in diese Trennungen die Produktions-Reproduktions-Differenz unmittelbar eingeschrieben: Kultur, Stadt und Produktion gelten als produktiv, während Land, Natur und Konsum in der ,reproduktiven' Sphäre verortet werden. Indem in urbanen Gärten diese Dichotomien und die darin eingeschriebenen Hierarchisierungen überwunden werden sollen, stellen sie (re)produktive Räume dar. Die von Müller (2013, S. 150) im Eingangszitat des vorliegenden Beitrags adressierten „harmlos wirkenden Praxen", lassen sich aus dieser Perspektive als (re)produktive Tätigkeiten interpretieren.

---

[4] Mit der (re)produktionstheoretischen Perspektive wird – markiert durch die Schreibweise Pro*Sum – eine spezifische Lesart auf Prosuming entwickelt, das allgemein die Verbindung von Verbrauch und Produktion (z. B. in der Person des/der Prosumer*in) beschreibt.

Eine solche (re)produktionstheoretische Nachhaltigkeitsperspektive auf urbane Gärten ist vergleichsweise neu und – insbesondere empirisch – wenig ausgearbeitet (vgl. auch Mölders im Erscheinen). Im deutschsprachigen Diskurs überwiegen subsistenztheoretische Betrachtungen, in denen der Beitrag des urbanen Gärtnerns zur bedürfnisorientierten (Selbst-)Versorgung sowie die damit verbundene Kritik an kapitalistischen Produktionsweisen und die Bedeutung des politischen Empowerments stark gemacht werden (z. B. Müller, 2012a). Die (re)produktionstheoretische Perspektive ergänzt diese subsistenztheoretische Orientierung und grenzt sich durch ihren kritischen Blick auf Trennungen zugleich von ihr ab. Dies gilt erstens für das zugrunde liegende Naturverständnis: Indem Natur als Produkt und Produktionsvoraussetzung vergangener und gegenwärtiger Wirtschaftsprozesse verstanden wird, wird der Blick auf jene NaturKultur-Hybride gerichtet, die eben nicht produktive Naturprozesse sind und die auch in ästhetischer Hinsicht vielfach nicht der Natur entsprechen, die wir (sehen) wollen. Auch in Urban Gardening-Diskursen wird explizit nicht die ländliche, schöne, außergesellschaftliche ‚Natur da draußen' adressiert. Und doch scheinen in dem Anliegen ‚Natur' in Form von Pflanzen, Tieren und Boden (wieder) in die Stadt zu holen, vielfach doch jene ‚gereinigten' Vorstellungen von Natur auf. Dies gilt insbesondere dort, wo urbane Gärten als Orte spiritueller Erfahrungen konzeptualisiert werden (z. B. Richard, 2012; Weber, 2012). Es wäre deshalb aufschlussreich zu untersuchen, inwieweit sich die von Hofmeister (2011, S. 178 f.) diagnostizierten modernen urbanen gesellschaftlichen Naturverhältnisse, wonach Natur und Gesellschaft einerseits physisch-materiell immer stärker miteinander vermittelt und aneinandergekoppelt werden und andererseits in kulturell-symbolischer Dimension die Trennung und Distanz zwischen Natur und Gesellschaft größer wird, durch das Urban Gardening überwunden oder fortgeschrieben wird.

Zweitens eröffnet der Ansatz (Re)Produktivität eine kritische Perspektive auf die Trennung von bezahlter (produktiver) und unbezahlter (‚reproduktiver') Arbeit. Da die Arbeit, die in urbanen Gärten geleistet wird, zum überwiegenden Teil als unbezahlte, also ‚reproduktive' Arbeit, geleistet wird, wäre auch hier zu diskutieren, inwieweit die etablierten Praktiken sicher geglaubte Trennungen tatsächlich irritieren oder – zumindest mit Blick auf (vergeschlechtliche) Arbeitsverhältnisse – gerade auf diese angewiesen sind.

Eine solche Diskussion der sozial-ökologischen Transformationspotenziale urbaner Gärten vor dem Hintergrund unterschiedlicher theoretischer Konzepte erscheint vielversprechend, um die Widersprüche und Zielkonflikte (z. B. zwischen ökologischen und sozialen Nachhaltigkeitsdimensionen), wie sie für Nachhaltigkeitsdiskurse und -praktiken kennzeichnend sind, verstehen und benennen zu können.

## 4    Fazit und Ausblick: Raum- und Geschlechterperspektiven auf nachhaltigen Konsum

In diesem Beitrag wurde eine raum- und geschlechtertheoretische Perspektive auf urbane Gärten als Gelegenheitsfenster für nachhaltigen Konsum gelegt. Dazu wurden urbane Gärten als raum-zeitliche Gelegenheitsfenster zur (Zwischen-) Nutzung und Gestaltung von Stadträumen adressiert, die einen Beitrag zur nachhaltigen (Stadt-)Entwicklung leisten könnten, indem versucht wird, moderne Trennungen und die darin eingeschriebene Produktions-Reproduktions-Differenz zu irritieren.

Abschließend möchte ich der Frage nach den theoretischen und politischen Konsequenzen einer solchen Perspektive nachgehen und schließe dazu an Überlegungen der räumlichen Transformationsforschung an, die sich mit Zugängen der Geschlechterforschung im Kontext nachhaltige Entwicklung verbinden lassen.

Ausgehend von einem relationalen, d. h. nach der Vermittlung zwischen materiell-physischen und diskursiv-symbolischen Raumeigenschaften fragenden, Raumverständnis weisen Levin-Keitel et al. (2018) der Kategorie Raum drei Funktionen zu: Erstens stellt ‚Raum‘ ein inter- und transdisziplinäres Brückenkonzept dar, in dem sich unterschiedliche disziplinäre sowie alltagsweltliche Zugänge treffen, miteinander verbinden oder in Konflikt geraten. Eine solche inter- und transdisziplinäre Integrationsperspektive spricht Weller (2020) auch der Kategorie Geschlecht zu. Diesem Verständnis folgend werden urbane Gärten zum Ausdruck gesellschaftlicher Natur- und Geschlechterverhältnisse. Hier materialisieren und symbolisieren sich Vorstellungen und Umgangsweisen mit Natur ebenso wie (vergeschlechtlichte) Arbeitsteilungen. Zweitens stellt Raum ein potenziell normatives Konzept dar. Indem Zielvorstellungen über die Raumgestalt und -nutzung, über Zugangsmöglichkeiten und Raumqualitäten formuliert werden, werden Räume zu Projektionsflächen normativer Orientierungen. Auch die kritische Analyse von (in Räumen eingeschriebene) Produktions-Reproduktions-Differenzen der Geschlechterforschung stellt eine normative Orientierung dar. Entsprechend lassen sich urbane Gärten als Sehnsuchtsorte begreifen – als Räume, in denen Menschen ihre gesellschaftlichen Natur- und Geschlechterverhältnisse so gestalten, wie sie heute und in Zukunft leben möchten. Drittens stellt Raum einen Handlungsansatz dar, denn Räume sind Prozesse und Produkte gesellschaftlicher Aushandlungen und Tätigkeiten – unser Denken und Handeln lässt sie (immer wieder neu) entstehen. Dem Verständnis *doing gender* folgend, werden auch Geschlechterverhältnisse im Handeln immer wieder neu konfiguriert. Urbane Gärten sind also Handlungs- und (normative) Aushandlungsräume in denen möglichst unterschiedliche Akteur*innen das gesellschaftliche Raumverhältnis Stadt – und damit auch die darin eingeschriebenen Natur- und Geschlechterverhältnisse – produzieren.

Es bleibt festzuhalten, dass die Kategorien Raum und Geschlecht sowohl auf der theoretisch-analytischen als auch auf der Ebene der Umsetzung Ansatzpunkte bieten, um nachhaltigen Konsum zu verstehen und zu gestalten. Dabei verdeutlicht die (re)produktionstheoretische Betrachtung die Komplexität der Debatte, die es schwierig macht, Denk- und Handlungsmuster per se als ‚nachhaltig' zu qualifizieren. So schließt die (re)produktionstheoretische Perspektive auf urbane Gärten einerseits an bestehende Diskurssträne an, die in urbanen Gärten einen Beitrag zur nachhaltigen Stadtentwicklung sehen, andererseits werden Positionierungen innerhalb von Urban Gardening-Diskursen irritiert und zum Widerspruch eingeladen. Dies gilt insbesondere für die z. T. kategorische Unterscheidung von Klein- und Schrebergärten und den ‚neuen' urbanen Gärten. Denn aus einer (re)produktionstheoretischen Perspektive, die nach den Verbindungen von Produktion und ‚Reproduktion' in Bezug auf Natur- und Arbeitsverhältnisse fragt, erscheinen die Klein- und Schrebergärten weniger als Räume des herrschaftlichen Naturumgangs oder kleinbürgerlicher Spießigkeit, sondern vielmehr als Räume, in denen die Versorgung mit Nahrungsmitteln seit jeher eine zentrale Rolle spielt. Die Gefahr einer (ideologischen) Trennung ‚alter' und ‚neuer' urbaner Gärten ließe sich – ausgehend von der Frage nach Gelegenheitsfenstern für nachhaltigen Konsum – vermeiden, indem die spezifischen Beiträge zur Bewältigung sozial-ökologischer Krisen differenziert betrachtet werden.

Aus der Perspektive einer kritischen, sozial-ökologischen Nachhaltigkeitsforschung sollte es also darum gehen, Zuweisungen und Praktiken der In-Wert-Setzung kritisch zu beobachten. Nur so können auch unintendierte Nebenfolgen, wie etwa die durch urbane Gärten beförderte Gentrifizierungsprozesse, im Blick behalten werden (vgl. dazu z. B. Termeer, 2016). Dass sozial-räumliche Segregation nach wie vor eine Herausforderung in Städten darstellt und dass der Zugang zu Freiflächen wichtig für urbane Lebensqualität ist, haben aktuelle Krisenerfahrungen während der Corona-Pandemie gezeigt. Wenn urbane Gärten Gelegenheitsfenster für nachhaltigen Konsum sein wollen und sollen, müssen sie Ungleichverteilungen von Natur, Arbeit und Raum problematisieren – es scheint, als hätten sie das Zeug dazu!

## Literatur

Biesecker, A., & Hofmeister, S. (2006). *Die Neuerfindung des Ökonomischen. Ein (re)produktionstheoretischer Beitrag zur sozial-ökologischen Forschung.* Oekom.

Biesecker, A., & Hofmeister, S. (2013). Zur Produktivität des „Reproduktiven". Fürsorgliche Praxis als Element einer Ökonomie der Vorsorge. *Feministische Studien, 31*(2), 240–252.

Biesecker, A., & Hofmeister, S. (2015). (Re)Produktivität als ein sozial-ökologisches „Brückenkonzept". In C. Katz, S. Heimann, A. Thiem, L. M. Koch, K. Moths, & S. Hofmeister (Hrsg.), *Nachhaltigkeit anders denken. Veränderungspotenziale durch Geschlechterperspektiven* (S. 77–100). Springer VS.

Biesecker, A., Mathes, M., Schön, S., & Scurrell, B. (Hrsg.) (2000). *Vorsorgendes Wirtschaften. Auf dem Weg zu einer Ökonomie des Guten Lebens.* Bielefeld.

Bohn, K., & Viljoen, A. (2012). Produktive Stadtlandschaft. Über ungewöhnliche Verbindungen von Stadt und Ernährung. In C. Müller (Hrsg.), *Urban Gardening,* (5. Aufl., S. 150–159). Oekom.

Brückner, H. (2016). *Produktive Stadtlandschaft. Inwertsetzung von Stadtbrachen für einen erweiterten Energiebegriff.* (Hrsg.) Landesenergieagentur Sachsen-Anhalt. Magdeburg.

Certomà, C., Noori, S., & Sondermann, M. (2019). *Urban gardening and the struggle for social and spatial justice.* Manchester University Press.

Dams, C. (2012). Gärten gehören zur Stadt! Zur städtebaulichen Relevanz der urbanen Landwirtschaft. In C. Müller (Hrsg.), *Urban Gardening* (5. Aufl., S. 160–172). Oekom.

De Angelis, M. (2003). Reflections on alternatives, commons and communities or building a new world from the bottom up. *The Commoner 6.*

Eizenberg, E. (2017). Real existierende Commons: Drei Momente von Raum in Gemeinschaftsgärten in New York City. In S. Kumnig, M. Rosol, & A. Exner (Hrsg.), *Umkämpftes Grün. Zwischen neoliberaler Stadtentwicklung und Stadtgestaltung von unten* (Urban Studies) (S. 33–61). Transcript.

Forschungsverbund „Blockierter Wandel?", (Hrsg.). (2007). *„Blockierter Wandel?" Denk- und Handlungsräume für eine nachhaltige Regionalentwicklung.* Oekom.

Haderer, M. (2017). Recht auf Stadt! Lefebvre, urbaner Aktivismus und kritische Stadtforschung. Eine Rekonstruktion, Interpretation und Kritik. In S. Kumnig, M. Rosol, & A. Exner (Hrsg.), *Umkämpftes Grün. Zwischen neoliberaler Stadtentwicklung und Stadtgestaltung von unten* (Urban Studies) (S. 63–78). Transcript.

Hofmeister, S. (2011). Anforderungen eines sozial-ökologischen Stoffstrommanagements an technische Ver- und Entsorgungssysteme. In T. Hühner & H.-P. Tietz (Hrsg.) *Zukunftsfähige Infrastruktur und Raumentwicklung. Handlungserfordernisse für Ver- und Entsorgungssysteme* (Forschungs- und Sitzungsberichte der ARL/Akademie für Raumforschung und Landesplanung), (Bd. 235, S. 176–190). ARL.

Hofmeister, S. (2013). (Re)Produktivität. In S. Hofmeister, C. Katz, & T. Mölders (Hrsg.), *Geschlechterverhältnisse und Nachhaltigkeit. Die Kategorie Geschlecht in den Nachhaltigkeitswissenschaften* (S. 129–136). Budrich.

Hofmeister, S., Katz, C., & Mölders, T. (2013). Grundlegungen im Themenfeld Geschlechterverhältnisse und Nachhaltigkeit. In S. Hofmeister, C. Katz, & T. Mölders (Hrsg.), *Geschlechterverhältnisse und Nachhaltigkeit. Die Kategorie Geschlecht in den Nachhaltigkeitswissenschaften* (S. 33–76). Budrich.

Kumnig, S., Rosol, M., & Exner, A. (Hrsg.) (2017). *Umkämpftes Grün. Zwischen neoliberaler Stadtentwicklung und Stadtgestaltung von unten* (Urban Studies). Transcript.

Kropp, C. (2012). Gärtner(n) ohne Grenzen: Eine neue Politik des „Sowohl-als-auch" urbaner Gärten? In C. Müller (Hrsg.), *Urban Gardening* (5. Aufl., S. 76–87). Oekom.

Levin-Keitel, M., Mölders, T., Othengrafen, F., & Ibendorf, J. (2018). Sustainability transitions and the spatial interface: Developing conceptual perspectives. *Sustainability, 10*(6). https://doi.org/10.3390/su10061880.

Liverman, D. M. (2018). Geographic perspectives on development goals: Constructive engagements and critical perspectives on the MDGs and the SDGs. *Dialogues in Human Geography, 8*(2), 168–185. https://doi.org/10.3390/su10061880.

Lohrberg, F. (2012). Agrarfluren in Stadtentwicklung. In C. Müller (Hrsg.), *Urban Gardening* (5. Aufl., S. 140–149). Oekom.

Milbourne, P. (2012). Everyday (in)justices and ordinary environmentalism: Community gardening in disadvantaged urban neighbourhoods'. *Local Environment. The international Journal of Justice and Sustainability, 17*(9), 943–957.

Milbourne, P. (2018). Urban community gardening: Producing new spaces of social nature in the city. In T. Marsden (Hrsg.), *The SAGE handbook of nature* (Bd. 2, S. 913–932).

Mölders, T. (im Erscheinen). Gesellschaftliche Raumverhältnisse als nachhaltigkeitswissenschaftliche Perspektive auf ‚Raum', ‚Natur' und ‚Geschlecht'. Das Fallbeispiel Urban Gardening. In P. Lucht & S. L. Dornick (Hrsg.), *Politiken der Artefakte und des Wissens. Transdisziplinäre Geschlechterpolitiken in Natur-, Tech-nik- und Planungswissenschaften*. De Gruyter.

Mölders, T. (2010). *Gesellschaftliche Naturverhältnisse zwischen Krise und Vision. Eine Fallstudie im Biosphärenreservat Mittelelbe*. Oekom.

Mölders, T. (2017). Gesellschaftliche Raumverhältnisse. Ein Forschungsprogramm zu den Verbindungen von ‚Natur', ‚Raum' und ‚Geschlecht'. In C. Onnen & S. Rode-Breymann (Hrsg.), *Zum Selbstverständnis der Gender Studies. Methoden – Methodologien – theoretische Diskussionen und empirische Übersetzungen*. L'AGENda, (Bd. 1, S. 85–105). Budrich.

Mölders, T., & Kühnemann, P. (2017). Vom Recht auf Garten. Aneignung urbaner Freiräume als Kritik und Vision gesellschaftlicher Raumverhältnisse. In T. E. Hauck, S. Hennecke, & S. Körner (Hrsg.) *Aneignung urbaner Freiräume – Ein Diskurs über städtischen Raum* (S. 281–301). Transcript.

Müller, C. (Hrsg.). (2012a). *Urban Gardening* (5. Aufl.). Oekom.

Müller, C. (2012b). Urban Gardening. Grüne Signaturen neuer urbaner Zivilisation. In C. Müller (Hrsg.), *Urban Gardening* (5. Aufl., S. 22–53). Oekom.

Müller, C. (2013). Sehnsuchtsstadt statt Landlust. Wie postindustrielle Sehnsuchtsorte des Selbermachens und der Naturbegegnung neue Bilder von Urbanität entwerfen. In M. T. Bosshard, J.-D. Döhling, R. Janisch, M. Motakef, A. Münter, & A. Pellnitz (Hrsg.), *Sehnsuchtsstädte* (Stadt- und Raumsoziologie), (1. Aufl., S. 141–152). Transcript.

Müller, C. (2017). Die Urban-Gardening-Bewegung: Auf der Suche nach einem neuen Natur-Kultur-Verhältnis. In C. Burkhart, M. Schmelzer, & N. Treu (Hrsg.), *Degrowth in Bewegung(en). 32 alternative Wege zur sozial-ökologischen Transformation* (S. 392–401). Oekom.

Netzwerk Vorsorgendes Wirtschaften (Hrsg.). (2013). *Wege Vorsorgenden Wirtschaftens*. Metropolis.

Richard, U. (2012). Urbane Gärten als Orte spiritueller Erfahrung. In C. Müller (Hrsg.), *Urban Gardening* (5. Aufl., S. 225–234). Oekom.

Schultz, I. (1995). Umweltforschung, Frauenpolitik und die Gestaltungsmacht der Frauen. In I. Schultz & I. Weller (Hrsg.), *Gender & Environment. Ökologie und die Gestaltungsmacht der Frauen* (S. 189–205).

Schultz, I., & Weiland, M. (1991). *Frauen und Müll. Frauen als Handelnde in der kommunalen Abfallwirtschaft.*

Sondermann, M. (2015). Zivilgesellschaftliches Engagement und die kulturelle Dimension kooperativer Stadtgrünentwicklung am Beispiel Hannovers. *Neues Archiv für Niedersachsen* (1. Aufl., S. 98–111).

Sondermann, M. (2017). Gemeinschaftsgärten, Gemeinwohl und Gerechtigkeit im Spiegel lokaler Planungskulturen. In S. Kumnig, M. Rosol, & A. Exner (Hrsg.), *Umkämpftes Grün. Zwischen neoliberaler Stadtentwicklung und Stadtgestaltung von unten. Urban Studies* (S. 209–231). Transcript.

Termeer, M. (2016). *Menschen mit fremden Wurzeln in hybriden Stadtlandschaften. Versuch über Identität und Urbanität im Postfordismus* (Relationen), (Bd. 6). Neofelis.

Urban Gardening Manifest. (2014). https://urbangardeningmanifest.de. Zugegriffen: 3. März 2022.

van Dyck, B., Tornaghi, C., Halder, S., von der Haide, E. & Saunders, E. (2017). Der Aufbau einer Strategieplattform: Vom Politisieren urbaner Ernährungsbewegungen zu urbaner politischer Agrarökologie. In S. Kumnig, M. Rosol, & A. Exner (Hrsg.), *Umkämpftes Grün. Zwischen neoliberaler Stadtentwicklung und Stadtgestaltung von unten. Urban Studies* (S. 81–108). Transcript.

Weber, A. (2012). Der Garten als Lebenshaltung oder warum Natur in der Stadt wichtig ist. In C. Müller (Hrsg.), *Urban Gardening* (5. Aufl., S. 236–249). Oekom.

Weller, I. (2004). *Nachhaltigkeit und Gender. Neue Perspektiven für die Gestaltung und Nutzung von Produkten.* Oekom.

Weller, I. (2013). Nachhaltiger Konsum, Lebensstile und Geschlechterverhältnisse. In S. Hofmeister, C. Katz, & T. Mölders (Hrsg.), *Geschlechterverhältnisse und Nachhaltigkeit. Die Kategorie Geschlecht in den Nachhaltigkeitswissenschaften* (S. 286–296). Budrich.

Weller, I. (2020). Forschung zu nachhaltigen Konsum- und Produktionsmustern: Gender als Integrationsperspektive für Inter- und Transdisziplinarität? In T. Mölders, A. Thiem, & C. Katz (Hrsg.), *Nachhaltigkeit (re)produktiv denken. Pfade kritischer sozial-ökologischer Wissenschaft* (S. 210–217). Budrich.

Werner, K. (2012). Eigensinnige Beheimatungen. Gemeinschaftsgärten als Orte des Widerstands gegen die neoliberale Ordnung. In C. Müller (Hrsg.), *Urban Gardening,* (5. Aufl., S. 54–75). Oekom.

**Tanja Mölders** apl. Prof. Dr. rer. soc. habil., studierte Angewandte Kulturwissenschaften (Magister) und Diplom-Umweltwissenschaften an der Universität Lüneburg. Anschließend arbeitete sie als wissenschaftliche Mitarbeiterin in unterschiedlichen sozial-ökologischen Forschungsprojekten an den Universitäten Lüneburg und Hamburg und leitete von 2008 bis 2014 die vom Bundesministerium für Bildung und Forschung (BMBF) geförderte Forschungsnachwuchsgruppe „PoNa – Politiken der Naturgestaltung". Von 2013 bis 2020 war sie Maria-Goeppert-Mayer (MGM) Juniorprofessorin für Raum und Gender an der Leibniz Universität Hannover und vertrat 2018 und 2019 für zwei Semester die Professur für Umweltplanung an der Leuphana Universität Lüneburg. Seit 2021 leitet sie das wissenschaftliche Referat „Räumliche Planung und raumbezogene Politik" an der ARL – Akademie für Raumentwicklung in der Leibniz-Gemeinschaft. Ihre Forschungsinteressen zu Natur- und Geschlechterverhältnissen, Nachhaltiger Entwicklung und räumlicher Transformation verbindet sie in einem Forschungskonzept Gesellschaftliche Raumverhältnisse.

# Permakultur als Gelegenheitsfenster für nachhaltigen Konsum. Biographische Wendepunkte in der sozial-ökologischen Krise

Franziska Ohde

## 1 Einleitung

Die zunehmend spürbaren Auswirkungen des Klimawandels verdeutlichen die Relevanz der Auseinandersetzung mit der aktuellen ökologischen Krise und ihren sozialen Folgen. Treibhausgas-Emissionen, der Verlust von Biodiversität und fruchtbaren Böden sowie weitere Faktoren beschleunigen den Klimawandel und führen zum Überschreiten mehrerer planetarischer Grenzen, wodurch Ungewissheit über die zukünftigen Lebensbedingungen auf der Erde entsteht (Rockström et al., 2009). Zugleich fehlen effektive Maßnahmen, um diesen Prozessen zeitnah entgegenzuwirken, sodass es zunehmend unrealistisch wird, das 1,5 Grad Ziel des Pariser Klimaabkommen zu erreichen (IPCC, 2021). Die bereits bestehenden und miteinander verstrickten Vielfachkrisen (Bader et al., 2011) weiten sich dann voraussichtlich aus. Deshalb sind neben nachhaltigen, ökologischen Innovationen zusätzlich soziale und gesellschaftliche Veränderungen erforderlich. Dies regen beispielsweise die 17 Ziele für nachhaltige Entwicklung der Vereinten Nationen an. Die darin enthaltenen Zielkonflikte (vgl. Lusseau & Mancini, 2019; Pradhan et al., 2017) verweisen auf die Komplexität effektiver Nachhaltigkeitsstrategien.

Vor diesem Hintergrund liegt der Fokus in den Sozialwissenschaften auf zwei Ansätzen, um den aktuellen sozial-ökologischen Herausforderungen entgegenzuwirken (Henkel, 2016, S. 6): Zum einen probieren insbesondere westliche Staaten im Sinne einer ökologischen Modernisierung einen verringerten Ressourcenverbrauch durch „grünes Wachstum" und technologische Effizienz herbeizuführen

F. Ohde (✉)
Goethe-Universität Frankfurt, Frankfurt, Deutschland
E-Mail: ohde@soz.uni-frankfurt.de

C. Onnen (Hrsg.), *Gelegenheitsfenster für nachhaltigen Konsum*,
https://doi.org/10.1007/978-3-658-37543-0_5

(ebd.). Als Leitprinzipien in Europa gilt der Green Deal oder in den USA der Green New Deal. Ökonomie und Ökologie werden in diesem Rahmen nicht als Gegensätze behandelt, sondern zusammengedacht (Knopf et al., 2016). Die vermeintliche Vereinbarkeit von Ökonomie und Ökologie ist allerdings durch spezifische widersprüchliche Herausforderungen geprägt, wie z. B. die Dominanz der ökonomischen Dimension (Blättel-Mink, 2001). Aus soziologischer Perspektive ist dabei besonders relevant, dass an kapitalistischem Wachstum orientierte ‚Externalisierungsgesellschaften' die globale soziale Ungleichheit verfestigen (Lessenich, 2020). Dabei können Politiken der Nachhaltigkeit sogar als Ungleichheitsverstärker wirken, wenn gesellschaftliche Umverteilungsprozesse ausbleiben (Neckel, 2018).

Zum anderen bieten Postwachstumsansätze eine Alternative zu Ansätzen der ökologischen Modernisierung. Dabei geht es um Alternativen zum vorherrschenden Steigerungsprinzip sowie „Suffizienz, Subsistenz und Regionalwirtschaft" und eine „Verringerung technik- und kapitalintensiver Produktionssysteme", um letztendlich „durch institutionelle Innovationen die geld- und eigentumsbasierte[n] Wachstumstreiber [zu] verringer[n]" (Henkel, 2016, S. 6). Repräsentative Umfragen in Deutschland zeigen hohe Zustimmungswerte zu Postwachstumsaussagen (Eversberg, 2018). In manchen Studien ist die Zustimmung zu diesen Perspektiven signifikant höher als zu jenen der ökologischen Modernisierung (Schreiber, 2020, S. 43). Somit bildet Postwachstum eine relevante Perspektive im Kontext eines normativ drängenden sozial-ökologischen Umbruchs.

Letztere Perspektive verfolgt auch die international verbreitete Permakultur-Bewegung, wobei sie sich dabei im Spannungsverhältnis zwischen sozialen, ökologischen und ökonomischen Nachhaltigkeitszielen befindet. Das Konzept der Permakultur zeichnet sich durch ein erweitertes Verständnis nachhaltigen Konsums aus, indem Produktionsaspekte und Konsum zusammengedacht werden. Dazu gehört „nicht nur die Praktiken der Beschaffung und Konsumption, sondern auch der Herstellung (beziehungsweise der Beteiligung an der Herstellung) sowie der Nachnutzung und Entsorgung im Hinblick auf Nachhaltigkeit [zu] betrachte[n]" (Rückert-John et al., 2016, S. 33). Ein Lösungsansatz, um Praktiken nachhaltigen Konsums auf struktureller- wie individueller Ebene zu etablieren, bietet das Konzept der Konsumkorridore (vgl. Blättel-Mink et al., 2013). Dieser Ausgangspunkt integriert Ideen des guten Lebens, der Gerechtigkeit und Konsumgrenzen, um Nachhaltigkeitsziele wie die Sustainable Development Goals zu erreichen und planetarische Grenzen einzuhalten. Konsumkorridore zeichnen sich zum einen durch Minimalstandards aus, die ein gutes Leben für alle ermöglichen. Zum anderen umfassen sie Maximalstandards, die den Zugang zu ausreichenden quantitativen wie qualitativen Ressourcen sicherstellen. Gleichzeitig begrenzen sie die individuelle Nutzung natürlicher und sozialer Ressourcen, damit auch für zukünftige Generationen ausreichend Ressourcen vorhanden sind (Di Giulio & Fuchs, 2014; Fuchs et al., 2021, S. 33; Jaeger-Erben et al., 2020, S. 218). Objektive, sozial-ökologische Grenzen und subjektive Bedürfnisse bilden dabei den Rahmen für die Aushandlung von Konsumkorridoren (vgl. auch Stieß et al. in diesem Band). Dabei gilt es strukturelle, ökonomische und institutionelle Rahmenbedingungen in Form der Konsumkorridore gesellschaftlich auszuhandeln (vgl. Blättel-Mink et al., 2013). Für den Aushandlungsprozess ist es sinnvoll, „dass Konsumkorridore die spezifischen Herausforderungen in verschiedenen Lebensphasen und Lebenslagen berücksichtigen" (Jaeger-Erben et al., 2020, S. 218), denn „jede Lebensphase [ist] an spezifische Herausforderungen und gesellschaftlich ausgehandelten Normen und Erwartungen gekoppelt [...], die wiederum mit „typischen" Konsumpraktiken einhergehen (sollen)" (ebd. S. 220).

Darüber hinaus können spezifische Ereignisse im Lebensverlauf Praktiken nachhaltigen Konsums begünstigen. Jaeger-Erben et al. (2020) unterscheiden zwischen den Lebensphasen „Jugend/Adoleszenz, mittlere Lebensphase/Erwachsenenalter und Seniorenalter" (ebd. S. 220). Dabei stellt sich die Frage, welche biographischen Wendepunkte zu nachhaltigem Konsum führen. Welche biographischen Erfahrungen und Ereignisse veranlassen zu einem Umdenken, das Routinen und Gewohnheiten verändert?

Entsprechend dieser mikrosoziologischen Perspektive beginnt der Beitrag mit einem Einblick in die Biographieforschung, um zu verdeutlichen, was biographische Wendepunkte kennzeichnet. Daraufhin folgt eine Einführung in die Theorie der Permakultur, die aufzeigt, inwiefern dieser Ansatz mit nachhaltigem Konsum in Verbindung steht. Anhand der bisherigen Forschung werden sodann biographische Ereignisse identifiziert, die Aufschluss über Wendepunkte im Denken und Handeln als Gelegenheitsfenster für nachhaltigen Konsum geben. Im weiteren Verlauf schließt eine Ausführung zum Intersektionalitätsansatz an. Ein Rückgriff auf diesen Ansatz ermöglicht die weiter oben bereits angedeuteten Aspekte sozialer Ungleichheit im Kontext von Permakultur zu konkretisieren. Eine solche Perspektive ist von Bedeutung, um durch das Konzept der Konsumkorridore auch soziale Nachhaltigkeitsziele erreichen zu können. Basierend auf den Ergebnissen thematisiert die Diskussion zum einen die Ausweitung des Konsumkorridore-Ansatzes um intersektionale Perspektiven. Zum anderen wird angeregt, dass ein Fokus auf Care-Arbeit in Permakultur-Projekten Wissen über Konflikte und Lerneffekte in der sozial-ökologischen Transformation hervorbringen kann.

## 2    Biographische Wendepunkte

Um verschiedene Lebensphasen im Rahmen der Konsumkorridore berücksichtigen zu können, erfolgt in diesem Beitrag ein Rückgriff auf biographische
Ereignisse, die nachhaltigen Konsum fördern. Biographie meint dabei „das sinnhafte Handeln eines Subjekts in einer durch einen Lebensprozess vorgegebenen
Zeitstruktur" (Sackmann, 2013, S. 53). Biographien sind in einen je spezifischen
historisch-gesellschaftlichen Kontext eingelagert (Kahlert et al., 2018). Wenn
Personen über ihren Lebensverlauf berichten, erfordert dies biographische Kompetenz, die „die Reflexion der eigenen Geschichte, die Findung und Bindung
an subjektive Sinnquellen, die Fähigkeit auf externe Veränderungen reagieren
zu können und eventuell alternative biographische Leitlinien vorzuhalten" beinhaltet (Sackmann, 2013, S. 54). Praxistheoretischen Perspektiven entsprechend
gehen Oevermann (1991, S. 311) und Giddens (1988, beide zit. nach ebd.) davon
aus, dass Gewohnheiten und Routinen neben rationalen Handlungen den Alltag
steuern.

Im Lebensverlauf kommt es auch jenseits von nachhaltigem Konsum zu biographischen Wendepunkten. Den Begriff des *Wendepunktes* führte Elder (1985,
1995, 1998 zit. nach ebd. S. 60) in die Biographieforschung ein. Dabei sind,
ebenso wie beim Konzept der Konsumkorridore, subjektive wie objektive Aspekte
bedeutsam (ebd. S. 54). So versteht bspw. Clausen (1995, 1998 zit. nach ebd.
S. 62) „unter einem Wendepunkt einen *für das Subjekt wichtigen Übergang,* der
das eigene Leben verändert hat." (ebd.). Hierzu zählen insbesondere Ereignisse,
mit denen ein Rollenwechsel einhergeht. Sie umfassen „z. B. Elternschaft, Heirat
oder Erwerbsbeginn. […]" (ebd.).

Elder (1985, 1998) hingegen definiert einen Wendepunkt als „*Wechsel der
objektiven Richtung* des Lebensverlaufs" (zit. nach ebd.), wie er beispielsweise
im Rahmen des Regimewechsels von der DDR zur BRD stattgefunden hat. Ein
biographischer Wendepunkt war dabei, dass zahlreiche junge Menschen studieren
konnten, denen diese Möglichkeit zuvor verwehrt blieb. Aus dieser Perspektive
gehen Wendepunkte seltener vom Subjekt aus (ebd. S. 62). Abbot (1997 zit.
nach ebd. S. 63) differenzierte Elders Perspektive weiter aus. Er verweist dabei
auf „träge" Phasen im Lebenslauf, womit er meint, dass Richtungswechsel, also
Wendepunkte, bei kleineren Übergängen unwahrscheinlich sind. Wendepunkte
sind von biographischen Übergängen abzugrenzen. Eine Einordnung kann häufig
erst mit zeitlichem Abstand zu den jeweiligen biographischen Ereignissen erfolgen (ebd. S. 63). „Als Übergangsstruktur bezeichnet man die mehr oder weniger
stark institutionalisierte Verknüpfung von zwei verschiedenen Lebenslaufzustän-
den" (Sackmann & Wingens, 2001, 2003, zit. nach ebd.). Die Trägheit bei den

Übergängen ist dabei bedingt durch die personellen Netzwerke und durch routinierte Praktiken. Dennoch gibt es Lebensphasen, die wenig strukturell vorgeprägt
sind, wie zum Beispiel der Übergang vom „Bildungssystem in den Beruf oder
unvorhergesehene Arbeitswechsel" (ebd.). In solchen Fällen besteht eine höhere
Wahrscheinlichkeit, dass Wendepunkte eintreten.

Damit biographische Wendepunkte eintreten können, erfordern sie das „Vorhandensein möglicher Gelegenheiten" (ebd. S. 60). Gelegenheitsfenster für
nachhaltigen Konsum entstehen zum Beispiel, wenn ein Umzug die Beteiligung
an einer solidarischen Landwirtschaft oder den Einkauf in einem Unverpackt-
laden ermöglicht. Sie können durch die Politik unterstützt und geschaffen
werden, zum Beispiel durch die Förderung von „Do-It-Together"-Initiativen und
Anreize für Unternehmen durch Auszeichnung oder Zertifikate, wie dem europäische Umweltmanagementsystem EMAS („Eco-Management and Audit Scheme")
(Rückert-John et al., 2016, S. 63 f.).

Wie Sackmann (2013, S. 63) weiter ausführt, lassen sich Gesellschaften entlang der Gelegenheiten für Übergänge und Wendepunkte unterscheiden. Die
Häufigkeit, mit der Gelegenheiten für Wendepunkte auftreten, und die Zeitpunkte,
zu denen diese entstehen, sind dabei zentrale Kriterien. Sie können anhand von
„auslösenden Ereignissen" bzw. „trigger events" verglichen werden.

Durch die geschlechterreflexive Biographieforschung lässt sich ergänzen, dass
Geschlechterkonstruktionen die „Lebensverläufe, individuelle und kollektive Vorstellungen und Deutungen" prägen (Dausien, 2006a, b, S. 34 zit. nach Kahlert
et al., 2018, S. 212). Diese gesellschaftlich bedeutsamen Differenzkonstruktio-
nen werden kontextspezifisch in biographische Konfigurationen eingefügt (ebd.).
Zentral ist die Verbindung von Geschlecht und weiteren sozialen „Zugehörig-
keitsdimensionen". Geschlecht ist sodann keine isolierte Kategorie, sondern fließt
mit anderen „Strukturmerkmalen" wie Klasse, Generation und Alter, national-
kulturelle Zugehörigkeit in die Analyse ein (Dausien, 2000, S. 110), welche
durch die Biographieforschung entlang individueller Fälle sichtbar gemacht wird
(Dausien, 2006b, S. 189 zit. nach Kahlert et al., 2018, S. 212). Diese biographischen Perspektiven werden im folgenden Kapitel anhand der Literatur zu
Permakultur und im Hinblick auf nachhaltigen Konsum im Lebensverlauf vertieft.
Dabei sind besonders die subjektiven und objektiven Wendepunkte von besonderer Bedeutung. Ebenso wurde nach geschlechterreflexiven Studien hinsichtlich
biographischer Wendepunkte und Permakultur recherchiert, wobei sich in dieser
Hinsicht eine Forschungslücke zeigt.

# 3    Biographische Ereignisse in der Permakultur

Um der Frage nach biographischen Wendepunkten und Ereignissen im Lebensverlauf nachzugehen, die zu einer Umsetzung von nachhaltigen Konsumpraktiken
führen, fokussiert dieser Beitrag das international verbreitete Konzept der „Permakultur".

## 3.1    Das Phänomen Permakultur

Diesen Ansatz entwickelten die Australier Mollison und Holmgren seit den
1970er Jahren (1984[1978], S. 20) an der University of Tasmania und dem
College of Advanced Education, Tasmania. Das zentrale Ziel der „permanent
(agri)culture" besteht darin, natürliche Prozesse zu fördern, um menschliche
Lebensgrundlagen im Kontext globaler Umweltkrisen zu sichern (Holmgren,
2015, S. 65). Drei ethische Prinzipien sind dabei handlungsleitend. Sie dienen
als Orientierung zur Lebensführung und der Organisation von Arbeit.[1]

Den Ausgangspunkt bildet das Prinzip *„Care of the Earth"*. Es ist geleitet
durch die Erkenntnis der gegenseitigen Verbindung von Menschen und Natur und
fokussiert den Erhalt ökologischer Lebensgrundlagen. So begünstigt die Sorge
für die Erde intakte Ökosysteme und somit u. a. die Produktion und den Konsum
gesunder Lebensmittel. Sobald die Absicherung der Lebensgrundlage durch die
Sorge für die Erde erkannt ist, schließt sich das zweite ethische Prinzip, *„Care
for People"*, an. Grundlage der Sorge für Menschen ist das Ziel, die sozialen
Lebensgrundlagen trotz der bestehenden gesellschaftlichen Spannungsverhältnisse kooperativ zu gestalten (Mollison, 2002, S. 3–6). Diesen Grundgedanken
führt Holmgren (2015, S. 70–73) konkreter aus: Die Sorge für Menschen umfasst
dabei auch die Selbstsorge, denn Gesundheit und Sicherheit sind Voraussetzungen, um Einfluss auf die Gesellschaft zu nehmen. Erweitert wird das Prinzip
der Sorge für Menschen in Familien und weiteren Gemeinschaften. Das dritte
Prinzip, *„Fair Share"* (faire Verteilung von Überschüssen), zielt explizit auf die
Reduktion von Konsum und erfordert, Überschüsse so zu verteilen, dass sie der
Regeneration der Erde und die Sorge für Menschen begünstigen. Soweit es in
der Macht Einzelner steht, sollten sie Überschüsse – auch im Hinblick auf lokale

---

[1] Die sozialen, ökologischen wie ökonomischen Aspekte der Permakultur bieten einen
Anknüpfungspunkt an weitere Konzepte nachhaltiger Entwicklung wie beispielsweise das
Nachhaltigkeitsdreieck oder Schnittmengenmodell (vgl. Kleine, 2009, S. 76 ff.).

und globale Spannungsverhältnisse – fair verteilen, auch wenn sie keinen direkten Nutzen davon haben (ebd.).

Diese Vorsätze zeigen die Nähe zwischen Permakultur und Postwachstumsprojekten, denn anstatt „Wachstum im Sinne einer Gewinnmaximierung" anzustreben (Blättel-Mink et al., 2018, S. 62), besteht das Hauptziel der Permakultur darin, die Lebensgrundlage der Menschen zu erhalten. Der prominente Stellenwert der Sorge für die Erde offenbart die hohe Relevanz ökologischer Aspekte sowie das Ziel, Konsum zu reduzieren und stattdessen nicht-materiellen Wohlstand zu fördern (Holmgren, 2015, S. 72). Somit lässt sich Permakultur unter Postwachstumsansätzen subsumieren.

Die verhältnismäßig abstrakten ethischen Vorstellungen werden je nach Zweck eines Permakultur-Projekts (z. B. Selbstversorgung oder als Einkommensquelle) sowie der Größe (z. B. Balkon, Garten oder Landwirtschaft) angewendet. Eine Vielzahl an weiter ausdifferenzierten Design-Prinzipien bietet dabei Orientierung im permakulturellen Gestaltungsprozess.[2] Die *Design-Prinzipien* nach Holmgren (2015 [2002]) lauten:

1. Beobachten und interagieren
2. Energie auffangen und speichern
3. Einen Ertrag erzielen (Ernten)
4. Selbstregulation integrieren und Feedback akzeptieren
5. Erneuerbare Energien und Dienstleistungen wertschätzen und verwenden
6. Keinen Abfall produzieren
7. Gestaltung vom Muster zum Detail
8. Integrieren statt separieren
9. Nutze kleine und langsame Lösungen[3],
10. Vielfalt wertschätzen
11. Randzonen und Übergänge wertschätzen[4]

---

[2] Die Design-Prinzipien nach Bill Mollison (1992) lauten: „work with nature rather than against it, make the least change for the greatest possible effect, the problem is the solution, the yield of a system is theoretically unlimited, everything gardens (or modifies the environment)."

[3] Zu diesem Prinzip führt David Holmgren aus, dass „kleine und langsame Lösungen" nachhaltiger und langfristig gesehen effizienter sind, denn schnelle Lösungen erfordern einen höheren Energieaufwand. Dies betreffe ökologische und soziale Prozesse, wie die Produktion von Lebensmitteln, die Reparatur von Gegenständen oder den Erhalt der Gesundheit. Hinsichtlich landwirtschaftlicher Prozesse wird beispielsweise für eine „Slow Growth"-Strategie plädiert, die auf mehrjährige Pflanzen fokussiert (vgl. Holmgren, 2015, S. 357 ff.).

[4] Dieses Prinzip ist primär auf ökologische Prozesse bezogen. Übergänge beispielsweise zwischen verschiedene Bodenzonen oder zwischen Wald und Wiese erzeugen eine hohe

## 12. Kreativ auf Veränderungen reagieren und sie nutzen

Die ethischen Prinzipien wie auch die Design-Prinzipien können als selbst-gesetzte Konsumgrenzen verstanden werden. So impliziert beispielsweise das Prinzip „Keinen Abfall produzieren", Kreisläufe in der Natur als Vorbild zu nehmen und in Alltagspraktiken zu etablieren. Kompostieren ist ein bekanntes Beispiel für eine nachhaltige Praktik, um organische Abfälle wiederzuverwer-ten. Der Kompost wird auf die Anbauflächen ausgetragen und steigert somit die Bodenfruchtbarkeit. Auch für Energie- (z. B. Abwärme nutzen, Gase, die bei Verbrennung entstehen, trennen und weiternutzen, etc.) oder Wasserversor-gung (z. B. Regenwassernutzung für Toilettenspülung oder Trenntoiletten) gibt es zahlreiche Ansätze, um den Verbrauch ökologischer Ressourcen nachhaltig zu reduzieren. Soweit es die gesellschaftlichen Strukturen zulassen, wird Konsum im permakulturellen Kontext entlang dieser Prinzipien organisiert.

Ergänzend zum nachhaltigen Konsum ist die nachhaltige Produktion in der Permakultur von zentraler Bedeutung. Es geht darum, transformative Struktu-ren zu schaffen, um insbesondere die Lebensmittelproduktion unabhängig von globalen Märkten abzusichern. Besonders im Globalen Süden geht es darum, Ernährungssouveränität für die Bevölkerung zu schaffen (Mohapatra et al., 2020; Didarali & Gambiza, 2019; Fadaee, 2019; Millner, 2017). Das kubanische Permakultur-Netzwerk „Cuban Fundación Antonio Núñez Jiminéz de la Natura-leza y el Hombre" ist ein Beispiel dafür, wie der Aufbau kommunaler Strukturen für Ernährungssouveränität und -gerechtigkeit im Zusammenhang mit Perma-kultur als Vorbild, auch für den Globalen Norden, fungieren kann (Williams, 2017).

Gewerbliche Permakultur-Projekte kombinieren ihren Ansatz mit weiteren sozialen Innovationen aus der Landwirtschaft. So zum Beispiel mit der „Soli-darischen Landwirtschaft", welche eingespielte soziale Praktiken, Interaktionen und Machtverhältnisse hinterfragt, indem Erzeuger*innen und Konsument*innen gemeinschaftlich die Verantwortung für Angebot und Produktion übernehmen (Blättel-Mink et al., 2017, S. 415). Exemplarisch für die Integration der Permakultur-Prinzipien in lokale Anbaupraktiken steht die Farm „Le Bec Hel-louin" in der Normandie, Frankreich. Hier wenden die Betreiber*innen die Design-Prinzipien auf einem Kleinstbauernhof an, der vor Ort als „Mikrofarm" bezeichnet wird. Letztendlich ist Permakultur im Kontext der Agrarökologie zu verorten, welche eine wissenschaftliche Fachdisziplin sowie agrarökologische

---

Biodiversität, wodurch die Vielfalt und Produktivität in einem Permakultur-System gestei-gert und gleichzeitig Platz gespart werden könne (Holmgren, 2015, S. 429 ff.).

Praktiken mit Überschneidungen zu sozialen Bewegungen umfasst (Ferguson & Lovell, 2014).

Zusammenfassend lässt sich festhalten, dass die Permakultur-Theorie ein erweitertes Verständnis von nachhaltigem Konsum vertritt, welches u. a. die Herstellung von Lebensmitteln beinhaltet. Von den ethischen und den Design-Prinzipien leiten Permakultur-Umsetzende nachhaltige Konsumpraktiken ab. Als Reaktion auf soziale-ökologische Krisen verfolgen sie besonders im Globalen Süden die Ziele der Ernährungssouveränität und -gerechtigkeit. Somit kann Permakultur im Folgenden als Form nachhaltigen Konsums verstanden werden.

## 3.2 Biographische Ereignisse und nachhaltiger Konsum in der Permakultur

Für den *Globalen Norden* zeigt die Forschung von Genus et al. (2021) über Permakultur-Entrepreneurship in England und die Studie von Petri und Faust (2021) über die Motivationen und Werte von Permakulturist*innen in Deutschland, inwiefern biographische Ereignisse die Umsetzung von Permakultur anregen. Die Autor*innen heben die Relevanz früher sozio-kultureller Einflüsse hervor. Solche Einflüsse und Erfahrungen prägen in erster Linie *Familienangehörige*, wie Eltern und Großeltern. Daraus resultiert umweltfreundliches Verhalten mit dem Ziel der Umwelt so wenig wie möglich zu schaden und ökologische Prozesse zu fördern (Petri & Faust, 2021, S. 3, 14 f.). Wenn entsprechende Bezugspersonen eine Landwirtschaft betreiben oder in einem (Selbstversorgungs-)Garten eine Subsistenzversorgung anstreben, hat dies einen relevanten Einfluss auf Angehörigen einer jüngeren Generation, denn diese lernen somit den Aufwand eines landwirtschaftlichen Betriebes und des Gemüseanbaus kennen (ebd.; Genus et al., 2021, S. 1461). Als besonders prägendes Ereignis benennen einige Interviewpartner*innen die Möglichkeit, einen bestimmten Bereich im Garten nach eigenen Vorstellungen gestalten zu können (ebd.). Ebenso erwähnen sie den Einfluss von Freundschaften während der Kindheit und des Studiums als relevanten Faktor (Petri & Faust, 2021, S. 14). Dies betrifft gemeinsame Naturerfahrungen und den Austausch von Informationen und Fähigkeiten, zum Beispiel beim Angeln (ebd.). Der *Informationsaustausch* über Nachhaltigkeit und Permakultur führt unter Studierenden zur Verbreitung des Permakultur-Ansatzes (ebd.). In diesem Zusammenhang ist der Austausch unter Kommiliton*innen besonders dann ein Gelegenheitsfenster für die Umsetzung Permakultur und somit nachhaltigen Konsum, wenn Eltern die Unterstützung nachhaltiger Lebensstile verweigern (ebd.).

Die Ergebnisse beider Studien verweisen darauf, dass *berufliche Erfahrungen,* auch im Sinne von Freiwilligen-Engagement, als biographische Ereignisse bedeutsame Wendepunkte für nachhaltigen Konsum darstellen. So arbeitet eine Interviewte in einer Recyclinganlage. Durch diese Tätigkeit werden ihr die Ausmaße des Abfalls bewusst. Dies bewegt sie letztendlich zu einer Veränderung ihrer Konsumpraktiken (ebd. S. 15). Biographische Ereignisse in der Berufstätigkeit, die zu einer Auseinandersetzung und Umsetzung von Permakultur führen, ereignen sich zudem bei Erwerbstätigen, die sich aufgrund von Unzufriedenheit im Rahmen einer Beschäftigung entsprechend umorientieren. Dies betrifft zum Beispiel Arbeitnehmer*innen im Verkauf, Software-Ingenieur*innen, Soziolog*innen und eine*n Dachbegrüner*in, die sich in der Folge als Permakultur-Unternehmer*innen selbstständig gemacht haben (Genus et al., 2021, S. 1461). Gemeinsam ist den interviewten Permakulturist*innen eine Unzufriedenheit mit „dem System" (Petri & Faust, 2021, S. 17) beziehungsweise ein „gegenkulturelle Denken" (Genus et al., 2021, S. 1465). Diese Art des Denkens vermittelt und umweltfreundliche Verhaltensmuster (vgl. Petri & Faust, 2021, S. 15). Permakultur-Umsetzende wollen ihre *Werte* beruflich wie privat in die Tat umsetzen und orientieren sich daher an nachhaltigen Konsumpraktiken (ebd. S. 20), die auch bei der Gründung eines Permakultur-Unternehmens von Bedeutung sind. (Genus et al., 2021, S. 1465).

Die Werte im Zusammenhang mit dem gegenkulturellen Denken bedingen Frustration und Kritik gegenüber gesellschaftlichen Strukturen. So zum Beispiel aufgrund gesundheitlicher Einschränkungen in der Stadt, wie sie durch Lautstärke, Abgase, versiegelte Flächen, etc. entstehen. Des Weiteren umfasst diese Kritik das *Konsumdenken und -verhalten* in der modernen Gesellschaft (Petri & Faust, 2021, S. 17 f.). Unzufriedenheit erzeugt auch die hohe gesellschaftliche Relevanz von Geld, sodass mit wenig Geld auszukommen, als befreiend erlebt wird (ebd. S. 17). Zudem strengt das Leben in der Großstadt durch ständige Konsumaufforderungen an und ruft Gefühle von Entfremdung hervor (ebd.). Die Frustration scheint nachhaltige Konsumpraktiken zu begünstigen. So konsumieren Permakulturist*innen hauptsächlich Bio-Lebensmittel oder bauen Nahrungsmittel selber an. Sie tragen präferiert Secondhand-Kleidung, reparieren, recyceln und upcyceln kaputte Gegenstände, bevor sie neue kaufen. Diese Praktiken sind auch begründet durch ein Gefühl der Verbundenheit mit der Natur (Petri & Faust, 2021, S. 9).

Werte und Einstellungen gegenüber Konsum und Geld erscheinen auch bei der Entscheidung über die *Gründung eines Permakultur-Betriebs* als zentrale Faktoren. Einige Gründer*innen benennen Widersprüche zwischen den Werten der Permakultur-Theorie und typischen Unternehmensfaktoren wie Wachstum und Profit-Orientierung (Genus et al., 2021, S. 1460). Trotz des geringen Einkommens, das Permakultur-Betriebe generieren (vgl. auch Morel et al., 2016), scheint die Entschlossenheit und Einsatzbereitschaft als ein typisches Merkmal der Permakultur-Unternehmer*innen. Dies überschneidet sich mit den Einstellungen zu Geld und dem präferierten Lebensstil (Genus et al., 2021, S. 1460). Das geringe Einkommen wird subjektiv unterschiedlich wahrgenommen: Während einige Permakulturist*innen gut damit auskommen (vgl. ebd.), ist es für andere problematisch, wenn eine Person über Jahre hinweg arbeitet, ohne Geld zu verdienen und wenn zusätzlich Sorgearbeit für Kinder anfällt (Genus et al., 2021, S. 1460).

Ähnlich wie im Globalen Norden haben viele der aktiven Permakulturist*innen im *Globalen Süden* durch ihre Eltern oder Großeltern bereits eine Bindung zum Gärtnern oder landwirtschaftlichen Tätigkeiten. Anhand einer Kategorisierung von Fadaee (2019, S. 726–729) zeigen sich biographische Ereignisse und Wendepunkte, die im Globalen Süden zur Permakultur führten. Eine Gemeinsamkeit mit dem Globalen Norden besteht in dem Einfluss der Eltern und Großeltern und der Erfahrung, in jungen Jahren bereits Gemüse anzubauen. Eine weitere Gemeinsamkeit findet sich im Hinblick auf Personen, die einer Tätigkeit außerhalb der Landwirtschaft nachgingen. Ihre früheren Erwerbstätigkeiten umfassen Anstellungen im Unternehmenssektor, sie waren als Ärzt*innen, Wissenschafter*innen, Ingenieur*innen oder Sozialarbeiter*innen tätig. Die meisten von ihnen entwickeln ein Interesse an Permakultur durch eigene Recherchen über alternative Lebensstile und Lebensprojekte. Die von ihnen gegründeten landwirtschaftlichen Betriebe dienen häufig als Beispielorte (‚demonstration sites') für die lokalen Communities, Landwirt*innen. Interesse zeigen auch ehemaligen Landwirt*innen, die sich aufgrund diverser Probleme beruflich umorientierten (ebd.).

Permakulturist*innen schaffen darüber hinaus neue *Gelegenheitsfenster für nachhaltigen Konsum,* da sie häufig Landwirt*innen auf ihren Ländereien im permakulturellen Anbau unterstützen. Im Globalen Süden gibt es wesentliche Überschneidungen mit traditionellen (nicht industriellen) Anbaupraktiken, sodass zugunsten lokaler Begrifflichkeiten eine Distanzierung vom Begriff „Permakultur" festzustellen ist (Fadaee, 2019, S. 727). Gelegenheitsfenster für nachhaltigen Konsum schaffen die Permakultur-Umsetzenden nicht nur im ländlichem, sondern auch in urbanen Räumen, da sie eine erhebliche Menge an Gemüse auf öffentlichen Flächen und Häuserdächern anbauen und diese Flächen als ‚demonstration sites' der Nachbarschaft zugänglich machen. Ziel dieser Praktiken ist, möglichst unbehandelte Lebensmittel, die nicht über weite Entfernungen hinweg in die Städte gebracht werden, zu konsumieren. Der Wunsch nach *gesunder Ernährung* ist in diesem Zusammenhang ein ausschlaggebender Punkt für das Permakultur-Engagement. Hierbei zeigt sich zusätzlich eine Verbindung zwischen sozialen und ökologischen Aspekten, denn viele der Akteur*innen sind im Zusammenhang mit Permakultur in ihren Communities aktiv (Fadaee, 2019, S. 728). Die Studie von Mohapatra et al. (2020) impliziert zudem die Relevanz der *Bildungsweg* bei der Initiierung neuer ‚demonstration sites'. In den von ihnen durchgeführten Fallstudien gründeten vor allem Personen mit akademischen Bildungsbiographien neue Permakultur-Projekte.

Diese Ausführungen zeigen, dass die Themen Ernährungssouveränität und -gerechtigkeit in Permakultur-Projekten im Globalen Süden fokussiert werden.[5] Dies ist ein zentraler Unterschied zu Ländern des Globalen Nordens, denn in vielen Ländern des Globalen Südens zeigen sich die *Auswirkungen der Klimakrise* bereits deutlicher in Form von länger werdenden Dürreperioden, Stürmen und Überflutungen. So sind Farmer*innen aufgrund von prekären Arbeitsbedingungen in der Landwirtschaft mitunter existentiell bedroht. Permakultur hat sich in diesem Kontext als erfolgreiches Konzept herausgestellt, um Lebensmittelkrisen und damit einhergehenden sozialen Problemen entgegenzuwirken (Mohapatra et al., 2020). Wie Fadaee (2019, S. 726 f.) zeigen konnte, unterstützen auch NGO-Mitarbeitende die Verbreitung des Permakultur-Konzepts und schaffen somit weitere Gelegenheitsfenster für nachhaltigen Konsum. Dabei wird deutlich, dass Farmer*innen Monokulturen anbauen, weil sie erwarten auf diese Art ihren Lebensunterhalt sichern zu können. Fällt jedoch die Ernte z. B. von Monokultur-Baumwolle, wie sie in Indien aufgrund der Nachfrage aus dem Globalen Norden weit verbreitet ist, anlässlich von Dürren aus, so wird dies schnell zu einer existenziellen Bedrohung. Die NGO-Mitarbeiter*innen leisten anhand der Permakultur-Design-Prinzipien Aufklärungsarbeit, damit besonders mit Wasserknappheit besser umgegangen werden kann. Dies kann letztendlich die Existenz der Landwirt*innen sichern und somit zur Ernährungssouveränität beitragen.

Insbesondere Fadaee (2019) stellt fest, dass die fortlaufenden Dürrejahre in Indien das Umweltbewusstsein steigern und ein Umdenken aufgrund dieser Umweltveränderung zur Folge haben können (ebd. S. 726). Ökologische Praktiken helfen die Klimawandelfolgen abzuschwächen, indem sie ermöglichen,

---

[5] Fadaee (2019) folgend unterscheiden sich soziale Bewegungen im Globalen Norden und Globalen Süden anhand von vier Charakteristika, die südliche Bewegungen ausmachen. Dazu zählen das Erbe des Kolonialismus, eine hohe Vielfalt an politischen Strukturen und Systemen, kontinuierliche Re-Definitionen der staatlichen, zivilen und gesellschaftlichen Verhältnisse sowie Überschneidungen zwischen nicht-materiellen und materiellen Problemen sowie formalen und informellen Politikformen.

Bodenfeuchtigkeit zu erhalten (Didarali & Gambiza, 2019, S. 13). Eine Form der Klimawandelanpassung auf die zunehmenden Umweltkatastrophen erfolgt außerdem durch das erste Design-Prinzip, „Beobachten und interagieren". Vereinfacht dargestellt geht es darum, die (mikro-) klimatischen Gegebenheiten eines Standortes über einen längeren Zeitraum zu beobachten (oder auf Wetterdaten zurückzugreifen). Im Falle von starken Winden und Stürmen hilft folglich eine angemessene Bepflanzung durch Bäume und Sträucher, angepasst an die dominierende Windrichtung, um bewohnte und landwirtschaftlich genutzte Flächen zu schützen (Morrow, 2019, S. 191 ff.). Entsprechend gestaltete Flächen sind weniger anfällig für Schäden. Dies zeigte sich in Puerto Rico im Anschluss an die Hurricanes „Irma" und „Maria" (vgl. Porter, 2018). Die weniger verwüsteten Permakultur-Anbauflächen dienten anschließend als Vorbild, welches sogar das Interesse industrieller Landwirte weckte (ebd.). Indem Designs vorausschauend implementiert werden, bietet Permakultur somit das Potential, die Resilienz gegenüber Naturkatastrophen zu stärken (Henfrey, 2018). Fehlendes Wissen bestimmter Aspekte der Permakultur-Theorie stellt dabei eine Herausforderung dar (Didarali & Gambiza, 2019, S. 5, 14). Durch eine Verbindung mit postkolonialen Politiken des Wissens entstehen außerdem neue soziale Praktiken, wie zum Beispiel das „farmer-to-farmer" Modell – ein postkoloniales Ernährungsnetzwerk in El Salvador (Millner, 2017). Die Auswirkungen des Klimawandels sind somit ein objektiver biographischer Wendepunkt, der die Umsetzung nachhaltiger Konsumpraktiken im Sinne von Permakultur veranlasst.

Die Analyse des Forschungsstandes zu Permakultur verdeutlicht, dass bestimmte subjektive und objektive biographische Ereignisse nachhaltiges Denken und Handeln fördern. Subjektive Wendepunkte werden begünstigt durch den Einfluss von Familienangehörigen und Freund*innen, einem Informationsaustausch sowie durch berufliche Erfahrungen. Sie umfassen letztendlich sogar Berufswechsel, um die eigenen Werte beruflich und privat umzusetzen. Der Blick in den Globalen Süden verdeutlicht darüber hinaus, dass die Auswirkungen des Klimawandels als objektive biographische Ereignisse und Wendepunkte das Denken und Handeln verändern. Durch die starke Gemeinschafts-Orientierung in den permakulturellen Praktiken und die Einrichtung von ‚demonstration sites' entstehen letztendlich neue Gelegenheitsfenster für nachhaltigen Konsum. Darauf aufbauend stellt der folgende Abschnitt dar, inwiefern soziale Differenzierungen in diesem Zusammenhang von Bedeutung sind.

## 3.3    Intersektionalität und soziale Ungleichheit in der Permakultur

Wie Jaeger-Erben et al. (2020) ausführen, variiert der Konsum entlang verschiedener Lebensphasen. Die „Heterogenität der Lebensformen, Lebensstile und (nicht) nachhaltigen Entscheidungen in allen Lebensphasen" verweist auf die Komplexität bei der Aushandlung von Konsumkorridoren (vgl. Jaeger-Erben et al., 2020, S. 221 f.). Diese Vielschichtigkeit verdeutlichen weitere Aspekte wie jene des biologischen und sozialen Geschlechts, des sozialökonomischen Status, der privaten Lebensform sowie kulturbedingte und milieu- und lebensspezifische Einstellungen und Werte (BMU & UBA, 2019 zit. nach ebd. S. 220). Diese vom Bundesministerium für Umwelt, Naturschutz und nukleare Sicherheit (BMU) sowie vom Bundesumweltamt (UBA) benannten Aspekte zählen zu den Kategorien sozialer Ungleichheit, wenn sie mit Prozessen des Abwertens, des Ausgrenzens und der Diskriminierung sozialer Gruppen einhergehen.[6] Problematisch ist daran u.a., dass soziale Ungleichheit die verschiedenen Möglichkeiten zur gesellschaftlichen Teilhabe einschränkt (Krause, 2020, S. 812). Somit bedingt soziale Ungleichheit „die ungleiche Verteilung von Lebenschancen […] z. B. durch ein höheres oder niedrigeres Einkommen oder ungleich verteilte Chancen je nach Geschlecht" (Burzan, 2011, S. 7). Aus Perspektive der soziologischen Ungleichheitsforschung ist dabei die Verfügung über gesellschaftlich relevante Ressourcen von zentraler Bedeutung. Die Referenz zu den Aspekten des Einkommens und des Geschlechts verweist außerdem darauf, dass soziale Ungleichheit mehrdimensional zu denken ist (ebd.).

Eine Weiterentwicklung dieser Perspektive stellt der Intersektionalitätsansatz dar, den die Juristin Crenshaw (1989, 1991) entwickelt. Sie macht durch die Metapher der Kreuzung („Intersection") auf die Zusammenhänge verschiedener Differenzkategorien (besonders „race, class, gender") und die diskriminierenden Folgen des Ignorierens ihrer Verwobenheit aufmerksam. Der Intersektionalitätsbegriff ist in seinem historischen Entstehungskontext eng mit der *Black Feminism* Bewegung in den USA verbunden und kann nicht ohne weiteres in den deutschsprachigen Kontext übertragen werden (Walgenbach, 2021). In der deutschsprachigen Geschlechterforschung geriet besonders die Metapher der Kreuzung in die Kritik. Diese erweckt den Kritiker*innen zufolge den Eindruck, dass eine klare Trennung von Ungleichheitskategorien möglich sei (ebd. S. 7). Durch den Begriff der Interdependenz stärken sie stattdessen die Perspektive

---

[6] Zum Verhältnis der Begriffe soziale Ungleichheit und Diskriminierung vgl. z. B. Albert Scherr (2010).

der wechselseitigen Abhängigkeiten zwischen den Ungleichheitskategorien: „Auf diese Weise werden nicht nur Sektionen oder Schnittmengen fokussiert, sondern Beziehungen von Ungleichheit bzw. Diskriminierung in den Vordergrund gestellt" (Dietze et al., 2007, S. 9 zit. nach ebd.). Ergänzend plädiert Walgenbach (2021) dafür, von interdependenten Kategorien auszugehen. Damit verweist sie auf wechselseitige Abhängigkeiten nicht nur zwischen, sondern auch innerhalb der jeweiligen Kategorien (ebd. S. 8). Der Interdependenz-Ansatz ist dabei nicht nur eine „verwandte Perspektive oder gar ein Gegensatz zum Forschungsfeld Intersektionalität", sondern versteht sich als „Teil der Intersektionalitätsdebatte" (ebd. S. 13). Winker und Degele (2009) entwickeln den Intersektionalitätsansatz soziologisch und für den europäischen Kontext weiter, um eine komplexitätsangemessene Analyse über „Zusammenhänge und Wechselwirkungen sozialer Differenzierungen" (ebd. S. 8) auf der Makro-, Meso- und Mikroebene zu ermöglichen und somit verschiedene theoretische und empirische Perspektiven in die Betrachtung sozialer Ungleichheitsphänomene zu integrieren. Sie erkennen den Interdependenzbegriff an, argumentieren jedoch, dass dieser „keine weiterführende Perspektive für empirische Forschung vermittelt" und plädieren somit für die Weiterverwendung des Intersektionalitätsbegriffs (ebd. S. 13).

Im Kontext von Permakultur finden sich Aspekte sozialer Ungleichheit, beispielsweise entlang der Kategorien Geschlecht oder „Race". In einer explorativen Studie von Ferguson und Lovell (2015) zu sozio-demografischen Daten zeigen sich soziale Herausforderungen, die auch in anderen gesellschaftlichen Bereichen relevant sind: So beispielsweise, dass Frauen[7] zwar mit einem Anteil von 53 % in der Permakultur-Bewegung aktiv sind, aber weniger in professionellen Rollen[8] mit hohem Status oder öffentlicher Sichtbarkeit partizipieren, sondern eher als Lernende und Anwendende beteiligt sind (ebd. S. 12). In Bereichen und Gebieten mit hoher sozialer Ungleichheit widmen sich zudem weniger „People of Color" der Permakultur auf professioneller wie auf der Anwendungsebene (ebd. S. 10). Eine weitere gesellschaftliche Herausforderung spiegelt sich in der Kritik wider, dass das Konzept der Permakultur von westlichen Permakulturist*innen auf ihren Reisen in einkommensschwachen Ländern verbreitet wird. Gleichzeitig lässt sich dem Konzept zugutegehalten, dass der Fokus auf lokale Gegebenheiten einen empowernden Effekt haben kann (vgl. Morel et al., 2019, S. 8).

Ähnliches vertieft der Erfahrungsbericht von Baxter in ihrem Blogbeitrag „Living Naturally. A Black Woman Practicing Permaculture" (Baxter, 2015).Darin beschreibt sie ihre Erfahrungen mit der Permakultur-Bewegung als Nachwuchs

---

[7] Die Studie thematisiert Geschlecht ausschließlich binär als männlich/weiblich.

[8] Kategorisierung aus der Studie.

landwirtschaftlich-orientierter indigener Gruppen. Sie lernte die Permakultur bei einem Vortrag in Davenport, New York, USA kennen. Dieser Ansatz erschien ihr direkt wie eine natürliche Ergänzung zu ihrem erdverbundenen Lebensstil. Gleichzeitig war diese Entdeckung ein subjektiver biographischer Wendepunkt, denn die weiterführende Auseinandersetzung mit Permakultur erzeugte den Wunsch, in einer multikulturellen Gemeinschaft auf dem Land und in Harmonie mit der Natur zu leben. Während sie diesen Traum in die Realität umsetzt, stellt Baxter immer wieder fest, die einzige Frau „of color"[9] auf Permakultur-Veranstaltungen zu sein. Auch innerhalb der Gruppe, mit der sie lebt, bleibt sie der einzige multi-kulturelle Einfluss, weshalb sie sich von der Bewegung distanziert. Die Bekanntschaft mit einer weiteren Frau „of color" innerhalb der Permakultur-Bewegung zu einem weiteren biographischen Ereignis. Diese Begegnung befähigt beide Frauen, ihre Kultur miteinander zu teilen und auszudrücken. Sie teilen das „gemeinsame Band der Unterdrückung"; Baxter zufolge ein wesentliches Element, das Gefühle der Zugehörigkeit erzeugt. Die Kultur auszudrücken, umfasst insbesondere indigene Rituale zu praktizieren, bei denen indigenes Wissen an jüngere Generationen vermittelt wird.

Übertragen auf die notwendigen gesellschaftlichen Aushandlungsprozesse der Konsumkorridore verdeutlicht dieses Beispiel die Relevanz, marginalisierte Gruppen in Gestaltungsprozesse einzubeziehen. Hinter einen solchen Anspruch kann ein Konzept, das für das gute Leben für alle einsteht, nicht zurückfallen, ohne seine normative Ausrichtung zu ändern. Es ist eine Frage sozial-ökologischer Gerechtigkeit. In den Worten Baxters:

> „Whether or not people of color choose to embrace permaculture will depend on the movements' ability to acknowledge those cultures whos (sic!) existence paved the way for this knowledge" (Baxter, 2015).

Baxter argumentiert weiter, dass die Permakultur-Bewegung dekolonialisiert werden muss, beispielsweise indem auf Veranstaltungen „culture-specific places" eingerichtet werden, in denen bestimmte Erfahrungen geteilt und indigene kulturelle Praktiken praktiziert werden können.

Richardson-Ngwenya (2021) legt durch einen theoretischen Bezug zur feministischen politischen Ökologie weitere relevante Erkenntnisse vor, indem sie Subjektivitäten und innergemeinschaftliche Machtverhältnisse analysiert. Wie

---

[9] Auf eine wörtliche Übersetzung wird bei diesem Begriff verzichtet, um den politischen Gehalt des Begriffs zu erhalten.

sie in ihrer Studie über Permakultur in Simbabwe feststellt, verändern sich Subjektivitäten durch ein längerfristiges Engagement mit Permakultur. Ein selbstorga-
nisiertes Permakultur-Projekt, gegründet von 20 Farmer*innenn und Freiwilligen,
um austrocknendes Land zu versorgen, zeigt positive Auswirkungen auf die
Gemeinschaft aufgrund der Rekonfiguration von Geschlechterrollen (ebd. S. 216).
Entsprechende Prozesse wurden angeregt durch kontinuierliche gemeinschafts-
basierte Workshops, die individuelle Talente und gemeinschaftliches Teilen in
den Fokus rückten (ebd. S. 217). Workshops zum Thema „Building Constructive
Community Relations", die explizit vergeschlechtlichte Machtverhältnisse the-
matisierten, hatten einen empowernden Effekt, da sie insbesondere bei Frauen
die Neuverhandlung vergeschlechtlicher Subjektivitäten anregten. Hieraus resultiert ein gestärktes Selbstbewusstsein der Beteiligten im Verhältnis zu Männern,
sodass sie sich stärker in die Gemeinschaft einbrachten (ebd.). Die Rekonfiguration von Geschlechterrollen machten sich anschließend in gemeinschaftlichen
Alltagspraktiken wie dem Lebensmittelanbau oder beim Kochen bemerkbar
(ebd.).

Die Studienergebnisse von Richardson-Ngwenya (2021) und der Erfahrungsbericht von Baxter (2019) verdeutlichen positive Effekte im Sinne sozialer
Nachhaltigkeit, wenn marginalisierte soziale Gruppen in Gestaltungsprozesse einbezogen werden. Entsprechende Prozesse stehen in der Permakultur im Zusammenhang mit dem ethischen Prinzip „Care for People" und haben einen Einfluss
auf die Subjektivierung der (vormals) Ausgeschlossenen. Indigenes Wissen und
indigene Praktiken zu teilen sowie die Rekonfiguration von Geschlechterrollen
leistet auf der Mikro- und Meso-Ebene einen Ansatzpunkt, um sozialer Ungleichheit entgegenzuwirken. Wie Puig de la Bellacasa (2010, 2015) ausführt, wird zwar
der Care-Begriff in der Permakultur vom Sozialen auf das Ökologische ausgewei-
tet, dennoch ist das Verhältnis von (Re)Produktivität (Biesecker & Hofmeister,
2013) und die Organisation von Care-Arbeit in Permakultur-Projekten trotz der
hohen Relevanz der ethischen Prinzipien „Care for the Earth" und „Care for
People" bisher nicht erforscht. Das folgende Kapitel diskutiert die Konzeptualisie-
rung von Konsumkorridoren unter Berücksichtigung biographischer Wendepunkte
und intersektionaler Perspektiven sowie die Relevanz von Care-Arbeit in der
sozial-ökologischen Transformation.

## 4  Diskussion

Vor diesem Hintergrund ist Permakultur an das Konzept der Konsumkorridore anschlussfähig. Zum einen ist eine Verbindung zwischen Permakultur und

Konsumkorridoren sinnvoll, weil Permakultur-Umsetzende auch in der normalerweise konsumintensiven Lebensphase des Erwachsenenalters bestrebt sind, Konsum einzuschränken und nachhaltig zu gestalten ohne den Anspruch des guten Lebens aus dem Blick zu verlieren. Das Verantwortungsbewusstsein im Zusammenhang mit dem ethischen Prinzip der Sorge für die Erde, könnte dabei einen Perspektivwechsel im Sinne des Vor_Sorgen für Natur/en (Mölders & Hofmeister, 2018) im Gesellschaftlichen Naturverhältnis (Becker & Jahn, 2006) anregen. Im Hinblick auf den objektiven Wendepunkt des Klimawandels zeigt die biographische Perspektive, dass Permakultur einen wichtigen Beitrag leistet, um resilienter gegen Naturkatastrophen zu werden. Vor diesem Hintergrund kann sozial-ökologische Forschung Wissen darüber generieren, wie sich gesellschaftliche Naturverhältnisse (ebd.) durch die auch im Globalen Norden zunehmend spürbaren Auswirkungen des Klimawandel verändern. Es wäre denkbar, dass zum Beispiel die Flut im Ahrtal einen biographischen Wendepunkt darstellt, der nachhaltige Alltagspraktiken begünstigt. Dabei wäre auch von Interesse, welchen Einfluss permakulturelle Klimawandelanpassungsmaßnahmen auf das Gesellschaftliche Naturverhältnis (ebd.) haben. Puig de la Bellacasa (2017, S. 5) verweist darauf, dass sich das Prinzip „Care for the Earth" in den Praktiken der Permakultur auf die ethische Verpflichtung bezieht, die vernachlässigte Bedürfnisse der Erdezu beheben. Dieses Prinzip lenkt die Aufmerksamkeit außerdem auf die unsichtbaren, aber regenerativen Arbeiten und die Ressourcen der Erde als Grundlage für den menschlichen Konsum. Dabei geht es auch darum, dass Menschen verantwortungsbewusst in eine unausgewogene Welt eingreifen, um letztendlich auch für jene zu sorgen, die Fürsorge benötigen (de la Bellacasa, 2010, S. 165). Ein ähnlicher Ansatz findet sich hinsichtlich der Implementierung von Care als Teil von Vor_Sorge für Natur/en (Mölders & Hofmeister, 2018).

Im Hinblick auf zukünftige Forschung zu Konsumkorridoren können die von Di Giulio und Defila (2019) vorgeschlagenen Kriterien für ein gutes Leben[10] in Verbindung mit den Design-Prinzipien der Permakultur analysiert werden. Während die Kriterien für ein gutes Leben die subjektiven Bedürfnisse und Minimalstandards abdecken, wäre zu prüfen, inwiefern die Permakultur-Prinzipien dazu beitragen können objektive und ökologische Maximalstandards festzulegen.

Die biographischen Ereignisse und Wendepunkte verdeutlichen das Potential von Permakultur, gesellschaftliche Naturverhältnisse nachhaltiger zu gestalten. Wie aus den Ausführungen in Kap. 3 hervorgeht, ist die Beziehung zur Natur

---

[10] Kriterien für ein gutes Leben vorzugeben kann unter Umständen problematisch sein. Dennoch schaffen die von Di Giulio und Defila (2019) entwickelten Kriterien einen ersten Referenzrahmen, um Debatten über die Ausgestaltung von Konsumkorridoren anzustoßen.

von zentraler Bedeutung für die Integration von Nachhaltigkeit in die Alltagspraktiken. Naturerfahrungen könnten insbesondere im Kinder- und Jugendalter aber auch darüber hinaus gefördert werden, wie es beispielsweise bereits im Rahmen nachhaltiger Bildungsarbeit passiert (Roncevic & Pallesche, 2021; Schubert, 2021). Zudem lassen sich im Rahmen von Permakultur neue Gelegenheitsfenster für nachhaltigen Konsum schaffen, wie es bereits durch zahlreiche Weiterbildungsmöglichkeiten (Workshops und Kurse), ,demonstration sites', die intensiv betriebene Öffentlichkeitsarbeit über Social Media, Blogs, Foren und Buchveröffentlichungen geschieht.

Wie bereits Jaeger-Erben et al. (2020, S. 220) zu bedenken geben, sind Grenzen des Konsums entlang verschiedener Lebensphasen zu konzeptualisieren. Hierbei ist eine intersektionale Perspektive angebracht, um Differenz- und Strukturkategorien in gesellschaftlichen Aushandlungsprozessen um nachhaltigen Konsum und Konsumkorridore einzubinden. Das ist von Bedeutung für die Repräsentation der Perspektiven auch von marginalisierten sozialen Gruppen. Damit Konsumkorridore ein gutes Leben für alle und zukünftige Generationen sichern, müssen die Interessen und Perspektiven dieser Gruppen Berücksichtigung finden. Dies gilt entlang von Differenz- und Strukturkategorien wie Geschlecht, Race, Klasse und Körper (inklusive Alter) und im Hinblick auf die Machtverhältnisse zwischen Globalem Norden und Globalem Süden (Blättel-Mink, 2021, S. 136 f.) auszuhandeln.

Eine intersektionale Perspektive, die nicht zuletzt Interdependenzen berücksichtigt, fehlt bisher in der Forschung über Permakultur und ist ebenfalls in der Biographieforschung ein marginales Thema (Wagner et al., 2018). In der englischsprachigen Konsumforschung finden sich jedoch Studien im Zusammenhang mit Intersektionalität (Tissier-Desbordes & Visconti, 2019). So gilt auch zu berücksichtigen, wie die Wechselwirkungen zwischen bestimmten Lebensabschnitten, Geschlecht, Race, Klasse und weiterer Differenz- und Strukturkategorien Gelegenheitsfenster für nachhaltigen Konsum beeinflussen. Insbesondere im Kontext von Permakultur und aus Perspektive feministischer Theorien erscheint hierbei eine markante Forschungslücke. Diese Setzung von Care zu einem zentralen, handlungsleitenden ethischen Prinzip beinhaltet das Potential einer kritischen Reflexion geschlechterhierarchischer gesellschaftlicher Strukturen, wie sie auch in der Permakultur-Bewegung vorkommen. Analytisch sind dabei Theorien zur (Re)Produktivität (Biesecker & Hofmeister, 2013) wichtig, um Trennungsprozesse und Vermittlungen im Rahmen von Konflikten und Lerneffekten einzuordnen. Dabei gilt es die unterschiedlichen Gegenstände von

(Re)Produktivität und Care-Arbeit im Blick zu behalten (Mölders & Hofmeister, 2018). Entsprechende Phänomene sind auch n der Forschung und bei der Aushandlung von Konsumkorridoren zu berücksichtigen. .

## 5    Fazit

Dieser Beitrag zeigt, welche biographischen Wendepunkte nachhaltigen Konsum im Rahmen permakulturellen Engagements begünstigen. Entsprechend der Definitionen biographischer Wendepunkte nach Clausen, Elder und Abbot (vgl. Sackmann, 2013) ist dabei nach objektiven und subjektiven Wendepunkten zu unterscheiden. Als objektive Wendepunkte haben sich insbesondere im Globalen Süden die Auswirkungen des Klimawandels in Form von Umweltkatastrophen, wie anhaltende Dürren oder starken Stürmen, erwiesen. Diese Erfahrungen werden zu biographischen Wendepunkten, da sie die Lebensmittelproduktion bedrohen und somit zu existentiell bedrohlichen Hungersnöten führen können. Basierend darauf erfolgt ein Umdenken und eine Reflexion der dominanten Anbauweisen. Alternative, nachhaltige Anbaupraktiken, wie sie die Permakultur anbietet, werden angenommen und teilweise mit konventionellen Anbauweisen kombiniert (Didarali & Gambiza, 2019).

Im Globalen Norden erscheint das Umdenken hin zu Permakultur und nachhaltigem Konsum stärker durch subjektive Wendepunkte geprägt. Die Unzufriedenheit mit aktuellen beruflichen Tätigkeiten motiviert zur Recherche über alternative Lebensstile und kann letztendlich zur Umsetzung von Permakultur führen. Dabei kommt dem sozialen Umfeld eine besondere Relevanz zu: Einflüsse durch Eltern, Großeltern und Freunde ermöglichen Naturerfahrungen, beispielsweise durch den Gemüseanbau im eigenen Garten oder die landwirtschaftlichen Tätigkeiten der Eltern und Großeltern bis hin zu geteilten Naturerfahrungen mit Freunden. Diese biographischen Erfahrungen sind ausschlaggebend für nachhaltigen Konsum im Sinne von Permakultur. Dabei erscheint Nachhaltigkeit als subjektiv erfüllender Wert, der in Form von kleinen Permakultur-Unternehmen umgesetzt wird.

Zukünftige Forschung zu Konsumkorridoren und Permakultur sollte biographische Wendepunkte und soziale Alltagspraktiken bei der Umsetzung nachhaltigen Konsums berücksichtigen. Weitere Analysen über biographische Wendepunkte und nachhaltige Konsumpraktiken, müssen entlang intersektional gedachter Differenz- und Strukturkategorien konzeptualisiert werden, um ein angemessenes Bild über unterschiedliche Gelegenheitsfenster für nachhaltigen

Konsum zu erzeugen. Eine intersektionale Perspektive und eine Verbindung zwischen den ökologischen Design-Prinzipien der Permakultur mit den Aspekten des guten Lebens können in anschließenden Forschungsprojekten dazu beitragen, das Konzept der Konsumkorridore weiter zu konkretisieren. Dabei gilt es auch Lerneffekte und Lösungsstrategien im Umgang mit Konflikten und Widersprüchlichkeiten zu betrachten, um Handlungsmöglichkeiten innerhalb der sozial-ökologischen Krise aufzuzeigen.

## Literatur

Abbot, A. (1997). On the concept of turning points. *Comparative Social Research, 16*, 85–105.

Bader, P., Becker, F., Demirović, A., & Dück, J. (2011). Die multiple Krise - Krisendynamiken im neoliberalen Kapitalismus. *VielfachKrise. Im finanzmarktdominierten Kapitalismus* (S. 11–28). VSA.

Baxter, K. (o. J.). Living naturally: A Black woman practicing permaculture by Kirtrina Baxter. *Permaculture Design, Decolonizing Permaculture, 98*, Nov. 2015.

Becker, E., & Jahn, T. (Hrsg.) (2006). *Soziale Ökologie: Grundzüge einer Wissenschaft von den gesellschaftlichen Naturverhältnissen.* Campus.

Biesecker, A., & Hofmeister, S. (2013). Zur Produktivität des »Reproduktiven«. Fürsorgliche Praxis als Element einer Ökonomie der Vorsorge. *Feministische Studien-Zeitschrift für interdisziplinäre Frauen- und Geschlechterforschung, 31*(2), 240–251.

Blättel-Mink, B. (2001). *Wirtschaft und Umweltschutz. Grenzen der Integration von Ökonomie und Ökologie.* Campus.

Blättel-Mink, B. (2021). Nachhaltige Entwicklung als Strategie der Völkergemeinschaft zur Überwindung der „Grenzen des Wachstums". Ein kritisch-historischer Abriss. In B. Blättel-Mink, T. Hickler, S. Küster, & H. Becker (Hrsg.) *Nachhaltige Entwicklung in einer Gesellschaft des Umbruchs* (S. 121–140). Springer Fachmedien Wiesbaden.

Blättel-Mink, B., Brohmann, B., Defila, R., Di Giulio, A., Fischer, D., Fuchs, D., Gölz, S., Götz, K., Homburg, A., Kaufmann-Hayoz, R., Matthies, E., Michelsen, G., Schäfer, M., Tews, K., Wassermann, S., & Zundel, S. (2013). *Konsum-Botschaften Was Forschende für die gesellschaftliche Gestaltung nachhaltigen Konsums empfehlen.* Hirzel.

Blättel-Mink, B., Boddenberg, M., Gunkel, L., Schmitz, S., & Vaessen, F. (2017). Beyond the market – New practices of supply in times of crisis: The example community-supported agriculture. In *International Journal of Consumer Studies, 41*(4), 415–421.

Blättel-Mink, B., Schmitz, S., & Rau, A. (2018). Postwachstumsprojekte – Neue soziale Praktiken in Zeiten der Vielfachkrise des Kapitalismus. *Konsumkritische Projekte und Praktiken – Interdisziplinäre Perspektiven auf gemeinschaftlichen Konsum* (S. 57–73). Oekom.

Bundesministerium für Umwelt, Naturschutz und nukleare Sicherheit (BMU) & Umweltbundesamt (UBA). (2019). *Umweltbewusstsein in Deutschland 2018. Ergebnisse einer repräsentativen Bevölkerungsumfrage.* BMU, UBA.

Burzan, N. (2011). *Soziale Ungleichheit. Eine Einführung in die zentralen Theorien.* VS Verlag.

Clausen, J. A. (1995). Gender, contexts, and turning points in adults' lives. In P. Moen, G. H. Elder, & K. Lüscher (Hrsg.), *Examining lives in context* (S. 365–389). APA.

Clausen, J. A. (1998). Life review and life stories. In J. Z. Giele & G. H. Elder (Hrsg.), *Methods of life course research* (S. 189–212). Sage.

Crenshaw, K. W. (1989). Demarginalizing the intersection of race and sex: A Black feminist critique of antidiscrimination doctrine, feminist theory and antiracist politics. In *University of Chicago Legal Forum* (S. 139–167).

Crenshaw, K. W. (1991). Mapping the margins: Intersectionality, identity politics, and violence against women of color. *Stanford Law Review*, Jg. Women of Color at the Center: Selections from the Third National Conference on Women of Color and the Law, 43, (S. 1241–1299).

Dausien, B. (2000). „Biographie" als rekonstruktiver Zugang zu „Geschlecht" - Perspektiven der Biographieforschung. In D. Lemmermöhle, D. Fischer, D. Kilka, & A. Schlüter (Hrsg.) *Lesarten des Geschlechts: Zur De-Konstruktionsdebatte in der erziehungswissenschaftlichen Geschlechterforschung* (S. 96–115). Leske + Budrich.

Dausien, B. (2006a). Geschlechterverhältnisse und ihre Subjekte. Zum Diskurs um Sozialisation und Geschlecht. In H. Bilden & B. Dausien (Hrsg.) *Sozialisation und Geschlecht. Theoretische und methodologische Ansätze* (S. 17–44). Budrich.

Dausien, B. (2006b). Repräsentation und Konstruktion. Lebensgeschichte und Biographie in der empirischen Geschlechterforschung. In S. Brombach & B. Wahrig (Hrsg.) *Lebens-Bilder. Leben und Subjektivität in neueren Ansätzen der Gender Studies* (S. 179–211). Transcript.

de la Bellacasa, M. P. (2010). Ethical doings in naturecultures. *Ethics, Place & Environment, 13*(2), 151–169.

de la Bellacasa, M. P. (2017). *Matters of care: Speculative ethics in more than human worlds.* Posthumanities. University of Minnesota Press.

Di Giulio, A., & Defila, R. (2019). The „good life" and protected needs. In A. Kalfagianni, D. Fuchs, & A. Hayden (Hrsg.) *The Routledge handbook of global sustainability governance* (S. 100–114). Routledge.

Di Giulio, A., & Fuchs, D. (2014). Sustainable consumption corridors: Concept, objections, and responses. *GAIA – Ecological Perspectives for Science and Society, 23*(3), 184–192.

Didarali, Z., & Gambiza, J. (2019). Permaculture: Challenges and benefits in improving rural livelihoods in South Africa and Zimbabwe. *Sustainability, 11*(8), 2219.

Dietze, G., Hornscheidt, A., Palm, K., & Walgenbach, K. (2007). Einleitung. In K. Walgenbach, G. Dietze, A. Hornscheidt, & K. Palm (Hrsg.) *Gender als interdependente Kategorie. Neue Perspektiven auf Intersektionalität, Diversität und Heterogenität* (S. 7–22). Budrich.

Elder, G. H. (1985). Perspectives on the life course. In G. H. Elder (Hrsg.) *The life course dynamics. Trajectories and transitions 1968–1980* (S. 23–49). Cornell University Press.

Elder, G. H. (1995). The life course paradigm: Social change and individual development. In P. Moen, G. H. Elder, & K. Lüscher (Hrsg.), *Examining lives in context* (S. 101–139). APA.

Elder, G. H. (1998). The life course and human development. In R. M. Lerner (Hrsg.) *Handbook of child psychology. Theoretical models of human development* (Bd. 1, S. 939–991). Wiley.

Eversberg, D. (2018). Grenzen der Komplexität. Überlegungen zu einer Ökologie flexibelkapitalistischer Subjekte. www.kolleg-postwachstum.de/sozwgmedia/dokumente/WorkingPaper/Wp+1_18+Eversberg.pdf, Jg. 20.

Fadaee, S. (2019). The permaculture movement in India: A social movement with Southern characteristics. *Social Movement Studies, 18*(6), 720–734.

Ferguson, R. S., & Lovell, S. T. (2014). Permaculture for agroecology: Design, movement, practice, and worldview. A review. *Agronomy for Sustainable Development, 34*(2), 251–274.

Fuchs, D. A., Sahakian, M., Gumbert, T., Di Giulio, A., Maniates, M., Lorek, S., & Graf, A. (2021). *Consumption corridors: Living a good life within sustainable limits. Routledge focus in environment and sustainability.* Routledge.

Genus, A., Iskandarova, M., & Warburton Brown, C. (2021). Institutional entrepreneurship and permaculture: A practice theory perspective. *Business Strategy and the Environment, 30*(3), 1454–1467.

Giddens, A. (1988). *Die Konstruktion der Gesellschaft.* Campus.

Henfrey, T. W. (2018). Designing for resilience: Permaculture as a transdisciplinary methodology in applied resilience research. *Ecology and Society, 23*(2), art33.

Henkel, A. (2016). Natur, Wandel, Wissen. *Soziologie und Nachhaltigkeit,* Bd. 2 Nr. 1. Beitrag der Soziologie zum Diskurs um das Thema Nachhaltigkeit.

Holmgren, D. (2015). *Permaculture. Principles & pathways beyond sustainability.* Melliodora.

IPCC. (2021). Summary for policy makers. In *Climate change 2021: The phsyical basis. Contribution of working group I to the sixth assessment report of the intergovernmental panel on climate change.* Cambridge University Press.

Jaeger-Erben, M., Blättel-Mink, B., Fuchs, D., Götz, K., Langen, N., & Rau, H. (2020). Grenzen des Konsums im Lebensverlauf: Gelegenheiten, Hürden und Gestaltungsspielräume. *GAIA - Ecological Perspectives for Science and Society, 29*(4), 218–223.

Kahlert, H., Miemitz, B., & Onnen, C. (2018). Zur Genderperspektive auf Biographien. In C. Onnen & S. Rode-Breymann (Hrsg.) *Wiederherstellen – Unterbrechen – Verändern? Politiken der (Re-)Produktion., L'AGENDa* (S. 211–214). Budrich.

Kleine, A. (2009). *Operationalisierung einer Nachhaltigkeitsstrategie. Ökologie, Ökonomie und Soziales integrieren.* Gabler Edition Wissenschaft.

Knopf, J., Mundt, I., Kirchner, R., Kahlenborn, W., Blazejczak, J., Edler, D., Schill, W.-P., Sartorius, C., & Walz, R. (2016). *Ökologische Modernisierung der Wirtschaft durch eine moderne Umweltpolitk* (Nr. 02/2016). Umwelt, Innovation, Beschäftigung. Umweltbundesamt.

Krause, D. (2020). *Lexikon zur Soziologie.* Springer Fachmedien Wiesbaden.

Krebs, J., & Bach, S. (2018). Permaculture – Scientific evidence of principles for the agroecological design of farming systems. *Sustainability, 10*(9), 3218.

Lessenich, S. (2020). *Neben uns die Sintflut: Wie wir auf Kosten anderer leben.* Piper.

Lusseau, D., & Mancini, F. (2019). Income-based variation in sustainable development goal interaction networks. *Nature Sustainability, 2*(3), 242–247.

Millner, N. (2017). Food Souverenity, permaculture and the postcolonial politics of knowledge in El Salvador. In M. L. Wilson (Hrsg.), *Postcolonialism, indigeneity and struggles for food sovereignty: Alternative food networks in the subaltern spaces, Routledge research in new postcolonialisms*. Routledge, Taylor & Francis.

Mohapatra, L., Saha, G., & Agrawal, S. (2020). Design intervention through permaculture and social change: Case studies from selected Indian farming sectors. *IFFTI 2020: Beween Individual and Society. The Individual*. Gehalten auf der IFFTI Annual Conference.

Mölders, T., & Hofmeister, S. (2018). „Natur/en" als Räume des Vor_Sorgens. Eine (re)produktionstheoretische Reflexion des „Caring for nature/s". In C. Onnen & S. Rhode-Breymann (Hrsg.), *Zum Selbstverständnis der Gender Studies II. Technik – Raum – Bildung., L'AGENda* (S. 65–82). Budrich.

Mollison, B. C. (1992). *Permaculture: A designers' manual*. Tagari Publ.

Mollison, B. (2002). *Permaculture. A Designer's Manual*. Tagari Publication/The Permaculture Institute Australia.

Mollison, B., & Holmgren, D. (1984). *Permakultur. Landwirtschaft und Siedlungen in Harmonie mit der Natur*. Pala-verlag.

Morel, K., Guégan, C., & Léger, F. G. (2016). Can an organic market garden based on holistic thinking be viable without motorization? The case of a permaculture farm. *Acta Horticulturae, 1137*, 343–346.

Morel, K., Léger, F., & Ferguson, R. S. (2019). Permaculture. In S. E. Jørgensen & B. D. Fath (Hrsg.), *Encyclopedia of ecology*. (S. 559–567). Elsevier.

Morrow, R. (2019). *Earth user's guide to permaculture*. Permanent.

Neckel, S. (2018). Ökologische Distinktion: Soziale Grenzziehung im Zeichen von Nachhaltigkeit. In S. Neckel, M. Hasenfratz, S. M. Pritz, T. Wiegand, N. Besedovsky, & M. Boddenberg (Hrsg.), *Die Gesellschaft der Nachhaltigkeit* (S. 59–76). Transcript.

Oevermann, U. (1991). Genetischer Strukturalismus und das sozialwissenschaftliche Problem der Erklärung der Entstehung des Neuen. In S. Müller-Doohm (Hrsg.), *Jenseits der Utopie* (S. 267–336). Suhrkamp.

Petri, H., & Faust, H. (2021). Understanding permaculturist motivations among residents of the "PermaKulturRaum" in Goettingen, Germany: A qualitative analysis. *SN Social Sciences, 1*(1), 18.

Porter, R. (2018). After the storm comes the Rainbow: Love, home, and permaculture in Puerto Rico. *Voices of Reform: Educational Research to Inform and Reform, 1*(1), 99–106.

Pradhan, P., Costa, L., Rybski, D., Lucht, W., & Kropp, J. P. (2017). A systematic study of Sustainable Development Goal (SDG) interactions: A systematic study of SDG interactions. *Earth's Future, 5*(11), 1169–1179.

Richardson-Ngwenya, P. (2021). Everyday political geographies of community-building: Exploring the practices of three Zimbabwean permaculture communities. In *Environmental policy and governance*, 211–222. Wiley.

Rockström, J., Steffen, W., Noone, K., Persson, A., Chapin, F. S. III., Lambin, E., Lenton, T. M., Scheffer, M., Folke, C., Schellnhuber, H. J., Nykvist, B., de Wit, C. A., Hughes, T., van der Leeuw, S., Rodhe, H., Sörlin, S., Snyder, P. K., Costanza, R., Svedin, U., Falkmark, M., Karlberg, L., Corell, R. W., Fabry, V. J., Hansen, J., Walker, B., Liverman, D., Richardson, K., Crutzen, P., & Foley, J. (2009). Planetary boundaries: Exploring the safe operating space for humanity. *Ecology and Society, 14*(2).

Roncevic, K., & Pallesche, M. (2021). Aktivismus und Bildung für nachhaltige Entwicklung in der Schule? Herausforderungen und Chancen im Umgang mit Aktivismus der Schüler/-innen. In *Zeitschrift für internationale Bildungsforschung und Entwicklungspädagogik, 44*(2021) 3, S. 22–26.

Rückert-John, J., Jaeger-Erben, M., Schäfer, M., Scholl, G., & Gossen, M. (2016). *Nachhaltiger Konsum durch soziale Innovationen – Konzepte und Praxis* (Nr. UBA-FB 002149; Texte 40/2016). Umweltbundesamt.

Sackmann, R. (2013). *Lebenslaufanalyse und Biografieforschung.* Springer Fachmedien Wiesbaden.

Sackmann, R., & Wingens, M. (2001). Theoretische Konzepte des Lebenslaufs. Übergang, Sequenz, Verlauf. In R. Sackmann & M. Wingens (Hrsg.), *Strukturen des Lebenslaufs* (S. 17–48). Juventa.

Sackmann, R., & Wingens, M. (2003). From transitions to trajectories: Sequence types. In W. R. Heinz & V. W. Marshall (Hrsg.), *Social dynamics of the life course* (S. 93–112). Aldine de Gruyter.

Scherr, A. (2010). Diskriminierung und soziale Ungleichheiten: Erfordernisse und Perspektiven einer ungleichheitsanalytischen Fundierung von Diskriminierungsforschung und Antidiskriminierungsstrategien. In U. Hormel & A. Scherr (Hrsg.), *Diskriminierung* (S. 35–60). VS Verlag.

Schreiber, J. (2020). Grundverständnis nachhaltiger Entwicklung in Deutschland. Ökologische Modernisierung oder Postwachstum. *Soziologiemagazin, 13*(2), 29–49.

Schubert, S. (2021). Nachhaltigkeit und Offene Kinder- und Jugendarbeit. In U. Deinet, B. Sturzenhecker, L. von Schwanenflügel, & M. Schwerthelm (Hrsg.), *Handbuch Offene Kinder- und Jugendarbeit* (S. 811–825). Springer Fachmedien Wiesbaden.

Tissier-Desbordes, E., & Visconti, L. M. (2019). Gender after gender: Fragmentation, intersectionality, and stereotyping. *Consumption Markets & Culture, 22*(4), 307–313.

Wagner, D., Dierckx, H., & Jakob, S. (2018). Einleitung. In H. Dierckx, D. Wagner, & S. Jakob (Hrsg.), *Intersektionalität und Biografie. Interdisziplinäre Zugänge zu Theorie, Methode und Forschung* (S. 7–16). Budrich.

Walgenbach, K. (2021). Gender als interdependente Kategorie. In A. Biele Mefebue, A. Bührmann, & S. Grenz (Hrsg.), *Handbuch Intersektionalitätsforschung* (S. 1–15). Springer Fachmedien Wiesbaden.

Williams, J. M. K. (2017). Building community capacity for food and agricultural justice: Lessons from the cuban permaculture movement. In I. Werkheiser & Z. Piso (Hrsg.), *Food justice in US and global contexts, the international library of environmental, agricultural and food ethics* (S. 31–49). Springer International Publishing.

Winker, G. (2015). *Care Revolution: Schritte in eine solidarische Gesellschaft. X-Texte zu Kultur und Gesellschaft.* Transcript.

Winker, G., & Degele, N. (2009). *Intersektionalität: Zur Analyse sozialer Ungleichheiten. Sozialtheorie.* Transcript.

**Franziska Ohde** M.A., studierte im B.A. Sozialwissenschaften an der Gottfried-Wilhelm-Leibniz Universität Hannover und im M.A. Geschlechterforschung an der Georg-August-Universität Göttingen sowie an der Université de Poitiers, Frankreich. Ihre Forschungsinteressen liegen im Bereich der soziologischen Nachhaltigkeitsforschung mit besonderem Fokus auf den SDGs, Citizen Science, sozialer Ungleichheit und Permakultur. Im Anschluss an Tätigkeiten bei der Landesarbeitsgemeinschaft der Einrichtungen für Frauen- und Geschlechterforschung (LAGEN) und an der Leibniz Universität Hannover geht sie diesen Forschungsschwerpunkten aktuell an der Goethe Universität in Frankfurt nach. Dort ist auch ihr Promotionsvorhaben über Herausforderungen und Lösungsansätze der sozialökologischen Transformation angesiedelt.

# Konsumentscheidungen, Konsumroutinen und Konsumstrategien. Veränderungen von Konsumverhalten

Ninja Christine Rickwärtz

## 1 Einleitung

Die Orientierung am Leitbild eines verantwortlichen, souveränen Konsumierenden erfolgt in Deutschland im Einklang mit internationalen Zielsetzungen zur Förderung nachhaltiger Produktions- und Konsumweisen relativ dauerhaft (UN, 1992 Kap. 4; WSSD, 2002; UN, 2015; Die Bundesregierung, 2002; Die Bundesregierung, 2018). In internationalen Agenden und nationalen politischen Strategiepapieren für nachhaltige Entwicklung wird ebendieses Sustainability Goal durchgängig mit Konsumierenden-Souveränität verknüpft (Brand, 2008). Diese soll als Ideal dazu dienen, die Notwendigkeit eines radikalen Wandels privaten Konsumverhaltens auf Haushalts- ebenso wie auf Individualebene eindringlich zu verdeutlichen. Verbraucher*innen sollen hierdurch indirekt dazu verpflichtet werden, diesen zu realisieren, um so ihrerseits einen Beitrag zur Erreichung des Ziels Sicherung nachhaltiger Produktions- und Konsumweisen zu leisten. Ihnen wird gewissermaßen die Aufgabe zugeschrieben, mit ihrem individuellen Konsumhandeln nachhaltige Produktions- und Konsummuster anzuleiten, zu sichern und so als „Triebkraft" eines Wandels zu nachhaltigeren Lebensstilen zu fungieren (Brand, 2008; Brunner, 2019a, b). In Bezug auf diese ihnen zugewiesene Aufgabe spielt der gesellschaftliche Kontext, in den Konsumentscheidungen und -handlungen eingebettet sind, eine wichtige Rolle. Denn der Konsum von Gütern und Dienstleistungen darf nicht (allein) als Resultat einer individuellen, mehr oder weniger spontanen Entscheidung verstanden werden. In diesem Zusammenhang weisen Jaeger-Erben et al. (2017) unter Bezugnahme

N. C. Rickwärtz (✉)
Universität Vechta, Vechta, Deutschland
E-Mail: ninja.christine.rickwaertz@uni-vechta.de

auf John (2013), Jaeger-Erben (2010) und Spaargaren und van Vliet (2000) darauf hin, dass konsumbezogene Entscheidungen und Handlungen immer auch darauf verweisen „Teile sozialer Praktiken [zu sein], die in individuelle Alltagsabläufe und infrastrukturelle Rahmenbedingungen eingebettet sind [,] […] als Routinen relativ erfolgreich funktionieren und dadurch nur schwer veränderbar sind" (Jaeger-Erben et al., 2017, S. 9). Konsumieren ist also – vermittelt über vielerlei Rahmenbedingungen des Konsums – längst nicht nur eine individuelle, sondern eine in besonderem Maße gesellschaftliche Angelegenheit. „Probleme nachhaltigen Konsums sind [somit] zutiefst gesellschaftliche Probleme" (Brunner, 2019b, S. 180). Bereits anhand einzelner Konsumentscheidungen und -handlungen auf Individual bzw. Haushaltsebene wird deutlich, dass Probleme nachhaltigen Konsums „eng mit der Gestaltung sozialer Alltagspraktiken zusammenhängen, aus denen sich eine bestimmte Ressourcennachfrage ergibt" (Brunner 2019b, S. 180 ). In diesem Kontext verweist Brunner (2019b) darauf, dass nachhaltigkeitsbezogene Kriterien für Konsumierende keinesfalls irrelevant sind, vielmehr stünden „diese häufig in Konkurrenz zu anderen Motivationen bzw. Koordinationserfordernissen", weshalb „ein durchgehend nachhaltiger Lebens- und Konsumstil sehr voraussetzungsvoll und im Alltag nur schwer zu realisieren" sei (Brunner, 2019b, S. 171 f.). Fragen danach, welche transformative Kraft Konsumierende mit Blick auf den angestrebten Wandel von Konsumweisen in Richtung Nachhaltigkeit entfalten können sowie wie und unter welchen Bedingungen ihnen dies gelingt, sind in der sozialökologischen Forschung hoch aktuell. Seit einigen Jahren wird in diesem Zusammenhang – beeinflusst durch die Rezeption von Praxistheorien (Bourdieu, 1972, 1980, 1997; Giddens, 1979, 1984) – vermehrt auf den Einfluss der dem Konsum zugrunde liegenden sozialen Praktiken verwiesen (Brunner, 2019b; Shove & Walker, 2014; Shove et al., 2012; Warde, 2005). Soziale Praktiken sind hierbei nicht einfach nur alltagstheoretisch als bestimmte Art der Ausübung, Handhabung bzw. Verfahrensweise zu verstehen, sondern als „know-how abhängige und von einem praktischen ‚Verstehen' zusammengehaltene Verhaltensroutinen" (Reckwitz, 2003, S. 289). Soziale Praktiken sind, wie Brunner (2019b) unter Bezugnahme auf Shove et al. (2012) erläutert, gekennzeichnet durch dynamische Beziehungen zwischen Materiellem (materials), Kompetenzen/Fähigkeiten (skills) und Bedeutungen (images, meanings) (Brunner, 2019b, S. 177). Es sind die kleinsten Einheiten des Sozialen in einem „temporally unfolding and spatially dispersed nexus of doings and sayings" (Schatzki, 1996, S. 89). In der sozialökologischen Forschung finden bislang jedoch nur vereinzelt Wissenschaftler*innen Gehör, die darauf verweisen, dass nicht allein reflexive Konsumierende „rational […] auf der Basis der

Bereitstellung von Informationen eine informierte Entscheidung am Markt treffen" (Brunner, 2019b, S. 168) und ebenso wenig nur aufgrund der Verfügbarkeit bestimmter Güter und Dienstleistungen sich diese beschaffen. Vielmehr unterliegen sie der gesellschaftlichen „Produktion der Nachfrage" durch die „[...] soziale Konstruktion von Bedürfnissen und den Bedingungen ihrer Befriedigung" (Brunner 2019b, S. 172 f.), die sich in „[...] sozialen Praktiken (z. B. Heizen, Kühlen, Essen)" niederschlagen (Brunner 2019b, S.177). Es wird also eine Verwobenheit von individuellen Konsumentscheidungen mit der Produktion und Konstruktion von Nachfrage, Bedürfnissen und sozialen Alltagspraktiken angenommen und davon ausgegangen, dass Praktiken Verhaltensroutinen sind, „[...] deren Wissen einerseits in den Körpern der handelnden Subjekte ‚inkorporiert' ist, die andererseits regelmäßig die Form von routinisierten Beziehungen zwischen Subjekten und von ihnen ‚verwendeten' materialen Artefakten annehmen" (Reckwitz, 2003, S. 289). Konsum ist in diesem Kontext als „not itself a practice but [...] rather, a moment in almost every practice" zu konzeptualisieren (Warde, 2005, S. 137).

## 2    Nachhaltiges Konsumieren und praxeologische Ambivalenzen

In der Diskussion um nachhaltigen Konsum dokumentieren zahlreiche in den letzten Jahren erschienene Veröffentlichungen die vermehrte Kritik an einem allzu starken Fokus auf das Modell der Konsumierenden-Souveränität. Immer wieder wurden in der Vergangenheit Grenzen des Modells aufgezeigt und ausgehend davon Chancen für eine Lösung (sozialökologischer) Probleme nachhaltigen Konsums möglichst umfassend zu erörtern versucht. Im Zuge dessen wurde insbesondere wiederholt infrage gestellt, inwieweit die Konsumierenden den an sie gestellten Erwartungen und Ansprüchen gerecht werden können bzw. die in sie gesetzten Hoffnungen erfüllen (u. a. Brand, 2008; Brunner, 2019a, b; Heidbrink et al., 2011). Zusätzlich befördert werden entsprechende Diskussionen durch eine Feststellung, mit der sich Jaeger-Erben et al. (2017) auf Leitschuh (2013), Bilharz (2006) und Jackson (2005) beziehen und der zufolge „[...] es mit den vorrangig eingesetzten Strategien der Entwicklung nachhaltiger Produkte, effizienter Technologien sowie der Vermittlung von Wissen oder Appellen an das Umweltbewusstsein bisher nicht gelungen ist, eine umfassende Trendwende in Richtung nachhaltigerer Lebensstile einzuleiten" (Jaeger-Erben et al., 2017, S. 9). Als Ursachen hierfür benennen die Autorinnen im Einklang mit Warde (2005) und Brunner (2019b), dass konsumbezogene Entscheidungen und Handlungen

Bestandteil und „Folge einer Vielzahl an sozialen Praktiken" (Brunner, 2019b, S. 177) sind, die zugleich routinisiert und in ein komplexes Zusammenspiel aus vielerlei Rahmenbedingungen eingebettet sind (Jaeger-Erben et al., 2017, S. 9). Insbesondere in der praxeologischen Diskussion gibt es auf theoretisch-forschungsheuristischer Ebene jedoch zahlreiche Fragen, die noch längst nicht abschließend geklärt sind (Reckwitz, 2003, Kap. 5). Wichtige Bedeutung kommt hier Fragen nach der „Repetitivität und der kulturellen Innovativität von sozialen Praktiken", der „Stellung von Artefakten" und dem „Verhältnis zwischen Diskursen und Praktiken" zu (Reckwitz 2003, S. 297). In Bezug auf ersteren Fragenkomplex ist unter realen Praxistheoretiker*innen strittig, „[…] ob soziale Praktiken primär durch vorreflexive Routinisiertheit und Wiederholbarkeit gekennzeichnet sind oder ob grundbegrifflich ein beständiges Potenzial von kultureller Innovation und eigensinniger Veränderung überkommener Praxismustern angenommen werden soll" (Reckwitz, 2003, S. 297). Im Umgang mit der darin deutlich werdenden praxeologischen Ambivalenz gilt es, die Bedingungen genauer zu spezifizieren, „unter denen eine Reproduktion bzw. eine Modifikation von Praktiken wahrscheinlich wird" (ebd.). Für eine praxistheoretisch-informierte Analyse von Konsumstrategien bedeutet dies zu hinterfragen, wie konsumbezogene Entscheidungen und Handlungen als Bestandteile sozialer Praktiken konkret zustande kommen, in welchem Ausmaß sie routinisiert sind und wie sich sowohl konsumrelevante Praktiken als auch Konsumentscheidungen unter dem Einfluss äußerer Faktoren verändern (lassen). Im Hinblick auf die Stellung bzw. den Status von Artefakten für die Struktur und Reproduktion sozialer Praktiken reichen die von Theoretiker*innen eingenommenen Positionen von solchen, die Dingen „innerhalb von Praktiken einen gleichberechtigten Status gegenüber den menschlichen Akteuren zuschreiben", „sie als eigenmächtige nicht-humane Aktanten interpretieren" (wie bei Latour und Pickering) bis zu jenen, „die zwar die auch konstitutive Bedeutung von Artefakten für die Form einer Praktik betonen", diese aber „als Objekte des Gebrauchs durch menschliche Subjekte interpretieren" (wie bei Schatzki und Hörning) (Reckwitz, 2003, S. 297). Diese Überlegungen auf eine praxeologische Betrachtung und Erklärung von Konsumverhalten bzw. Konsumstrategien anwendend gilt es zu klären, wie Objekte bzw. Aktanten[1] auf konsumrelevante Praktiken bzw. das Konsumverhalten der

---

[1] Der Begriff *Aktant(en)* entstammt ursprünglich der Literaturwissenschaft. Bruno Latour entleiht diesen Begriff aus der Semiotik bei Algirdas J. Greimas, „[…] der damit alle potentiell möglichen Handlungsträger in einer Geschichte, seien es Bäume, Ahornblätter, Nixen, Geister oder Zwerge […]" bezeichnet (Otto & Welskop, 2014, S. 255) und übernimmt ihn „[…] als menschliche *(human)* oder nicht- menschliche *(non-human)* Träger von Handlungen" (Miebach, 2014, S. 452) in seine Auslegung der Akteur- Netzwerk Theorie. Bei der

Konsumierenden einwirken. „[D]as Verhältnis zwischen dem Konzept der Praktiken und dem der ‚Diskurse‘" ist laut Reckwitz (2003) dadurch gekennzeichnet, dass „die Praxistheorie hinsichtlich der Konstitution der Sozialwelt eine Relativierung und Reformulierung des ‚Status‘ von ‚Diskursen‘" betreibe, indem ihre „Tendenz zu einer Identifizierung des Sozialen mit selbstreproduzierten Zeichensystemen" kritisiert wird (Reckwitz, 2003, S. 298). Die Kritik bewege sich hier auf zwei Ebenen: zum einen mache die Praxistheorie keinen Unterschied zwischen „interobjektiven Praktiken sowie Techniken des Selbst" und kommunikativ-zeichenverwendenden Praktiken, insofern sie beide „für die Reproduktion des Sozialen gleichermaßen verantwortlich" seien (ebd.). Zum anderen seien Diskurse – im focaultschen Verständnis (Frühwerk) – aus praxeologischer Sicht nicht „als ein autonomer kultureller Code mit immanenten, ‚objektiven‘ Bedeutungen [zu] rekonstruieren" (ebd.). Hieraus folgt für Reckwitz (2003) die Notwendigkeit, jeglichen Diskurs „als eine ‚diskursive Praktik‘ zu analysieren", denn

> „Für die Praxistheorie kann ein Diskurs nichts anderes [...] [als] eine spezifische soziale Praktik sein, d. h. der Diskurs wirkt aus praxeologischer Sicht allein in einem bestimmten sozialen Gebrauch, als ein Aussagesystem, das in bestimmten Kontexten rezipiert und produziert wird. Erst die Rekonstruktion des kontextuellen Gebrauchs von diskursiven Aussagesystemen kann für die Praxistheorie klären, welche Bedeutung dem Diskurs im Wissen der Teilnehmer zukommt." (Reckwitz, 2003, S. 298).

Nachhaltigkeit und Bedürfnisbefriedigung sind somit als zwei ineinander verwobene diskursive Praktiken anzusehen. Es gilt mit Blick auf diese sozial(en) diskursiven Praktiken herauszuarbeiten, welche Bedeutung Verbraucher*innen

---

Akteur- Netzwerk Theorie (Actor-Network Theory abgekürzt ANT) handelt es sich um ein in den 1980er Jahren von Bruno Latour, Michel Callon und John Law begründetes soziologische Paradigma (Miebach, 2014, S. 452), das „[...] das Soziale unter der Prämisse der Vernetzung von menschlichen und nicht-menschlichen Entitäten betrachtet." (Klimke et al., 2020, S. 7). Damit ist ein Handlungsbegriff verbunden, welcher Handeln als jemanden zu etwas bewegen, etwas in Bewegung bringen bzw. einen Unterschied ausmachen auffasst. Aus dieser Perspektive ist – im Rahmen der Akteur-Netzwerk Theorie (Latour, 2007) – die Annahme, dass Handeln nicht auf ein einzelnes Wesen zurückzuführen ist, sondern neu verteilt wird, als grundlegendes Verständnis verankert. Latour stellt diese Annahme vereinfacht dar, indem er folgendes über die Position von Akteuren in der sozialen Welt schreibt (Latour, 2007, S. 81; zitiert nach Otto & Welskop, 2014, S. 255): Akteure seien „[...] nicht Ursprung einer Handlung, sondern das bewegliche Ziel eines riesigen Aufgebots von Entitäten, die zu ihm hin strömen." Dieses „Aufgebot von Entitäten" fasst Latour unter dem Begriff *Aktanten* zusammen und bezeichnet damit „[...] alles was einen Akteur dazu bringt etwas zu tun [...]" (Otto & Welskop, 2014, S. 255).

dem kontextuellen Gebrauch der benannten diskursiven Aussagesysteme beimessen und welche Auswirkungen diese auf sich gesellschaftlich bietenden
Kosummöglichkeiten und individuelle wie partnerschaftlich ausgehandelte Konsumorientierungen haben.

## 3 Das Erklärungsmodell individueller Kosumentscheidungen

Die Adaption des im Folgenden vorstellten handlungstheoretischen „Value of
Children" Ansatzes (VoC Modells) (Hoffman & Hoffman, 1973) auf den For-
schungsgegenstand dieses Beitrags – die Veränderungen von Konsumverhalten
in Richtung Nachhaltigkeit – dient nicht der Theorieüberprüfung. Anhand des
Modells lassen sich vielmehr Konsumorientierungen sowie daraus resultierende
Konsumstrategien über die institutionelle und wissenschaftliche Bewertung von
Versorgungsstrukturen und Konsummöglichen hinaus verständlich machen.

Ziel des vorliegenden Beitrags ist es, einen Vorschlag zur methodischen
Umsetzung einer Analyse von Konsumstrategien zu machen, die in der Lage
ist, konzeptionell explizit zu berücksichtigen, dass Konsumentscheidungen in
sozialen Kontexten getroffen werden und als Bestandteil sozialer Praktiken
(Jaeger-Erben et al., 2017; Warde, 2005) durch den (kontextuellen) Gebrauch von
Objekten/Artefakten und diskursiven Aussagesystemen (z. B. Nachhaltigkeit und
Bedürfnisbefriedigung) geprägt sind (s. Abschn. 2). Eine solche praxeologisch-
informierte Analyse von Konsumstrategien vermag Veränderungspotenziale von
Konsumstrategien und Konsumroutinen gleichermaßen, und zwar sowohl auf
Individual- wie auch auf Haushaltsebenen, aufzuzeigen, indem sich auf die
Erklärung individueller Kauf-, Nutzungs- und Wegwerfentscheidungen und die
Bedingungen ihres Zustandekommens konzentriert wird. Das VoC Modell fungiert in seiner inhaltlichen Übertragung auf Konsumverhalten in diesem Kontext
als theoretische Systematisierung für eine idealtypische Beschreibung empirisch vorgefundener Konsumstrategien (vgl. Schröter & Dingeldey, 2016). Eine
entsprechende theoretische Systematisierung ermöglicht es, analytisch zu bestimmen, inwiefern ein verändertes Konsumverhalten angestrebt und wie eine dahin
gehende Zielverfolgung (z. B. mit Blick auf die Realisierung eines „Mehrs
an Nachhaltigkeit" in privaten Haushalten). ausgestaltet wird. Unberücksichtigt
bleibt auf der Basis einer solchen Systematisierung jedoch, in welchen Facetten
und welchem Ausmaß Bedürfnisse und Bedingungen ihrer Befriedigung sozial
konstruiert und Konsumentscheidungen sowie damit verbundene soziale Praktiken
routinisiert sind.

Die im nächsten Abschn. 4 vorgeschlagene methodische Umsetzung einer praxeologisch-informierten Analyse von Konsumstrategien setzt hier an, indem Konsumentscheidungen in ihrem Rahmen einerseits partiell als Ergebnis strategischen Handelns, das auf ein Ziel hin ausgerichtet ist, gelten können, anderseits jedoch auch als zumindest teilweise routiniert getroffen zu begreifen sind. Schlussfolgernd bedeutet dies, wir gehen davon aus, dass Konsumentscheidungen im realen Alltagsgeschehen einer ineinandergreifenden Dynamik aus routinisierten und strategischen Handlungselementen folgen. Doch bevor wir uns dem „Wie" der methodischen Umsetzung einer solchen Analyse gedanklich widmen (s. Abschn. 4), gilt es, im Folgenden zunächst das zur theoretischen Systematisierung der Beschreibung von Konsumstrategien vorgeschlagene VoC Modell in seiner Übertragung auf Konsumverhalten zu erläutern.

Der von Hoffman und Hoffman (1973) in Bezug auf Unterschiede im generativen Verhalten von Eltern zur Diskussion gestellte „Value of Children" Ansatz (VoC) folgt rational-choice Annahmen. Hiernach wird generatives Verhalten als geplantes, im umfassenden Sinne zielorientiertes Verhalten verstanden, das als gewinnbringend und nutzenmaximierend bewertet wird (Coleman, 1990).[2] Konkret wird generatives Verhalten unter Berücksichtigung interkultureller Differenzen und historischer Entwicklungen fokussiert (Hoffman & Hoffman, 1973, S. 44; Hoffman, 1987, S. 123) Zur Erklärung generativen Verhaltens wird die Verbindung äußerer Rahmenbedingungen und innerer Handlungsbedingungen herangezogen.

Das VoC Modell dient in seiner Übertragung auf den hier gewählten Forschungsgegenstand der analytischen Differenzierung von Bedingungen individueller Konsumentscheidungen sowie der Erklärung individueller Konsumorientierungen. Der Annahme folgend, dass zielorientierte Konsumstrategien eine Veränderung von Konsumroutinen in Richtung Nachhaltigkeit erzeugen können, stellen sich bestimmte (noch) nicht routinierte tatsächliche Konsumhandlungen im Modell insofern als Variable dar, als dass sie das Ergebnis einer jeweiligen konsumbezogenen Entscheidung sind. Im Gegensatz dazu nehmen wir das Befinden in einem bestimmten biographischen Gelegenheitsfenster (partiell festgelegte Position in der Sozialstruktur) als gegebene Gemeinsamkeit der Forschungsteilnehmer*innen an, um dann die Konsumstrategien im Sinne zielorientierter

---

[2] Coleman stellt die Annahme, dass Individuen nutzenmaximierend im Sinne von ihre Situation verbessernd agieren vereinfacht dar, indem er folgende Handlungslogik beschreibt (Coleman, 1990, S. 13 ff. zitiert nach Münch, 2007, S. 91): *„Die Wahrscheinlichkeit, dass eine Handlung ausgeführt wird, ist eine Funktion der Nutzensteigerung, die ein Akteur erwartet, wenn er das Resultat dieser Handlung mit der Wahrscheinlichkeit multipliziert, die er der Fähigkeit der Handlung zuschreibt, das gewünschte Ergebnis zu erbringen."*

konsumbezogener Entscheidungen und daraus resultierender Konsumhandlungen zur langfristigen Veränderung von Konsumroutinen in Richtung Nachhaltigkeit als variabel zu betrachten und deren bedingende Faktoren zu analysieren.

Als bedingende Faktoren werden äußere Rahmenbedingungen verstanden. Darunter fallen wirtschaftliche, wirtschaftspolitische, sozial- und infrastrukturelle Bedingungen des Konsums sowie die individuelle biographische und durch die Lebensphase bedingte Position in der Sozialstruktur. Diese wirken gemäß dem handlungstheoretischen Modell darauf ein, inwiefern eine Veränderung des Konsumverhaltens bzw. von Konsumroutinen in Richtung Nachhaltigkeit als Ziel angestrebt wird. Unter Bezugnahme auf Hoffman und Hoffman (1973) folgen Borchardt und Stöbel-Richter (2004) im Modell des „Value of Children" Ansatzes den Annahmen, dass 1. „[…] das generative[s] Verhalten vor allem durch die Motivation eines Individuums, ein Kind zu zeugen bzw. nicht zu zeugen, determiniert wird" (Borchardt & Stöbel-Richter, 2004, S. 25) und 2. äußere Rahmenbedingungen die individuelle Motivation generativen Verhaltens beeinflussen, was zu einer bestimmten Ausgestaltung generativen Verhaltens innerhalb einer Partnerschaft führt. Entscheidungen für eine Familiengründung und Kinder werden durch die individuelle Position in der Sozialstruktur bedingt und durch strukturelle Zusammenhänge geprägt.

Übertragen auf den Forschungsgegenstand dieses Beitrags bedeutet dies, dass konsumbezogene Entscheidungen (Kauf-, Nutzungs- und Wegwerfentscheidungen) 1. vor allem durch die je individuelle Motivation für diese Entscheidungen determiniert werden und 2. von äußeren Rahmenbedingungen abhängig sind. Im ursprünglichen VoC-Modell wird die Betrachtung generativen Verhaltens und der Motivation hierfür weiterführend um eine individualistische Perspektive ergänzt: Demnach wird die Motivation generativen Verhaltens maßgeblich durch das bei Hoffman und Hoffman zentrale Element Werte von Kindern beeinflusst. Hierunter sind „die Funktionen, die Kinder für die Eltern bzw. Familie erfüllen bzw. die Bedürfnisse, die sie bei den Eltern befriedigen" zu verstehen (Herter-Eschweiler, 1998, S. 206). Weiterhin verweisen die Autor*innen darauf, dass sich Individuen auf der Grundlage äußerer Rahmenbedingungen, sozialer Einflüsse und Persönlichkeitsfaktoren auch alternative Ziele zu Kindern setzen können (z. B. in Bezug auf Karriere oder Freizeitvergnügen), die das generative Verhalten beeinflussen. Angenommen wird, dass die Wahrnehmung der im Modell zentralen Werte von Kindern das generative Verhalten steigern, während alternative Ziele und deren Wertigkeit das generative Verhalten tendenziell schmälern. Bezugnehmend auf Konsum ergibt sich als Übertragung, dass Konsummöglichkeiten vor der Entscheidung für ein bestimmtes Konsumverhalten in Relation zu Werten von

Konsum, Besitz und Verfügbarkeit sowie zu alternativen Zielen und den Kosten (auch Opportunitätskosten), die diese Ziele verursachen, gesetzt werden. Der Zusammenhang zwischen Werten von Konsum und einem bestimmten tatsächlichen Konsumverhalten ist ferner als abhängig von der Wertigkeit alternativer Ziele und deren Kosten zu betrachten. Ihre individualistische Erklärungsperspektive ergänzen Hoffman und Hoffman um drei weitere Einflussfaktoren, die die Familiengründung und/oder die Geburt weiterer Kinder erschweren bzw. erleichtern können und abgewandelt im Folgenden ebenfalls auf konsumbezogene Entscheidungen angewendet werden. Dies sind:

1. Kosten, die Kinder verursachen, zu denen neben den materiellen auch immaterielle (sogenannte Opportunitätskosten) zählen, die in Abhängigkeit von inneren Opportunitätsstrukturen (u. a. Persönlichkeitsfaktoren und Emotionen) und äußeren Rahmenbedingungen unterschiedlich stark belastend eingeschätzt werden,
2. situative Hindernisse (ökonomischer, gesundheitlicher oder bevölkerungspolitischer Art) und
3. situativ-förderliche Rahmenbedingungen (zumeist sozioökonomischer Art).

In das hier angepasste handlungstheoretische Modell (s. Abb. 1) sind als weitere Einflussfaktoren auf die Motivation konsumbezogener Entscheidungen und das tatsächliche Konsumverhalten solche integriert, von denen anzunehmen ist, dass Konsumierende hinsichtlich dieser rational abwägen, ob eine bestimmte Konsumentscheidung angesichts dessen zu einem bestimmten Zeitpunkt möglich und sinnvoll erscheint. Die Rede ist von den materiellen Kosten von Konsumentscheidungen und den situativen Gegebenheiten (Hindernissen oder förderliche Rahmenbedingungen) zum Zeitpunkt der Entscheidung.

Die inneren Opportunitätsstrukturen und die im Ansatz von Hoffman und Hoffman ins Zentrum gerückten Werte von Kindern, die auch in unmittelbarem Zusammenhang mit äußeren Rahmenbedingungen und der Wertigkeit alternativer Ziele zu betrachten sind, äußern sich in der Motivation des generativen Verhaltens (Hoffman & Hoffman, 1973, S. 62 f.; Herter-Eschweiler, 1998, S. 206 f.; Borchardt & Stöbel-Richter, 2004, S. 25 f.).

Dementsprechend äußern sich die inneren Opportunitätsstrukturen und die Werte von Konsum, Besitz und Verfügbarkeit, die ebenso in unmittelbarem Zusammenhang mit äußeren Rahmenbedingungen und der Wertigkeit alternativer Ziele zu betrachten sind, in der Motivation des Konsumverhaltens bzw. konsumbezogener Entscheidungen.

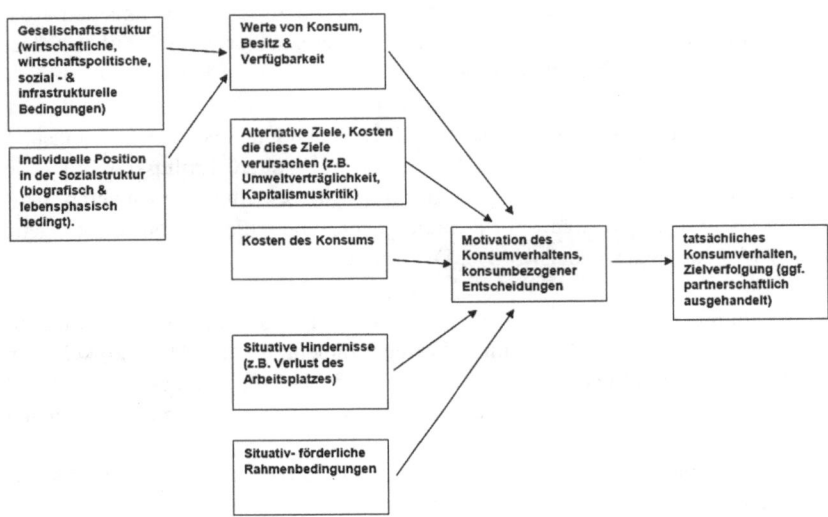

**Abb. 1** Handlungstheoretisches Erklärungsmodell. (Eigene Darstellung in Anlehnung an das Modell des generativen Verhaltens bei Borchardt & Stöbel-Richter, 2004, S. 26)

Was ergibt sich daraus für ein Forschungsdesign? Eine Analyse von Konsumstrategien muss über diese rationalen Abwägungen hinaus Erklärungen individueller Konsumentscheidungen (Kauf-, Nutzungs- und Wegwerfentscheidungen) bieten. Deshalb gilt es in den Fokus zu rücken, wie Werte von Konsum und alternative Ziele sich in Motivationen konsumbezogener Entscheidungen niederschlagen und welche Auswirkungen dies auf tatsächliches Konsumverhalten hat. Voraussetzungen hierfür bilden wahrgenommene Konsummöglichkeiten als Ergebnis der Beurteilung der eigenen Position in der Sozialstruktur sowie der Wahrnehmung von Möglichkeiten, die sich durch die Gesellschaftsstruktur bieten. Von Bedeutung ist ferner die eine Konsumentscheidung beeinflussende individuelle Wertzuschreibung eines Gutes und die hierfür maßgebliche Motivation. Wurde sie allein getroffen oder in welchen Aushandlungsprozessen, denn z. B. innerfamiliäre Konsumentscheidungen werden in Deutschland häufig gemeinsam getroffen (Schneider et al., 2010). Mit Blick auf Abwägungen hinsichtlich materieller und Opportunitätskosten von Konsum aber auch von alternativen Zielen ist analytisch auch zu betrachten, welche Persönlichkeitsmerkmale und Emotionen mit dem Konsum bzw. der Entscheidung gegen Konsum verbunden sind.

# 4    Methodische Umsetzung

In einem Aufsatz mit dem Titel: *Konsum im Wandel in Richtung Nachhaltigkeit?*
*Forschungsergebnisse und Perspektiven* (Weller, 2008) hat Ines Weller bereits
vor einigen Jahren darauf verwiesen, dass es im Sinne eines „grundlegende[n]
Perspektivenwechsel[s] der Forschung" erforderlich sei – gerade mit Fokus auf
„konventionelle Konsumentinnen und Konsumenten und damit den Mainstream
des Konsumverhaltens" – „ein besseres Verständnis der Einbindung des Konsumverhaltens [...] in Alltagsroutinen und die alltägliche Lebensführung [...]"
zu erlangen (Weller, 2008, S. 60). „Auf der Seite der privaten Konsumenten
stell[e] sich in diesem Zusammenhang insbesondere die Frage nach der Bedeutung von Alltagsroutinen und von Konzepten der alltäglichen Lebensführung für
die Herausbildung unterschiedlicher Konsumroutinen" (Weller 2008, S. 61). Auf
theoretisch–methodologischer Ebene korrespondiert dieses Forschungsdesiderat
mit dem Fehlen einer integrierten Theorie sozialer Praktiken und Lücken in
der Erforschung sozialer Praktiken, auf die Reckwitz (2003) im Rahmen seiner
Identifikation praxeologischer Ambivalenzen hingewiesen hat (Reckwitz, 2003,
Kap. 5). Doch wie lassen sich Konsumroutinen, ihre Entstehung und Veränderung bei Personen in unterschiedlichen Lebenssituationen, mit verschiedenartigen
Bedürfnissen und differenten Stellenwerten, die  sie Nachhaltigkeit in diesem
Kontext beimessen, analysieren? Wie lassen sich die theoretischen Überlegungen methodisch umsetzen? Zunächst einmal muss es darum gehen, Dynamiken
aus strategischen und routinisierten Handlungselementen, denen Konsumentscheidungen der Einzelnen im Alltag folgen, aus empirisch- biographischen Material
herauszuarbeiten. Mit Blick auf die Analyse entsprechender Dynamiken macht
der vorliegende Beitrag einen konzeptionellen Vorschlag zur Umsetzung einer
praxeologisch informierten Analyse von Konsumstrategien. Dieser stützt sich auf
konzeptionelle Überlegungen Anne Schröters (2015) zur Analyse von Handlungsstrategien, adaptiert diese und erweitert sie dahin gehend, dass mit ihrer Hilfe
auch routinisierte Handlungselemente der Tätigkeit ‚Konsumieren', auf Konsum
einwirkende Alltagsroutinen und aus biographischen Erzählungen heraus rekon-
struierte (relevante) Diskurse bzw. diskursive Praktiken analysiert werden können.
Schröter verfolgt das Ziel einer „[...] handlungstheoretische[n] Betrachtung des
Zusammenhangs von Handlungsmöglichkeiten und -bedingungen, deren Wahrnehmung und der Handlungsumsetzung in Form von Strategien" (Schröter, 2015,
S. 50) und stützt sich auf ein rational-choice basiertes Erklärungsmodell für
lebenslaufrelevante Entscheidungen und Zielsetzungen (nach Huinink & Schröder, 2008), welches als theoretische Systematisierung für eine „idealtypische

Beschreibung empirisch vorgefunden[er] Strategien [...]" dient (Schröter & Dingeldey, 2016, S. 524; vgl. Schröter, 2015). Die konzeptionellen Überlegungen
Anne Schröters auf den Forschungsgegenstand dieses Beitrags – Veränderungen von Konsumverhalten in Richtung Nachhaltigkeit – übertragend können
diese dafür nutzbar gemacht werden Konsumstrategien zu erforschen, indem
eine handlungstheoretische Betrachtung des Zusammenhangs von Konsummöglichkeiten, Bedingungen des Konsums deren Wahrnehmung und der Umsetzung
der Tätigkeit ‚Konsumieren' in Form von Strategien erfolgt (s. Erforschung von
Handlungsstrategien bei Schröter, 2015, S. 50).[3] Für die methodische Umsetzung
der hier vorgeschlagenen praxeologisch informierten Analyse von Konsumstrategien bedeutet dies, sie kann in vier Arbeitsphasen untergliedert werden. In der
ersten Phase werden fallübergreifend wirtschaftliche, sozial- und infrastrukturelle
Bedingungen des Konsums herausgearbeitet, um daraus anschließend Annahmen
zu Konsummöglichkeiten der Einzelnen bzw. in einem Haushalt zusammenlebenden Personen ableiten zu können. In einer zweiten Arbeitsphase werden partiell
vorhandene Konsumstrategien (strategische Handlungselemente innerhalb der alltäglichen Tätigkeit ‚Konsumieren') der einzelnen Forschungsteilnehmer*innen
bzw. von in einem Haushalt zusammenlebenden Personen erfasst und analysiert. Das Konzept der Konsumstrategie verweist in diesem Kontext darauf,
dass sich auf geplanten Konsum bzw. geplante Nutzung von Gütern und Ressourcen bezogen wird. Konsumstrategien sind mithin als mit einer bestimmten
Absicht verbunden zu verstehen. Sie verfolgen ein bestimmtes Ziel, das individuell als gewinnbringend anzusehen ist (ausführlicher zum Begriff der Strategie vgl.
Spengler, 2009 Abschn. 2.2). Anspruch einer praxeologisch informierten Analyse von Konsumstrategien ist es jedoch – über die Rekonstruktion relevanter
Bedingungen des Konsums sowie von partiell vorhandenen Konsumstrategien
(verstanden als geplante Konsumweisen) hinaus – Erklärungen individuellen
Konsumverhaltens bzw. individueller Konsumorientierungen bieten zu können,
weshalb vor allem routinemäßige Handlungselemente der Tätigkeit ‚Konsumieren' ebenso wie Alltagsroutinen, die auf Konsum einwirken, mit ihren jeweiligen
Auswirkungen auf einen mehr oder weniger nachhaltigen Konsum im Fokus des
Interesses stehen. Dementsprechend widmet sich die dritte – die konzeptionellen Überlegungen Schröters (2015) erweiternde – Arbeitsphase dem Aufdecken

---

[3] Ob und inwieweit nachhaltig zu konsumieren das primäre oder aber zumindest ein wichtiges mit Konsum verbundenes Ziel darstellt, ist dabei zunächst zur Disposition zu stellen,
kann jedoch im Zuge einer forschungspraktischen Umsetzung für die jeweiligen Einzelfälle
geklärt werden (ähnlich wie dies bei Schröter (2015) für das Vorhandensein einer Ausstiegs-
strategie aus der Bedürftigkeit gilt).

von Mustern und Varianten dreier verschiedener routinisierter Elemente individuellen Konsums, wie sie im empirischen Material zum Vorschein kommen. Rekonstruiert werden in dieser Arbeitsphase

1. routinisierte Handlungselemente der Tätigkeit ‚Konsumieren', verstanden als soziale und sozial verhandelbare (Teil-)Praktiken,
2. auf Konsum einwirkende und mit diesem in Zusammenhang stehende Alltagsroutinen. Von Interesse sind in diesem Kontext vor allem Routinen in Bezug auf den alltäglichen Gebrauch von Objekten bzw. eine sich wiederholende Wirkung von Aktanten.
3. Bezugnahmen auf (relevante) Diskurse bzw. im praxeologischen Verständnis (ineinander verwobene) diskursive Praktiken, die es, will man dem Versprechen einer praxeologischen Informiertheit der Analyse gerecht werden, Reckwitz (2003) folgend als solche zu analysieren gelte (Reckwitz 2003, S. 298). Inhaltlich scheinen in diesem Zusammenhang zunächst vor allem die diskursiven Aussagesysteme Nachhaltigkeit und Bedürfnisbefriedigung sowie die ebenso diskursiven Praktiken ihres Gebrauchs relevant zu sein. Auf Grundlage ihrer Verwobenheit nehmen wir ferner an, dass sie partiell in einem Spannungsverhältnis stehen, dessen jeweilige Wahrnehmung somit im Forschungsverlauf ebenfalls von Interesse ist.

Die Rekonstruktion der drei benannten routinisierten Elemente individuellen Konsums aus dem empirischen Material heraus stellt das zentrale praxeologische Element einer dahin gehend informierten Analyse von Konsumstrategien – und damit ihren bedeutendsten Mehrwert – dar.

In einer abschließenden vierten Arbeitsphase muss es darum gehen, die herausgearbeiteten Muster und Varianten der drei routinisierten Elemente individuellen Konsums systematisch mit den in den anderen Arbeitsphasen erzielten Ergebnissen, also den in Arbeitsphase eins herausgearbeiteten Konsumbedingungen und daraus resultierende Konsummöglichkeiten sowie den in Arbeitsphase zwei beschriebenen strategischen Handlungselementen innerhalb der alltäglichen Tätigkeit ‚Konsumieren', in Beziehung zu setzen.

Mithilfe einer solchen Vorgehensweise lassen sich Dynamiken aus strategischen und routinisierten Handlungselementen, denen Konsumentscheidungen im Einzelnen folgen, aus biographischen Erzählungen heraus rekonstruieren. Gleichzeitig lassen sich Bedingungen des Konsums und daraus abgeleitete Konsummöglichkeiten der Einzelnen bzw. von in einem Haushalt zusammenlebenden Personen berücksichtigen. Daneben lässt sich – natürlich nicht unabhängig von diesen Bedingungen und daraus abgeleiteten Möglichkeiten – der Einfluss von

Objekten/Aktanten und Diskursen herausarbeiten. Dies gelingt, wenn nicht nur identifiziert und danach unterschieden wird, welche Konsumentscheidungen eher strategisch und welche eher routiniert getroffen werden, sondern – hierüber hinausgehend – danach gefragt wird, welche Bedeutung Verbraucher*innen Artefakten sowie bestimmten Diskursen bzw. diskursiven Aussagesystemen beimessen und wie diese auf ihre Konsumentscheidungen einwirken. Auf diese Art und Weise lassen sich schließlich Ausformungen von Konsum und der Tätigkeit ‚Konsumieren' als Bestandteil nahezu jeder Alltagspraxis analysieren. Denn es kann – ganz in Reckwitz' Sinne – danach gefragt werden, wie Konsumentscheidungen getroffen werden: ob sie strategisch abgewogen und ausdiskutiert werden, ob sie als (Teil-) Praktik routinisiert, d. h. vorbewusst, vorreflexiv, teils automatisiert in die Tat umgesetzt werden, oder ob bestimmte Konsumentscheidungen in einem mehr oder weniger spezifischen Kontext (mitunter auch erst, wenn sie über ein längeren Zeitraum wiederholt getroffen wurden) „[...] ein beständiges Potenzial von kultureller Innovation und eigensinniger Veränderung überkommener Praxismuster[n] [...]" entfalten (Reckwitz, 2003, S. 297).

## 5    Fazit: Dynamiken der Tätigkeit ‚Konsumieren' im Kontext biographischer Gelegenheitsfenster analysieren

Alltägliches Konsumieren funktioniert nicht ohne eine ineinandergreifende Dynamik aus strategischen und routinisierten Handlungselementen – und diese Dynamiken verweisen darauf, dass Konsumentscheidungen (selten) rein strategisch getroffen werden, vielmehr stellt Konsum einen zentralen Bestandteil nahezu jeder alltäglichen Praxis dar (Warde, 2005, S. 137). Es ist daher sinnvoll, die Verbindung zwischen Konsumstrategien (geplantem Konsum bzw. geplanter Nutzung von Gütern und Ressourcen) und Konsumroutinen (vorbewusste, vorreflexive, automatisierte Prozesselemente der Tätigkeit ‚Konsumieren') aus einer praxeologischen Perspektive heraus zu denken; als Verknüpfung zwischen Handlungselementen, die ein bestimmtes, individuell gewinnbringendes Ziel verfolgen und solchen, die es – durch Materielles, Fähigkeiten/Kompetenzen, Bedeutungen und ein praktisches Verstehen geprägt – erleichtern, alltäglichen Koordinierungserfordernissen gerecht werden zu können. Auf diese Art und Weise lässt sich der Zusammenhang zwischen Strategien und Praktiken methodologisch fassen und auch die in biographischen Texten z. B. mit Blick auf Nachhaltigkeitskriterien rekonstruierbaren Diskrepanzen zwischen Wissen und Handeln lassen sich so auf theoretischer Ebene erklären. Durch den Einbezug routinisierter

Handlungselemente individuellen Konsums in eine (praxeologisch informierte) Analyse von Konsumstrategien gelingt es darüber hinaus, den Zusammenhang zwischen strategischen Entscheidungen und Routinen nicht nur theoretisch zu denken, sondern auch systematisch in die Analyse einzubeziehen. Dabei sollte jedoch stets berücksichtigt werden, dass sich weder Konsumroutinen noch das je spezifische alltägliche Ineinandergreifen von (tendenziell) strategisch getroffenen Konsumentscheidungen und (Teil-) Praktiken individuellen Konsum ohne weiteres verändern.

> „Als wesentliche Impulse für Veränderungen im Konsum- bzw. Kaufverhalten, die [...] [allerdings] häufig nur kurzfristig andauern, [...] [aber] z.T. mittelfristig Veränderungen in der Produktion bewirken können, [...] [weist die Wissenschaft] Skandalisierungen [...] von Schadstoffen/Umweltchemikalien in verschiedenen Produkten und [...] von sozialen Missständen wie Kinderarbeit und Arbeitsbedingungen in den (ausgelagerten) Produktionsstandorten [...] [aus]" (Weller, 2008, S. 58). „Auf individueller Ebene gelten [...] [unter Bezugnahme auf Weller, 2001, Schäfer, 2002 und UBA 2002] biographische Entwicklungen wie berufliche Veränderungen, Schwangerschaft, Kinder (unter 6 Jahren), räumliche Veränderungen oder Veränderungen in den Lebensphasen" „als Anlass für Veränderungen von Konsumroutinen in Richtung Nachhaltigkeit", „sie können als ‚window of opportunity' für Veränderungen wirken" (Weller, 2008, S. 58).

Vor diesem Hintergrund kann es – gerade wenn es um Veränderungen von Konsum- bzw. Kaufverhalten und Konsumroutinen in Richtung Nachhaltigkeit geht – sinnvoll sein, die Dynamiken individuellen Konsums im Kontext (biographischer) Gelegenheitsfenster zu analysieren. Denn es sind insbesondere (biographische) Gelegenheitsfenster, die entsprechende Veränderungen ermöglichen (Weller, 2001; Schäfer, 2002; UBA, 2002; Weller, 2008). Aber auch da, wo Dynamiken individuellen Konsums im Kontext potenziell auf sie einwirkender (biographischer) Gelegenheitsfenster analysiert werden, steht ein bestimmtes tatsächliches Konsumverhalten immer ebenfalls in Relation zu den von den konsumierenden Individuen mit Konsum, Besitz und Verfügbarkeit verbundenen Werten und muss daher stets auch mit Blick auf ebensolche Wertvorstellungen hinterfragt und eingeordnet werden. Den Fokus nun erneut auf Veränderungen von Konsum- bzw. Kaufverhalten und Konsumroutinen in Richtung Nachhaltigkeit legend, stellen sich im Folgenden insbesondere Fragen danach, ob und wenn ja wie Konsumierende bzw. die Angehörigen eines Haushalts ein Spannungsverhältnis zwischen Bedürfnisbefriedigung und Nachhaltigkeit wahrnehmen sowie welche Bedeutung öffentlichen Diskursen in diesem Kontext zukommt. „Die Frage, [...] [ob wie und auf welche konkreten Diskurse innerhalb einer (biographischen) Erzählung Bezug genommen wird], [...] lässt sich letztlich nur

diskursanalytisch beantworten. Und auch dann bleibt das Problem bestehen, dass
[...] [biographisch Forschende] immer nur Hypothesen darüber aufstellen [...]
[können], ob es tatsächlich dieser oder jener Diskurs ist, auf den sich [...]
beim Sprechen [...] [bezogen wird]" (Spies, 2018, S. 544). Doch unabhängig
davon, ob ein Spannungsverhältnis zwischen Bedürfnisbefriedigung und Nachhaltigkeit wahrgenommen wird, auf welche Diskurse/diskursiven Aussagesysteme
im Sprechen über die Wahrnehmung eines ebensolchen rekurriert wird und welche (teil-)diskursiven Problematisierungen dabei thematisiert werden: Mithilfe
einer praxeologisch informierten Analyse von Konsumstrategien lässt sich der
Zusammenhang von Konsumstrategien und Konsumroutinen methodologisch und
methodisch in die Nachhaltigkeitsforschung integrieren. Wichtig ist in diesem
Zusammenhang vor allem eine Unterscheidung zwischen strategischen und routinisierten Handlungselementen individuellen Konsums. Strategische Elemente sind
bewusste, rational abgewogene, mitunter auch ausdiskutierte Entscheidungen als
Basis einer von mehr oder weniger langer Hand geplanten Konsumhandlung.
Routinisierte Elemente sind Konsumhandlungen, die vorbewusst, vorreflexiv, teils
automatisiert in die Tat umgesetzt werden, weil sie dem Akteur z. B. infolge
eines routinemäßigen Gebrauches von Objekten aufgrund der (wiederholten) Wirkung von Aktanten oder um alltäglichen Koordinierungserfordernissen gerecht
werden zu können, notwendig erscheinen. Dieses (vorbewusste, vorreflexiv, teil-
automatisierte) in die Tat Umsetzen von Konsumhandlungen darf jedoch nicht mit
einem (reinen) Automatismus verwechselt werden. Denn Konsumstrategien und
Konsumroutinen sind dynamisch-prozesshaft miteinander verzahnt – das bedeutet: wenngleich strategische und routinisierte Elemente individuellen Konsums
niemals identisch sind, so vereint alltägliches Konsumieren zumeist beide Komponenten auf sich. Ferner können darüber hinaus mit der Zeit strategische zu
routinemäßigen Handlungselementen individuellen Konsums werden (durch dauerhafte Motivation und vielfache Wiederholung) und umgekehrt können Routinen
bewusst überdacht und abgeändert werden, wodurch sie (zumindest vorüberge-
hend) einen strategischen Charakter erhalten. Genau das ist es, was sich mithilfe
einer praxeologisch informierten Analyse von Konsumstrategien fassen lässt und
weshalb es gerade für die sozialwissenschaftliche Nachhaltigkeitsforschung so
spannend ist, das (im Kontext (biographischer) Gelegenheitsfenster) – auf individueller wie auf Haushaltebene – realisierte Konsumverhalten einer praxeologisch
informierten Analyse der Konsumstrategien zu unterziehen. Denn Veränderungen im individuellen Konsumverhalten und damit auch des Haushaltskonsums in
Richtung Nachhaltigkeit erfordern und bewirken zugleich Veränderungen der je
spezifischen, alltäglichen Dynamik des Ineinandergreifens von strategischen und

routinisierten Handlungselementen individuellen Konsums, zu denen das Befinden in biographischen Gelegenheitsfenstern Weller (2008) zufolge prädestiniert Anlass gibt.

## Literatur

Bilharz, M. (2006). *Nachhaltiger Konsum: Die Suche nach dem nächsten Schritt.* Diskussionsbeitrag Nr. 5 der Reihe Consumer Sciences an der TU München/Weihenstephan. Freising.

Borchardt, A., & Stöbel-Richter, Y. (2004). Die Genese des Kinderwunsches bei Paaren – Eine qualitative Studie. In *Materialien zur Bevölkerungswissenschaft,* Heft 114.

Bourdieu, P. (1972). *Entwurf einer Theorie der Praxis* (auf der ethnologischen Grundlage der kabylischen Gesellschaft). 1979: Suhrkamp (frz.: Esquisse d'une théorie de la pratique, précédé de trois études d'éthnologie kabyle).

Bourdieu, P. (1980). *Sozialer Sinn. Kritik der theoretischen Vernunft* 1987. Suhrkamp (frz.: Le sens pratique).

Bourdieu, P. (1997). *Méditations pascaliennes.* Seuil.

Brand, K. W. (2008). Konsum im Kontext. Der „verantwortliche Konsument"– Ein Motor nachhaltigen Konsums? In H. Lange (Hrsg.) *Nachhaltigkeit als radikaler Wandel: Die Quadratur des Kreises?* (S. 71–93). VS Verlag.

Brunner, K.-M. (2019a). Nachhaltiger Konsum und die sozial-ökologische Transformation: Die sozialen Praktiken ändern, nicht die Individuen! In R. Hübner & B. Schmon (Hrsg.) *Das transformative Potenzial von Konsum zwischen Nachhaltigkeit und Digitalisierung: Chancen und Risiken* (S. 23–35). Springer Fachmedien.

Brunner, K.-M. (2019b). Nachhaltiger Konsum und die Dynamik der Nachfrage. Von individualistischen zu systemischen Transformationskonzepten. In F. Luks (Hrsg.) *Chancen und Grenzen der Nachhaltigkeitstransformation: Ökonomische und soziologische Perspektiven* (S. 167–184). Springer Fachmedien.

Coleman, J. S. (1990). *Foundation of social theory.* Belknap Press of Harvard University Press.

Die Bundesregierung. (2018). *Deutsche Nachhaltigkeitsstrategie - Aktualisierung 2018.* Presse und Informationsamt der Bundesregierung (BPA).

Die Bundesregierung. (2002). *Perspektiven für Deutschland. Unsere Strategie für eine nachhaltige Entwicklung.* Presse und Informationsamt der Bundesregierung (BPA).

Giddens, A. (1979). *Central problems in social theory. Action, structure and contradiction in social analysis.* Macmillan.

Giddens, A. (1984). *Die Konstitution der Gesellschaft. Grundzüge einer Theorie der Strukturierung* 1988. Campus (engl.: The Constitution of Society. Outline of the theory of structuration).

Heidbrink, L., Schmidt, I., & Ahaus, B. (Hrsg.) (2011). *Die Verantwortung des Konsumenten.* Campus.

Herter-Eschweiler, R. (1998). *Die langfristige Geburtenentwicklung in Deutschland.* Leske + Budrich.

Hoffman, L. W. (1987). The value of children to parents and childrearing patterns. *Social Behaviour,* 2(3), 123–141.

Hoffman, L. W., & Hoffman, M. L. (1973). The value of children to parents. In J. T. Fawcett (Hrsg.), *Psychological perspectives on population* (S. 19–76). Basic Books.

Huinink, J., & Schröder, T. (2008). Skizzen zu einer Theorie des Lebensverlaufs. In A. Diekmann, K. Eichner, P. Schmidt, & T. Voss (Hrsg.), *Rational Choice: Theoretische Analysen und empirische Resultate* (S. 291–308). VS Verlag.

Jackson, T. (2005). *Motivating Sustainable Consumption – SDRN briefing.* (1. Aufl.). Policy Studies Institute.

Jaeger-Erben, M. (2010). *Zwischen Routine, Reflektion und Transformation – Die Veränderung von alltäglichem Konsum durch Lebensereignisse und die Rolle von Nachhaltigkeit.* Dissertationsschrift, TU Berlin.

Jaeger-Erben, M., Rückert-John, J., & Schäfer, M. (2017). Soziale Innovationen für nachhaltigen Konsum: Wissenschaftliche Perspektiven, Strategien der Förderung und gelebte Praxis. In M. Jaeger-Erben, J. Rückert-John, & M. Schäfer (Hrsg.), *Soziale Innovationen für nachhaltigen Konsum: Wissenschaftliche Perspektiven, Strategien der Förderung und gelebte Praxis* (S. 9–21). Springer Fachmedien.

John, R. (2013). Alltägliche Nachhaltigkeit. Zur Innovativität von Praktiken. In J. Rückert-John (Hrsg.) *Soziale Innovation und Nachhaltigkeit* (S. 103–132). VS Verlag.

Klimke, D., Lautmann, R., Stäheli, U., Weischer, C., & Wienold, H. (Hrsg.). (2020). *Lexikon zur Soziologie* (6. Aufl.). Springer Fachmedien.

Latour, B. (2007). *Eine neue Soziologie für eine neue Gesellschaft. Einführung in die Akteur-Netzwerk-Theorie.* Suhrkamp.

Leitschuh, H. (2013). Bewusstsein- und Kulturwende: Das Neue wächst schon im Alten. In H. Leitschuh, G. Michelsen, U. E. Simonis, J. Sommer, & E. U. von Weizsäcker (Hrsg.) *Wende überall? Von Vorreitern, Nachzüglern und Sitzenbleibern.* Jahrbuch Ökologie (S. 1–10). Hirzel.

Miebach, B. (2014). *Soziologische Handlungstheorie. Eine Einführung* (4. Aufl.). Springer VS.

Münch, R. (2007). Soziologische Theorie. *Handlungstheorie* (Bd. 2). Campus.

Otto, D., & Welskop, N. (2014). Handlungsanregende Potenziale einer schallenden Metapher- eine empirische Untersuchung der Metapher als Aktant. In M. Junge (Hrsg.), *Methoden der Metaphernforschung und –analyse* (S. 251–270). Springer VS.

Reckwitz, A. (2003). Grundelemente einer Theorie sozialer Praktiken: Eine sozialtheoretische Perspektive. *Zeitschrift für Soziologie, 32*(4), 282–301.

Schäfer, M. (2002). Die täglichen Mühen der Ebene. In G. Scherhorn & C. Weber (Hrsg.) *Nachhaltiger Konsum. Auf dem Weg zur gesellschaftlichen Verankerung* (S. 63–72). Oekom.

Schatzki, T. (1996). *Social practices. a wittgensteinian approach to human activity and the social.* Cambridge University Press.

Schneider, H., Coşkun, B., & Schneider, G. K. (2010). Rollenverteilung bei Kaufentscheidungen türkischstämmiger Familien in Deutschland. Ein Vergleich mit deutscher Mehrheits- und türkischer Herkunftsgesellschaft unter besonderer Berücksichtigung der Akkulturation. *Marketing ZFP, 32*(3), 164–179.

Schröter, A. (2015). *Wege aus der Bedürftigkeit: Strategien von Aufstocker-Familien für einen Ausstieg aus dem ALG II-Bezug.* Springer.

Schröter, A., & Dingeldey, I. (2016). Ausstiegsstrategien in Eigenverantwortung. Eine handlungstheoretische Analyse der Strategien von Aufstocker-Familien. *KZfSS Kölner Zeitschrift für Soziologie und Sozialpsychologie, 68*(3), 515–539.

Shove, E., & Walker, G. (2014). What is energy for? Social practice and energy demand. *Theory, Culture, Society, 31*(5), 41–58.

Shove, E., Pantzar, M., & Watson, M. (2012). *The dynamics of social practice. Everyday life and how it changes.* Sage.

Spaargaren, G., & van Vliet, B. J. M. (2000). *Lifestyles, consumption and the environment. The ecological modernisation of domestic consumption.* Environmental Politics.

Spengler, G. (2009). *Strategie- und Organisationsentwicklung. Konzeption und Umsetzung eines integrierten, dynamischen Ansatzes zum strategischen Management.* Gabler/GWV.

Spies, T. (2018). Biographie, Diskurs und Artikulation. In H. Lutz, M. Schiebel, & E. Tuider (Hrsg.), *Handbuch Biographieforschung* (S. 537–547). Springer Fachmedien.

UBA (Umweltbundesamt), (Hrsg.). (2002). *Nachhaltige Konsummuster. Ein neues umweltpolitisches Handlungsfeld als Herausforderung für die Umweltkommunikation.* Schmidt.

Vereinte Nationen (UN). (1992). *Agenda 21.* Konferenz der Vereinten Nationen für Umwelt und Entwicklung UN.

Vereinte Nationen (UN). (2015). *Agenda 2030.* Transformation unserer Welt: Die Agenda 2030 für nachhaltige Entwicklung UN, New York.

Warde, A. (2005). Consumption and theories of practice. *Journal of Consumer Culture, 5,* 131–153.

Weller, I. (2001). Ökologie im Alltag: Wahrnehmung und Bewertung der Gestaltungsmacht privater KonsumentInnen. In Elsner, W., Biesecker, A., & Grenzdörffer, K. (Hrsg.) *Ökonomische Be-Wertungen in gesellschaftlichen Prozessen: Markt – Macht – Diskurs* (S. 241–258). Centaurus.

Weller, I. (2008). Konsum im Wandel in Richtung Nachhaltigkeit? Forschungsergebnisse und Perspektiven. In H. Lange (Hrsg.) *Nachhaltigkeit als radikaler Wandel: Die Quadratur des Kreises?* (S. 43–69). VS Verlag.

WSSD (World Summit on Sustainable Development). (2002). Plan of Implementation of the World Summit on Sustainable Development. Johannesburg. https://www.un.org/esa/sustdev/documents/WSSD_POI_PD/English/WSSD_PlanImpl.pdf. Zugegriffen: 3. März 2022.

**Ninja Christine Rickwärtz** M.A., studierte Erziehungswissenschaften und Sozialwissenschaften an der Universität Vechta und anschließend Soziologie und Sozialforschung an der Universität Bremen. Sie ist wisenschaftliche Mitarbeiterin an der Universität Vechta und verantwortet dort die Forschungswerkstatt empirische Sozialforschung. Ihre Forschungsinteressen liegen in der Soziologie des Lebenslaufs (insbesondere Übergänge in Lebensläufen), der Biographieforschung, Unterstützungsforschung, Geschlechterforschung und den qualitativen Methoden der empirischen Sozialforschung.

# Unternehmerische Gelegenheiten: Nutzung von narrativen Interviews zur Untersuchung von Wendepunkten im Leben von Nachhaltigkeitsunternehmerinnen

Jantje Halberstadt und Anne-Kathrin Schwab

## 1    Einleitung

Die Bedeutung und die Rolle von Entrepreneurship zur Ausgestaltung von nachhaltigen Praktiken und nachhaltigem Wirtschaften wird in Anbetracht der globalen Situation immer relevanter. Wie auch Littlewood und Hold (2015, S. 28), betonen inzwischen viele Autor*innen „[...] *the role of entrepreneurship as a catalyst for societal transformation, and a fuel for global sustainable development*". Nachhaltigkeit und wirtschaftliche Aktivität, wie etwa Unternehmer*innentum, gelten längst nicht mehr als grundsätzlich gegensätzlich, sondern können sich im Sinne eines nachhaltigen und sozialen Unternehmer*innentums sogar im positiven Sinne gegenseitig stärken und ergänzen. Nachhaltigkeitsorientiertes Unternehmer*innentum rückt daher zunehmend in den Fokus von Wirtschaft, Politik und Forschung – in Form bzw. unter der Überschrift von insbesondere Social, Ecological oder Green sowie Sustainability Entrepreneurship (Farny & Binder, 2021; Gast et al., 2017; Halberstadt & Hölzner, 2018, 2020).

Ob der steigenden Relevanz unternehmerischen Denkens und Handelns für die Entwicklung von Lösungen für die wesentlichen Nachhaltigkeitsprobleme unserer

J. Halberstadt · A.-K. Schwab (✉)
Universität Vechta, Wirtschaft und Ethik, Vechta, Deutschland
E-Mail: anne-kathrin.schwab@uni-vechta.de

J. Halberstadt
E-Mail: jantje.halbersatdt@uni-vechta.de

C. Onnen (Hrsg.), *Gelegenheitsfenster für nachhaltigen Konsum*,
https://doi.org/10.1007/978-3-658-37543-0_7

Zeit, wird unter anderem erforscht, wie nachhaltigkeitsorientierte unternehmerische Ideen entstehen und Gründer*innen die entsprechenden Gelegenheiten finden und ergreifen. Die Untersuchung dieser „Opportunity Recognition" ist in der Entrepreneurship-Forschung bereits etabliert (Davidsson, 2015; Mohammadi & Heshmati, 2021; Ploum et al., 2018). Mit Blick auf Nachhaltigkeitsthemen wird jedoch noch enormer Bedarf für vor allem empirische Studien gesehen (Hanohov & Baldacchino, 2017; Lehner & Kansikas, 2012).

Dies gilt insbesondere für die Entwicklung von unternehmerischen Ansätzen durch Frauen. Während Frauen insgesamt noch immer seltener ein Unternehmen gründen als Männer, gilt dies zumindest weniger ausgeprägt im Nachhaltigkeitsbereich (Halberstadt & Spiegler, 2018; Humbert, 2012; Kelley et al., 2011, 2013; Terjesen & Lloyd, 2015). Zudem spricht vieles dafür, dass Frauen besonderes Potenzial für die Entwicklung nachhaltigkeitsorientierter unternehmerischer Lösungen mitbringen, auch wenn das bislang nicht ausreichend gehoben wird (Caliyurt, 2016; Huysentruyt, 2014; Spiegler & Halberstadt, 2018; Van den Heuvel et al., 2014).

In diesem Beitrag möchten wir daher auf die noch wenig beforschte Schnittstelle von Geschlecht, Nachhaltigkeit und Unternehmer*innentum (Gender – Sustainability – Entrepreneurship) (vgl. u. a. Outsios & Farooqi, 2017) eingehen und zeigen, auf welche Weise untersucht werden kann, wie und wann nachhaltigkeitsorientierte Unternehmerinnen Gelegenheiten zur Unternehmensgründung identifizieren und wahrnehmen. Uns interessiert insbesondere, innerhalb welches Orientierungsrahmens und zu welchen Zeitpunkten bzw. Wendepunkten im Leben von Nachhaltigkeitsunternehmerinnen sich Möglichkeitsräume ergeben, nicht nur nachhaltig zu handeln, z. B. zu konsumieren, sondern auch nachhaltige Lösungen, z. B. Produkte und Dienstleistungen, für andere Menschen zur Verfügung zu stellen und somit die Gegebenheiten wirtschaftlicher, sozialer und biologischer Ökosysteme nachhaltig durch eigene Initiative, Engagement und Entrepreneurship zu transformieren. Wir stellen hier vor, wie narrative Interviews eingesetzt werden können, um ein umfassendes Verständnis davon zu bekommen, wie Frauen zu Nachhaltigkeitsunternehmer*innen werden und jene Wendepunkte im Leben beleuchtet werden können, die dafür ausschlaggebend sind.

## 2 Das Forschungsfeld: Untersuchung der Ideengenerierung von Nachhaltigkeitsunternehmerinnen

### 2.1 Formen nachhaltigkeitsorientierten unternehmerischen Handelns

Entrepreneurship, und damit unternehmerisches Denken und Handeln, spielt inzwischen aus zwei Perspektiven eine zentrale Rolle für eine nachhaltige Entwicklung. Erstens wird der Einfluss von wirtschaftlicher Tätigkeit auf Nachhaltigkeit und die unternehmerische Verantwortung zunehmend betont. Zweitens trägt unternehmerische Aktivität maßgeblich zur Generierung innovativer (Geschäfts-)Ideen und zur Lösung dringender gesellschaftlicher Probleme bei. So ist es nicht verwunderlich, dass nachhaltigkeitsorientiertes Unternehmer*innentum, auch bezeichnet als Sustainability Entrepreneurship,[1] inzwischen als ein besonders relevantes Forschungsfeld gilt (Farny & Binder, 2021; O'Shea et al., 2021; Sarango-Lalangui et al., 2018; Schaltegger, 2011). Entsprechend ist in den letzten Jahren die Anzahl wissenschaftlicher Publikationen in diesem Bereich signifikant angestiegen (Azmi et al., 2020; Belz & Binder, 2017; Farny & Binder, 2021; Hofsta, 2007; Raheem, 2012; Shepherd & Patzelt, 2011, 2017).

Dabei beziehen sich die Autor*innen häufig auf die Verbindung der drei Säulen der Nachhaltigkeit (ökonomisch, sozial, ökologisch), der Triple Bottom Line (TBL) und dem Beitrag zur nachhaltigen Entwicklung, den das Sustainable Entrepreneurship leisten kann (Raheem, 2012; Shepherd & Patzelt, 2011). Binder und Belz (2015) identifizieren in der bestehenden Literatur bis dato zwei Perspektiven: die eine, welche gerade in nachhaltigkeitsorientierten Journals die Triple Bottom Line betont und unternehmerische Aktivitäten weniger in den Vordergrund stellt (Parrish & Foxon, 2009; Schlange, 2009; Tilley & Young, 2006) und die andere, die das Erkennen, die Entwicklung und die Nutzung von unternehmerischen Gelegenheiten der Gründer*innen in den Vordergrund stellen, um zukünftige Güter und Dienstleistungen mit ökonomischem, sozialem und ökologischem Nutzen zu produzieren (Cohen & Winn, 2007). Shepherd und Patzelt (2011, S. 137) geben

---

[1] In der Literatur werden, oft synonym, die Begriffe Sustainable Entrepreneurship (z. B. Johnson & Schaltegger 2020) oder auch Sustainability-related Entrepreneurship (z. B. Konys, 2019) genutzt. Wir verwenden neben den deutschsprachigen Begriffen in unserem Artikel den Begriff Sustainability Entrepreneurship, um Verwechslungen mit dem Begriff Sustainable Entrepreneurship im Sinne langfristigen Erfolgs bzw. Bestehens am Markt zu vermeiden, beziehen uns aber durchaus auch auf Studien, die den Begriff Sustainable Entrepreneurship im Sinne einer (ganzheitlichen) Nachhaltigkeitsorientierung nutzen.

folgende Definition: „*Sustainable entrepreneurship is focused on the preservation of nature, life support, and community in the pursuit of perceived opportunities to bring into existence future products, processes, and services for gain, where gain is broadly construed to include economic and non-economic gains to individuals, the economy, and society.*"

Während es im klassischen Entrepreneurship primär darum geht, Gewinne zu erzielen, zielt Sustainability Entrepreneurship nicht (nur) auf ökonomischen Erfolg ab, sondern strebt nicht-ökonomische Ziele und Gewinne für die Gesellschaft und die Umwelt an (Parrish & Foxon, 2009; Schlange, 2009). In vielen Definitionen wird es sogar als maßgeblich erachtet, dass nicht die Profit-Orientierung im Vordergrund steht, sondern primäres Ziel die Generierung gesellschaftlichen Nutzens ist – und Geld dabei als Mittel zum Zweck dient (Spiegler & Halberstadt, 2018). In ihrer Beschreibung von Sozialunternehmer*innen betonen Bacq und Janssen (2011): „*[T]heir ideas are limited by their mission; they see profit as a means in people's service that has to be reinvested in future profit rather than an end to be distributed to shareholders.*" Argumente sind mitunter, dass die Konzentration auf Profitgenerierung der Erreichung von sozialen und/oder ökologischen Zielen entgegenwirken und entsprechend sogar unmoralisch sein kann; es sei denn, die Gewinne würden nicht ausgeschüttet, sondern im Sinne des Gemeinwohls reinvestiert (Galera & Borzaga, 2009; Spiegel, 2011).

Auch die Art des gesellschaftlichen Nutzens, der durch unternehmerische Lösungen entsteht, wird in der Literatur unterschieden, um den Begriff Sustainability Entrepreneurship abgrenzen zu können. In einigen Arbeiten kommt es vor, dass Sustainability mit ökologischer Nachhaltigkeit gleichgesetzt wird (Koe et al., 2015; Moya-Clemente et al., 2020). Diese Sicht setzt sich jedoch zunehmend weniger durch und es wird auf ein ganzheitliches Nachhaltigkeitsverständnis abgestellt (Sarango-Lalangui et al., 2018). Hier gibt es dann jene, die von Sustainability Entrepreneurship sprechen, wenn unternehmerische Tätigkeit (ökonomische Perspektive) darauf ausgerichtet ist, sozialen (soziale Perspektive) und *gleichzeitig* ökologischen (ökologische Perspektive) Nutzen zu stiften (Parrish & Foxon, 2009; Schaltegger & Wagner, 2011). Clifford und Dixon (2006, S. 215) sprechen hier auch von „Social Ecopreneurship". Wir schließen uns einer Sicht an, die Sustainability Entrepreneurship als übergeordneten Dachbegriff für jedwede Form der Generierung gesellschaftlichen Nutzens durch unternehmerische Aktivität verwendet (Pansera et al., 2011). Der Fokus kann dann auf der Lösung sozialer *und/oder* ökologischer Probleme liegen. Jede/r Social Entrepreneur*in (Ziel, sozialen Impact zu generieren) wie jede/r Eco oder Green Entrepreneur*in (Ziel, ökologischen Impact zu generieren) ist dann eine Unterkategorie/Subform der Sustainability Entrepreneur*in (Halberstadt & Hölzner, 2018). Diese Definition orientiert sich an den Primärzielen, die durch die unternehmerischen Lösungen erreicht werden sollen (Ausrichtung der unternehmerischen Tätigkeit). Ob und inwiefern die Ausgestaltung der dazu notwendigen Prozesse nachhaltigkeitsorientiert ist und dabei weitere Nachhaltigkeitsziele berücksichtigt werden, ist dann eine Frage des Nachhaltigkeitsmanagements von Nachhaltigkeitsunternehmungen.

## 2.2 Identifikation und Wahrnehmung unternehmerischer Gelegenheiten für Nachhaltigkeit

Der Prozess der Identifizierung unternehmerischer Gelegenheiten und die Entscheidung zur Wahrnehmung dieser ist Voraussetzung für unternehmerische Aktivität, die etwa in die Gründung von Unternehmen mündet. *„Opportunity recognition lies at the heart of entrepreneurship [...]"*, betonen daher Ploum et al., (2018, S. 1582) mit Verweis auf (Shane & Venkataraman, 2000). So ist es wenig überraschend, dass sich die Untersuchung der Wahrnehmung unternehmerischer Gelegenheiten (Opportunity Recognition) inzwischen zu einem zentralen Feld der Entrepreneurship-Forschung entwickelt hat (Davidsson, 2015; Dyer et al., 2008; George et al., 2016; McMullen & Shepherd, 2006). Hier konzentriert sich die Forschung vor allem darauf, Faktoren, Prozesse und Dynamiken in den Blick zu nehmen, die die Opportunity Recognition positiv beeinflussen (Shane, 2000; Gregoire et al., 2010). Eine anhaltende Debatte dreht sich zudem darum, ob unternehmerische Gelegenheiten kreiert oder entdeckt werden (Davidsson, 2017; González et al., 2017; Wood, 2017). *„In other words, are opportunities objective phenomena, which exist for all regardless of individual differences or do individual differences lead to subjective opportunities being identified?"* (Asantea & Affum-Osei, 2019, S. 228). Um ihre langfristige Existenz zu sichern, müssen sich Unternehmen immer wieder mit der Aufdeckung neuer „Entrepreneurial Opportunities" für Geschäftsideen befassen (Engelen & Gagen, 2017). Shane und Venkataraman (2000, S. 336) definieren diese als *„situations in which new goods services, raw materials, markets and organization methods can be introduced through the formation of new means, ends, or means-ends relationships"*. Laut Frank und Mitterer (2009) besteht Entrepreneurship aus den Funktionen Opportunity Recognition, Evaluierung der Opportunity und Entwicklung eines Business Planes sowie Beschaffung erforderlicher Ressourcen und Management des Unternehmens (Hisrich & Peters, 1995; Shane & Venkataraman, 2000).

Wie Guclu et al. (2002) herausarbeitet, unterscheiden sich Gelegenheiten für Social Entrepreneurship von jenen für traditionelle Geschäftsideen: *„SE opportunities have been deemed to arise within situations which enable positive social impact supported by the required investment or simply as the generation of social value"*. Hu et al. (2020) gehen davon aus, dass Gelegenheitsfenster für Social Entrepreneurship immer einen Bedarf benötigen, einen sozialen Wert herzustellen, der unabhängig von dem der Social Entrepreneur*in existiert. Die Ursache kann beispielsweise in sozialer Ungleichheit, Armut oder Bildungsdefiziten, aber auch im Bereich Ressourcenverschwendung und Umweltverschmutzung liegen. Der Bedarf, diese Probleme zu beheben, begründet Gelegenheitsfenster (windows of sustainability entrepreneurial opportunity). Diese Gelegenheitsfenster zu sehen, ggf. sogar zu suchen und sie zu nutzen wiederum hängt von individuellen Faktoren ab. Auf diesen Überlegungen aufbauend, möchten wir die spezifischen Gelegenheitsfenster von Female Sustainability Entrepreneurship betrachten und untersuchen, welche Motivationen eine Nachhaltigkeitsunternehmerin hat und welche Bedarfe sie sieht, ein nachhaltiges Unternehmen aufzubauen.

Zahlreiche Autor*innen verweisen darauf, dass Studien bislang oft konzeptioneller bzw. theoretischer Natur sind und es vor allem an empirischen Studien mangelt (Davidsson, 2015; Ploum et al., 2018). Dies gilt umso mehr für Sustainability Entrepreneurship und mögliche Unterschiede zwischen der Wahrnehmung von unternehmerischen Gelegenheiten, die auf Gewinnorientierung ausgerichtet sind, und nachhaltigkeitsorientierten unternehmerischen Möglichkeiten. Ähnlichkeiten bestehen darin, dass Sustainability Entrepreneurship, ebenso wie traditionelles Business Entrepreneurship, darauf abzielt, Wettbewerbsvorteile zu generieren, indem Geschäftsgelegenheiten für die Entwicklung neuer Produkte und Dienstleistungen, neuer Märkte oder Prozesse identifiziert und genutzt werden (Patzelt & Shepherd, 2011). Unterschiede liegen vor allem in der Werteorientierung und normativen Konzepten als Grundlage für die Entwicklung sozialökologischer Lösungen, die auf einem Trade-Off zwischen ökonomischen, sozialen und ökologischen Aspekten abstellt. Somit liegen der Identifizierung unternehmerischer Gelegenheiten im Gegensatz zu traditionellem Entrepreneurship individuelle moralische Einstellungen sowie ethische Werte und Normen, wie etwa Altruismus, zugrunde (Shepherd & Patzelt, 2011; Swart et al., 2004).

Das findet sich auch in dem bislang am häufigsten genutzten Model von Shepherd und Patzelt (2011) wieder, das vor allem auf den Einfluss von Wissen und Motivation auf die nachhaltigkeitsorientierte Opportunity Recognition ausgerichtet ist (siehe Abb. 1).

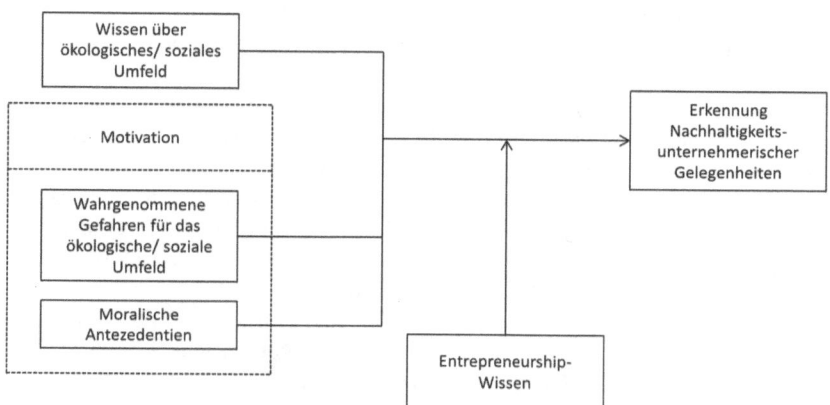

**Abb. 1** Einflussfaktoren auf die Sustainability Entrepreneurship Opportunity Recognition Modell nach Shepherd und Patzelt (2011) und Ploum et al. (2018)

In der Abbildung werden Einflussfaktoren auf die Erkennung nachhaltiger unternehmerischer Gelegenheiten verdeutlicht: Es bedarf Wissen über das ökologische und soziale Umfeld sowie die persönliche Motivation, die sich aus den wahrgenommenen Gefahren für das ökologische und soziale Umfeld sowie einem moralischen Bezugsrahmen speist, der maßgeblich von drei Antezedenzien geprägt ist: Self-transcendence Values (Schwartz, 1994), Pro-environmental Behavior Values (Dunlap et al., 2000; Shepherd et al., 2013), und Moral Competencies (Blok et al., 2016; Ploum et al., 2017). (Die Kombination aus) Wissen (über ein bestimmtes Umfeld) und Motivation (soziale und/oder Umweltprobleme zu lösen) bestimmen die Wahrscheinlichkeit, dass nachhaltigkeitsunternehmerische Gelegenheiten wahrgenommen werden. Diese Beziehung wird verstärkt, wenn Entrepreneurship-Wissen vorliegt, etwa über Märkte, Marktbearbeitungsstrategien oder Bedarfe potenzieller Kund*innen (Shane, 2000; Shepherd & Patzelt, 2011).

Einige Studien greifen dieses Modell auf, testen es auf Anwendbarkeit oder nutzen es als Grundlage für ihre Hypothesenbildung (e.g., Choongo et al., 2016; Muñoz & Dimov, 2017). Hanohov und Baldacchino (2017) etwa bestätigen in ihrer Studie die Wirkung von Wissen und Motivation. Zudem erweitern sie dieses Modell um einige Faktoren aus ihrer Studie. Zum Beispiel stellen sie heraus, dass Auslandsaufenthalte und Sozialisation das Wissen von Unternehmer*innen über natürliche und kommunale Umgebungen verbessern und der Wille zur Selbständigkeit, Aspekte der Persönlichkeit und der Lebensumstände Motivationsquellen sind, während frühere Tätigkeiten wie bisherige Projekte unternehmerisches Wissen generieren können. Belz und Binder (2017) gehen von einem sogenannten prozesshaften Modell des Erkennens von unternehmerischen Gelegenheiten aus. In diesem Modell beschreiben sie sechs Phasen der Erfassung einer unternehmerischen Gelegenheit. Sie setzen sich in ihrer Studie damit auseinander, wie Unternehmer*innen im Kontext nachhaltiger Entwicklung Gelegenheiten erkennen, entwickeln und ausschöpfen. Die erste Phase besteht darin, ein soziales oder ökologisches Problem zu erkennen. In der zweiten Phase wird eine soziale oder ökologische Chance erkannt. Die dritte Phase nennen Belz und Binder die Entwicklung einer „Double-Bottom-Line-Lösung". Das bedeutet, dass sie versuchen eine Lösung zu finden, in der zwei Dimensionen (sozial und ökologisch) adressiert werden. In der vierten Phase wird die ökonomische Dimension mit hinzugezogen und eine „Triple-Bottom-Line-Lösung" entwickelt. In Phase fünf des Prozesses geht es den Unternehmer*innen um die Finanzierung und der Entwicklung eines nachhaltigen Unternehmens, während Phase sechs sich mit dem Eintritt in einen nachhaltigen Markt auseinandersetzt.

Eller et al. (2020) haben eine Studie verfasst, in der sie untersuchen, welche Faktoren die Identifikation von nachhaltigen Geschäftsmöglichkeiten erleichtern. Sie beschreiben dies als einen prozessualen Verlauf, der durch zwei Faktoren erleichtert wird: zum einem dem Bewusstsein für negative Folgen und zum anderen durch eine unternehmerische Einstellung. Diese beiden Faktoren gäben Motivation und Orientierung während dieses Prozesses. Neueste Forschungen setzen sich zunehmend mit den Motivationen und der Identifizierung von Gelegenheiten nachhaltigen Unternehmertums in nicht westlichen Gesellschaften, wie zum Beispiel in Indien, auseinander und schauen sich hier insbesondere den Kleidungs- und Energiesektor an (Argade et al., 2021). Mohammadi und Heshmati (2021) clustert einige Untersuchungen der letzten Jahre und gibt einen Überblick über das Erkennen von Gelegenheiten nachhaltigen Entrepreneurships. Musona et al. (2021) schauen sich in ihrer Forschung die Identität der nachhaltigen Unternehmer*innen an, da sie davon ausgehen, dass die soziale Identität die Art der Gelegenheit beeinflusst, die Unternehmer*innen ausschöpfen. Die unterschiedlichen Arten des unternehmerischen Verhaltens spiegeln die Heterogenität von Rollen, die ein Individuum in der Gesellschaft einnehmen kann durch die Art, wie sie ihr Business aufbauen (ebd.). Alfalih (2021) betrachtet den Zusammenhang zwischen nachhaltigem Unternehmer*innentum und sozialen Innovationen in Saudi-Arabien genauer und identifiziert mit diesem Fokus diverse Gelegenheitsfenster. *„Nevertheless, research on this relation has remained descriptive and conceptual ever since"* (Ploum et al., 2018, S. 1583). Es mangelt vor allem an empirischen Studien, die sich mit der Entstehung unternehmerischer Ideen für eine nachhaltige Entwicklung auseinandersetzen. Dies gilt vor allem mit Blick auf die Opportunity Recognition von Nachhaltigkeitsunternehmerinnen, auf die wir im folgenden Kapitel eingehen.

## 2.3  Über (Nachhaltigkeits-)Unternehmerinnen

In der unternehmerischen Praxis existieren noch immer teils signifikante Unterschiede was den Anteil von Frauen im Vergleich zu Männern betrifft (Berge & Kuckertz, 2016; Brixiová & Kangoye, 2016; Byrne et al., 2019; Rizk et al., 2019; Sarfaraz et al., 2014). Laut Global Entrepreneurship Monitor (GEM) liegt die so genannte TEA-Rate[2] (prozentualer Anteil der Frauen im Alter zwischen 18 und 64, die Unternehmerinnen oder Gründerinnen sind) weltweit bei 10,2 %, was lediglich etwa dreiviertel des Anteils an männlichen Gründern ausmacht. Es gibt allerdings international deutliche Unterschiede. Während zum Beispiel die höchsten TEA-Raten für Frauen für Sub-Sahara Afrika (21,8 %) und Lateinamerika (17,3 %) gemessen werden, liegen die niedrigsten bei 9 % im Mittleren Osten und Nordafrika sowie bei 6 % in Europa (Elam et al., 2019).

Verschiedenen Studien zufolge zeigen sich zudem Unterschiede in der Ausgestaltung der unternehmerischen Tätigkeit. So wird etwa betont, dass Frauen dazu tendieren, in weniger wachstumsorientierten Branchen zu gründen, kleinere Investments zu tätigen und geringere Investitionssummen zu erhalten sowie weniger risikoorientiert zu handeln und größere Angst vor (unternehmerischem) Scheitern zu zeigen (Arasti et al., 2012; Cacciotti & Hayton, 2014; Elam et al., 2019; Halabisky, 2018; Kelley et al., 2015; Langowitz & Minniti, 2007; Yordanova & Alexandrova-Boshnakova, 2011). Für diese Unterschiede werden verschiedene Gründe angeführt und diskutiert. Diese reichen von motivationalen Faktoren über Familien- und Pflegeverantwortung bis hin zu traditionellen Rollenverständnissen, Stereotypisierungen und Diskriminierung, die u. a. unternehmerische Gender Pay Gaps erklären (Drew & Humbert, 2012; Estrin et al., 2014; Hughes, 2006; Jennings & Brush, 2013; Powell & Eddleston, 2013).

Die Unterrepräsentanz von Frauen zeigt sich auch im Bereich nachhaltigkeitsorientierter unternehmerischer Tätigkeit, jedoch ist die Diskrepanz hier deutlich geringer. Studien zeigen, dass Frauen beispielsweise im Bereich Social Entrepreneurship sowie im Management sozialer Organisationen weniger unterrepräsentiert sind als im Business-Sektor (Kelley et al., 2011, 2017; Teasdale et al., 2011). Laut German Social Entrepreneurship Monitor besteht inzwischen

---

[2] TEA steht für Total Entrepreneurial Activity.

ein fast ausgewogener Anteil von Männern und Frauen, die in Deutschland sozial-unternehmerisch tätig werden (Olenga Tete et al., 2018; Scharpe & Wunsch, 2020). Einige Autor\*innen unterstreichen zudem das besondere Potenzial, das Frauen im Bereich Sustainability Entrepreneurship mitbringen, da sie etwa grö-ßeres Interesse für soziale Probleme haben und – im Gegensatz zu Männern, für die finanzielle Anreize als relevanter gelten – besondere intrinsische Motivation zur Generierung gesellschaftlichen Impacts zeigen (Smith-Hunter & Boyd, 2004; Spiegler & Halberstadt, 2018; Zelezny et al., 2000).

Zusammenfassend muss betont werden, dass das Potenzial von Frauen für die Entwicklung und Umsetzung unternehmerischer Lösungen längst nicht aus-geschöpft ist. *„Research has shown that startups, especially high-growth startups, are the keys to job creation and leadership in new industries. With nearly half of the workforce and more than half of our college students now being women, their lag in building high-growth firms has become a major economic deficit. […] Women capable of starting growth companies may well be our greatest under-utilized economic resource"* (Mitchell, 2011, S. 2). So ist es nicht verwunderlich, dass unternehme-rische Ecosysteme – und damit verbunden auch die Erforschung dieser – oft als „male dominated" und „male biased" kritisiert werden (Garcia & Welter, 2013; Thébaud, 2015). Das sollte in zukünftigen Forschungsvorhaben berücksich-tigt werden. Um praxisrelevante Ergebnisse zu erzielen, die dem bislang nicht ausreichend berücksichtigten Potenzial von Unternehmerinnen für die Lösung gesellschaftlicher Probleme Rechnung tragen, ist es wichtig zu verstehen, ob und inwiefern sich Unternehmerinnen, und insbesondere Nachhaltigkeitsunternehme-rinnen, von ihren männlichen Kollegen unterschieden. Zudem sollten Frauen nicht als homogene Gruppe gesehen werden. Vielmehr gilt es auch hier, verschie-dene Kombinationen von Charakteristika und Umfeldfaktoren zu unterscheiden und mit Blick auf ihren Einfluss auf unternehmerische Prozesse zu untersuchen. Als Grundlage allen unternehmerischen Handelns ist dabei die Untersuchung der Ideengenerierungsphase von besonderer Bedeutung (Hallward-Driemeier, 2013).

## 2.4 Einflussfaktoren und Wendepunkte

Bisher gibt es keine Literatur zu den spezifischen Einflussfaktoren, Motivationen und Orientierungsrahmen sowie Wendepunkten im Leben für nachhaltige Unter-nehmensgründerinnen in dieser Kombination. Daher beziehen wir uns zunächst auf die Literatur von Wendepunkten und Einflussfaktoren für Female Entrepre-neurship und dann auf die Wendepunkte und Einflussfaktoren für Sustainability

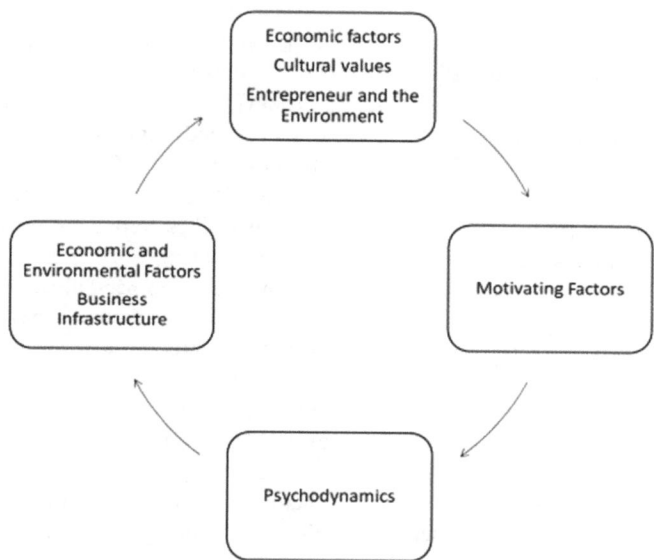

**Abb. 2** Einflussfaktoren für Female Entrepreneurship, Quelle Gadar und Yunus (2009)

Entrepreneurship, um eben diese Schnittstelle und die daraus entstehende Forschungslücke herauszuarbeiten.

Gadar und Yunus (2009) setzten sich mit den Einflussfaktoren für Female Entrepreneurship in Malaysia auseinander. Hier identifizieren sie die in der Abb. 2 dargestellten Einflussfaktoren, die sich gegenseitig bedingen.

Sie nennen die ökonomischen Faktoren, kulturelle Werte des Unternehmers und dessen Umfeld, sowie motivierende Faktoren, welche auf die Psychodynamik Einfluss haben. Genau in diesem Bereich setzt unsere Forschung an. Welche motivierenden Faktoren nennen die Nachhaltigkeitsunternehmerinnen und wie genau wirken sie sich auf deren Psychodynamik aus? Als weiterer wichtigen Einflussfaktor nennen Gadar und Yunus (2009) ökonomische Faktoren des Umfeldes der Unternehmerinnen, bzw. die betriebliche Infrastruktur als einen Faktor. Sie bauen mit diesem Model auf den Ideen von Shane und Venkataram (2000) auf und betrachten die Motivationen von Unternehmerinnen: *„Those motivating factors include family background, education, previous occupation, social network, economics factors, financial factors and infrastructure facilities. The psychological factors*

*are personality characteristics and perceptions of entrepreneurs. Personality cha-*
*racteristics comprise work ethics, performance measures and risk taking, while the*
*perceptions of entrepreneurs take account of economic environment; pushing factors*
*to become entrepreneur, the importance of business functions and the performance*
*measures"* (Gadar & Yunus, 2009, S. 153). Als treibende Kraft sehen sie das ökonomische Umfeld, sowie Technologie und Information. Kariv (2013) hat ebenfalls
ein Modell entwickelt, in dem sie unter besonderer Berücksichtigung von Gender-
Gesichtspunkten Einflussfaktoren auf unternehmerisches Verhalten aufzeigt. Sie
unterstreicht diverse Umfeldfaktoren, wie Marktkontext, soziale Effekte, Kultur, Familienkontext, Einstellungen, Ressourcen, aber auch persönliche Faktoren,
wie das Alter, Sektor und Aktivität, Bildungslevel und Nationalität bzw. Kultur.
Im Fokus steht die Frage, welche Rolle Gender in diesem Kontext spielt. Als
Einflussfaktoren für Wendepunkte für die Entscheidung einer Frau, eine Unter-
nehmung zu gründen, werden externe Faktoren, wie Work-Live-Konflikte bzw.
Balance, Ressourcen Zugang, Arbeitslosigkeit oder zu wenig Arbeit sowie Markt
und Wettbewerb für weiblich geführte Unternehmen genannt. Als interne Fak-
toren, die auf den Wendepunkt zur Entscheidung einer Unternehmensgründung
Einfluss nehmen können, gelten Motivationen, Wahlmöglichkeiten, Verhalten,
Reflexion, Erreichbarkeiten und Mutterschaft.

In der Literatur zum nachhaltigen Unternehmer*innentum gehen einige wenige
bereits darauf ein, welche Rahmenbedingungen und Einflussfaktoren für die
Wahrnehmung unternehmerischer Gelegenheiten relevant sind. Kraus et al.,
(2018) beispielsweise liefern hierfür einen Literaturüberblick, wie zum einen auf
der individuellen, zum anderen auf der organisatorischen und der kontextuellen
Ebene die Entscheidungen für ein nachhaltiges Unternehmen getroffen werden.
Sie referieren auf die persönlichen Werte und Eigenschaften von Individuen, auf
interne Kultur und Neukonfiguration von Ressourcen von kleinen und mittleren
Unternehmen (KMUs), sowie Unternehmer*innen als Vorbilder, die Gesellschaft
durch nachhaltiges Unternehmer*innentum verändern können oder sich selbst
durch die Entscheidung für ein nachhaltiges Unternehmen verändern. Auch Halberstadt und Spiegler (2018) sowie Spiegler und Halberstadt (2018) erforschen die
Ideenfindung und Wahrnehmung von Gelegenheiten für nachhaltigkeitsorientierte
unternehmerische Tätigkeit durch Frauen. Sie untersuchen in ihren Studien vor
allem den Einfluss von Netzwerken und Netzwerkstrukturen von Nachhaltigkeitsunternehmerinnen im südlichen Afrika und gehen dabei auch auf interkulturelle
Faktoren ein. Insbesondere stellen sie die so genannte „Strength of weak ties"-
These infrage, die davon ausgeht, dass viele, aber schwache Verbindungen in
einem Kontaktnetzwerk für die Identifikation von Geschäftsgelegenheiten ausschlaggebend sind. In ihren Arbeiten stellen sie nicht nur heraus, dass diese

Annahme sich auf männerdominierte Stichproben im For-Profit-Bereich begründet, sondern zeigen auch, dass sich wenige intensive Kontakte, wie sie sich oft in Netzwerken von Frauen zeigen, im Bereich nachhaltigen Unternehmer\*innentums von zentraler Bedeutung für die Identifikation von Gelegenheiten sein können. Welche konkreten Wendepunkte im Leben allerdings eine Rolle spielen und durch welche Faktoren diese beeinflusst werden, steht zwar in engem Zusammenhang mit den genannten Arbeiten, wird aber bislang nicht explizit untersucht.

## 3    Wie narrative Interviews helfen können, unternehmerische Wendepunkte zu analysieren

### 3.1    Narrative Interviews

Wendepunkte, die dazu führen, dass nachhaltigkeitsorientierte unternehmerische Gelegenheiten identifiziert und wahrgenommen werden, können sowohl positiv, als auch negativ konnotiert sein. Sie werden retrospektiv von den Gründer\*innen wahrgenommen. Narrative Interviews eignen sich somit besonders gut, diese Wendepunkte zu identifizieren, da sie eine biographische Erzählung des eigenen Erlebens darstellen. Das allgemeine Ziel narrativer Interviews ist es, die interviewte Person *„zu einer umfassenden und detaillierten Stegreiferzählung persönlicher Ereignisverwicklungen und entsprechende Ereignisse im vorgegebenen Themenbereich"* zu veranlassen, in diesem Falle: wie es zu einer nachhaltigen Gründung kam (Schütze, 1987, S. 49). Stegreiferzählungen ermöglichen nahe den Erfahrungen von Erzählenden, einen tiefen Einblick in die Erfahrungen dieser und stehen entsprechend in einem engen Zusammenhang zwischen erzählter und erlebter Erfahrung (Nohl, 2009). Es soll ein spontanes und unvorbereitetes Erzählen entfaltet werden. Dabei wird davon ausgegangen, dass vergangene Ereignisse dem/der Erzählenden während des Erzählens vor dem inneren Auge ablaufen (Glinka, 2008, S. 9). Mit einer entsprechenden Eingangsfrage und einem offenen Erzählimpuls werden retrospektiv möglichst viele und möglichst umfassend Ereignisse im Leben rekonstruiert, die mit der Gründung im Zusammenhang stehen (könnten) und somit ein Prozess oder Zeitpunkt identifiziert, welcher eine Schlüsselsituation darstellt. Denn das narrative Interview dient dem Verständnis der biographischen Geschichte der interviewten Person. Gerade Wendepunkte in der Biographie werden durch die Zugzwänge des Erzählens besonders hervorgehoben. Unterschieden wird hier in Detaillierungs-, Gestaltschließungs-, Relevanzfestlegungs- und Kondensierungszwang (Nohl, 2009). Durch diese Zugzwänge des Erzählens werden weitere Verknüpfungen zwischen den Ereignissen detaillierter erläutert. Mit dem Gestaltungsschließungszwang wird das Bedürfnis zur Vollendung der eigenen Erzählung bewertet. Die jeweilige Erzählung hat einen Beginn, einen Höhepunkt und einem Abschluss. Entscheidend ist, dass die interviewte Person ungestört ihre Erzählung wiedergeben kann. Das Verfahren sieht vor, dass die Interviewenden sich zurückhalten und sich im Wesentlichen auf Zuhörsignale beschränken. Durch den Relevanzfestlegungs- und Kondensierungszwang wird die interviewte Person selbst die Auswahl der Erzählungen festlegen (Nohl, 2009).

Eine mögliche Erzählaufforderung, die die Entfaltung von biographischen Wendepunkten ermöglicht, könnte zum Beispiel sein: „Vielen Dank, dass Sie sich bereit erklärt haben, mit mir ein Interview durchzuführen. Ich interessiere mich insbesondere dafür, wie es dazu kam, dass Sie ein nachhaltiges Unternehmen gegründet haben. (Vielleicht erkennen Sie in Ihrem Leben auch einen entscheidenden Punkt oder es ist ein längerer Prozess gewesen.) Erzählen Sie ruhig von Anfang an. Ich bin in diesem Interview an Ihrer gesamten Lebensgeschichte interessiert und ich werde Sie zunächst nicht unterbrechen, sondern mir nur einige Notizen machen und im Anschluss noch einige tiefergehende Fragen stellen."

Nach dem Ende einer Erzählung können im zweiten Teil etwaige Unklarheiten geklärt werden, die für die Interviewerin entstanden sind. Mithilfe von immanenten Nachfragen, also Fragen, die sich aus dem Erzählten bzw. aus dem Interview selbst ergeben, und die sich aus der erworbenen Erzählung erschließen, werden weiter detaillierte Informationen gewonnen oder ggf. Ungereimtheiten geklärt. Dies könnte zum Beispiel so sein, dass die Interviewte die Geburt ihres Kindes als relevanten Wendepunkt beschrieben hat, aber noch nicht weiter darauf eingegangen ist. Eine mögliche immanente Nachfrage könnte dann sein: „Sie haben die Geburt Ihres Kindes erwähnt und dass sich Ihre Einstellung zur Nachhaltigkeit in diesem Moment stark verändert hat. Könnten Sie darauf noch mal genauer eingehen und mir erzählen, wie sich das auf Ihr Unternehmen und Ihre Gründung ausgewirkt hat?" Bei weiteren für die Forscherin relevanten Zusammenhängen, die im Interview noch nicht angesprochen wurden, können sogenannte exmanente Nachfragen gestellt werden, welche noch einmal direkt auf das Forschungsinteresse eingehen, jedoch bisher nicht tangiert wurden. Eine explizit auf das Forschungsinteresse eingehende Fragestellung wäre hier: „Wie genau haben Sie die Chance für Ihre Gründung erkannt, wann haben Sie gemerkt, dass genau dieses Produkt gebraucht wird und ein erfolgreiches Geschäftsmodell begründen könnte?" Oder: „Wenn Sie eine Frau beraten würden, ein nachhaltiges Unternehmen zu gründen, was würden Sie ihr raten, was wären die Schritte, die sie gehen müsste?" Eine auf die Motivation abzielende Frage könnte sein: „Warum sind

Sie Unternehmerin geworden?" oder „Warum spielt die Nachhaltigkeit in Ihrem Leben eine so große Rolle?"

Johansson (2020) analysiert autoethnographisch ihre eigenen biographischen Narrationen auf „Turning Points", nämlich wie Identität und Professionalität in Bezug auf Zeit und Ort ständig konstruiert, dekonstruiert und rekonstruiert werden. Ihre Ausgangspunkte dafür sind ihre Erinnerungen an bestimmte und turbulente Phasen in ihrem Leben, in denen sie gezwungen war, sich selbst zu überdenken, wer sie war und was sie wollte. Sie dekonstruiert ihre Erinnerungen, um zu verstehen, was wirklich passiert ist und wie sie ihr Berufsleben als Sozialarbeiterin beeinflusst haben. Rückblickend stellt sie fest, dass es mehrere Wendepunkte mit vielen möglichen Folgen gab. Nach ihrem Verständnis haben Klasse, Geschlecht und Ethnizität in Bezug auf Zeit und Ort immer eine große Rolle bei der Konstruktion ihrer beruflichen Erzählung gespielt. Auf diese Art und Weise können auch narrative Interviews genutzt werden. Sie geben interviewten Personen die Gelegenheit, über ihr Leben und ihre beruflichen Entscheidungen sowie auch schwierige Lebensphasen zu reflektieren. Anhand der Analyse können dann Forschende genau an diesen sensiblen Stellen die Wendepunkte herausarbeiten.

## 3.2 Vor- und Nachteile von narrativen Interviews

Die Erhebung mit narrativen Interviews hat unterschiedliche Vor- und Nachteile. In dem bisher noch wenig ausgeschöpften Forschungsfeld sind zunächst qualitative Zugänge erforderlich, um das Forschungsfeld besser zu verstehen. Narrative Interviews haben den Vorteil, dass das gesamte Leben der Nachhaltigkeitsunternehmer*innen berücksichtigt werden und verschiedene Ereignisse rund um die Wendepunkte und Gelegenheitsfenster analysiert werden können. So lassen sich zudem verschiedene Informationen über etwa die zugrunde liegende Motivation und persönliche Rahmenbedingungen generieren sowie mögliche Zusammenhänge aufdecken.

Allerdings ergeben sich durch die Erhebungsmethode des narrativen Interviews durchaus auch Herausforderungen, wie z. B. Küsters (2009) darlegt: Eine Kritik richtet sich auf die ausschließliche Erzählbarkeit von Biographien, die an sich nur als Erzählungen über Lebensverläufe existieren, bzw. dadurch erst erzeugt werden (Fischer-Rosenthal & Rosenthal, 1997). Laut Fischer-Rosenthal und Rosenthal (1997) sei es ein universal einsetzbares Forschungsinstrument. Allerdings sei es nur dann für die Erhebung geeignet, wenn die Informand*innen bestimmte Voraussetzungen erfüllen: 1) Es kann nur eingesetzt werden, wenn

die Person selbst handelnd oder selbst erleidend in den Vorgang involviert war.
2) Er/sie muss dem Geschehen in der Vergangenheit gewisse Aufmerksamkeit
beigemessen haben (Schütze, 1987) und 3) das untersuchte soziale Phänomen
muss Prozesscharakter haben, also einen Beginn, eine Weiterentwicklung und
ein (vorläufiges) Ende verzeichnen (ebd.). Routinen, alltägliche Verrichtungen,
wiederkehrende Handlungen, wie Zeitverwendungen, verfestigte Interaktions-
strukturen und Organisationsstrukturen können laut Schütze (1987) nur erhoben
werden, wenn sie einen Transformationsvorgang durchlaufen haben und damit
prozessual geworden sind. In den vorliegenden Fällen wäre darauf zu achten,
dass diese Voraussetzungen erfüllt sind. Bei der retrospektiven Betrachtung der
Lebens- und Gründungsprozesse von Unternehmerinnen ist davon auszugehen.

Eine weitere Kritik ist, dass auf der Seite der Befragten das narrative Interview insofern problematisch sein könnte, als unklar sei, ob die Fähigkeit, ein
Prozessgeschehen wiederzugeben bei allen Gesellschaftsmitgliedern auf gleiche
Weise ausgebildet sei. Zu dieser „narrativen Kompetenz" gibt es unterschiedliche wissenschaftliche Diskussionen: Die Schule von Schütze (1976, 1987)
geht davon aus, dass alle Menschen die Fähigkeit zu Stegreiferzählungen selbst
erlebter Geschichten hätten, unabhängig von Schicht- und anderen persönlichen
Merkmalen (z. B. Alter) und dass ausschließlich die Interaktionssituation darauf
Einfluss hätte. Andere Autoren weisen auf eben diese schichtgebundene Ausprä-
gung hin (Fuchs-Heinritz, 2005). Laut Rosenthal (1993) könnten Themen, wie
etwa Fehlverhalten oder Schuld, gut erhoben werden (Rosenthal, 1993), allerdings könnten Themen, die kollektive Tabus betreffen, schwer erhoben werden,
da der Erzählfluss behindert werde. Dazu zählen zum Beispiel Kriegshandlun-
gen oder andere Handlungen, in denen Moral ausgeschlossen werde. Das Tabu
selbst könne festgestellt werden, allerdings könne auf die Erlebniserzählung nicht
zugegriffen werden. Durch historische Kollektivereignisse (wie zum Beispiel die
Ost-Westdeutsche-Wende 1989) könnten die individuellen Erzählungen überla-
gert werden durch die mediale Aufbereitung. Auch das ist bei der Untersuchung
der vorliegenden Frage mithilfe narrativer Interviews zu berücksichtigen. Es kann
jedoch davon ausgegangen werden, dass derartige Themen nur in Ausnahmefällen
eine zentrale Rolle spielen.

Auch können Menschen, die Psychotherapie oder Sozialtherapie durchlaufen haben, biographische Deutungsmodelle vermittelt bekommen haben, die sie
in ihrer Lebenserzählung verarbeitet haben. Diese Belegerzählungen für die
Selbst- oder sogar intendierte Fremddeutung der eigenen Geschichte könnten
einen großen Teil der erzählten Geschichte ausmachen. Hier kann im Aus-
wertungsprozess eher der Prozess der therapeutischen Behandlung und dessen
lebensgeschichtliche Verarbeitung rekonstruiert werden (Küsters, 2009). Auch

bei besonders gebildeten und eloquenten Personen können Lebenserzählungen entstehen, die Stegreiferzählungen ähneln, jedoch keine sind und besondere Auslegungsanstrengungen bedürfen. Gerade Menschen, die häufiger interviewt werden und es gewohnt sind, ihren Lebenslauf auf vielfältige Situationen anzupassen und marktabhängig auszugestalten, verfügen über viele rhetorische Mittel und Selbstkontrolle, die erzählerischen Zugzwänge nicht unbedingt wirksam werden zu lassen. Dies könnte gerade bei innovativen nachhaltigkeitsorientierten Unternehmerinnen der Fall sein. Es bedeutet allerdings nicht, dass diese Personen nicht mittels narrativer Interviews befragt werden sollten (Engler, 2001). Die Auswertung sollte jedoch daraufhin geprüft werden, ob in der Erzählung eher ein „Biographie-Design" oder tatsächliche Orientierungen repräsentiert werden.

Letztlich gilt es noch, generelle Kritik zu beachten, die sich methodologisch gegen die erzähltheoretischen Grundlagen des Verfahrens richten kann (Küsters, 2009, S. 1) Die Erzählgestalt könnte mit dem erzählten Handlungs- und Erfahrungsprozess korrespondieren. 2) Die aktuelle Erzählung könnte die vergangene Erfahrungskonstitution reproduzieren. 3) Die Erzählungen könnten kein authentisches Datenmaterial liefern. 4) Die Implikation des Verfahrens geht davon aus, dass die Soziologische Forschung an das Subjekt gebunden ist. 5) Wenn die Methode unreflektiert angewendet würde, erhebt das narrative Interview nicht nur, sondern konstituiert die Forschungsgegenstände mit.

### 3.3　Die Analyse von biographischen Wendepunkten mit der Dokumentarischen Methode

Das Kernanliegen der rekonstruktiven Sozialforschung ist die Analyse des sozialen Sinnes (Schondelmayer et al., 2019). Die verschiedenen Richtungen der rekonstruktiven Sozialforschung unterscheiden sich jedoch bezüglich ihrer Zugänge und ihrem metatheoretischen Rahmen. Die Herausforderung, dass uns in diesem Kontext gegenstandstheoretisch die Wendepunkte sowie Gelegenheitsfenster interessieren, muss also grundlagentheoretisch so bestimmt werden, dass dies methodologisch reflektiert empirisch beobachtbar wird. Warum wir die Dokumentarische Methode im Gegensatz zu anderen rekonstruktiven Verfahren, wie zum Beispiel der Objektiven Hermeneutik (Oevermann, 1972; Reicherts, 1986) oder der Grounded Theory (Glaser & Strauss, 2010), als die geeignetste Methode ansehen, um Gelegenheitsfenster und Wendepunkte zu analysieren, werden wir im Folgenden erläutern.

In der Dokumentarischen Methode wird zwischen dem subjektiv gemeinten Sinn, also dem „intentionalen Ausdruckssinn" und dem *„Objektsinn"* unterschieden (Bohnsack, 1999; Nohl, 2009). Bei dem intentionalen Ausdruckssinn geht es um die Absichten und die Motive der/des Erzählenden, die für unseren Gegenstand, nämlich die nachhaltige Gründungsidee der Frau, besonders relevant sind. Jedoch geht es in der Analyse einen Schritt tiefer als das explizit geäußerte Wissen der interviewten Person. Wird in der Dokumentarischen Methode von dem Objektsinn gesprochen, so geht es um die Bedeutung des Textinhalts, also des Interviews (Nohl, 2017). Beim Dokumentsinn wird der dokumentarische Sinngehalt der geschilderten Erfahrung als sogenanntes Dokument einer Orientierung herangezogen. Es geht im Dokumentsinn um die Herstellungsweise, bzw. den „Modus Operandi" (Bohnsack, 2007) der Erzählung. Wie wird der Text, also das Interview und die in ihm berichtete Handlung konstruiert, in welchem Orientierungsrahmen wird das Thema und die Problemstellung bearbeitet? Bezogen auf Wendepunkte und Gelegenheitsfenster wird also nicht nur identifiziert, dass Wendepunkte wahrgenommen werden, sondern wie diese wahrgenommen werden und innerhalb welches Orientierungsrahmens die betreffende Person diese rekonstruiert (Bohnsack, 2003).

Während es innerhalb der Objektiven Hermeneutik um die Konzentration auf die des Textes zu Grunde liegenden Deutungsmuster geht, und die Struktur und der Aufbau des Textes eine geringe Rolle spielt, kann in der Dokumentarischen Methode durch die verschiedenen Analyseschritte (Formulierende Interpretation, Reflektierende Interpretation) ein Vergleich des intentionalen Sinngehaltes wie auch des dokumentarischen Sinnes stattfinden. Genau darauf zielen die Interpretationen der Wendepunkte im Leben und der Gelegenheitsfenster für Gründungen ab. Auch im Vergleich zur Grounded Theory (Glaser & Strauss, 2010) kann mit der Dokumentarischen Methode die Forschungsfrage besser beantwortet werden. Das Codierverfahren der Grounded Theory ermöglicht einen Interviewübergreifenden Vergleich von Aussagen über das Phänomen. Allerdings werden durch die Grounded Theory nicht verschiedene Typen abgeleitet (Bohnsack et al., 2019), sondern eine umfassende Theoretisierung des Phänomens hergestellt.

Es empfiehlt sich, die Diversität von Orientierungsrahmen bezogen auf die Wendepunkte, die für eine nachhaltige Gründung durch Frauen relevant waren, innerhalb der erlebten Biographien herauszuarbeiten. Es geht dabei nicht um eine Kategorisierung und Theoretisierung des Phänomens der Wendepunkte an sich. Die Auswertung mit der Dokumentarischen Methode erfolgt forschungspraktisch in zwei Schritten mit der Unterscheidung zwischen dem immanenten und dokumentarischen Sinngehalt: die formulierende Interpretation und die reflektierende Interpretation. Die formulierende Interpretation verbleibt im Rahmen des

Interpretierten und dessen thematischen Gehalt und fasst sie mit neuen Worten formulierend zusammen. In diesem Analyseschritt werden für die sequenzielle Rekonstruktion relevante Passagen, nämlich Erzählungen über Wendepunkte hin zu einer Orientierung zur Nachhaltigkeit, bzw. der Auseinandersetzung mit einer Unternehmensgründung, erfasst und herausgefiltert, die sich auf markante Lebensereignisse und von der interviewten Person betonte Veränderungsprozesse bezieht. In der reflektierenden Interpretation werden genau diese Textpassagen mit besonderem Fokus rekonstruiert mit der Fragestellung, in welchem Orientierungsrahmen das Thema, also die sozio-ökologische Gründung aus der weiblichen Perspektive, abgehandelt wird (Nohl, 2009). Im Grunde ist die Dokumentarische Methode ein dreistufiges Verfahren, welches sich in eine formulierende Interpretation, eine reflektierende Interpretation und eine sinngenetische, bzw. soziogenetische Typenbildung unterteilt. Ziel einer solchen Untersuchung kann es etwa sein, eine Typologie über Gelegenheitsfenster und Wendepunkte von Gründerinnen nachhaltiger Unternehmen herauszuarbeiten.

Die komparative Analyse fokussiert sich auf die Grundlage der Vergleichshorizonte (Bohnsack, 2003). Mit dem Fallvergleich wird der Orientierungsrahmen der Individuen rekonstruiert. Hier können besonders gut Werte und Haltungen bezogen auf Nachhaltigkeit und unternehmerisches Handeln herauskristallisiert werden. Entscheidend ist, wie das narrative Interview beziehungsweise die Erlebnisse in einen Orientierungsrahmen eingebettet werden. Ähnliche Orientierungsrahmen fokussieren sich auf dieselben Unterthemen oder Problematiken. Wir gehen davon aus, dass innerhalb der erhobenen Interviews die Personen in unterschiedliche Orientierungsrahmen das gleiche Thema, nämlich eine sozioökologische Gründung, behandeln. Dasselbe Thema kann in unterschiedliche Rahmen oder in homologe Orientierungsrahmen wie ein homologes Muster eingearbeitet werden. Um einen fallinternen Vergleich zu ermöglichen, werden Gemeinsamkeiten und Kontraste betrachtet.

## 3.4   Mögliches Untersuchungsdesign

Ein mögliches Untersuchungsdesign wäre zum Beispiel eine „Most Similiar Case Study", in der narrative Interviews mit Nachhaltigkeitsunternehmerinnen aller Altersstufen und unabhängig davon, wie lange ihr Unternehmen bereits existiert, erhoben und mit der Dokumentarischen Methode ausgewertet werden. Die Forschungsfrage wäre in diesem Fall, welche unterschiedlichen Typen von Nachhaltigkeitsunternehmerinnen es gibt – bezogen auf die Wendepunkte im Leben, die den Prozess der Gelegenheitsfindung und -umsetzung für nachhaltige Unternehmen unterstützt haben. Bis eine theoretische Sättigung erreicht ist, können Interviews sowohl online als auch in Präsenz erhoben werden. Wir empfehlen für diesen ersten Schritt mindestens 10–20 Interviews mit Frauen unterschiedlichen Alters und unterschiedlicher Unternehmen, um mit einer aussagekräftigen Fallzahl arbeiten zu können. Nicht nur während der aktuellen pandemischen Situation wurden bereits gute Erfahrung mit Online-Interviews gemacht (Lindsay et al., 2021; Salmons, 2009, 2014). Zwar gibt es technische Herausforderungen und die Beziehungsebene zwischen Interviewer und Interviewten leidet, aber auch hier kann eine geeignete Gesprächsatmosphäre generiert werden, sodass diese Forschung auch unter anhaltenden Pandemiebedingungen möglich wäre. Mit der Analyse innerhalb des methodologischen Rahmens der Dokumentarischen Methode und des komparativen Vergleichs kann eine sinngenetische und soziogenetische Typologie der Nachhaltigkeitsgründerinnen herausgearbeitet werden, die sich zum einen auf die unterschiedlichen Wendepunkte, zum anderen aber auch auf die unterschiedlichen Typen von Nachhaltigkeitsunternehmerinnen bezieht. Diese Erkenntnisse können ggf. in einem weiteren Forschungsschritt mit einer ähnlichen Anzahl an Interviews mit männlichen Nachhaltigkeitsunternehmern kontrastiert werden.

Mit einer solchen sinngenetischen und soziogenetischen Typologisierung kann insbesondere auf geschlechtsspezifische Gemeinsamkeiten und Unterschiede eingegangen werden. Zudem können Gelegenheitsfenster konkretisiert werden. So lässt sich beispielsweise aufzeigen, wann, wie und warum bestimmte Personen nicht nur nachhaltig handeln, sondern anderen nachhaltige Produkte und Dienstleistungen zur Verfügung stellen und somit nachhaltiges Handeln ermöglichen und vereinfachen. Möglicherweise steht auch die unternehmerische Gelegenheit vor dem eigenen nachhaltigen Handeln. Dies wäre zum Beispiel der Fall, wenn Personen zunächst Nachhaltigkeitsunternehmer*innen werden und erst dann ihr eigenes Verhalten (möglicherweise dadurch bedingt) ändern. Unterschiede gibt es vielleicht auch mit Blick auf verschiedene Arten unternehmerischen Handelns (etwa im Erlös- und Geschäftsmodell) oder in der Art des gesellschaftlichen Nutzens, der gestiftet wird (sozial und/oder ökologisch). Mithilfe der Typologisierung können bestimmte Faktoren in den Vordergrund gestellt und diskutiert werden. Zudem hilft eine Typologisierung dabei, Handlungsempfehlungen für bestimmte Personengruppen oder Aktivitäten unter bestimmten Rahmenbedingungen abzuleiten.

# 4  Zusammenfassung und Ausblick

Um den dringenden Problemen unserer Zeit zu begegnen, wird immer mehr auf unternehmerische Lösungen gesetzt, die es zum Ziel haben, sozialen und/oder ökologischen Impact zu generieren. Nachhaltigkeitsorientiertes Unternehmer*innentum oder auch Sustainability Entrepreneurship gewinnt daher zunehmend an Bedeutung in Wissenschaft wie Praxis. In der Entrepreneurship-Forschung wird etwa untersucht, wer nachhaltige Unternehmen gründet, welche Motivationen und Qualifikationen eine Rolle spielen, wie die Geschäftsideen entstehen und welche Faktoren sich wie auf die Umsetzung, Entwicklung und den Erfolg von Nachhaltigkeitsunternehmen auswirken. Die Identifikation und Wahrnehmung der unternehmerischen Gelegenheit gilt als Grundlage jeden nachhaltigkeitsunternehmerischen Handelns. Ohne dass eine Person (oder mehrere im Team) etwa ein Problem und eine unternehmerische Lösung identifiziert, diese weiterentwickelt und umsetzt, findet Sustainability Entrepreneurship nicht statt. Daher ist es von besonderer Relevanz, herauszufinden, wie diese Prozesse ablaufen und welche Faktoren sich begünstigend oder einschränkend auswirken. Im Bereich „Opportunity Recognition", der in der Entrepreneurship-Forschung bereits etabliert ist, finden sich daher inzwischen vermehrt Arbeiten, die sich auch mit der Generierung nachhaltigkeitsorientierter Geschäftsideen beschäftigen.

Wenig untersucht ist jedoch, ob und inwiefern es konkrete Wendepunkte im Leben von Nachhaltigkeitsunternehmer*innen gibt, die dazu führen, dass unternehmerische Gelegenheitsfenster identifiziert und unternehmerische Gelegenheiten wahrgenommen werden. Gibt es beispielsweise bestimmte Ereignisse, die zu einem Umdenken geführt haben? Ebenfalls fraglich ist, welche Faktoren zu diesen Wendepunkten geführt haben und welche Auswirkungen die Wendepunkte auf die Generierung von nachhaltigkeitsunternehmerischen Lösungen haben können. Wann und wieso entscheidet sich zum Beispiel eine Person, nicht mehr nur selbst nachhaltig zu leben, sondern auch anderen nachhaltige Produkte anzubieten? Und welche Konsequenz hat dieser Moment für die Umsetzung der Geschäftsidee? Hier besteht eine Forschungslücke, die es in zukünftigen Studien zu schließen gilt.

Bislang vernachlässigtes nachhaltigkeitsunternehmerisches Potenzial wird vor allem bei Frauen gesehen. Während im gewinnorientierten Unternehmer*innentum der Anteil der Gründer noch immer deutlich höher ist als der der Gründerinnen, gleichen sich die Zahlen im Sustainability-Bereich zunehmend an. Dennoch gilt die Entrepreneurship-Forschung oft als männlich zentriert und Studien häufig als „male-biased". Obwohl Frauen also besonderes Potenzial für die Gründung und Führung von Nachhaltigkeitsunternehmen zugesprochen werden, bleibt unklar, woran es liegt, dass das Ungleichgewicht zwischen Gründerinnen und Gründern im Nachhaltigkeitsbereich weniger ausgeprägt ist. Sind es andere Voraussetzungen für Unternehmerinnen in diesem Bereich, sind Frauen hier motivierter zu gründen oder liegen andere Gründe vor? Antworten können in der Untersuchung der individuellen Lebensläufe und der zentralen Frage nach essenziellen Wendepunkten liegen, die zur Entwicklung nachhaltigkeitsorientierter unternehmerischer Lösungen geführt haben. Zudem fehlen Informationen über verschiedene Typen von Nachhaltigkeitsunternehmerinnen, wenn lediglich nach Mann-Frau-Kategorien unterschieden wird. Auch hier hilft der Vergleich verschiedener individueller Lebens- und Gründungsgeschichten mit Blick auf zentrale Wendepunkte.

Zur Untersuchung von Wendepunkten im Leben von Nachhaltigkeitsunternehmerinnen erscheint ein qualitativer Zugang besonders geeignet, um als Grundlage für weitere Forschung ein umfassendes Verständnis von den Wendepunkten und den damit zusammenhängenden Prozessen zu bekommen. Hier ist es essenziell, das Leben von Nachhaltigkeitsunternehmer*innen ganzheitlich in den Blick zu nehmen, um herauszufinden, welche Ereignisse für die Gründungsentscheidung maßgeblich sind und von welchen Faktoren diese beeinflusst sein können. Um das Leben und die Wendepunkte im Leben der Unternehmerinnen verstehen zu können, empfiehlt es sich, tief in die Vergangenheit einzutauchen. Narrative Interviews erlauben, dass sich die Interviewten an Erlebtes erinnern und dies erzählen. Sie können selbst Schwerpunkte setzen und werden dabei lediglich gestützt bzw. geleitet durch Fragen der/des Interviewenden. Die Forschenden haben so die Möglichkeit, sich intensiv mit verschiedenen Lebensläufen auseinanderzusetzen und die Geschichten rund um die für die Nachhaltigkeitsunternehmerinnen relevanten Wendepunkte zu erfahren. Zur Analyse schlagen wir die Dokumentarische Methode vor. Sie eignet sich besonders, weil sie in einem dreistufigen Verfahren den gesamten Interviewverlauf in Betracht zieht, und es dabei dennoch ermöglicht, einzelne Passagen intensiv zu betrachten. Zudem ist sowohl ein fallinterner als auch ein fallexterner Vergleich vorgesehen, der schließlich zu einer Typologisierung der Fälle führen kann.

Mithilfe narrativer Interviews und der Dokumentarischen Methode können Orientierungsrahmen analysiert und herausgearbeitet werden, um herauszufinden, welche Wendepunkte im Leben von Frauen letztlich zu einer erfolgreichen nachhaltigen Gründung führen und welche Gelegenheitsfenster auf dem Weg dorthin identifiziert und geöffnet wurden. Da das gesamte Leben in den Blick genommen wird, können Informationen über mögliche Prozesse und Zusammenhänge herausgearbeitet werden. Es kann etwa identifiziert werden, welchen Herausforderungen eine Unternehmerin unterworfen ist und wie sie diese im Hinblick auf ihre Gründung(sentscheidung) gelöst hat. Sowohl bezogen auf das Unternehmerische wie auch auf die Nachhaltigkeitsausrichtung können verschiedene Orientierungsrahmen abgeleitet und interpretiert werden. Da verschiedene Zeitpunkte und -räume unterschieden werden, kann diskutiert werden, in welchen Lebensphasen derartige Wendepunkte und Momente entstehen, in denen eine nachhaltige Unternehmensgründung insbesondere für Frauen möglich, relevant und interessant zu sein scheint. Weiterhin können zahlreiche potenzielle Einflussfaktoren auf Wendepunkte analysiert werden. Letztlich können verschiedene Typen von Nachhaltigkeitsunternehmer*innen unterschieden und miteinander verglichen werden.

All diese Informationen liefern ein grundlegendes Verständnis von Wendepunkten im Leben von Nachhaltigkeitsunternehmer*innen. Dies ist zentral, um beispielsweise einen Forschungsrahmen abzuleiten, der für weitere Studien genutzt werden kann. Es lassen sich in verschiedene Richtungen weitere, konkrete Forschungsfragen ableiten. Zum Beispiel kann eine Typologie kontrastiert werden in einem anderen kulturellen Kontext und gesättigt werden mit einer dekolonialen Perspektive. Besonders geeignet scheinen hier Forschungsdesigns mit Ländern der südlichen Hemisphäre, wie zum Beispiel Südamerika, Afrika oder Südostasien, in denen der Beitrag von Frauen zum Wirtschaftssystem von enormer Relevanz ist. Zum anderen kann diese Typologie auch mit einer Typologie ergänzt und verglichen werden, die explizit mit männlichen Gründern durchgeführt wird. Mitunter können Hypothesen für quantitative Forschung abgeleitet werden.

Ein besseres Verständnis dafür, was die Identifikation von nachhaltigkeitsunternehmerischen Gelegenheiten und deren Nutzung beeinflusst, stellt auch eine wichtige Grundlage für die Ableitung von Praxisimplikationen dar. Auf Basis der Ergebnisse lassen sich etwa Maßnahmen für die Gründungsförderung und -beratung ableiten, die die Besonderheiten von bestimmten Typen von Unternehmer*innen unter Berücksichtigung der gegebenen Rahmenbedingungen berücksichtigen. Dies ist sowohl für Entscheider*innen in der Wirtschaft wie auch Politik und Gesellschaft relevant – zum Beispiel für IHKs, Wirtschaftsförderung oder Social Entrepreneurship Hubs. Auch die Aktivierung von nachhaltigkeitsorientierten unternehmerischen Maßnahmen innerhalb bestehender Organisationen (Sustainability Intrapreneurship) kann davon profitieren, wenn mehr Informationen über (de)motivierende und entscheidungskritische Faktoren vor dem Hintergrund verschiedener Lebenssituationen und Rahmenbedingungen bekannt sind. Zudem sind Implikationen für die Aus- und Weiterbildung von potenziellen Nachhaltigkeitsunternehmerinnen, zum Beispiel die Ausgestaltung von Lehr-Lern-Formaten im Bereich Entrepreneurship an (Hoch)Schulen, relevant. Nicht zuletzt kann eine intensive Auseinandersetzung mit verschiedenen

Typen von Nachhaltigkeitsunternehmerinnen und der entscheidenden Wende-punkte in deren Leben mit Blick auf die Wahrnehmung von Gelegenheitsfenstern auch einen Beitrag dazu leisten, dass nicht mehr primär nach stereotypen Mann-Frau-Kriterien differenziert wird. Vielmehr wird die Heterogenität innerhalb der Gruppe der Nachhaltigkeitsunternehmerinnen herausgestellt und auf verschiedene individuelle sowie umfeldbezogene Faktoren verwiesen.

Wir möchten daher dieses Forschungsfeld in den Mittelpunkt akademischer Betrachtung rücken und Wissenschaftler*innen dazu auffordern, entsprechende Fragestellungen aufzugreifen und weiterzuentwickeln.

## Literatur

Alfalih, A. A. (2021). The Role of Sustainable Entrepreneurship and Corporate Social Per-formance on Social Innovation: The Case of the Private Industrial Sector in Saudi Arabia. *Journal of the Knowledge Economy*, 1–16.

Arasti, Z., Rezayee, S. O., Zarei, B., & Panahi, S. M. S. (2012). A qualitative study on envi-ronmental factors affecting Iranian women entrepreneurs' growth orientation. *Journal of Management and Strategy*, *3*(2), 39.

Argade, P., Salignac, F., & Barkemeyer, R. (2021). Opportunity identification for sustainable entrepreneurship: Exploring the interplay of individual and context level factors in India. *Business Strategy and the Environment*, *30*(8), 3528–3551.

Asantea, E. A., & Affum-Osei, E. (2019). Entrepreneurship as a career choice: The impact of locus of control on aspiring entrepreneurs' opportunity recognition. *Journal of Business Research*, *98*, 227–235.

Azmi, K. M., Latif, A. S. A., & Wahab, S. A. (2020). Entrepreneurship ecosystems and sustainable entrepreneurship ecosystems. Conference Paper, Putra Businss School Rese-arch and Innovation Colloquium, 3, 25 November 2020, Serdang, UPM.

Bacq, S., & Janssen, F. (2011). The multiple faces of social entrepreneurship: A review of definitional issues based on geographical and thematic criteria. *Entrepreneurship & Regional Development*, *23*(56), 373–403.

Belz, F. M., & Binder, J. K. (2017). Sustainable entrepreneurship: A convergent process model. *Business Strategy and the Environment*, *26*, 1–17.

Berge, E., & Kuckertz, A. (2016). Female entrepreneurship in startup ecosystems worldwide. *Journal of Business Research*, *69*(11), 5163–5168.

Binder, J. K., & Belz, F. M. (2015). Sustainable entrepreneurship: what it is. In *Handbook of entrepreneurship and sustainable development research*. Edward Elgar Publishing.

Blok, V., Gremmen, B., & Wesselink, R. (2016). Dealing with the wicked problem of sustainability: The role of individual virtuous competence. *Business and Professional Ethics Journal*, *34*(3), 297–327.

Bohnsack, R. (1999). *Dokumentarische Methode. Rekonstruktive Sozialforschung*. VS Ver-lag.

Bohnsack, R. (2003). Dokumentarische Methode und sozialwissenschaftliche Hermeneutik. *Zeitschrift für Erziehungswissenschaft, 6*, 550–570.

Bohnsack, R. (2007). *Rekonstruktive Sozialforschung: Einführung in qualitative Methoden* (6. Aufl.). Budrich.

Bohnsack, R., Hoffmann, N. F., & Nentwig-Gesemann, I. (2019). Typenbildung und Dokumentarische Methode. In Amling, S., Geimer, A., Schondelmayer, A.-C., Stützel, K., & Thomsen, S. (Hrsg.), *Jahrbuch Dokumentarische Methode* (S. 17–50). Centrum für qualitative evaluations- und Sozialforschung e.V. (ces) 1.

Brixiová, Z., & Kangoye, T. (2016). Gender and constraints to entrepreneurship in Africa: New evidence from Swaziland. *Journal of Business Venturing Insights, 5*, 1–8.

Byrne, J., et al. (2019). Role models and women entrepreneurs: entrepreneurial superwoman has her say. *Journal of Small Business Management, 57*(1), 154–184.

Cacciotti, G., & Hayton, J. (2014). Fear of failure and entrepreneurship: A review and direction for future research. *Enterprise Research Center, Research Paper, 24*(1), 1–62.

Caliyurt, K. (2016). *Women and sustainability in Business: A global perspective.* Taylor & Francis.

Cardella, G. M., Hernández-Sánchez, B. R., & Sánchez-García, J. C. (2020). Women entrepreneurship: A systematic review to outline the boundaries of scientific literature. *Frontiers in psychology, 11*, 1557.

Choongo, P., et al. (2016). Factors influencing the identification of sustainable opportunities by SMEs: Empirical evidence from Zambia. *Sustainability, 8*(1), 81.

Clifford, A., & Dixon, S. E. (2006). Green-works: A model for combining social and ecological entrepreneurship. In *Social entrepreneurship* (S. 214–234). Palgrave Macmillan, London.

Cohen, B., & Winn, M. (2007). Market imperfections, opportunity and sustainable entrepreneurship. *Journal of Business Venturing, 22*(1), 29–49.

Davidsson, P. (2015). Entrepreneurial opportunities and the entrepreneurship nexus: A reconceptualization. *Journal Business Venturing, 30*, 674–695.

Davidsson, P. (2017). *A future of entrepreneurship research: Domain, data, theory, and impact. The Wiley handbook of entrepreneurship*, 1–23.

Drew, E., & Humbert, A. L. (2012). ,Men have careers, women have babies': Unequal parental care among Irish entrepreneurs. *Community, Work & Family, 15*(1), 49–67.

Dunlap, R., Liere, K. V., Mertig, A., & Jones, R. E. (2000). Measuring endorsement of the new ecological paradigm: A revised NEP scale. *Journal of social issues, 56*(3), 425–442.

Dyer, J. H., Gregersen, H. B., & Christensen, C. (2008). Entrepreneur behaviors, opportunity recognition, and the origins of innovative ventures. *Strategic Entrepreneurship Journal, 2*(4), 317–338.

Elam, A. B., Brush, C. G., Greene, P. G., Baumer, B., Dean, M., & Heavlow, R. (2019). Global Entrepreneurship Monitor 2018/2019 women's entrepreneurship report. Babson College, Smith College, and the Global Entrepreneurship Research Association (GERA). July 21, 2020: https://www.gemconsortium.org/report/gem-20182019-womens-entrepreneurship-report.

Eller, F. J., Gielnik, M. M., Wimmer, H., Thölke, C., Holzapfel, S., Tegtmeier, S., & Halberstadt, J. (2020). Identifying business opportunities for sustainable development: Longitudinal and experimental evidence contributing to the field of sustainable entrepreneurship. *Business Strategy and the Environment, 29*(3), 1387–1403.

Engelen, A., & von Gagen, C. (2017). *Opportunity Recognition. 15 Ansätze für mehr Unternehmenswachstum.* Springer Fachmedien Wiesbaden.

Engler, S. (2001). *„In Einsamkeit und Freiheit"? Zur Konstruktion der wissenschaftlichen Persönlichkeit auf dem Weg zur Professur.* UVK.

Estrin, S., Mickiewicz, T., & Stephan, U. (2014). Educated) women and men differ: Social and commercial entrepreneurship compared (summary. *Frontiers of Entrepreneurship Research, 34*(15), 1.

Farny, S., & Binder, J. K. (2021). Sustainable Entrepreneurship. *World Encyclopedia of Entrepreneurship*, 605–611.

Fischer-Rosenthal, W., & Rosenthal, G. (1997). Narrationsanalyse biographischer Selbstpräsentation. *Sozialwissenschaftliche Hermeneutik* (S. 133–164). VS Verlag.

Frank, H., & Mitterer, G. (2009). Opportunity recognition–state of the art und Forschungsperspektiven. *Zeitschrift für Betriebswirtschaft, 79*(3), 367–406.

Fuchs-Heinritz, W. (2005). Biographische Kommunikation im Alltag. In *Biographische Forschung* (S. 13–84). VS Verlag.

Gadar, K., & Yunus, N. K. Y. (2009). The Influence of Personality and Socio-Economic Factors on Female Entrepreneurship Motivations in Malaysia. *International Review of Business Research Papers, 5*(1), 149–162.

Galera, G., & Borzaga, C. (2009). Social Enterprise: An international overview of it's conceptual evolution and legal implementation. *Social Enterprise Journal, 5*(3), 210–228.

Garcia, M.-C., & Welter, F. (2013). Gender identities and practices: Interpreting women entrepreneurs' narratives. *International Small Business Journal, 31*(4), 384–404.

Gast, J., Gundolf, K., & Cesinger, B. (2017). Doing business in a green way: A systematic review of the ecological sustainability entrepreneurship literature and future research directions. *Journal of Cleaner Production, 147*, 44–56.

George, G., Kotha, R., Parikh, P., Alnuaimi, T., & Bahaj, A. S. (2016). Social structure, reasonable gain, and entrepreneurship in Africa. *Strategic Management Journal, 37*(6), 1118–1131.

Glaser, B. G., & Strauss, A. L. (2010). *Grounded theory: Strategien qualitativer Forschung.* Huber.

Glinka, H. J. (2008). *Das narrative Interview in seinen zentralen Analyseschritten.* 66. Dgvt.

González, F., Marshall, G., & Naidu, S. (2017). Start-up Nation? Slave wealth and entrepreneurship in Civil War in Maryland. *The Journal of Economic History, 77*(2), 373–405.

Gregoire, D. A., Shepherd, D. A., & Schurer Lambert, L. (2010). Measuring opportunity-recognition beliefs: Illustrating and validating an experimental approach. *Organizational Research Methods, 13*(1), 114–145.

Guclu, A., Dees, J. G., & Anderson, B. B. (2002). The process of social entrepreneurship: Creating opportunities worthy of serious pursuit. *Center for the advancement of social entrepreneurship, 1*, 1–15.

Halabisky, D. (2018). *Policy brief on women's entrepreneurship.* OECD/European Union.

Halberstadt, J., & Hölzner, H. (2018). Social Entrepreneurship. In A. Grundwald & A. Langer (Hrsg.), *Sozialwirtschaft* (S. 592–605). Nomos.

Halberstadt, J., & Hölzner, H. (2020). Perspectives on scaling social impact. *International Journal Entrepreneurial Venturing, 12*(1), 1–16.

Halberstadt, J., & Spiegler, A. B. (2018). SHEstainability: How relationship networks influence the idea generation in opportunity recognition process by female social entrepreneurs. *International Journal of Entrepreneurial Venturing, 10*(2), 202–235.

Hallward-Driemeier, M. (2013). *Enterprising women: Expanding economic opportunities in
Africa.* World Banks Publication.

Hanohov, R., & Baldacchino, L. (2017). Opportunity recognition in sustainable entrepreneurship: An exploratory study. *International Journal of Entrepreneurial Behavior &
Research, 24*(2), 333–358.

Hisrich, R. D., & Peters, M. P. (1995). *Entrepreneurship* (3 Aufl.). Irwin/McGraw Hill.

Hofsta, N. (2007). Sustainable entrepreneurship in dialogue. *Progress in Industrial Ecology,
an International Journal, 4*(6).

Hu, X., Marlow, S., Zimmermann, A., Martin, L., & Frank, R. (2020). Understanding opportunities in social entrepreneurship: A critical realist abstraction. *Entrepreneurship Theory
and Practice, 44*(5), 1032–1056.

Hughes, K. D. (2006). Exploring Motivation and Success among Canadian women entrepreneurs. *Journal of Small Business & Entrepreneurship, 19*(2), 107–120.

Humbert, A. L. (2012). *Women as social entrepreneurs.* Third sector research center (TSRC).

Huysentruyt, M. (2014). *Women's social entrepreneurship and innovation.* OECD.

Jennings, J. E., & Brush, C. G. (2013). Research on women entrepreneurs: Challenges to (and
from) the broader entrepreneurship literature? *Academy of Management Annals, 7*(1),
663–715.

Johansson, I.-M. (2020). Turning Points. In L. Lane & M. Wallengren-Lynch (Hrsg.), *Narratives of social work practice and education in Sweden* (S. 47–58). Springer.

Johnson, M. P., & Schaltegger, S. (2020). Entrepreneurship for sustainable development:
A review and multilevel causal mechanism framework. *Entrepreneurship Theory and
Practice, 44*(6), 1141–1173.

Kariv, D. (2013). *Female entrepreneurship and the new venture creation: An international
overview.* Taylor & Francis.

Kelley, D. et al. (2011). *Global Entrepreneurship Monitor: Global Report 2010.* Global
Entrepreneurship Monitor Research Association.

Kelley, D. et al. (2013). *Global Entrepreneurship Monitor: Global Report 2012.* Global
Entrepreneurship Monitor Research Association.

Kelley, D. et al. (2015). *GEM special report: Women's entrepreneurship.* Global Entrepreneurship Monitor Research Association.

Kelley, D. et al. (2017): *Women's entrepreneurship 2016/2017 Report.* Global Entrepreneurship Monitor Research Association.

Koe, W. L., Omar, R., & Sa'ari, J. R. (2015). Factors influencing propensity to sustainable
entrepreneurship of SMEs in Malaysia. *Procedia-Social and Behavioral Sciences, 172*,
570–577.

Konys, A. (2019). Towards sustainable entrepreneurship holistic construct. *Sustainability,
11*(23), 6749.

Kraus, S., Burtscher, J., Vallaster, C., & Angerer, M. (2018). Sustainable entrepreneurship
orientation: A reflection on status-quo research on factors facilitating responsible managerial practices. *Sustainability, 10*(2), 444.

Küsters, I. (2009). Das narrative Interview im Forschungsprozess. Narrative Interviews: Grundlagen und Anwendungen. In Abels, H., Fuchs-Heinritz, W., Jäger, W., & Schimank, U. (Hrsg.), *Hagener Studientexte zur Soziologie* (S. 39–176). Springer.

Langowitz, N., & Minniti, M. (2007). The entrepreneurial propensity of women. *Entrepreneurship Theory and Practice, 31*(3), 341–364.

Lehner, O. M., & Kansikas, J. (2012). Opportunity recognition in social entrepreneurship: A thematic meta analysis. *The Journal of Entrepreneurship, 21*(1), 25–28.

Lindsay, S., Ahmed, H., & Apostolopoulos, D. (2021). Facilitators for coping with the COVID-19 pandemic: Online qualitative interviews comparing youth with and without disabilities. *Disability and Health Journal, 14*(4), 101–113.

Littlewood, D., & Hold, D. (2015). Social entrepreneurship in South Africa: Exploring the influence of environment. *Business & Society, 57*(3), 525–561.

McMullen, J. S., & Shepherd, D. A. (2006). Entrepreneurial action and the role of uncertainty in the theory of the entrepreneur. *Academy of Management Review, 31*(1), 132–152.

Mitchell, L. (2011). *Overcoming the gender gap: Women entrepreneurs as economic drivers.* SSRN.

Mohammadi, N. & Heshmati, S. (2021). Entrepreneurial opportunity recognition: A bibliometric overview and clustering analysis. In *World Journal of Science, Technology and Sustainable Development.*

Moya-Clemente, I., Ribes-Giner, G., & Pantoja-Díaz, O. (2020). Configurations of sustainable development goals that promote sustainable entrepreneurship over time. *Sustainable Development, 28*(4), 572–584.

Muñoz, P., & Dimov, D. (2017). The call of the whole in understanding the development of sustainable ventures. *Journal of Business Venturing, 30*(4), 632–654.

Musona, J., Puumalainen, K., Sjögrén, H., & Vuorio, A. (2021). Sustainable entrepreneurship at the bottom of the pyramid: An identity-based perspective. *Sustainability, 13*(2), 812.

Nohl, A.-M. (2017). *Interview und Dokumentarische Methode. Anleitungen für die Forschungspraxis* (5. Aufl.). Springer Fachmedien.

Nohl, A.-M. (2009). *Interview und Dokumentarische Methode. Anleitung für die Forschungspraxis* (3. Aufl.). VS Verlag.

Oevermann, U. (1972). *Sprache und soziale Herkunft: Ein Beitrag zur Analyse schichtspezifischer Sozialisationsprozesse und ihrer Bedeutung für den Schulerfolg.* Suhrkamp

Olenga Tete, P., Wunsch, M., & Menke, C. (2018). *Deutscher social entrepreneurship monitor 2018.* Social Entrepreneurship Netzwerk Deutschland e.V.

O'Shea, G., Farny, S., & Hakala, H. (2021). The buzz before business: A design science study of a sustainable entrepreneurial ecosystem. *Small Business Economics, 56*, 1097–1120.

Ost-Westdeutsche Grenze ist kein Zitat, sondern nur ein Beispiel in Klammern.

Outsios, G., & Farooqi, S. A. (2017). Gender in sustainable entrepreneurship: Evidence from the UK. *Gender in Management: An International Journal, 32*(3), 183–202.

Parrish, B., & Foxon, T. (2009). Sustainability entrepreneurship and equitable transitions to a low-carbon economy. *Greener Management International, 55*, 47–62.

Pansera, M.; Angel F. A. & Felix J. P. (2011). Eco-entrepreneurship in developing countries: The case of renewable energy sector in Bolivia. ICSB World Conference Proceedings, Washington. *International Council of Small Business* (ICSB), S. 1–34.

Patzelt, H., & Shepherd, D. A. (2011). Recognizing opportunities for sustainable development. *Entrepreneurship Theory and Practice, 35*(4), 631–652.

Ploum, L., Blok, V., Lans, T., & Omta, O. (2017). Toward a validated competence framework for sustainable entrepreneurship. *Organization & environment, 31*(2), 113–132.

Ploum, L., Blok, V., Lans, T., & Omta, O. (2018). Exploring the relation between individual moral antecedents and entrepreneurial opportunity recognition for sustainable development. *Journal of Cleaner Production, 172,* 1582–1591.

Powell, G. N., & Eddleston, K. A. (2013). Linking Family-to-business enrichment and support to entrepreneurial success: Do female and male entrepreneurs experience different outcomes? *Journal of Business Venturing, 28*(2), 261–280.

Raheem, S. (2012). Sustainability Entrepreneurship for Sustainable Development. *International Journal of Research and Sustainable Development, 4*(1).

Reicherts, J. (1986). *Probleme qualitativer Sozialforschung: Zur Entwicklungsgeschichte der Objektiven Hermeneutik.* Campus.

Rizk, R., Rashed, A., & Rizk, R. (2019). Trends and Patterns of Women's Entrepreneurship in Egypt. In *Economic Research Forum* (ERF).

Rosenthal, G. (1993). Reconstruction of life stories: Principles of selection in generating stories for narrative biographical interviews. *The narrative study of lives, 1*(1), 59–91.

Salmons, J. (2009). *Online interviews in real time.* Sage.

Salmons, J. (2014). *Qualitative online interviews: Strategies, design, and skills.* Sage.

Sarango-Lalangui, P., Santos, J. L. S., & Hormiga, E. (2018). The development of sustainable entrepreneurship research field. *Sustainability,* 10(6).

Sarfaraz, L., Faghih, N., & Majd, A. A. (2014). The relationship between women entrepreneurship and gender equality. *Journal of Global Entrepreneurship Research, 4*(1), 1–11.

Schaltegger, S. (2011). Sustainability as a driver for corporate economic success: Consequences for the development of sustainability management control. *Society and Economic, 33*(1), 15–28.

Schaltegger, S., & Wagner, M. (2011). Sustainable Entrepreneurship and Sustainability Innovation: Categories and Interactions. *Business Strategy and the Environment, 20,* 222–237.

Scharpe, K., & Wunsch, M. (2020). *Deutscher Social Entrepreneurship Monitor 2019.*

Schlange, L. E. (2009). Stakeholder Identification in Sustainability Entrepreneurship. The Role of Managerial and Organisational Cognition. *Greener Management International, 55,* 13–32.

Schondelmayer, A.-C., Dörner, O., Loos, P., & Schäffer, B. (Hrsg.). (2019). *Dokumentarische Methode: Triangulation und blinde Flecken.* Verlag Barbara Budrich.

Schütze, F. (1976). *Zur Hervorlockung und Analyse von Erzählungen thematisch relevanter Geschichten im Rahmen soziologischer Feldforschung: Dargestellt an einem Projekt zur Erforschung von kommunalen Machtstrukturen* (S. 159–260), Fink.

Schütze, F. (1987). *Das narrative Interview in Interaktionsfeldstudien.* Fernuniversität Hagen., Gesamthochschule. Hochschulschrift. Fachbereich Erziehungs-, Sozial- u. Geisteswissenschaften.

Schwartz, S. H. (1994). Are there universal aspects of the structure and contents of human values? *Journal of Social Issues, 50,* 19–45.

Shane, S. (2000). Prior knowledge and the discovery of entrepreneurial opportunities. *Organization Science, 11,* 448–469.

Shane, S., & Venkataraman, S. (2000). The promise of entrepreneurship as a field of research. *Academy of Management Review, 25*(1), 217–226.

Shepherd, D. A., & Patzelt, H. (2011). New field of sustainable entrepreneurship: Studying entrepreneurial action linking, "What is to be sustained" with "What is to be developed".*Entrepreneurship: Theory and Practice, 137*–163.

Shepherd, D. A., & Patzelt, H. (2017). *Trailblazing in Entrepreneurship. Creating new paths for understanding the field.* Springer.

Shepherd, D. A., Patzelt, H., & Baron, R. A. (2013). "I care about nature, but...": Disengaging values in assessing opportunities that cause harm. *Academy of Management Journal, 56*(5), 1251–1273.

Smith-Hunter, A. E., & Boyd, R. L. (2004). Applying theories of entrepreneurship to a comparative analysis of white and minority women business owners. *Women in Management Review, 19*(1), 18–28.

Spiegel, P. (2011). Social Business-Perspektive der innovativen Versöhnung von Ökonomie und sozialen Anliegen. In P. Jähnke, G. B. Christmann, & K. Balgar (Hrsg.), *Social Entrepreneurship* (S. 55–74). VS Verlag.

Spiegler, A. B., & Halberstadt, J. (2018). SHEstainability: How relationship networks influence the idea generation in opportunity recognition process by female social entrepreneurs. *International Journal of Entrepreneurial Venturing, 10*(2), 202–235.

Swart, R. J., Raskin, P., & Robinson, J. (2004). The problem of the future: Sustainability science and scenario analysis. *Global Environmental Change, 14*(2), 137–146.

Teasdale, S., et al. (2011). Exploring gender and social entrepreneurship: Women's leadership, employment and participation in the third sector and social enterprises. *Voluntary Sector Review, 2*(1), 57–76.

Terjesen, S., & Lloyd, A. (2015). *The 2015 Female Entrepreneurship Index. Analyzing the conditions that foster high potential female entrepreneurship in 77 countries.* GEDI. The Global Entrepreneurship and Development Institute.

Thébaud, S. (2015). Business as a plan B: Institutional foundations of gender inequality in entrepreneurship across 24 industrialized countries. *Administrative Science Quarterly, 60*(4), 671–711.

Tilley, F., & Young, W. (2006). Sustainability Entrepreneurs: Could they be the true wealth generators of the future? Greener Management International. *Sustainability Entrepreneurship Research, 55*, 79–92.

van den Heuvel, G., Soeters, J., & Gössling, T. (2014). Global business, global responsibilities: Corporate social responsibility orientations within a multinational bank. *Business & Society, 53*(3), 378–413.

Wood, M. S. (2017). Continued misgivings: A response to Davidsson on dismantling the opportunity construct. *Journal of Business Venturing Insights, 7*c, 77–81.

Yordanova, D. I., & Alexandrova-Boshnakova, M. I. (2011). Gender effects on risk-taking of entrepreneurs: Evidence from Bulgaria. *International Journal of Entrepreneurial Behavior & Research, 17*(3), 272–295.

Zelezny, L. C., Chua, P. P., & Aldrich, C. (2000). Elaborating on gender differences in environmentalism. *Journal of Social Issues, 56*(3), 443–458.

**Jantje Halberstadt** Seit Januar 2019 ist Jantje Halberstadt Professorin für Ökonomie der Nachhaltigkeit an der Universität Vechta, an der sie bereits 2013 die Nachwuchsforschungsgruppe Gender Studies leitete. Im Anschluss wechselte sie an die Leuphana Universität

Lüneburg auf die Juniorprofessur Social Entrepreneurship. Promoviert hat Prof. Halberstadt nach einer kaufmännischen Ausbildung und dem Studium der Betriebswirtschaftslehre an der Westfälischen Wilhelms-Universität Münster an der Carl von Ossietzky Universität Oldenburg zum Thema „Globale und nationale First-Mover-Vorteile internetbasierter Geschäftsmodelle" und wurde dafür mit einem Stipendium der Heinz-Neumüller-Stiftung ausgezeichnet.

An der Universität Vechta arbeitet sie an der Fakultät I im Fach Wirtschaft und Ethik, ist Studiendekanin der Fakultät I und Mitglied im Forschungsrat des Vechta Institute of Sustainability Transformation in Rural Areas (VISTRA). Ihre Forschungsschwerpunkte liegen im Bereich Management und Unternehmer*innentum unter besonderer Berücksichtigung von Sustainability bzw. Social und Eco Entrepreneurship. In trans- und interdisziplinären Projekten werden gesellschaftsunternehmerische Ansätze in Verbindung mit unterschiedlichen Fokusbereichen untersucht. Im globalen wie nationalen und regionalen Kontext wird auf Schnittstellen zu Themen wie etwa der IKT, Agrarwirtschaft, Gesundheit und Ernährung sowie Kultur und Bildung gearbeitet.

**Anne-Kathrin Schwab** Dr. phil., studierte Sozialwissenschaften und Ethnologie auf Bachelor und Master an der Universität Siegen und Universität zu Köln. Nach ihrem Studium arbeitete sie an der Universität Siegen im Forschungskolleg und leitete geschäftsführend das urbane Entwicklungsprojekt Scoutopia mit dem Thememschwerpunkt innovativen Gründungsideen und Nachhaltigkeit, sowie das Projekt Mobiläb, in dem es um innovative Mobilitätskonzepte für den ländlichen Raum ging. Anschließend arbeitete sie im DFG Sonderforschungsbereich Medien und Kooperation zu dem Projekt Bürgerschaftliches Engagement im Bereich Nachhaltigkeit. Seit 2020 ist sie als Postdoc an der Universität Vechta im Zukunftslabor Agrar und am Lehrstuhl für Ökonomie der Nachhaltigkeit bei Jantje Halberstadt tätig und forscht zu nachhaltigem Unternehmer*innentum, bzw. sozial-ökologischer Ökonomie und Lebensweise.

# Praktische und empirische Beiträge

# Suffizient wohnen in der Nachfamilienphase – Umrisse eines sozial-ökologischen Begrenzungskonzepts

Immanuel Stieß, Lukas Sattlegger, Luca Raschewski und Konrad Götz

## 1 Einleitung

Die globale Verbreitung energie-, ressourcen- und flächenintensiver Konsumpraktiken und Lebensstile ist ein wesentlicher Treiber für globale Umweltveränderungen und führt zu tiefgreifenden Eingriffen in lokale und globale Ökosysteme
und Stoffkreisläufe. Diese Eingriffe haben weitreichende Folgen: Klimawandel
und der dramatische Verlust von Biodiversität bedrohen die Funktionsweise des
Erdsystems und stellen Gesellschaften vor neuartige und bisher unbekannte Herausforderungen. Die Frage, wie Konsummuster gestaltet werden können, um die
natürlichen Lebensgrundlagen unseres Planeten und die Entwicklungsfähigkeit
von Gesellschaften auch für künftige Generationen zu erhalten, stellt sich daher
im Zeitalter des Anthropozäns mit besonderer Dringlichkeit.

Im Zusammenhang mit der Gestaltung sozial-ökologischer Transformationen
spielen Begrenzungskonzepte eine zentrale Rolle. Solche Konzepte sollen einen
Rahmen abstecken, in dem das Alltagsleben so gestaltet werden kann, dass die

I. Stieß (✉) · L. Sattlegger · L. Raschewski · K. Götz
ISOE-Institut für sozial-ökologische Forschung, Frankfurt am Main, Deutschland
E-Mail: stiess@isoe.de

L. Sattlegger
E-Mail: sattlegger@isoe.de

L. Raschewski
E-Mail: luca.raschewski@gmail.com

K. Götz
E-Mail: goetz@isoe.de

C. Onnen (Hrsg.), *Gelegenheitsfenster für nachhaltigen Konsum*,
https://doi.org/10.1007/978-3-658-37543-0_8

Bedürfnisse der jetzigen und der folgenden Generationen erfüllt werden können, ohne dass es zu einer Übernutzung und Überlastung globaler und lokaler Ökosysteme kommt. Breit rezipiert wurden v. a. Konzepte, die ihren Ausgangspunkt auf der Seite natürlicher Systeme und Prozesse haben und die Obergrenzen für die Inanspruchnahme natürlicher Ressourcen und Senken definieren. Zu nennen sind hier beispielsweise der Budgetansatz des Wissenschaftlichen Beirats der Bundesregierung Globale Umweltveränderungen (WBGU, 2009) oder die Diskussion um planetare Grenzen (Rockström et al., 2009). Auch Akteure der internationalen Klimaschutzbewegung, wie Fridays for Future, sprechen sich für eine Begrenzung des Konsums als unabdingbare Voraussetzung für eine klimafreundliche Lebensweise aus. Die Diskussion darüber, wie solche an der Tragfähigkeit globaler Ökosysteme ausgerichteten Grenzen auf eine regionale und lokale Ebene übersetzt werden können, steht allerdings erst am Anfang. Auch die Frage, nach welchen Kriterien eine gerechte Zuordnung erfolgen könnte, ist weitgehend ungeklärt: Wer soll sich wie begrenzen oder auch nicht, aus welchen Gründen und welche Entscheidungsspielräume gibt es dabei? (Jahn et al., 2020) Deutlich wird jedoch, dass quantitativ gefasste Belastungsgrenzen keine Auskunft darüber geben können, wie ein gutes Leben aussehen könnte, welche Gruppen dabei zu berücksichtigen sind und welche Anforderungen sich daraus für eine Veränderung von Lebensweisen und alltäglichen Konsumpraktiken ergeben.

Vor diesem Hintergrund diskutieren wir in diesem Beitrag, wie ein sozial-ökologisches Begrenzungskonzept aussehen könnte. Ausgehend vom Konzept der Konsumkorridore (Di Giulio & Defila, 2020; Di Giulio & Fuchs, 2014; Fuchs, 2020) entwickeln wir die Grundzüge eines sozial-ökologischen Begrenzungskonzepts. Dieses Konzept nimmt seinen Ausgangspunkt bei grundlegenden Bedürfnissen und setzt diese mit sozialen und ökologischen Grenzen in Beziehung. In einem nächsten Schritt entwickeln wir Kriterien für die Identifikation von Gelegenheitsfenstern, die Aushandlungsprozesse zur nachhaltigeren Gestaltung von Konsumkorridoren ermöglichen und unterstützen. Diese Überlegungen wenden wir auf ein Beispiel aus dem Handlungsfeld Wohnen an, um Transformationspotenziale für nachhaltigere Konsummuster zu identifizieren. Dabei zeigen wir, wie im Übergang von der Familien- zur Nachfamilienphase ein Gelegenheitsfenster für eine Veränderung von Konsumpraktiken hin zu nachhaltigeren Konsumkorridoren identifiziert werden kann, und diskutieren, welche Faktoren dazu beitragen, diesen Möglichkeitsraum erfolgreich zu nutzen.

## 2        Das Konzept der Konsumkorridore

Das Konzept der Konsumkorridore hat seinen Ausgangspunkt beim Konsumhandeln und den dahinterstehenden objektiven und geschützten Bedürfnissen. Die geschützten und objektiven Bedürfnisse beschreiben, was Individuen erlaubt sein muss, zu wollen (Di Giulio & Defila, 2020, S. 108). Diese Grundbedürfnisse beanspruchen eine universale Geltung, sie sind so konzipiert, dass sie für alle Menschen in allen Kulturen anwendbar sind. Daher sollen sie besonders geschützt werden. Die Bedürfnisse sollen dabei nicht nur innerhalb einer Gesellschaft, sondern im Sinne einer globalen Nord-Süd-Gerechtigkeit auch zwischen den Gesellschaften geschützt werden. Werden die geschützten Bedürfnisse erfüllt, kann von einem guten Leben gesprochen werden.

Antonietta di Giulio und Rico Defila haben – basierend auf Vorarbeiten von Doyal und Gough (1991) und Max-Neef et al. (1991) – durch eine theoretisch fundierte Herleitung und eine empirische Überprüfung neun Grundbedürfnisse identifiziert, die erfüllt sein müssen, damit ein Leben als gutes Leben gelten kann (vgl. Di Giulio & Defila, 2020). Aufgrund des universalen Charakters sind diese Bedürfnisse zunächst eher allgemein gehalten und müssen dann innerhalb des kulturellen Kontextes, in dem sie angewendet werden, ausformuliert werden. Die neun Grundbedürfnisse sind:

1. Mit den lebensnotwendigen materiellen Gütern versorgt zu werden.
2. Eine eigene Vorstellung vom täglichen Leben verwirklichen.
3. In einer lebenswerten Umgebung leben.
4. Sich als Person zu entwickeln.
5. Die eigenen Lebensentscheidungen zu treffen.
6. Aktivitäten durchzuführen, die für einen wertvoll sind.
7. Teil einer Gemeinschaft zu sein.
8. Mitbestimmung bei der Gestaltung der Gesellschaft.
9. Von der Gesellschaft geschützt werden.

Von einem guten Leben kann also nur dann gesprochen werden, wenn all diese Bedürfnisse erfüllt werden können. Sie charakterisieren zugleich das – in einer qualitativen Begrifflichkeit ausgedrückte – Minimum innerhalb des Korridorkonzeptes.

Neben diesen geschützten Bedürfnissen haben Menschen individuelle subjektive Wünsche und Verlangen. Subjektive Wünsche sind ebenso wie die geschützten Bedürfnisse „Konstrukte des Wollens" (Di Giulio et al., 2010, S. 20 f.). Sie unterscheiden sich jedoch in ihrem Stellenwert von diesen, da sie nicht die gleiche universale Geltung beanspruchen können. Für beide gilt jedoch, dass sie – getreu des Kategorischen Imperativs – nur so lange erfüllt werden können, solange sie nicht die geschützten Bedürfnisse der Anderen gefährden.

Sowohl die geschützten Bedürfnisse als auch die individuellen Wünsche sind an Mittel zur Bedürfnisbefriedigung, die sogenannten Satisfier, gebunden. Als Satisfier werden Konsumpraktiken (beziehungsweise materielle sowie nicht materielle Entitäten, die in die Konsumpraktiken eingebunden sind) bezeichnet, mit denen individuelle Bedürfnisse und Wünsche befriedigt werden können (Defila & Di Giulio, 2020, S. 5; Di Giulio & Defila, 2020, S. 106).[1] Satisfier besitzen eine materielle Basis in der physischen Welt. Sie sind abhängig von ökologischen Prozessen und den damit verbundenen Ressourcen und Senken und sind damit in ihrer Nutzung nicht unendlich steigerbar. Der Zugang zu Satisfiern muss daher innerhalb einer Gesellschaft so gestaltet werden, dass alle Menschen ihre geschützten Bedürfnisse erfüllen können. Dadurch entsteht ein Korridor, in dem verschiedene Ausprägungen des guten Lebens – nach den eigenen Vorstellungen und durch die Ausgestaltung individueller Formen der Lebensführung – stattfinden können, solange diese Formen kompatibel sind und sich nicht gegenseitig beeinträchtigen. Um innerhalb der Konsumkorridore nachhaltig konsumieren zu können, müssen sich nicht die legitimen und geschützten Bedürfnisse ändern, wie z. B. das Bedürfnis mobil zu sein, um Gelegenheiten für Aktivitäten zu erreichen, die einem wichtig sind, oder das Bedürfnis über eine Behausung zu verfügen, die vor Umwelt- und Witterungseinflüssen schützt. Vielmehr müssen – um es in der Sprache der Autor*innen des Korridorkonzeptes auszudrücken (Di Giulio, 2019) – die Satisfier angepasst werden, also der Konsum, der mit physisch-materiellen Prozessen verbunden ist, z. B. ein spezifisches Fortbewegungsmittel oder die Größe und baulich-technische Gestaltung von Wohnraum.

Bei Konsumkorridoren handelt es sich demnach um eine Metapher, die beschreibt, wie die für einen nachhaltigen Konsum notwendigen Begrenzungen verstanden und bemessen werden. Das Ausmaß des Konsums soll sich gewissermaßen innerhalb eines qualitativ definierten Korridors bewegen. Nachhaltig ist Konsum dann, wenn er es ermöglicht, nicht nur die eigenen Bedürfnisse zu erfüllen, sondern wenn er auch die Bedürfnisse Anderer nicht einschränkt. Zugleich darf er die Lebensgrundlage aller, sowohl global als auch für zukünftige Generationen nicht gefährden, um ein menschliches Wohlergehen für gegenwärtige und zukünftige Generationen zu gewährleisten (Defila & Di Giulio, 2020, S. 6). Allen Individuen soll es also möglich sein, ihre Bedürfnisse zu

---

[1] Beim Konzept der Satisfiers verweisen die Autor*innen auf Max-Neef et al. (1991), ohne diese jedoch näher auszuführen.

befriedigen und ein gutes Leben zu führen. Konsumkorridore sind dabei nicht allein individuell zu bemessen, sondern beziehen sich als soziales Konzept auf gesellschaftliche Praktiken. Diese Konsumpraktiken sind eingebettet in soziale, kulturelle und materielle Kontexte (Defila & Di Giulio, 2020, S. 5). Sie sind also verwoben mit Strukturen sozialer Ungleichheit, mit soziokulturellen Bedeutungen und mit Eingriffen in und der Veränderung von ökologischen Prozessen, die diese Praktiken ermöglichen und von ihnen beeinflusst werden. Konsumkorridore beziehen sich also nicht allein auf eine (Gleich-)Verteilung von global verfügbaren Konsummengen, sondern berücksichtigen die sozialen Wechselwirkungen von unterschiedlichen Konsumpraktiken, die mit diesen materiellen Satisfiern verbunden sind.

## 3    Konsumkorridore aus einer sozial-ökologischen Perspektive

Das Konzept der Konsumkorridore ist mit seinem Fokus auf die soziale Dimension von Begrenzung ein gewinnbringender Zugang für die sozial-ökologische Konsumforschung. Bisher haben sich die meisten Begrenzungskonzepte auf die Definition von materiellen und ökologischen Grenzen und Begrenzungen des Wachstums (u. a. von Konsum) konzentriert. Mit dem Korridorkonzept liegt nun ein Ansatz vor, der von der Denkrichtung her aus einer gesellschaftlichen Perspektive heraus von einem (nicht quantitativ definierten) Minimum der Bedürfnisbefriedigung ausgeht und damit das gute Leben als eine nicht zu gefährdende Basis definiert. Der soziale bzw. kollektive Charakter des Begrenzungskonzeptes ermöglicht es, Konsumgrenzen auszuhandeln und zu kommunizieren, ohne dies allein auf der Ebene der individuellen Lebensführung (etwa als ökologischer Fußabdruck) festzumachen. Die Aushandlung über die Nutzung von Ressourcen erfolgt in einem sozialen Prozess, der die individuellen Wünsche und Ansprüche mit der Erfüllung geschützter Bedürfnisse für alle in Beziehung setzt und bewertet. Diese kollektiven Entscheidungen wirken dann wieder auf die Konsumentscheidungen der Einzelnen zurück. Startpunkt der Betrachtung sind demnach nicht die Individuen, sondern kollektive Einheiten, die Entscheidungen treffen, die sich dann auf das individuelle Handeln auswirken.

Eine sozial-ökologische Betrachtung von Konsumkorridoren erfordert – und hier wissen wir uns mit den Autor*innen der Korridorkonzepte einig – nicht einfach über planetare Grenzmodelle errechnete und vorgegebene Begrenzungen,

sondern gesellschaftliche, transdisziplinäre Aushandlungsprozesse[2] von sozial-
ökologischen Konsumgrenzen in konkreten Konsumkontexten. Dabei zielt ein
sozial-ökologisches Begrenzungskonzept nicht allein auf individuelles Handeln
ab, sondern nimmt immer auch kollektive Konsummuster (etwa öffentliche Versorgung) in den Blick. Aus sozial-ökologischer Sicht läuft das Konzept der
Konsumkorridore jedoch Gefahr, die materielle Grundlage der Konsumbedürf-
nisse auszublenden. Materielle und quantitative Konsumniveaus sind im Konzept
der Konsumkorridore nur noch in den Satisfiern und den mit ihnen verbundenen Konsumpraktiken enthalten. Die geschützten Bedürfnisse hervorzuheben
und darauf zu verweisen, dass es diese zu erfüllen gilt, während die materiellen Satisfier austauschbar bleiben, ist ein guter Weg, um Begrenzung jenseits
von Einschränkung und Vermeidung zu denken. Allerdings birgt diese Trennung
von Bedürfnissen und den materiellen Mitteln ihrer Befriedigung die Gefahr,
Bedürfnisse vollständig von messbaren ökologischen Größen abzukoppeln und
so die Wechselwirkung von Konsumpraktiken mit ökologischen Prozessen – also
den Eingriff in die und die Verwandlung von Natur – aus dem Blick zu verlieren. Um das Konzept der Konsumkorridore für die sozial-ökologische Forschung
anwendbar zu machen, bedarf es der Integration quantifizierbarer materieller Faktoren. Erstrebenswert wäre daher ein sozial-ökologisches Begrenzungskonzept,
das sowohl die soziale als auch die ökologisch-materielle Dimension von Begrenzung berücksichtigt. Es geht darum, den sozialen Charakter der im Konzept des
Konsumkorridors formulierten Begrenzungen anzuerkennen ohne aus dem Blick
zu verlieren, dass sich gesellschaftliche Aushandlungsprozesse innerhalb ökologischer Leitplanken bewegen müssen. Dabei ist es unerlässlich, wissenschaftliche
Erkenntnisse über die (ökologische) Materialität von Konsumpraktiken einzubeziehen und bei der Aushandlung von Begrenzungen zu berücksichtigen. Ein
sozial-ökologisches Begrenzungskonzept würde also materielle Grenzen, symbolische Bedeutungen, normative Gerechtigkeitskonzepte sowie gesellschaftliche
Aushandlungsprozesse von Begrenzung miteinander verschränken. Die Obergrenze des Ressourcenverbrauchs wird mit der sozialen Dimension der Umwelt-
gerechtigkeit verbunden. Die Obergrenze von Konsumkorridoren kann daher
weder durch rein naturwissenschaftlich bestimmte planetare Grenzen definiert
werden, noch kann sie aus der Verallgemeinerung einer bestimmten Vorstellung
des guten Lebens für alle abgeleitet werden. Und auch die Untergrenze des guten

---

[2] In Anlehnung an die Science and Technology Studies (STS) könnte der Konsumkorridor weiterführend als Produkt von Aushandlungsprozessen zwischen Menschen und Dingen
betrachtet werden. Das würde die Integration von Natur in diese Aushandlungen noch ver-
stärken. Die Natur und natürliche Prozesse wären über die Naturwissenschaft dann direkt Teil
dieser Aushandlungen von Grenzen.

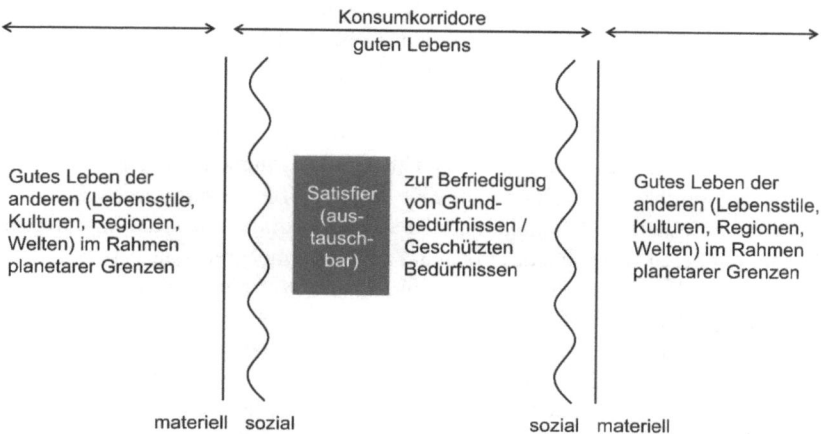

**Abb. 1** Konsumkorridore als sozial-ökologisches Begrenzungskonzept

Lebens sollte aus dieser Perspektive nicht ausschließlich nach sozialen Minimalstandards definiert werden, sondern beinhaltet immer auch ökologisch-materielle Qualitäten: das Minimum einer guten Ernährung wäre damit sowohl sozial als auch soziokulturell und biologisch-materiell bestimmt. Abb. 1 zeigt die Skizze einer sozial-ökologischen Weiterentwicklung des Konzepts der Konsumkorridore.

## 4    Gelingensfaktoren und Gelegenheitsfenster für die Aushandlung von Konsumkorridoren

Sozial-ökologische Forschung könnte es sich zum Ziel machen, in konkreten Konsumfeldern die Festlegung und Reflexion von Begrenzungen zu untersuchen, die eine nachhaltigere Gestaltung von Konsumkorridoren ermöglichen, und die Gelingensfaktoren solcher Aushandlungsprozesse in den Blick zu nehmen (vgl. Jahn et al., 2020). Eine zentrale Frage wäre dann, wie Konsumbegrenzungen im Einklang mit der Erfüllung der Grundbedürfnisse gelingen können, also ohne das Ziel des guten Lebens zu beeinträchtigen. Um dies näher zu untersuchen, schlagen wir im Folgenden eine Reihe von sozial-ökologischen Kriterien vor, mit denen sich Konsumfelder mit Blick auf nachhaltige Konsumtransformation charakterisieren lassen. Es erscheint uns sinnvoll, die Erforschung von

Transformationsprozessen in Richtung nachhaltigen Konsums an diesen Kriterien auszurichten und weiter zu vertiefen. Diese Kriterien können insbesondere dazu genutzt werden, um Gelegenheitsfenster für einen nachhaltigen Konsum zu identifizieren.

Folgende Kriterien sind ein erster Versuch, das gesellschaftliche Transformationspotenzial von Konsumkorridoren näher zu bestimmen. Angelehnt an die sozial-ökologische Forschungsperspektive haben wir insgesamt sechs Kriterien formuliert, mit denen sowohl ökologische als auch soziale Aspekte erfasst werden können, mit deren Hilfe sich das Potenzial zur Konsumbegrenzung ermitteln lässt. Aus ökologischer Sicht besteht vor allem in jenen Konsumfeldern Einsparungspotenzial, in denen entweder ein extrem hoher Ressourcenverbrauch stattfindet *(Kriterium 1: ressourcenintensiver Konsum)*, in denen Ressourcen ungenutzt verpuffen *(Kriterium 2: Ressourcenverschwendung)* oder in denen ressourcenschonende Alternativen zur Bedürfnisbefriedigung vorhanden sind *(Kriterium 3: materielle Alternativen)*. Aus sozialer Sicht sind jene Konsumfelder besonders prädestiniert für Konsumbegrenzungen, in denen gesellschaftliche Aushandlungsverfahren vorhanden sind *(Kriterium 4: Verhandlungsarenen)*, die Bereitschaft für sozial-ökologische Transformation hoch ist *(Kriterium 5: Motivation)* oder es symbolisch attraktive Alternativen für Konsumformen gibt *(Kriterium 6: symbolische Substitute)*. Diese Kriterien werden im Folgenden näher erläutert.

*Kriterium 1: ressourcenintensiver Konsum*

Konsumbegrenzungen sind vor allem in jenen Konsumfeldern vielversprechend, in denen Individuen und Gruppen ein Konsumniveau aufweisen, in dem die Mittel zur Bedürfnisbefriedigung (Satisfier) durch eine sehr hohe Inanspruchnahme materieller Ressourcen gekennzeichnet sind. Ein Beispiel dafür ist die Urlaubsgestaltung als Fernreise mit dem Flugzeug. Eine zentrale Frage für eine gesellschaftliche Transformation ist dann zu untersuchen, wie der Konsum dieser Vielkonsumierer*innen begrenzt und dadurch nachhaltiger gestaltet werden kann. Dabei gehen wir davon aus, dass die Begrenzung eines hohen Konsumniveaus eher eine gesellschaftliche Zustimmung findet und eine Steuerung über politische Instrumente, wie Steuern oder Verbote, einfacher zu begründen ist.

*Kriterium 2: überdimensionierter Konsum*

Konsumbegrenzungen sind vor allem in jenen Konsumfeldern vielversprechend, in denen es Ressourcenverbräuche gibt, die keinen Nutzen bereitstellen oder einen solchen, der in diesem Umfang nicht (mehr) benötigt wird. Ein Beispiel dafür ist, die überdimensionierte Ausstattung eines Haushalts mit Haushaltsgeräten, wie Tiefkühltruhen, die nur wenige Monate im Jahr tatsächlich gebraucht werden. Bei derartigen überdimensionierten Konsumkapazitäten ist eine Anpassung des Konsums an bereits veränderte Bedürfnisse leichter möglich. Hier können beispielsweise lebensphasenbedingte Pfadabhängigkeiten aufgebrochen werden.

*Kriterium 3: materielle Alternativen*

Konsumbegrenzungen sind vor allem in jenen Konsumfeldern vielversprechend, in denen es materielle Ersatzangebote für ressourcenintensive Satisfier gibt. Ein Beispiel sind E-Bikes und Lastenräder, mit denen auch längere Wege zurückgelegt und größere Lasten klimafreundlich transportiert werden können. Nachhaltige Technologien und Infrastrukturen ermöglichen eine potenzielle Ausweitung des Anpassungsspielraums für Begrenzungen, ohne die Grundbedürfnisse und das gute Leben zu gefährden.

*Kriterium 4: Verhandlungsarenen*

Konsumbegrenzungen sind vor allem in jenen Konsumfeldern vielversprechend, in denen es schon Aushandlungsstrukturen gibt, also etwa im öffentlichen Bereich. Konsumanpassungen in öffentlichen Einrichtungen (z. B. Kantinen) sind also leichter politisch durchsetzbar als der private Konsum. Außerdem können öffentliche Förderprogramme und Infrastrukturangebote private Konsumveränderungen begünstigen.

*Kriterium 5: Motivation*

Konsumbegrenzungen sind vor allem in jenen Konsumfeldern vielversprechend, in denen schon Bewusstsein und Motivation für Begrenzungen vorhanden ist. Es ist also sinnvoll, an vorhandene Nachhaltigkeitsorientierungen anzuknüpfen und Personen dabei zu unterstützen, den Umfang ihres Konsums einzuschränken. Neben originären Nachhaltigkeitsorientierungen können dabei auch Motivallianzen, also die Verkoppelung mit Motiven wie Gesundheit, vereinfachte Alltagsgestaltung oder Kosteneinsparungen, angesprochen werden. Eine Unterstützung von Konsumbegrenzungen kann dabei insbesondere durch die Gestaltung geeigneter Angebote oder durch Wissensvermittlung erfolgen.

*Kriterium 6: symbolische Substitute*

Konsumbegrenzungen sind vor allem in jenen Konsumfeldern vielversprechend, in denen der hohe Ressourcenverbrauch tendenziell als unattraktiv gilt (aktuelles Beispiel Flugscham), somit ein gesellschaftliches Neu-Framing stattfindet und damit – zumindest in einzelnen sozialen Milieus – symbolisch abgewertet wird. Zugleich entsteht durch die Existenz von Alternativen, wie z. B. transeuropäischen Nachtzugverbindungen, die Möglichkeit, den Satisfier Flugreise immerhin auf Kurz- und Mittelstrecken zu ersetzen. Lebensstilspezifisch können in solchen Konsumfeldern, in denen sich das Framing in Richtung „Vermeidung" ändert, erhöhte Potenziale für Konsumbegrenzungen ausgemacht werden.

Mithilfe der dargestellten Kriterien kann abgeschätzt werden, inwiefern in einem Konsumfeld die Voraussetzungen für eine nachhaltige Transformation von Konsumkorridoren gegeben sind und wie erfolgsversprechend Konsumbegrenzungen in diesem Konsumfeld sein können. Zugleich lassen sich diese Kriterien als eine Heuristik nutzen, um Gelegenheitsfenster für einen nachhaltigen Konsum zu identifizieren und genauer zu analysieren. Dabei gehen wir davon aus, dass Gelegenheitsfenster für eine nachhaltige Transformation von Konsumkorridoren vor allem dann entstehen, wenn mehrere der genannten Kriterien erfüllt sind. Dies werden wir am Beispiel des Wohnens in der Nachfamilienphase näher erläutern.

## 5 Wohnen in der Nachfamilienphase als Gelegenheitsfenster für eine Begrenzung von Konsumkorridoren

In den folgenden Abschnitten wollen wir näher betrachten, inwiefern Übergänge zwischen verschiedenen Lebensphasen als Gelegenheitsfenster für eine Neuaushandlung von Konsumkorridoren in einer individuellen biographischen Perspektive genutzt werden können. Exemplarisch haben wir dazu das Bedürfnisfeld Bauen und Wohnen ausgewählt, das einen erheblichen Anteil an der Flächen- und Ressourceninanspruchnahme und an der Erzeugung von Treibhausgas-Emissionen in Deutschland hat.

Am Beispiel dieses Bedürfnisfelds untersuchen wir, welche Ansatzpunkte der Übergang von der Familien- in die Nachfamilienphase und die damit verbundene Veränderung von Wohnbedürfnissen für eine Reflexion des individuellen Wohnflächenkonsums bieten. Dabei wollen wir insbesondere herausarbeiten, welche Potenziale dieser Übergang für eine Anpassung der materiellen Wohninfrastruktur (Wohnungsgröße, Wohnräume, Geräteausstattung etc.) im Sinne eines lebensphasenspezifischen Konsumkorridors bietet. Als empirisches Material dient uns eine Untersuchung über die Wohnsituation und Wohnbedürfnisse älterer Eigenheimbesitzer*innen, deren Befunde im nächsten Abschnitt dargestellt werden. Daran anschließend diskutieren wir anhand der oben angeführten Gelingensfaktoren, wie dieses Gelegenheitsfenster und seine Potenziale für eine Begrenzung biographischer Konsumkorridore genauer charakterisiert werden können.

Der Schutz vor Witterungseinflüssen wie Hitze, Kälte oder Niederschlag und die Bereitstellung eines Rückzugsraums zum Schutz der Privatsphäre bilden elementare Voraussetzungen, die für ein gutes Leben erfüllt sein müssen. Eine angemessene Versorgung mit Wohnraum kann daher als ein geschütztes Bedürfnis betrachtet werden. Die Art, wie dieses Bedürfnis erfüllt wird, hat in den vergangenen Jahrzehnten einen dramatischen Wandel erfahren. Dies wird am Indikator der Wohnflächenversorgung deutlich. Seit den 1950er Jahren ist die Wohnfläche pro Kopf in Deutschland kontinuierlich gestiegen – allein zwischen 1995 und 2017 von 36,0 auf 45,1 m$^2$.

Der kontinuierliche Anstieg der Wohnfläche ist ein wesentlicher Treiber für die Inanspruchnahme von Flächen und Stoffströmen und für die Emission von Treibhausgasen:

- Der Zuwachs an Siedlungs- und Verkehrsfläche beträgt für den Zeitraum von 2014–2017 durchschnittlich 58 Hektar pro Tag (Statistisches Bundesamt, 2019c). Das Nachhaltigkeitsziel der Bundesregierung, das 2030 erreicht werden soll, liegt bei unter 30 ha/Tag (Deutsche Bundesregierung, 2021).
- Die Beheizung und Klimatisierung von Gebäuden und die Bereitstellung von Warmwasser war im Jahr 2019 für knapp 14 % der Treibhausgasemissionen in Deutschland verantwortlich (BMU, 2020). Eine verbesserte Energieeffizienz von Gebäuden ermöglicht Energieeinsparungen, die jedoch durch die wachsende Wohnfläche zu einem erheblichen Teil wieder aufgezehrt werden. Während der temperaturbereinigte Heizenergiebedarf pro Quadratmeter in Wohngebäuden zwischen 1995 und 2015 um fast 30 % gesenkt werden konnte, sank der Wärmeenergieverbrauch der Wohngebäude insgesamt nur um 11 % (von 555 auf 492 TWh/Jahr) (eigene Berechnungen).

Das Bedürfnisfeld Wohnen ist damit durch einen hohen Einsatz an Ressourcen und Emissionen gekennzeichnet. Das Kriterium 1) „Ressourcenintensiver Konsum" ist somit für dieses Beispiel erfüllt. Eine besondere Rolle beim Anstieg der Wohnfläche spielen die ca. 18 Mio. Ein- und Zweifamilienhäuser in Deutschland. Im Vergleich zu Wohnungen im Geschosswohnungsbau zeichnen sich diese durch eine überdurchschnittliche Wohnfläche aus. 60 % der bestehenden Eigenheime werden von Ein- oder Zweipersonenhaushalten bewohnt, sodass sich für diesen Gebäudetyp eine besonders hohe Wohnfläche pro Kopf ergibt (Statistisches Bundesamt, 2019a, b).

Im Zusammenhang mit dem individuellen Wohnflächenkonsum spielt die Lebensphase eine wichtige Rolle. Etwa ein Drittel der Eigenheimbesitzer*innen lebt in Haushalten, in denen mindestens eine Person 65 Jahre oder älter ist (Statistisches Bundesamt, 2019a). Das bedeutet, dass in vielen Ein- und Zweifamilienhäusern Menschen in der Nachfamilienphase wohnen, die auch nach dem Auszug der Kinder weiterhin im Eigenheim bleiben. Mit Bezug auf das

Konzept der Konsumkorridore stellt sich daher die Frage, ob und wie die Eigentümer*innen die Wohnbedürfnisse ihrer neuen Lebensphase reflektieren und welche Voraussetzungen erfüllt sein müssen, damit aus diesen Überlegungen auch praktische Veränderungen erfolgen. Eine Auseinandersetzung mit der eigenen Wohnsituation könnte beispielsweise dazu führen, dass vermehrt Optionen wie Umzug, Hausteilung oder (Unter-)Vermietung von Teilen des Hauses realisiert werden. Vorhandener Wohnraum könnte somit bedürfnisgerechter und effizienter genutzt werden: Große Häuser stünden wieder für Haushalte in der Familienphase zur Verfügung und durch die Vermietung von Einliegerwohnungen könnte das Angebot kleinerer Wohnungen verbessert werden. Das geschützte Bedürfnis Wohnen könnte durch solche angepassten Wohnformen mit einem deutlich geringeren Flächen-, Ressourcen- und Energieverbrauch befriedigt werden.

## 6    Wohnsituation und Wohnbedürfnisse von Eigenheimbesitzer*innen in der Nachfamilienphase

Im Forschungsprojekt LebensRäume wurden die Wohnsituation und die Wohnwünsche von älteren Eigenheimbesitzer*innen empirisch untersucht. Die empirische Erhebung war Teil eines transdisziplinären Forschungsvorhabens, bei dem Konzepte und Instrumente für eine bedürfnisgerechte und effiziente Wohnraumnutzung entwickelt, erprobt und evaluiert wurden.[3] Modellregion und Untersuchungsraum war der Kreis Steinfurt. In dem überwiegend ländlich geprägten Kreis leben knapp 450.000 Einwohner*innen in 24 Städten und Gemeinden. Knapp drei Viertel der Gebäude sind Einfamilienhäuser. Eine Auswertung statistischer Daten ergab, dass in sechs näher betrachteten Kommunen des Kreises zwischen 20 % und 25 % aller Ein- oder Zweipersonenhaushalte über eine sehr große Pro-Kopf-Wohnfläche (über 80 m$^2$ im Einpersonenhaushalt oder über 60m$^2$ pro Kopf im Zweipersonenhaushalt) verfügen. Das Untersuchungsgebiet bietet damit gute Voraussetzungen, um die Bereitschaft älterer Hausbesitzer*innen für eine Veränderung ihrer Wohnsituation und eine Reduzierung ihres Wohnflächenkonsums zu untersuchen.

---

[3] Das transdisziplinäre Forschungsprojekt LebensRäume wurde in der vom Bundesministerium für Bildung und Forschung geförderten Fördermaßnahme „Kommunen innovativ" unter Leitung des Öko-Institut e. V. (Projektleitung) durchgeführt, Projektpartner waren das Amt für Klimaschutz und Nachhaltigkeit im Kreis Steinfurt (mit dem Verein energieland 2050 e. V. als Umsetzungspartner), das ISOE – Institut für sozial-ökologische Forschung und das ifeu-Institut für Energie und Umwelt.

Um die Wohnsituation und Wohnbedürfnisse sowie die Motive, Hemmnisse und Handlungsbereitschaft für eine Veränderung der eigenen Wohnsituation besser zu verstehen, wurde eine empirische Erhebung durchgeführt, bei der Eigenheimbesitzer*innen über 55 Jahre in Ein- oder Zweipersonenhaushalten befragt wurden. Die Erhebung umfasste eine qualitativ-explorative Studie mithilfe Leitfaden gestützter Interviews sowie eine standardisierte Befragung.

Die standardisierte Erhebung wurde als telefonische Befragung in sechs Gemeinden des Kreises Steinfurt durchgeführt.[4] Befragungszeitraum war Januar und Februar 2018. Die Auswahl der Befragten erfolgte durch eine Quotenstichprobe. Auf Basis zufällig generierter Telefonnummern wurden über Screeningfragen die Gruppen Ältere („Anbieter*innen") und Umzugsinteressierte („Nachfrager*innen") identifiziert und befragt. Insgesamt wurden 1.887 Personen kontaktiert. Davon wurden

- 386 Interviews mit älteren Hausbesitzer*innen, die als Ein- oder Zweipersonen-Haushalt in einem eigenen Haus leben und mindestens 55 Jahre alt sind, sowie
- 172 Interviews mit Umzugsinteressierten geführt.

1329 kontaktierte Personen, die zu keiner der beiden Gruppen gehören, wurden nicht weiter interviewt.

Die Stichprobe wurde nachgewichtet, um soziodemographische Unterschiede bei der Antwortbereitschaft bzw. Erreichbarkeit auszugleichen. Durch die Gewichtung veränderte sich der Anteil der älteren Hausbesitzer*innen leicht von 21 % auf 18 % (= 341 Fälle). Im Folgenden werden ausgewählte Befunde der Befragung der älteren Hauseigentümer*innen berichtet. Die Angaben über Anteile und Fallzahlen beziehen sich auf die gewichtete Stichprobe.

*Wohnsituation*

Fast die Hälfte der befragten älteren Hauseigentümer*innen bewertet das eigene Haus als etwas oder viel zu groß. Wie die Befragung zeigt, benötigen viele Eigenheimbesitzer*innen nicht unbedingt die gesamte Wohnfläche, die ihnen zur Verfügung steht. 51,4 % der Befragten geben an, mindestens einen Raum im Haus zu haben, den sie nicht mehr nutzen. Obwohl vielen klar ist, dass das Haus

---

[4] Bei den Kommunen handelte es sich um die Gemeinden Emsdetten, Ibbenbüren, Lengerich, Mettingen, Saerbeck, und Wettringen. Der Befragung wurde im Zeitraum von Mitte Januar bis Anfang Februar 2018 durchgeführt.

für die aktuelle Lebensphase zumindest etwas überdimensioniert ist, wird diese Tatsache kaum als problematisch empfunden.

Lediglich 18,3 % der Befragten geben an, dass es ihnen im Alter zu viel wird, sich um Grundstück und Garten kümmern zu müssen. Etwa ebenso viele (19,3 %) erklären, dass sie sich mit anstehenden Reparaturen oder Instandsetzungsarbeiten überfordert fühlen.[5] 10,1 % der Befragten finden es belastend, so viel Wohnraum zu haben und diesen pflegen zu müssen. Zu hohe finanzielle Belastungen durch den Unterhalt des Hauses sind lediglich für sieben Prozent ein Problem. Daher überrascht es wenig, dass sich ein akuter Wunsch, etwas an der aktuellen Wohnsituation zu verändern, kaum erkennen lässt: Die große Mehrheit (83,2 %) ist der Ansicht, dass ihr Haus für das Leben im Alter gut oder sehr gut geeignet ist.

*Bereitschaft zur Veränderung*
Ein verbreiteter Wunsch und eine Idealvorstellung vom Leben im Alter ist es, so lange wie möglich im eigenen Haus bleiben zu können. Dies wünscht eine große Mehrheit (93,4 %) der älteren Hausbesitzer*innen. Fast ebenso viele äußern den Wunsch, dass sich an der Wohnsituation möglichst nichts ändert (84,9 %). Trotzdem ist es für 77,2 % der Befragten wichtig, frühzeitig über eine gute Lösung für das Alter nachzudenken und nach einer passenden Lösung zu suchen. Auch wenn aktuell die eigene Wohnsituation also recht positiv bewertet wird, so stellt sich die Situation in der Zukunft für viele anders dar. Zwei Drittel der Befragten wünschen sich im fortgeschrittenen Alter eine Entlastung bei den Aufgaben, die mit der Pflege und Instandhaltung von Haus und Grundstück verbunden sind. Neben einem verringerten Aufwand für das Haus spielen soziale Kontakte bei der Bewertung der Wohnsituation im Alter eine wichtige Rolle. Im Alter nicht (mehr) allein im Haus zu wohnen, ist für 41,9 % ein wichtiger Wunsch.

Das wichtigste Bedürfnis im Zusammenhang mit dem Wohnen im Alter ist der Erhalt der eigenen Selbständigkeit. Das eigene Haus ist dabei Ressource und Hemmnis zugleich. Für 76,5 % der Befragten erscheint die Pflege durch eine eigene Pflegekraft im eigenen Haus als attraktivste Option, wenn es einmal nötig sein sollte. Allerdings sind die wenigsten Häuser auf die Anforderungen für das Wohnen im Alter ausgerichtet. Knapp die Hälfte der Befragten (46,7 %) tendiert dazu, im eigenen Haus zu bleiben und dieses altersgerecht, z. B. durch Aufzug oder Abbau von Schwellen, umzubauen.

---

[5] Diese und die folgenden Werte beziehen sich jeweils auf die Angaben „trifft voll und ganz zu" und „trifft eher zu".

*Option Vermietung*

Eine Möglichkeit, auf den geringeren Platzbedarf in der Nachfamilienphase zu reagieren, besteht darin, Teile des Hauses – mit oder ohne Umbau – zu vermieten oder mietfrei anderen Personen zur Nutzung zu überlassen. Viele Häuser bieten dazu die baulichen Voraussetzungen, wie die Befragung zeigt: In knapp der Hälfte (48,4 %) der Gebäude existiert ein vom Wohnbereich getrennter Treppenaufgang, sodass sich ein Stockwerk ohne allzu großen Aufwand baulich abtrennen ließe. In 31 % der Häuser gibt es bereits eine Einliegerwohnung oder eine abgetrennte weitere Wohnung. Die Mehrheit (60 %) dieser Wohnungen ist nicht vermietet.

Auf die Frage, ob sie sich eine Vermietung grundsätzlich vorstellen können, erklären 19 % der Eigenheimbesitzer*innen, die gegenwärtig noch nicht vermieten, ihre Bereitschaft, dies künftig zu tun. Weitere neun Prozent wären eventuell dazu bereit. Dafür gibt es vielfältige Gründe. Eine zentrale Rolle spielen dabei soziale Bedürfnisse. 39,5 % der Befragten sehen einen wichtigen Vorteil darin, dass sie im Alter nicht mehr alleine in ihrem Haus wohnen würden. Allerdings löst der Gedanke, mit einem unbekannten Menschen im Haus zusammenzuleben, ambivalente Gefühle aus. Knapp die Hälfte (46 %) der Befragten äußert Bedenken, eine fremde Person im Haus zu haben, deren Vertrauenswürdigkeit man nicht einschätzen kann. Demgegenüber sehen diejenigen, die grundsätzlich bereit sind zu vermieten, eher Vorteile darin, einen Teil des Hauses zu vermieten: Neben sozialen Kontakten sind dies beispielsweise die Hilfe bei der Erledigung kleiner Aufgaben (63,5 %) oder eine Entlastung bei der Pflege von Haus und Garten (57,5 %). Materielle Vorteile spielen eine untergeordnete Rolle: Zusätzliche Mieteinnahmen oder die Beteiligung an Betriebs- und Nebenkosten werden nur von etwa 30 % der Befragten, die zu einer Vermietung bereit sind, als wichtiger Effekt der Vermietung genannt.

*Option Umzug*

Der Umzug in eine kleinere Wohnung ist eine weitere Möglichkeit, die eigene Wohnsituation an die Bedürfnisse des Lebens im Alter anzupassen. Die starke Bindung an das eigene Heim stellt jedoch eine große Hürde dar. Wie oben dargestellt äußern fast alle Befragten den Wunsch, möglichst lange im eigenen Haus bleiben zu wollen. Allerdings ist diese Einstellung nicht ungebrochen. Viele können sich einen Umzug im Alter im Prinzip vorstellen: Etwas mehr als die Hälfte der Befragten (52,8 %) kann sich vorstellen, später in eine altersgerechte Wohnung umzuziehen. In den meisten Fällen wird dann auch eine deutliche Verkleinerung der Wohnfläche angestrebt.

Die stärksten Barrieren gegenüber einem Umzug sind emotionaler und praktischer Natur. Gut zwei Drittel (68,4 %) der Befragten erklären, dass sie sich zu sehr mit ihrem Haus verbunden fühlen. Knapp die Hälfte (44,4 %) gibt an, nicht zu wissen, was sie mit all den Gegenständen machen sollen, an denen ihr Herz hängt. Verbreitet ist auch die Einschätzung, dass es keine passenden Angebote gäbe oder dass diese zu teuer seien. Diese Ansicht wird von 31,9 % der Befragten geteilt. Wie fundiert die Kenntnisse des lokalen Immobilienmarktes tatsächlich sind, ist allerdings schwer zu sagen. Denn die meisten Befragten geben an, sich bisher noch nicht aktiv nach einer Wohnalternative umgesehen zu haben.

Angesichts dieser Bedenken ist es umso überraschender, dass lediglich 26 % der Befragten die Möglichkeit eines späteren Umzugs kategorisch ablehnen. Besonders attraktiv für einen Umzug erscheinen generationenübergreifende Wohnformen. Diese werden von 49,2 % der Befragten als eine mögliche Alternative zur gegenwärtigen Wohnsituation genannt.

*Konkrete Pläne zur Veränderung der Wohnsituation*
Obwohl für die befragten Eigenheimbesitzer*innen vieles grundsätzlich vorstellbar erscheint, haben die wenigsten schon eine Entscheidung getroffen. Lediglich 14,5 % der Befragten haben vor, in den nächsten fünf Jahren voraussichtlich etwas Grundlegendes an ihrer Wohnsituation zu verändern. Von dieser Gruppe hat nur die Hälfte bereits konkrete Pläne. Dies bedeutet jedoch nicht, dass bei allen anderen keine Bereitschaft besteht, sich mit der eigenen Wohnsituation eingehender zu beschäftigen. Ein Beleg dafür ist d as recht große Interesse an einer Beratung über geeignete Wohnalternativen: Über die Hälfte (53 %) der Befragten äußern Interesse an Beratungs- und Hilfsangeboten, die sie bei der Reflexion ihrer Wohnbedürfnisse und der Suche nach möglichen Wohnalternativen unterstützen.

# 7    Diskussion

Vor dem Hintergrund dieser empirischen Befunde soll abschließend diskutiert werden, inwiefern der Übergang in die Nachfamilienphase für Eigenheimbesitzer*innen ein Gelegenheitsfenster bildet, das für die Reflexion von Wohnbedürfnissen und für die Neuaushandlung von Konsumkorridoren im Sinne des oben skizzierten sozial-ökologischen Begrenzungskonzepts genutzt werden kann. Die empirischen Befunde bestätigen die Annahme, dass durch den Auszug der Kinder eine veränderte Wohnsituation eingetreten ist, die in vielen Fällen dazu führt, dass Haushalte in der Nachfamilienphase weniger Wohnfläche nutzen als zuvor. Ein deutliches Indiz dafür ist, dass es in vielen Ein- und Zweifamilienhäusern ungenutzte Wohnräume und Einliegerwohnungen gibt. Der Eintritt in die neue Lebensphase führt somit zu einer Veränderung der Wohnbedürfnisse, sodass ein Gelegenheitsfenster für die Begrenzung des Wohnflächenkonsums entsteht. Die Kriterien „ressourcenintensiver Konsum" und „überdimensionierter Konsum" sind somit erfüllt.

Eine Anpassung der Wohnsituation setzt voraus, dass eine flächensparende Alternative zur aktuellen ressourcenintensiven Wohnsituation vorhanden ist. Das unzureichende Angebot altersgerechter Wohnungen, vor allem im näheren Umfeld, stellt offensichtlich in vielen Fällen ein Hemmnis dar. Wie die Befragung zeigt, sind in einem Teil der Häuser jedoch Einliegerwohnungen vorhanden, sodass in diesen Fällen eine Vermietung oder Überlassung an Untermieter möglich wäre. Dass eine Anpassung der Wohnsituation ausbleibt, liegt also nicht allein am Fehlen materieller Angebote. Kriterium 3 („materielle Alternativen") ist somit in vielen Fällen ebenfalls erfüllt.

Die Bildung von Wohneigentum in der Familienphase und die sich daraus ergebenden emotionalen, sozialen und ökonomischen Bindungen führen offensichtlich zu einer Pfadabhängigkeit, die eine Reflexion der eigenen Wohnbedürfnisse verhindert und eine Veränderung der Wohnsituation erschwert. Das Eigenheim als lebenslanges Projekt symbolisiert Erfolg, suggeriert Sicherheit und ist Garant von Unabhängigkeit und Selbstbestimmung (Kriterium 6 „symbolische Substitute"). Eine Motivation, dies aus ökologischen Gründen zu verändern, ist kaum vorhanden, denn der Zusammenhang zwischen der eigenen Wohnfläche und dem Ressourcenverbrauch ist den meisten nicht bewusst. Die problematischen ökologischen Folgen der überdimensionierten Wohnsituation werden daher kaum gesehen. Dass das eigene Haus als Mittel für die Befriedigung der aktuellen Wohnbedürfnisse zu groß ist, tritt wenn überhaupt als eigentlich überflüssiger Aufwand für die Pflege und Instandhaltung von Haus und Grundstück ins Bewusstsein. Dies heißt jedoch nicht, dass eine Reflexion auf die Wohnsituation in der Nachfamilienphase gänzlich ausbleibt. Die Veränderung der Wohnbedürfnisse wird vor allem mit der Einschränkung der körperlichen Leistungsfähigkeit und Beweglichkeit in Verbindung gebracht. Zentral ist das Streben nach Autonomie und der Wunsch, möglichst lange in der gewohnten Umgebung leben zu können. Ein weiterer Antrieb entsteht aus der veränderten sozialen Situation nach dem Auszug der Kinder sowie dem Bedürfnis nach Kontakten mit anderen und dem Zusammenleben mit anderen Generationen. An diese genuin sozialen Motivlagen könnten Projekte für ein gemeinschaftsorientiertes flächen- und ressourcensparendes Wohnen in der Nachfamilienphase anknüpfen, wie die Attraktivität des Mehrgenerationen-Wohnens zeigt (Kriterium 5 „Motivation"). Inwiefern diese Wohnform das Eigenheim auch auf einer symbolischen Ebene als Satisfier für das Bedürfnis Wohnen ersetzen kann (Kriterium 6 „symbolische Substitute"), ist allerdings offen.

Dass solche Angebote allenfalls punktuell realisiert werden, hängt auch damit zusammen, dass es keine gesellschaftliche Verständigung über Wohnbedürfnisse gibt (Kriterium 4 „Verhandlungsarenen"). Wohnen gilt als Privatangelegenheit. Die Wahl der Wohnsituation ist eine individuelle Entscheidung, die nach vorherrschender Meinung lediglich durch Marktmechanismen reguliert werden sollte. Staatliche Eingriffe sind nur zur Garantie eines minimalen Standards der Wohnungsversorgung legitimiert. Was bislang fehlt, sind Arenen, in denen qualitative Wohnbedürfnisse kollektiv ausgehandelt werden können. Eine solche Verständigung ist jedoch überfällig. Gerade in Regionen mit starkem Bevölkerungswachstum geraten quantitativ ausgerichtete Neubaustrategien an ihre Grenzen, wenn es darum geht, eine angemessene Wohnraumversorgung mit den Zielen von Klima-, Ressourcen- und Flächenschutz in Einklang zu bringen. Sozial-ökologische Begrenzungsstrategien für eine nachhaltige Klima- und Flächenpolitik müssen daher sehr viel stärker darauf ausgerichtet werden, eine Erweiterung der Siedlungsfläche mit einer intelligenten und effizienten Nutzung des Wohnungsbestands zu verbinden, um den aktuellen Wohnbedürfnissen einer Gesellschaft im demographischen Wandel gerecht zu werden. Ein Diskurs über Umfang und Angemessenheit der Wohnflächenversorgung, der die veränderte Wohnsituation in der Nachfamilienphase berücksichtigt, kann dazu einen wichtigen Beitrag leisten.

## 8    Ausblick

Das Beispiel Bauen und Wohnen zeigt, dass die Versorgung mit lebensnotwendigen materiellen Gütern weitreichende Konsequenzen in der physischen Welt hat. Ein sozial-ökologisches Konzept zur Begrenzung von Konsumkorridoren, das Bedürfnisse als Ausgangspunkt nimmt, sollte daher diese Implikationen von vornherein einbeziehen. Im Unterschied zu geschützten Bedürfnissen, wie Selbstbestimmung oder personaler Entwicklung, sind Wohnen oder Mobilität weitaus unmittelbarer mit technischen und baulichen Artefakten sowie mit Infrastrukturen verknüpft, sodass eine strikte Trennung zwischen (immateriellem) Bedürfnis und materiellem Satisfier in diesen Fällen nur schwer aufrechtzuerhalten ist. Vielmehr zeigt sich, dass die Bedürfnisse selbst in der materiellen Welt verankert sind und ihre Erfüllung immer auch mit der Inanspruchnahme natürlicher Ressourcen und Senken etc. verbunden ist. Die Schwierigkeiten, das Eigenheim durch eine andere Wohnform zu ersetzen, sind zudem ein deutliches Indiz dafür, dass die Mittel zur Befriedigung von Bedürfnissen nicht nur eine funktionale Bedeutung haben, indem sie Schutz oder – im Fall von Mobilität – Beweglichkeit sicherstellen. Satisfier entfalten auch eine starke symbolische Bedeutung, die über den eigentlichen Kern des geschützten Bedürfnisses deutlich hinausgeht. Und schließlich ist noch ein weiterer Punkt hervorzuheben: Die Reflexion über Wohnbedürfnisse im Alter richtet sich vor allem auf „immaterielle" Bedürfnisse wie Selbständigkeit und soziale Einbindung. Die ökologischen Wirkungen, die mit der Art und Weise der Versorgung mit Wohnraum verbunden sind, bleiben weitgehend ausgeblendet. Eine rein auf personale und soziale Bedürfnisse ausgerichtete Aushandlung von Konsumkorridoren ohne Bezug zu materiellen Daten aus den Umweltwissenschaften kann den vorhanden Transformationspotenzialen nicht gerecht werden. Diese werden erst dann sichtbar, wenn ökologische Kriterien berücksichtigt werden. Dies gilt sowohl wenn es darum geht, bestehende Spielräume für die Transformation von Konsumkorridoren aufzuzeigen als auch dann, wenn ihre Grenzen begründet und legitimiert werden sollen.

## Literatur

BMU. (2020). Klimaschutzbericht 2019 zum Aktionsprogramm Klimaschutzbericht 2019 zum Aktionsprogramm Klimaschutz 2020 der Bundesregierung. Berlin. https://www.bmu.de/fileadmin/Daten_BMU/Download_PDF/Klimaschutz/klimaschutzbericht_2019_kabinettsfassung_bf.pdf. Zugegriffen: 03. Febr. 2022.

Defila, R., & Di Giulio, A. (2020). The concept of "consumption corridors" meets society. *Journal of Consumer Policy, 43*(2), 315–344.

Deutsche Bundesregierung. (2021). *Deutsche Nachhaltigkeitsstrategie – Weiterentwicklung 2021.* Deutsche Bundesregierung.

Di Giulio, A. (2019). Wege zu nachhaltigem Konsum jenseits der kleinen Schritte. In Bohn, C., Fuchs, D., Kerkhoff, A., & Müller, C. (Hrsg.), *Gegenwart und Zukunft sozial-ökologischer Transformation* (S. 25–54). Nomos Verlag.

Di Giulio, A., & Defila, R. (2020). The "good life" and protected needs. *Routledge handbook of global sustainability governance* (S. 100–114). Routledge.

Di Giulio, A., Defila, R., & Kaufmann-Hayoz, R. (2010). Gutes Leben, Bedürfnisse und nachhaltiger Konsum. Nachhaltiger Konsum, Teil 1. *Umweltpsychologie, 14*(2/27), 10–29.

Di Giulio, A., & Fuchs, D. (2014). Sustainable Consumption Corridors: Concept, Objections, and Responses. *GAIA – Ecological Perspectives for Science and Society, 23*(3), 184–192.

Doyal, L., & Gough, I. (1991). *A Theory of Human Need.* Macmillan.

Fuchs, D. (2020). Living well within limits: The vision of consumption corridors. In A. Kalfagianni, D. Fuchs, & A. Hayden (Hrsg.), *Routledge handbook of global sustainability governance* (1. Aufl., S. 296–307). Routledge.

Jahn, T., Hummel, D., Drees, L., Liehr, S., Lux, A., Mehring, M., Stieß, I., Völker, C., Winker, M., & Zimmermann, M. (2020). Sozial-ökologische Gestaltung im Anthropozän. *GAIA, 29*(2), 93–97.

Max-Neef, M., Elizalde, A., & Hopenhayn, M. (1991). Development and human needs. In M. Max-Neef (Hrsg.), *Human scale development: Conception, application and further reflections* (S. 13–54). Zed Books.

Rockström, J., Steffen, W., Noone, K., Persson, Å., Chapin, F. S. III., Lambin, E., Lenton, T. et al. (2009). „Planetary Boundaries: Exploring the Safe Operating Space for Humanity". *Ecology and Society, 14*(2), 32. http://www.ecologyandsociety.org/vol14/iss2/art32/.

Statistisches Bundesamt. (2019a). *Haushalte nach Haus- und Grundbesitz am 1.1. in den Gebietsständen.* Statistisches Bundesamt.

Statistisches Bundesamt. (2019b). *Wirtschaftsrechnungen: Einkommens- und Verbrauchsstichprobe. Geld- und Immobilienvermögen sowie Schulden privater Haushalte,* Fachserie 15(2). https://www.destatis.de. Zugegriffen: 03. März 2022.

Statistisches Bundesamt. (2019c). *Flächennutzung. Anstieg der Siedlungs- und Verkehrsfläche in ha/Tag.* https://www.destatis.de. Zugegriffen: 03. März 2022.

WBGU – Wissenschaftlicher Beirat Globale Umweltveränderungen. (2009). *Kassensturz für das Klima. Der Budgetansatz. Sondergutachten 2009.* WBGU.

**Immanuel Stieß** Dr. rer. pol., studierte Philosophie, Soziologie und Romanistik an der Goethe-Universität Frankfurt und der Freien Universität Berlin, er promovierte über partizipative Planung an der Universität Kassel. Immanuel Stieß ist wissenschaftlicher Mitarbeiter am ISOE – Institut für sozial-ökologische Forschung und leitet seit 2010 den Forschungsschwerpunkt Energie und Klimaschutz im Alltag. Er forscht zu nachhaltigen, $CO_2$-armen Lebensstilen und Alltagspraktiken, insbesondere in den Bereichen Bauen und Wohnen sowie Biodiversität. Sein besonderes Interesse gilt Fragen von Klimagerechtigkeit und sozialer Teilhabe im Rahmen von Nachhaltigkeitstransformationen sowie der Akzeptanz- und Wirkungsabschätzung umwelt- und klimapolitischer Maßnahmen. Seit 2010 lehrt er Soziale Ökologie im Masterstudiengang Umweltwissenschaften der Goethe-Universität Frankfurt.

**Lukas Sattlegger** Mag., studierte Soziologie und Kultur- und Sozialanthropologie an der Universität Wien und Sozial- und Humanökologie am IFF Wien der Alpen Adria Universität Klagenfurt. In seiner Diplomarbeit beschäftigte er sich mit biographischen Dynamiken von Alltagsmobilität mit Fokus auf autolose Haushalte. Aktuell ist er wissenschaftlicher Mitarbeiter des ISOE – Institut für sozial-ökologische Forschung im Forschungsschwerpunkt Energie und Klimaschutz im Alltag. Dort forscht er unter anderem zu nachhaltigem Konsum sowie zum Zusammenhang von Alltagspraktiken und Biodiversität. Sein methodischer Schwerpunkt sind qualitativ-sozialwissenschaftliche Erhebungs- und Auswertungsmethoden. Lukas Sattlegger promoviert über die interdisziplinären Nachwuchsgruppe PlastX am Institut für Soziologie der Goethe Universität Frankfurt zu Schwierigkeiten und Potentialen der Verpackungsvermeidung im Lebensmittelhandel.

**Luca Raschewski** M.A. studierte Soziologie, Gender Studies an der Universität Konstanz sowie Soziologie technikwissenschaftlicher Richtung an der Technischen Universität Berlin und schloss das Studium mit einer Masterarbeit zu stadtteilpolitischen Akteur*innen in Berlin ab. Derzeit promoviert sier zu Wissen und Nichtwissen über Umweltwirkungen von Plastik in alltäglichen Konsumpraktiken an der RWTH Aachen. Bis 2021 arbeitete Luca Raschewski als wissenschaftliche*r Mitarbeiter*in am ISOE – Institut für sozial-ökologische Forschung im Forschungsschwerpunkt Energie und Klimaschutz im Alltag und forschte mit einem empirischen Schwerpunkt zu suffizienten Alltagspraktiken und nachhaltigem Konsum.

**Konrad Götz** Dr. Phil., studierte Soziologie, Politologie und Kriminologie an der Universität Heidelberg, er promovierte über Freizeitmobilität an der Goethe-Universität Frankfurt am Main. Konrad Götz ist empirisch orientierter Mobilitäts- und Lebensstilforscher. Von 1995 bis 2021 war er als Wissenschaftler in unterschiedlichen Positionen – darunter als Leiter der Mobilitätsforschung – für das ISOE – Institut für sozial-ökologische Forschung tätig. Heute ist er freier Mitarbeiter des Forschungsschwerpunkts Mobilität und Urbane Räume und Berater des ISOE. Vor seiner Tätigkeit am ISOE war er unter anderem Mitarbeiter der Sozialwissenschaftlichen Projektgruppe München im Programm „Humanisierung der Arbeitswelt" und Marktforscher am Sinus-Institut in Heidelberg.

# Die Mystery-Methode: Gelegenheiten zur Fokussierung ökologisch-nachhaltigen Handelns im Biologieunterricht

Kim Janine Nolting und Norbert Pütz

> „You are never too small to make a difference." (Zitat der*des schwedischen Umweltaktivist*in Greta Thunberg aus dem Jahr 2018 https://www.youtube.com/watch?v=CAJuX7xed8o, (Zugriff am 03.03.2022).)

## 1 Einleitung

Das Zitat der*des damals 15-jährigen schwedischen Klimaaktivist*in Greta Thunberg verdeutlicht eine der wohl größten und auch umstrittensten Herausforderungen des 21. Jahrhunderts: Der individuelle Beitrag einer*eines jeden Einzelnen zur nachhaltigen Entwicklung.

,Nachhaltigkeit' beziehungsweise ,nachhaltige Entwicklung' ist inzwischen in aller Munde: Es wird von ,nachhaltigen Ideen', ,nachhaltiger Produktion' oder ,nachhaltigen Entwicklungen' gesprochen und es scheint immer einfacher zu werden, sich ,nachhaltig' zu verhalten. Was auf der einen Seite als positiv bewertet werden kann – nämlich, dass zumindest scheinbar die Nachhaltigkeit in vielen Bereichen unseres Lebens ihren Platz gefunden hat – birgt auf der anderen Seite die Gefahr, dass scheinbar alles nachhaltig ist – oder den Menschen zumindest als

K. J. Nolting (✉) · N. Pütz
Universität Vechta, Vechta, Deutschland
E-Mail: kim-janine.nolting@uni-vechta.de

N. Pütz
E-Mail: norbert.puetz@uni-vechta.de

C. Onnen (Hrsg.), *Gelegenheitsfenster für nachhaltigen Konsum*,
https://doi.org/10.1007/978-3-658-37543-0_9

solches verkauft wird (Stichwort Greenwashing[1]). An dieser Stelle wird bereits
deutlich, welche Herausforderung dies für die schulische Bildung bedeutet: Die
Schüler*innen sollten ein Bewusstsein für wirklich nachhaltiges beziehungsweise
nicht-nachhaltiges Handeln entwickeln und sich entsprechend verhalten sowie
aktiv an der nachhaltigen Entwicklung im Sinne des gesellschaftlichen Leitbilds
mitwirken. Doch was bedeutet es schon, ‚wirklich nachhaltig' zu handeln, wenn
scheinbar alles – irgendwie – nachhaltig ist?

## 2    Nachhaltig handeln – die Idee zu ‚HanNa'

Das Fach Biologie bzw. Naturwissenschaft gilt gemeinhin als nachhaltigkeits-
affines Fach und trägt zur ökologischen Grundbildung bei. Ausgangspunkt war
die Umwelterziehung der 1980er Jahre, die inzwischen erweitert bzw. modifiziert wurde zu einer Bildung für nachhaltige Entwicklung, die damit auch über
das Fach Biologie hinausgeht. Das Verständnis eines nachhaltigen (Biologie-
)Unterrichts geht damit auch über die reine Umweltbildung hinaus, denn:
„[Schüler*innen] sollen die Fähigkeit erwerben, ihre Entscheidungen im Spannungsfeld von wirtschaftlichen, ökologischen und sozialen Aspekten zu treffen"
(Niedersächsisches Kultusministerium, 2015, S. 5). Ein zentraler Aspekt dieses
Spannungsfeldes ist der globale Klimawandel, welcher die Menschheit unmit-
telbar vor weitreichende Entscheidungen und Herausforderungen stellt. Vom
WBGU (Wissenschaftlicher Beirat der Bundesregierung Globale Umweltveränderungen) wird dafür ein ganzheitliches Umdenken gefordert, um die „Große
Transformation" (WBGU, 2011, S. 1) zu verwirklichen, welche den Umbruch
des fossilen ökonomischen Systems hin zur nachhaltigen Gesellschaft meint. Die
Herausstellung des ökologischen Bewusstseins wird im Kontext von Nachhaltigkeit jedoch nicht immer so deutlich beschrieben. So schreibt beispielsweise die
deutsche Bundesregierung (2016, S. 33), „dass […] wirtschaftliche Leistungsfähigkeit, der Schutz der natürlichen Lebensgrundlagen und soziale Verantwortung
so zusammenzuführen [sind], dass Entwicklungen dauerhaft tragfähig sind".
    In Kapitel 36 der Agenda 21[2] heißt es: „[…] Bildung [ist] unabdingbar für
die Herbeiführung eines Einstellungswandels bei den Menschen, damit sie über

[1] „Angelehnt an die Definition des Oxford Dictionary bezeichnet Greenwashing eine Strategie, mit der sich Akteur*innen durch die gezielte Verbreitung von Desinformationen ein
Image ökologischer Verantwortung zu verschaffen suchen." https://www.quarks.de/umwelt/
klimawandel/darum-ist-greenwashing-ein-problem/, (Zugriff am 03.03.2022).
[2] Die Agenda 21 ist ein entwicklungs- und umweltpolitisches Aktionsprogramm für das
21. Jahrhundert, welches auf dem Rio-Gipfel 1992 verabschiedet wurde (siehe unten).

die Voraussetzungen verfügen, die Dinge, um die es ihnen im Zusammenhang mit der nachhaltigen Entwicklung geht, zu bewerten und anzugehen. Sie sind auch von entscheidender Bedeutung für die Schaffung eines ökologischen und eines ethischen Bewusstseins, von Werten und Einstellungen, Fähigkeiten und Verhaltensweisen, die mit einer nachhaltigen Entwicklung vereinbar sind, sowie für eine wirksame Beteiligung der Öffentlichkeit an der Entscheidungsfindung" (Konferenz der Vereinten Nationen für Umwelt und Entwicklung (UNCED) 1992, S. 329). Für den Bildungsbereich stellt de Haan (2018) daher auch heraus, dass zwar viele BNE[3]-bezogene Projekte initiiert worden seien, systematische Ansätze zur strukturellen Verankerung jedoch noch ausstünden. Es seien insbesondere zivilgesellschaftliche Akteur*innen gewesen, die „BNE als Lern- und Handlungsfeld mit ihren Ideen, Projekten, Initiativen und Konzepten und Materialen vorangebracht haben" (de Haan, 2018, S. 15), sodass zwar viele vereinzelte Projekte an den Schulen zu finden waren, die breitere strukturelle Umsetzung der BNE, auch als ganzheitlicher Ansatz, jedoch bis zu diesem Zeitpunkt fehlte. Erst zum 01.06.2021 trat beispielsweise ein BNE-Erlass für niedersächsische Schulen in Kraft[4], welcher fortan zu einer entsprechenden strukturellen Implementierung beitragen soll.

Ganz im Sinne der ‚Gelegenheit für nachhaltigen Konsum' wird im Rahmen dieses Artikels das HanNa-Projekt vorgestellt, das die Lehrmethode Mystery nutzt, um binnen einer Unterrichts-Doppelstunde die Schüler*innen durch ein Rätsel dazu zu motivieren, ein komplexes Themenfeld der ökologischen Nachhaltigkeit in seinen Grundzügen zu erarbeiten sowie die Perspektive zu eröffnen, das eigene Handeln im Kontext dieses Themenfeldes kritisch zu hinterfragen sowie nachhaltige(re) Handlungsalternativen zu erarbeiten, um diese im Alltag umsetzen zu können (siehe Kap. 6). Eine charakteristische Besonderheit der Mystery-Methode ist dabei, dass sie sich sehr vielseitig einsetzen lässt – zwar ist zu empfehlen, ein Mystery nicht für sich stehen zu lassen, sondern dieses in eine Unterrichtseinheit zu integrieren, jedoch ist es ebenso möglich, ein Mystery und dessen Thematik isoliert zu betrachten und somit auch in einem kurzen Zeitraum einen Einblick in ein Thema zu ermöglichen. Hierdurch können beispielsweise auch Vertretungsstunden oder gewisse außerschulische Kontexte genutzt werden, um Lernen für nachhaltige Entwicklung in den (Schul-)Alltag zu integrieren.

---

[3] BNE = Bildung für nachhaltige Entwicklung.

[4] https://www.mk.niedersachsen.de/download/166879/BNE-Erlass_Niedersachsen.pdf, (Zugriff am 03.03.2022).

**3    Zum Verständnis von Nachhaltigkeit: Betrachtung der ökologischen Dimension in der Entwicklung des Nachhaltigkeitsleitbildes**

Viele – vermutlich die meisten – Menschen sind sich einig, dass im Sinne ‚der Nachhaltigkeit' gehandelt werden sollte. Allerdings zeigt sich schon bei Betrachtung der Entwicklung des Nachhaltigkeitsleitbildes, dass das Verständnis darüber, was ‚nachhaltig' bedeutet, durchaus unterschiedlich oder gar widersprüchlich sein kann.

Das heutige Verständnis von Nachhaltigkeit wird insbesondere durch zwei Ausrichtungen geprägt. Diese finden sich beispielsweise im Duden – hier umfasst das Wort ‚Nachhaltigkeit' zunächst rein definitorisch zwei Bedeutungen[5]: Einerseits „sich auf längere Zeit stark auswirkend", womit die Bedeutung des Begriffs temporal ist. Die zweite Bedeutung des Begriffs bezieht sich einerseits auf die historischen Ursprünge in der Forstwirtschaft (Duden: „es darf nicht mehr Holz gefällt werden, als nachwachsen kann"). Andererseits konturiert der Duden Nachhaltigkeit als ein „Prinzip, nach dem nicht mehr verbraucht werden darf, als jeweils nachwachsen, sich regenerieren, künftig wieder bereitgestellt werden kann". Diese letztere (ökologische) Bedeutung bezieht sich auf den eigentlichen aktuellen Nachhaltigkeitsdiskurs.

Im 18. Jahrhundert noch war der Nachhaltigkeitsgedanke geprägt von ökonomischen Interessen, die von ökologischen Grenzen – dem Wachstum der Bäume in Wäldern – bestimmt wurden. Während die ökologische Grenze hier jedoch als absolute ‚rote Linie' behandelt wurde und ökonomische Interessen ihr daher nachgestellt wurden, geriet die Stellung der ökologischen Dimension im Laufe der Entwicklung des Nachhaltigkeitsleitbildes mehr und mehr in den Hintergrund. Dies geschah nicht allein dadurch, dass    das Leitbild der Nachhaltigkeit um weitere Dimensionen erweitert wurde, auch die wahrgenommene Handlungsnotwendigkeit aufgrund ökologischer Veränderungen schien sich zunehmend zu reduzieren. Wird die Entwicklung des Nachhaltigkeitsleitbildes anhand einiger bedeutender Meilensteine betrachtet, zeigt sich deutlich die Verschiebung der Relevanz der Ökologie im Kontext der verschiedenen Nachhaltigkeitsdimensionen:

- Hans Carl von *Carlowitz' Waldbewirtschaftungssystem (1713):* Carlowitz' Anliegen war eine kontinuierliche Versorgung der Bevölkerung, des Gewerbes und des Montanwesens mit Holz, weshalb er eine Art Wegweiser zur

---

[5] https://www.duden.de/rechtschreibung/Nachhaltigkeit, (Zugriff am 03.03.2022).

Fortentwicklung der sächsischen Forstwirtschaft verfasste und zur „nachhaltenden" Nutzung der Wälder aufrief (Thomasius, 2013, S. 62). Das Erkennen und Beachten ökologischer Grenzen bei ökonomischen Interessen wurde im Sinne eines Top-Down-Prozesses (Regeln und Gesetze ‚von oben') umgesetzt.

- Beginn und Hochphase der *Industrialisierung (18.–20. Jahrhundert):* Ökonomische Prinzipien dominierten ganz im Sinne der industriellen Entwicklung weit bis in das 20. Jahrhundert hinein die Nutzung von Ressourcen, die Produktion und die Wirtschaft insbesondere im globalen Norden.
- Die Veröffentlichungen ‚*Silent Spring'* (Carson, 1962) von der US-amerikanischen Biologin und Wissenschaftsjournalistin Rachel Carson und der Bericht über die Computersimulation ‚*Grenzen des Wachstums'* (Meadows et al., 1972): Die kritischen Betrachtungen und auch Prognosen gegenwärtiger und zukünftiger ökologischer Entwicklungen (auch aufgrund des Industrialisierungsprozesses) erregten weltweites öffentliches Aufsehen.
- Die *Stockholm-Konferenz (1972)* der Vereinten Nationen, welche als Beginn der internationalen Umweltpolitik angesehen wird (Michelsen & Adomßent, 2014): Die ökologische Situation des globalen Nordens sowie die ökonomische und soziale Situation des Südens wurden thematisiert, sodass sich diverse Problemfelder aller Nachhaltigkeitsdimensionen (mit verschiedenen lokalen Schwerpunkten) ausdifferenzierten. Das Betrachtungsfeld globaler, ökologischer Probleme wurde erweitert und das Bild der Ursachenzuschreibung wurde durch die Phrase ‚Poverty is the biggest polluter[6]' verzerrt. Mit dieser Kompromissformel einigte man sich politisch, dass die globalen Umweltprobleme nicht ohne Einbezug sozialer und wirtschaftlicher Gesichtspunkte zu lösen seien (Michelsen & Adomßent, 2014). Auf der einen Seite wurden die massiven Probleme der Armut – größtenteils im globalen Süden – erkannt und es sollte stärkere internationale Beachtung zur Verbesserung der Lage aufgebracht werden. Andererseits wurde die Armut als ‚polluter' (Verschmutzerin) bezeichnet, was zwar im Sinne globaler Wirkungszusammenhänge nicht außer Acht gelassen werden darf, aber dennoch vom Kernproblem der Verursachung ablenkt. So wird die Verantwortung der Länder des globalen Nordens für Umweltverschmutzungen – insbesondere durch Prozesse im Zuge der Industrialisierung – durch die Formulierung der Phrase übertragen auf die Armut, die in den Entwicklungsländern des globalen Südens vorherrscht (Michelsen & Adomßent, 2014).
- *Brundtland-Bericht (1987):* Die zuvor erlangte Erkenntnis über die gegenseitige Beeinflussung und Bedingung der drei Nachhaltigkeitsdimensionen

---

[6] übersetzt: Armut ist die größte Verschmutzerin.

Ökologie, Ökonomie und Soziales[7] wurde vertieft, indem eine umfassende Problemanalyse durchgeführt und Problembereiche identifiziert wurden, unter anderen der Raubbau an den natürlichen Lebensgrundlagen. Im Rahmen der Handlungsempfehlungen des Berichts wird sowohl die Bewahrung der Umwelt niedergeschrieben als auch das Bestreben nach höherem Wirtschaftswachstum, wobei eine Verknüpfung mit Umweltverträglichkeit gefordert wurde (Michelsen & Adomßent, 2014). Die konkurrierenden Ansprüche eines starken Wirtschaftswachstums und einer umfänglichen Umweltverträglichkeit (Ökonomie vs. Ökologie) führten letztendlich zu einem Kompromiss und damit zur sehr unkonkreten Definition von Nachhaltigkeit, welche jedoch gleichzeitig die am weitesten anerkannte darstellt: „Humanity has the ability to make development sustainable to ensure that it meets the needs of the present without compromising the ability of future generations to meet their own needs"[8] (United Nations, 1987, o. S.). Und obwohl mit der Brundtland-Kommission einer der wichtigsten Meilensteine in der Herausbildung des Nachhaltigkeitsleitbildes verbunden ist, so beginnt hier gleichsam die Problematik der weitläufigen Interpretierbarkeit des Nachhaltigkeitsbegriffs.

- *Rio-Konferenz* mit der *Agenda 21 (1992):* Ziel der zu der Zeit wohl größten Umwelt- und Entwicklungskonferenz der Welt war es, eine Verbindlichkeit gegenüber nachhaltiger Entwicklung zu schaffen, weshalb auch das entwicklungs- und umweltpolitische Aktionsprogramm, die Agenda 21, verabschiedet wurde. Doch nicht nur das Aktionsprogramm setzt einen starken ökologischen Fokus zur Umsetzung, indem bereits in der Präambel beschrieben wird, dass das Wohlergehen der Menschheit von dem Erhalt unserer Ökosysteme abhängt (Konferenz der Vereinten Nationen für Umwelt und Entwicklung (UNCED) 1992). Weitere verabschiedete Dokumente betonen ebenfalls die ökologische Dimension der Nachhaltigkeit. So handeln diese von der Verringerung und dem Abbau nicht-nachhaltiger Konsum- und Produktionsweisen, vom Klimaschutz, von Biodiversität und auch von der Bekämpfung von Wüstenbildung. Deutlich wird dadurch nicht nur, dass der ökologischen

---

[7] Diese Beschreibung von drei Dimensionen (auch Säulen) der Nachhaltigkeit ist wohl am Bekanntesten. Darüber hinaus finden sich jedoch auch andere Ansätze, welche weitere Dimensionen benennen, z. B. eine kulturelle Dimension (siehe Stellungnahme der Deutschen UNESCO-Kommission zum Regierungsentwurf der Deutschen Nachhaltigkeitsstrategie vom 31. Mai 2016).

[8] Übersetzt: „Nachhaltig ist eine Entwicklung, ‚die den Bedürfnissen der heutigen Generation entspricht, ohne die Möglichkeiten künftiger Generationen zu gefährden, ihre eigenen Bedürfnisse zu befriedigen und ihren Lebensstil zu wählen.'" https://www.nachhaltigkeit. info/artikel/brundtland_report_563.htm, (Zugriff am 03.03.2022).

Dimension ein besonderer Fokus auf der Konferenz zukam, sondern auch, wie differenziert bereits damals ökologische Probleme wahrgenommen wurden, indem jedem dieser Bereiche eine eigene Konvention bzw. Deklaration zukam. Diese Konferenz mit der Agenda 21 legte auch den Grundstein für die Entwicklung des später in diesem Artikel betrachteten Konzepts zur Integration der nachhaltigen Entwicklung in den Bildungsbereich.

- Der UN-Millenniumsgipfel und die *UN-Millenniums-Entwicklungsziele (2000):* Neben dem Hauptziel, die weltweite Armut um die Hälfte zu reduzieren (Pufé, 2017), formulierte die UN acht MDGs (Millennium Development Goals), wovon nur noch in einem die Ökologie explizit genannt wird („Die ökologische Nachhaltigkeit sichern") (Bundesministerium für wirtschaftliche Zusammenarbeit & Entwicklung, 2015, S. 22). Durch die MDGs werden vielmehr soziale Aspekte in den Fokus genommen, wie etwa die Primärschulbildung für alle oder auch die Stärkung der Rolle der Frau.
- Generalversammlung der Vereinten Nationen *und die Agenda 2030 (2015):* Unter den 17 SDGs (Sustainable Development Goals) finden sich im Vergleich zu den MDGs wieder mehrere Ziele mit ökologischem Bezug. Auffällig an den Zielen ist jedoch, dass ein Spektrum zu entstehen scheint, in dem alles, was unter einer positiven gesellschaftlichen Entwicklung verstanden wird, unter dem Begriff der Nachhaltigkeit subsummiert wird. Somit werden ökologische Aspekte zwar explizit genannt, aber durch die Fülle an Forderungen relativiert, zumal sich unter den 17 Zielen eine immense Anzahl von 169 Unterzielen findet.

Anhand der Ausführungen wird deutlich, dass ökologische Grenzen nicht nur der Ursprung des Nachhaltigkeitsdiskurses waren, sondern auch, dass sie diesen Diskurs seit jeher prägen. Es zeigt sich forthin, dass die Öffnung des Diskurses im Sinne einer Stärkung der ökonomischen und sozialen Dimensionen zwar weitere, äußerst relevante globale Problemfelder hervorgebracht haben, dass aber der Kern der Nachhaltigkeit, die Vielzahl ökologischer Probleme, zunehmend nicht mehr im Mittelpunkt steht. Es scheint beinahe, als sei die Frustration über die Nicht-Bewältigung der ökologischen Krise derart ausgeprägt, dass sich zunächst sozialen Herausforderungen gewidmet wird, welche weniger Konfliktpotenzial besitzen als die Abwägung zwischen Ökonomie und Ökologie. Dass beispielsweise kein Mensch in Armut leben sollte, trifft gemeinhin auf weitgehende Zustimmung, ganz im Gegensatz zu den Implikationen eines radikalen Umdenkens im persönlichen Konsumverhalten. Inwiefern ein Ökosystem jedoch erhalten bleiben sollte oder in welchem Maße die Abholzung von Wäldern zu vertreten ist, scheint diskutabel zu sein. Die Position dieser ‚schwachen' Nachhaltigkeit

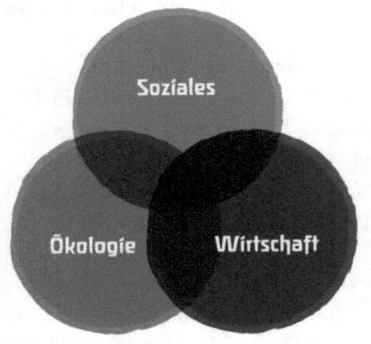

**Drei-Säulen-Modell der Nachhaltigkeit**

Jeder Bereich wird als gleich wichtig
und gleichberechtigt angesehen.

**Aussage:** Nachhaltigkeit kann nur bei
gleichwertiger Rücksichtnahme auf
alle drei Bereiche erreicht werden.

**Vorrangmodell der Nachhaltigkeit**

Einzelne Bereiche werden in ihrer Beziehung
und Abhängigkeit zueinander gesehen.

**Aussage:** Keine Wirtschaft ohne eine Gesellschaft,
keine Gesellschaft ohne Ökologie.

**Abb. 1**   Modelle der Nachhaltigkeit

orientiert sich am Streben nach permanentem Wachstum durch ökonomische
Aktivitäten (Pufé, 2017). Im Fokus steht dabei eine anthropozentrische Sichtweise, nach welcher der Mensch und die Befriedigung seiner Bedürfnisse von
zentraler Bedeutung sind – stets unter dem Aspekt, den eigenen Nutzen am
stärksten zu maximieren (Pufé, 2017).

Dem politisch-administrativen Nachhaltigkeitsverständnis gegenüber steht die
Position der ‚starken' Nachhaltigkeit, die dem Ökozentrismus folgt. Demnach
begreift sich der Mensch als ein Lebewesen unter vielen und sieht seine
Bedürfnisse in Relation zu denen anderer Lebewesen innerhalb des gesamten
ökologischen Systems (Pufé, 2017). Der Schutz, Erhalt und Bestand ökologischer Systeme ist indiskutabel und unter allen Umständen zu gewährleisten (Pufé,
2017). Insbesondere Nichtregierungsorganisationen wie Greenpeace[9] plädieren
eindringlich für diese starke Nachhaltigkeit. Die Aussage „Keine Wirtschaft ohne
Gesellschaft, keine Gesellschaft ohne Ökologie"[14] (siehe Abb. 1)[10] verdeutlicht
die besondere Bedeutung der Ökologie eindrucksvoll.

---

[9] https://www.greenpeace.de/sites/www.greenpeace.de/files/publications/20170213_greenp
eace_btw_for-derungen.pdf, (Zugriff am 03.03.2022).

[10] Illustration nach Felix Müller (zukunft-selber-machen.de) Lizenz: CC-BY-SA 4.0.

Die beiden Positionen ‚schwach' (Abb. 1, links) und ‚stark' (Abb. 1, rechts) innerhalb der Nachhaltigkeit zeigen zusammenfassend noch einmal deutlich das diffuse Bild, welches der Begriff Nachhaltigkeit zeichnet. Innerhalb dieser Positionen und unter Einbezug der zahlreichen Ziele und Teilziele ist der Rahmen, in dem man sich ‚nachhaltig' verhalten kann, weitläufig. Inzwischen werden unter nachhaltiger Entwicklung sämtliche Aspekte abgebildet, die für ein besseres, gerechteres Leben stehen. Diese Bewusstmachung mag insofern als positiv zu bewerten sein, da sich auch global über gemeinsame Ziele verständigt wird. Deutlich muss aber gesagt werden, dass die Thematisierung und der Einbezug ökologischer Grenzen für eine nachhaltige Entwicklung unabdingbar sind. Denn die Auswirkungen der gravierenden, ökologischen Fehlentwicklungen sind spürbar und präsent – weshalb sie auch immer wieder Anlass für die Einberufung weiterer internationaler Konferenzen sind bzw. gewesen sind. Dabei sind die Folgen des ökologischen Raubbaus – noch – ungleich verteilt. Während sich die Auswirkungen hier bei uns kaum im Alltag niederschlagen – obschon Extremwetterereignisse sich in unseren Gefilden zu häufen scheinen – sind die Folgen dort, wo die Ressourcen herkommen, schon jetzt alarmierend: Böden werden ausgelaugt, Seen verlanden, Wälder verschwinden, und global ändert sich das Klima (Mülhausen & Pütz, 2020b).

Der ‚Weltklimarat' (IPCC – Intergovernmental Panel on Climate Change)[11] (1988 von der UN gegründet) ist eine unabhängige Institution, in der tausende Wissenschaftler*innen regelmäßig einen Sachstandsbericht erstellen. Der IPCC-Sonderbericht über Klimawandel und Landsysteme vom August 2019 kommt zu dem Schluss, „dass der Klimawandel den Druck auf Landsysteme verstärkt und deshalb zunehmend Existenzgrundlagen und Wohlergehen der Menschen bedrohen kann"[12]. Die ökologische Dimension der Nachhaltigkeit mag durch politische Kompromissnotwendigkeit im Konzept der ‚schwachen' Nachhaltigkeit verwässert sein – aber unter Wissenschaftler*innen ist klar, dass das Bestreben nach ‚starker', also ökologisch geprägter, Nachhaltigkeit vorrangiges Ziel sein muss.

---

[11] Übersetzt: Zwischenstaatlicher Ausschuss für Klimaänderungen.
[12] https://www.de-ipcc.de/254.php, (Zugriff am 03.03.2022).

**4      Nachhaltige Entwicklung in der Bildung: Von der Umwelterziehung zur Kompetenzbildung für nachhaltige Entwicklung im Biologieunterricht**

Im Jahr 1980 fasste die Kultusministerkonferenz als Reaktion auf den öffentlichen Umweltdiskurs den Beschluss ‚Umwelt und Unterricht‘, wodurch die Zielsetzung eines umweltfreundlicheren Verhaltens an die Schulen herangetragen wurde. Im Beschluss heißt es, „die Schule kann und muß aufgrund ihres Bildungs- und Erziehungsauftrages ihren Beitrag zur Lösung dieses dringlichen Problems leisten" (Kultusministerkonferenz, 1981, S. 1). Für den Einzelnen und die Menschheit insgesamt sei die Beziehung zur Umwelt zu einer Existenzfrage geworden, und zu den Aufgaben von Schule gehöre, ein Bewusstsein für Umweltprobleme zu erzeugen, die Bereitschaft für den verantwortlichen Umgang mit der Umwelt zu fördern und zu einem umweltbewussten Verhalten zu erziehen, welches über die Schulzeit hinaus wirksam bleibe (Kultusministerkonferenz, 1981). Angelehnt an das Leitbild der nachhaltigen Entwicklung wird hier bereits der Aspekt der intergenerationellen Gerechtigkeit im Beschluss genannt: „[Der Mensch] muß in der Verantwortung für die nachfolgenden Generationen die Ausgewogenheit zwischen Aneignung und Nutzung von Naturgütern einerseits und Erhaltung und Schutz der Naturgrundlagen andererseits gewährleisten" (Kultusministerkonferenz, 1981, S. 1). Zudem wird beschrieben, dass der Anspruch der*des Einzelnen, sich zu entfalten, mit dem Anspruch der allgemeinen Wohlfahrt in Einklang gebracht werden muss (Kultusministerkonferenz, 1981), sodass sich neben ökologischen und ökonomischen auch soziale Gesichtspunkte im Beschluss finden lassen, welche in den Zielformulierungen auch explizit genannt werden. Darüber hinaus benennt die Kultusministerkonferenz (1981, S. 2) die Umwelterziehung als fächerübergreifendes Unterrichtsprinzip, welches „in gleicher Weise den naturwissenschaftlichen wie den gesellschaftlichen Unterrichtsbereich durchdringt", wobei die Ziele an verschiedenen Inhalten in mehreren Fächern oder in fachübergreifendem Unterricht verwirklicht werden können.

Trotz der starken Pointierung der ökologischen Dimension im Beschluss der Kultusministerkonferenz sind wichtige Aspekte des Leitbildes wie die Berücksichtigung verschiedener Dimensionen einer nachhaltigen Entwicklung bereits in diesem Beschluss aus dem Jahr 1981 aufgenommen worden. Dennoch stieß die Umwelterziehung zunehmend auf Kritik. Insbesondere wird dies am veränderten grundlegenden Verständnis von Bildung und Erziehung und dem damit verbundenen Auftrag der Schule als Institution deutlich. Während bei der Umwelterziehung wortwörtlich davon gesprochen wurde, die Schüler*innen zu einem

„umweltbewussten Verhalten zu erziehen" (Kultusministerkonferenz, 1981, S. 1), spricht man heute von der „Bildung und der Gestaltung von Bildungsprozessen, die die Verantwortung des Individuums bei der Gestaltung der gesellschaftlichen Entwicklung stärker in den Vordergrund [rückt]" (Michelsen & Fischer, 2015, S. 8). Bildung wird damit zu einem aktiven Prozess des Individuums mit eigener Zielsetzung. Vare und Scott (2007) beschreiben in diesem Zusammenhang zwei Strömungen im ‚Bereich der Bildung für nachhaltige Entwicklung' (englisch: education for sustainable development = ESD): die ‚ESD 1' und ‚ESD 2'. Bei der ESD 1 werden konkrete Verhaltensweisen bzw. Verhaltensänderungen durch Bildung angestrebt. Diese stoßen jedoch im Sinne des Überwältigungsverbots teilweise auf starken Widerspruch, denn, so heißt es laut dem Überwältigungsverbot: „Es ist nicht erlaubt, die Schülerinnen und Schüler – mit welchen Mitteln auch immer – im Sinne erwünschter Meinungen zu überwältigen und damit an der Gewinnung eines selbständigen Urteils zu hindern" (Ministerium für Schule & Bildung des Landes Nordrhein-Westfalen, 2019). Die ESD 2 liegt dagegen eher auf der Meta-Ebene und fokussiert den Erwerb von Kompetenzen[13], die notwendig sind, um eine nachhaltige Entwicklung mitzugestalten (Vare & Scott, 2007). Einige Ziele der Umwelterziehung sind demnach primär der ESD 1 zuzuordnen, wohingegen das nach dem Rio-Gipfel 1992 etablierte Programm und Konzept der Bildung für nachhaltige Entwicklung (BNE) (de Haan & Harenberg, 1999) mit der Fokussierung der Gestaltungskompetenz eher der ESD 2 zuzuordnen ist.

Im Zentrum dieses BNE-Programms steht einerseits die Umstrukturierung bzw. Umgestaltung von Schule insgesamt mit Beteiligung und Engagement verschiedener gesellschaftlicher Gruppen – im Sinne eines ‚Bottom-up'-Prozesses (de Haan & Harenberg, 1999). Für eine solche Mitgestaltung braucht es das „nach vorne weisende Vermögen, die Zukunft von Gemeinschaften, in denen man lebt, in voller Teilhabe im Sinne einer nachhaltigen Entwicklung modifizieren und modellieren zu können" (de Haan & Harenberg, 1999, S. 62). Dies bezeichnen die Autor*innen an dieser Stelle als „Gestaltungskompetenz". Diese Gestaltungskompetenz steht ebenfalls im Zentrum des BNE-Programms, denn sie gilt nach jenen Autor*innen als weisendes Leitziel der Bildung für nachhaltige Entwicklung. Sie umfasst sowohl die inhaltliche als auch die methodisch-konzeptionelle Veränderung von Unterricht als zweiten Schwerpunkt des Programms neben der schulstrukturellen Veränderung. Die Gestaltungskompetenz lässt sich nach de

---

[13] Kompetenzen sind nach Weinert „die bei Individuen verfügbaren oder durch sie erlernbaren kognitiven Fähigkeiten und Fertigkeiten, um bestimmte Probleme zu lösen, sowie die damit verbundenen motivationalen, volitionalen und sozialen Bereitschaften und Fähigkeiten, um die Problemlösungen in variablen Situationen erfolgreich und verantwortungsvoll nutzen zu können" (Weinert, 2001, S. 27).

Haan et al., (2008, S. 188) durch zwölf verschiedene Teilkompetenzen beschreiben. Hierzu gehören beispielsweise vorausschauendes Denken und Handeln, das Erkennen von Risiken, Gefahren und Unsicherheiten sowie die Fertigkeit, sich und andere motivieren zu können, selbst aktiv zu werden. Im Sinne einer Bildung für nachhaltige Entwicklung braucht es jedoch nicht nur den Fokus auf Kompetenzen, sondern zudem eine Zielorientierung. Dieses Ziel scheint aus ökologischer Perspektive klar: Jungen Menschen die Notwendigkeit einer ‚starken' Nachhaltigkeit deutlich zu machen und sie zu einem reflektierten, zukunftsorientierten Handeln zu befähigen.

Die Bedeutung des Schulfachs Biologie im Kontext dieser Entwicklung eines Nachhaltigkeitsleitbildes bleibt immens. Denn einerseits ist eine ökologische Grundbildung unabdingbar, andererseits liegt es in der Natur des Faches, sich mit komplexen Zusammenhängen auseinanderzusetzen und somit auch Eingriffe in ökologische Systeme zu begreifen. Durch die von den Kultusministerien formulierten Ziele des Biologieunterrichts werden die starken Bezüge zwischen der nachhaltigen Entwicklung und dem Unterrichtsfach deutlich und expliziert (Niedersächsisches Kultusministerium, 2013). Im Fach Biologie findet man neben fachspezifischen Inhalten etliche Anknüpfungspunkte zur nachhaltigen Entwicklung sowie auch konkret zum verantwortungsbewussten Handeln. Doch neben den ökologischen Fachinhalten ist es auch die Förderung nachhaltigkeitsrelevanter Schlüsselkompetenzen wie systemisches Denken und der Umgang mit Komplexität, welche das Fach Biologie kennzeichnen. Die Kultusministerkonferenz positioniert sich dabei sehr deutlich und betont, dass „die Zukunft des Menschen […] wesentlich davon abhängen [wird], mit welcher Rationalität wir unser technisches Handeln und damit das Mensch-Natur-Verhältnis nachhaltig weiterentwickeln" (Niedersächsisches Kultusministerium, 2013, S. 5). Sie verweist weiterhin darauf, dass eine der wesentlichen Aufgaben des naturwissenschaftlichen Unterrichts darin besteht, zu dieser ‚Rationalität' beizutragen. Hierzu gehöre unter anderem, dass im Biologieunterricht in besonderem Maße zu multiperspektivischem, systemischem Denken angeregt sowie die Fähigkeit des Perspektivenwechsels entwickelt wird (Kultusministerkonferenz, 2005). Es soll ein Selbst- und Weltverständnis erschlossen werden, das zu verantwortlichem Handeln befähigt – ein gesundheitsbewusstes, umweltverträgliches Handeln (Niedersächsisches Kultusministerium, 2013). Dabei geht es um individuelle und gesellschaftliche Verantwortung sowie um eine ethische Urteilsbildung sich selbst, anderen und der Umwelt gegenüber (Kultusministerkonferenz, 2005). Als Kriterien für die Bewertung sind die Grundsätze einer nachhaltigen Entwicklung sowie zwei weitere ethische Denktraditionen heranzuziehen: Die Würde und das Wohlergehen des Menschen sowie der Schutz der systemisch intakten

Natur um ihrer selbst willen (Kultusministerkonferenz, 2005). Als erfolgreicher Lernprozess wird das Maß angesehen, in dem das neu erworbene Wissen für künftiges Handeln verfügbar ist (Niedersächsisches Kultusministerium, 2013). Laut Kultusministerkonferenz (2005) ist ein Verständnis des Menschen als Teil und gegenüber der Natur anzustreben, und dazu gehört ebenfalls, Wertschätzung für die intakte Natur und die eigene gesunde Lebensführung zu entwickeln. Dabei werden die Schüler*innen befähigt, selbstständig Sachverhalte zu erschließen und Wertmaßstäbe für ihr eigenes Handeln zu entwickeln (Niedersächsisches Kultusministerium, 2013). Diese individuellen Lernprozesse werden durch Lehrkräfte begleitet, die die Rolle als Organisator*innen und Berater*innen einnehmen (Niedersächsisches Kultusministerium, 2013).

Die Formulierungen der Kultusminister*innenkonferenz sowie des niedersächsischen Kultusministeriums beinhalten dabei Aspekte der ESD 1 sowie ESD 2, sodass einerseits ein Stück weit konkretes Handeln im Sinne umweltverträglichen Handelns gefordert wird und anderseits auch Kompetenzen angesprochen werden, die zur eigenen Verantwortungsübernahme befähigen sollen.

## 5    Vom Wissen und Handeln

Mit dem Titel ‚Was bewegt die Jugend?' erschien 2012 erstmals das Greenpeace-Nachhaltigkeitsbarometer und erfasste damit die Einstellung von Jugendlichen gegenüber Aspekten der nachhaltigen Entwicklung. Die Folgepublikation ‚Nachhaltige Entwicklung bewegt die jüngere Generation' erschien im Jahr 2015. Dass nachhaltige Entwicklung die jüngere Generation wortwörtlich bewegt, zeigen nicht nur die Ergebnisse der Studie, sondern auch die weltweite Teilnahme von Schüler*innen und jungen Erwachsenen an mannigfaltigen, umweltaktivistischen Bewegungen wie Fridays-For-Future[14]. Doch handelt es sich bei der Teilnahme um den vielfach vorgeworfenen ‚blinden Aktionismus' der Schüler*innen, oder hat die jüngere Generation den Materialismus und die Konsumkultur bereits überwunden und lebt den mentalen Wandel, welcher für eine gesellschaftliche Transformation notwendig ist?

Nach Michelsen et al. (2015) zeigt die Studie Folgendes:

- 31,3 % der befragten Jugendlichen gehören der Gruppe der Nachhaltigkeitsaffinen an, welche der Nachhaltigkeit positiv gegenüberstehen und in allen drei

---

[14] https://www.faz.net/aktuell/politik/inland/fridays-for-future-treibt-weltweit-hunderttausende-auf-die-strassen-16395465.html, (Zugriff am 03.03.2022).

Phasen (s. u.) überdurchschnittliche Werte erreichten und somit potenzielle Veränder*innen sind.

• Dem gegenüber steht die Gruppe der Nachhaltigkeitsrenitenten mit 16,2 %, welche in allen drei Phasen unterdurchschnittliche Werte erreichen, wodurch sich eher eine Ablehnung gegenüber der Nachhaltigkeit abzeichnet.

• Die übrigen drei Typen zeigen Mischformen, bei denen verschiedene Phasen über- oder unterdurchschnittlich ausgeprägt sind, sodass für diese Typen häufig eine Einstellungs-Verhaltens-Diskrepanz festgestellt werden kann. Dies trifft entsprechend nicht auf die beiden zuerst vorgestellten Typen zu; hier zeigen sich entsprechende konstante positive oder negative Ausprägungen im Hinblick auf nachhaltige Handlungen.

Es zeigt sich in diesem kurzen Überblick, dass das Thema Nachhaltigkeit zwar unter den Jugendlichen stark vertreten ist, jedoch ein sehr heterogenes Bild im Hinblick auf das Durchdringen dieser Thematik bis zur Ausübung von entsprechenden Handlungen besteht. An dieser Stelle kann die grundsätzliche Frage gestellt werden, inwiefern Schüler*innen bzw. jungen Heranwachsenden die Rolle zugesprochen werden sollte, die globalen Herausforderungen anzugehen und im Sinne der Nachhaltigkeit zu agieren. Es scheint, so argumentieren einige Autor*innen, teilweise sogar, als würden Schüler*innen funktionalisiert werden, um die bereits verursachten globalen Probleme zu lösen (de Haan, 2008). Dem zu entgegnen ist die Rolle von Jugendlichen als „Pioniere des Wandels" (WBGU, 2011), welche notwendig sind, um die gesellschaftliche Transformation voranzubringen. Und als diese empfinden sich viele junge Heranwachsende auch, wie die neuste Publikation des Greenpeace Nachhaltigkeitsbarometers 2021 mit dem Titel ‚Wir sind bereit und wollen endlich eine nachhaltige Zukunft!', zeigt: Jugendliche sehen sich selbst und die Politik als das „Zentrum für Veränderungen" (Kress, 2021, S. 4). Aus dem Barometer geht außerdem eine deutliche Steigerung der Antworten in Richtung ‚starke Nachhaltigkeit' hervor (Kress, 2021)[15].

Die durch die Greenpeace-Befragung klassifizierten fünf Nachhaltigkeitstypen basieren nach Michelsen et al. (2015) auf den drei Phasen, welche nach dem integrierten Handlungsmodell nach Rost et al. (2001) beschrieben werden. Dieses Handlungsmodell wurde ursprünglich für den Umweltbereich ausgelegt (Abb. 2) und beschreibt die Realisierung von Handlungen in Phasen: die Phase der Motivation (‚Ausbildung eines Handlungsmotivs'), die Phase der Intention (‚Ausbildung

---

[15] Die Veröffentlichung der gesamten Studie lag bei Redaktionsschluss dieses Artikels noch nicht vor, sodass die genannten Angaben aus der bereits veröffentlichten Kurzfassung stammen.

**Abb. 2** Das integrierte Handlungsmodell nach Rost et al. (2001), Ergänzungen nach Schlüter (2007)

einer Handlungsabsicht') und die Phase der Volition ('Konkretisierung einer Handlungsabsicht') (Schlüter, 2007).

Das reine Wissen um Umweltprobleme findet sich nicht im Modell wieder, denn nach Rost et al. (2001) liegt der Ursprung für die Ausbildung von Motivation in einer 'Bedrohungswahrnehmung' (siehe Abb. 2), welche eine Soll-Ist-Abweichung darstellt. Mit dieser ist eine Konfrontation von persönlichen Werten und der Wahrnehmung der Realität gemeint. Bei einer Soll-Ist-Abweichung ist der Mensch bestrebt ('motiviert'), den Ist-Wert an den Soll-Wert anzupassen. Neben der Bedrohungswahrnehmung finden sich jedoch weitere Einflussfaktoren in der Motivationsphase. Diese sind der Coping-Stil (welcher die Strategien bezeichnet, die man für die Verarbeitung der wahrgenommenen Bedrohung nutzt), die Verantwortungsattribution (die die Übernahme eigener Verantwortung für die Lösung des wahrgenommenen Problems bezeichnet) sowie gewisse soziale Bedürfnisse wie Geselligkeit, Konformität, soziale Einflussnahme und Anerkennung (Schlüter, 2007).

Ein Beispiel: Ein*e natur- und tierliebende*r Schüler*in erfährt im Unterricht, dass viele Wildbienenarten vom Aussterben bedroht sind. Diese Abweichung vom Soll-Zustand führt zu einem kognitiven Konflikt, einer Soll-Ist-Abweichung. Die Motivation, daran etwas zu ändern, hängt nun unter anderem davon ab, welche Strategien sie*er nutzt, mit diesem Konflikt umzugehen: Wird das Wissen über Aussterben der Wildbienen verdrängt? Oder entsteht eine Motivation, persönlich etwas gegen das Aussterben der Tiere zu unternehmen? Auch soziale Bedürfnisse wie Geselligkeit und Konformität können die Ausbildung eines Handlungsmotivs beeinflussen. Stehen die Bedingungen für eine Ausbildung einer Motivation gut, geht es in der Intentionsphase um die Handlungsauswahl auf Grundlage von Erwartungskognitionen (Schlüter, 2007): Dies sind die Erwartungen, dass eine Handlung zum angestrebten Ergebnis führt und dass dieses Ergebnis auch zur Lösung des Ausgangsproblems beiträgt. Überdies bezieht dieser Punkt die Eigenwahrnehmung über die Fähigkeit einer Person ein, die Handlung erfolgreich durchzuführen. Nach der Handlungsauswahlphase geht es schließlich um die konkrete Umsetzung der Handlung (Volitionsphase). Auch in dieser Phase gibt es nach der Theorie von Rost et al. (2001) hemmende und bestärkende Faktoren in Form des sozialen Kontextes, der Ressourcen und der Selbstkontrolltechniken, welche letztendlich entscheidend für die Umsetzung der Handlung sind.

Mithilfe des integrierten Handlungsmodells wird nachvollziehbar, wie vielfältig die Faktoren sind, die die Ausbildung einer Handlung prägen. So kann beispielsweise die Diskrepanz zwischen dem Umweltwissen und -handeln von Jugendlichen auf diese Weise beleuchtet werden. Hieran wird jedoch auch sichtbar, welche Phasen zu einer bewussten Handlung im Sinne der Nachhaltigkeit und somit auch eines Umdenkens notwendig sind, sodass deutlich wird, dass weder das bloße Handeln noch das simple Aufzeigen von Bedrohungsszenarien geeignet sind, ‚nachhaltend‘ nachhaltiges Handeln anzuregen.

## 6    Projekt ‚HanNa – Handeln für Nachhaltigkeit‘

Ein auf Nachhaltigkeit ausgerichteter Unterricht bringt also gewisse Herausforderungen mit sich. Sie offenbaren sich nicht nur auf einer inhaltlichen Ebene, wo nachhaltige Entwicklung möglichst ganzheitlich umgesetzt werden sollte, sondern auch auf einer strukturellen Ebene sind zahlreiche Hürden zu überwinden. Das Projekt HanNa – Handeln für Nachhaltigkeit – will motivierten Lehrkräften eine Methode aufzeigen, um diverse Themenbereiche der (ökologisch-) nachhaltigen Entwicklung in den Unterricht einzubinden. Die Fokussierung der ökologischen Perspektive und Themen ist im Projekt bewusst gewählt worden, um der ökologischen Grundbildung des Fachs Biologie gerecht zu werden. Diese ist notwendig, um auch in anderen Nachhaltigkeitskontexten im Sinne der ökologischen Dimension argumentieren zu können, welche – so zeigt es der Diskurs – oftmals vernachlässigt wird. Der Umgang mit komplexen ökologisch-nachhaltigen Herausforderungen soll zugleich das Bewusstsein stärken, die Ökologie auch bei der Beantwortung anderer Nachhaltigkeitsfragen unter Einbezug der ökonomischen und sozialen Dimension einbringen zu können.

Im Rahmen des HanNa-Projekts wird untersucht, inwiefern die vielversprechende Unterrichtsmethode ‚Mystery‘ mit Inhalten nachhaltigkeitsrelevanter Themen tatsächlich geeignet ist, Schüler*innen auch schon innerhalb eines kurzen Interventionszeitraums zu nachhaltigen Handlungen zu befähigen.

## 6.1    Die Mystery-Methode

Leat (1998) veröffentlichte verschiedene Strategien, die Lehrende unterstützen sollten, die

1. nicht möchten, dass Schüler*innen gelangweilt und demotiviert sind,
2. Schüler*innen möchten, die selbstständig werden und begeistert sind vom Lernen,
3. möchten, dass Schüler*innen Fragen stellen, auch wenn man selbst die Antwort nicht kennt,
4. möchten, dass Schüler*innen Dinge sagen, die sie selbst dazu bringen zu sagen ,Hmm... Darüber habe ich noch nie nachgedacht', und
5. möchten, dass Eltern zu Elternabenden kommen und nach den Schulstunden fragen, über die ihr Nachwuchs zuhause berichtet hat.

Die einflussreichste Lernstrategie des Buches ist vermutlich die Mystery-Methode, die den Lehr- Lernprozess komplett verändern kann (Leat, 1998). Mit dem Mystery werden Schüler*innen auf motivierende Art und Weise durch eine bewusst rätselhaft gestellte Leitfrage mit einem (Alltags-) Problem konfrontiert, welches Alltagsvorstellungen sowie individuelles Vorwissen aktiviert (Vankan et al., 2007). Sie erhalten beim Mystery 20–30 ungeordnete Informationskärtchen, auf denen Ereignisse und Hintergründe zur rätselhaften Leitfrage stehen und versuchen anhand dieser Kärtchen den Fall zu lösen bzw. die Frage zu beantworten (Vankan et al., 2007). Nach Schuler (2012) eignen sich Mysterys besonders, da sie:

- (meist komplexe) Alltagsthemen behandeln,
- Schüler*innen und deren Vorwissen aktivieren,
- Schüler*innen dazu anregen, systematischer mit Informationen umzugehen und nach Zusammenhängen und vielschichtigen Ursachen-Wirkungszusammenhängen zu suchen (Bildung von Hypothesen),
- zu Diskussionen in Kleingruppen führen und die Argumentationskompetenz fördern,
- einen Perspektivenwechsel ermöglichen,
- den Blick dafür schulen, über die abstrakte Ebene hinauszudenken und die entsprechenden Sachverhalte mit konkret handelnden bzw. betroffenen Menschen in Verbindung zu bringen.

Die Fokussierung des vernetzenden Denkens im Sinne gesellschaftsorientierter Problemlösungen ist auch ein Anliegen der Biologie, entsprechend wurden inzwischen mehrere Bände mit Mysterys im Biologieunterricht (Mülhausen & Pütz, 2019, 2020a; Pütz & Mülhausen, 2021) publiziert. Die Bände 2 und 3 setzen dabei gezielt einen Fokus auf Themenbereiche der nachhaltigen Entwicklung. Zwar ist ein Fokus auf ökologische Probleme erkennbar, jedoch betrachten die Autor*innen die nachhaltige Entwicklung facettenreich. Die Mystery-Methode eignet sich für die Erarbeitung dieser komplexen Themenbereiche der nachhaltigen Entwicklung, da aus Einzelinformationen ein Netzwerk gebildet wird und somit Zusammenhänge erschlossen werden (Mülhausen & Pütz, 2020a). Zugleich motiviert die Mystery-Methode die Schüler*innen zum Mitarbeiten, wie diverse Projekt- und Masterarbeiten zeigen, die an der Universität Vechta durchgeführt wurden (Pütz, 2020). „Es ist zu hoffen, dass Schüler*innen Nachhaltigkeit als Notwendigkeit erkennen, den Rückbezug zu sich selbst ziehen und zunehmend verantwortungsbewusst handeln […]" (Mülhausen & Pütz, 2020a, S. 4).

## 6.2    Mysterys durchführen

„Aylins Vater hat weniger Arbeit und im Garten ist es still." (Grave et al., 2020, S. 17) – So lautet beispielsweise eine der rätselhaften Aussagen, die ein Mystery einleitet. Diese Aussage wird den Schüler*innen in der Einstiegsphase präsentiert, sodass sie Vermutungen aufstellen, was es mit der Aussage auf sich hat: Diese sind zunächst aufgrund der fehlenden Hintergrundinformationen oft rein spekulativ, was für eine hohe Motivation der Schüler*innen sorgt (Pütz, 2020). Während der Erarbeitungsphase arbeiten die Schüler*innen in Kleingruppen; sie ziehen Karten mit Einzelinformationen nacheinander aus einem Briefumschlag, lesen sie vor und ordnen diese auf einem großen Plakat an, auf welchem die Leitaussage notiert wurde (Pütz, 2020). Dabei sind einige der Einzelinformationen notwendig, um die Leitaussage erklären zu können, gleichzeitig jedoch gibt es Kärtchen mit Informationen, die zwar zum Thema passen, aber für die Lösung des Rätsels nicht unbedingt benötigt werden. Durch das Ablegen der Informationskarten entsteht schließlich ein sogenanntes Legekonstrukt (Abb. 3), das durch Verschieben und Neuanordnen der Kärtchen so lange verändert werden kann, bis die Schüler*innengruppe zufrieden ist. Dieses Verschieben und Neuanordnen geschieht dabei eben nicht nur im Kopf, sondern insbesondere visuell durch die Kärtchen und verdeutlicht den Schüler*innen die Vernetzung, die Gruppierung und die Zusammenhänge von Informationen. An die Erarbeitungsphase schließt sich die Besprechung und Präsentation der verschiedenen Legekonstrukte

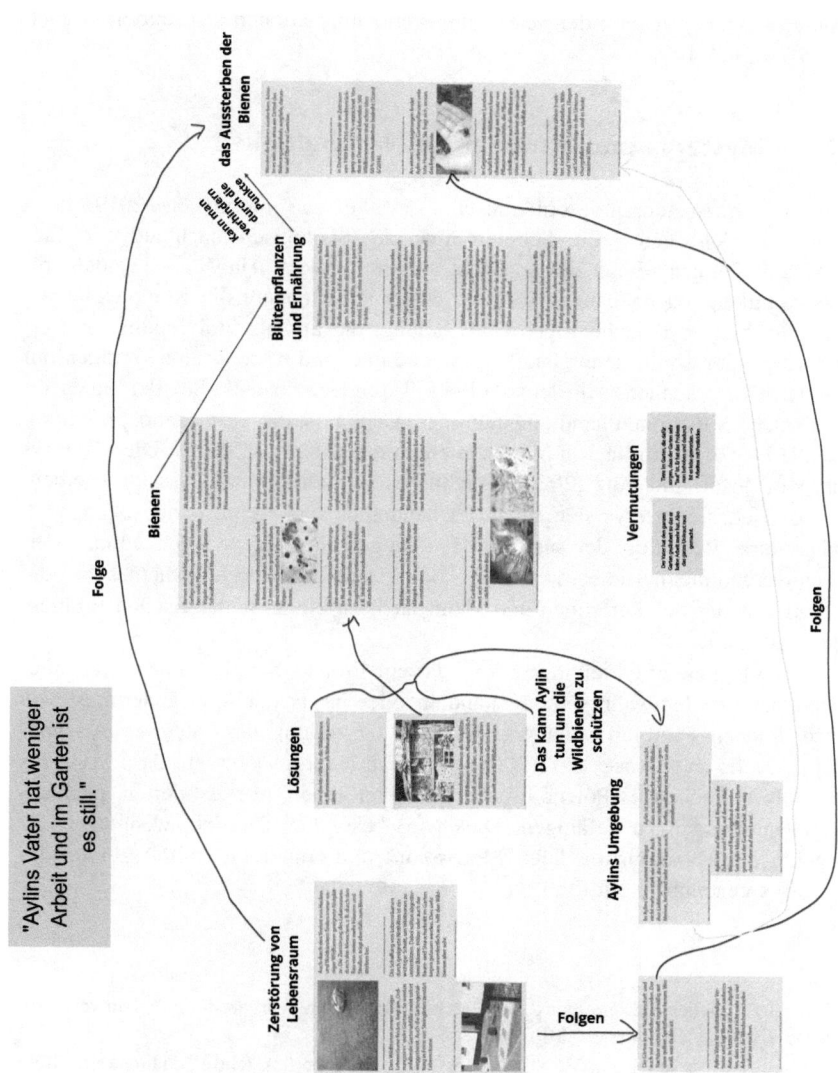

**Abb. 3** Beispielhaftes Legekonstrukt zum Wildbienen-Mystery, digital durchgeführt

an. Dies ist im Sinne des vernetzenden Denkens für die Schüler*innen wiederum interessant, denn sie sehen, dass andere Gruppen teilweise ganz andere Legekonstrukte entwickelt haben, die Vernetzung von Informationen also durchaus auch anders möglich ist.[16]

## 6.3    Mysterys und Handeln für Nachhaltigkeit

Mysterys eignen sich, um problemlösendes Denken zu fördern (Pütz, 2019), doch eignen sie sich auch dafür, Schüler*innen zu (ökologisch-)nachhaltigem Handeln zu befähigen? Eben dieser Frage soll im Projekt ‚HanNa – Handeln für Nachhaltigkeit' nachgegangen werden. Es ist insbesondere die Komplexität der Themengebiete der nachhaltigen Entwicklung, die uns als Individuum vor Herausforderungen stellt, denn Handlungsspielräume sind in derartigen Gefügen nur schwierig zu erkennen. Mit dem Ziel des Biologieunterrichts, Schüler*innen für eben solche Situationen handlungsfähig zu machen, ist das vernetzende, problemlösende Denken mithilfe von Mysterys ein erster wichtiger Schritt. Die Mysterys von Mülhausen und Pütz (2020a) zeichnen sich dadurch aus, dass im Themenkomplex jedes Mysterys stets auch das handelnde Individuum einbezogen wird, sodass eine Reflexion der eigenen Handlungen angeregt werden kann. Hierdurch werden die meist abstrakten und komplexen Nachhaltigkeitsthemen Teil der Lebenswelt der Schüler*innen und somit auch zu einem authentischen Problem (Pütz, 2020).

Ob und inwiefern Individuen – in diesem Projekt Schüler*innen – entsprechend der Problemwahrnehmung handeln oder ihr Handeln verändern, ist von verschiedenen Faktoren abhängig. Mit der Vorstellung des integrierten Handlungsmodells nach Rost et al. (2001) lässt sich jedoch aufzeigen, dass Mysterys ein vielversprechendes Potential haben, Schüler*innen zu reflektierten, nachhaltigen Handlungen zu befähigen. Dies wird besonders deutlich, wenn man die Aspekte des Handlungsmodells ‚Motivation' und ‚Intention' mit Aspekten des Mysterys gegenüberstellt (Tab. 1).[17]

---

[16] Zur ausführlichen Beschreibung der Durchführung sowie Vorbereitung & Hinweise zur Differenzierung siehe Pütz (2020).

[17] Die Volitionsphase wird im Projekt bislang nachgestellt berücksichtigt, da hier kein Effekt der Mystery-Methode auf die genannten förderlichen Einflüsse (sozialer Kontext, Ressourcen, Selbstkontrolltechniken) erwartet wird. Zudem soll die Befähigung zur, nicht jedoch die Ausführung einer, Handlung untersucht werden.

**Tab. 1** Gegenüberstellung der Aspekte des Handlungsmodells nach Rost et al. (2001) und der Mystery-Methode

| Aspekte des Handlungsmodells | Mysterys… |
| --- | --- |
| **Motivation** | |
| Bedrohungswahrnehmung (Ist-Wert[a]) | …stellen (ökologisch-) nachhaltige Herausforderungen dar |
| Verantwortungsattribution | …beinhalten den Einfluss des Individuums als auch der Menschheit auf die thematisierte Herausforderung |
| Coping-Stil | …fördern ggf. Vigilanz, da Herausforderung sowie Handlungsansätze mit individueller Ebene gemeinsam erarbeitet werden |
| Soziale Bedürfnisse | …werden in Kleingruppen erarbeitet und regen zum Austausch und Argumentieren an |
| **Intention** | |
| Kompetenzerwartung | …zeigen (auch individuelle, meist niedrigschwellige) Handlungsoptionen auf |
| Handlungs-Ergebnis-Erwartung | …erarbeitete Handlungsoptionen stehen in direktem Zusammenhang mit zugrunde liegender Herausforderung |
| Ergebnis-Folge-Erwartung | …fokussieren vielschichtige Ursache-Wirkungszusammenhänge |

[a]Die Bedrohungswahrnehmung ist grundlegend für die Ausbildung einer Handlungsmotivation im Sinne der Nachhaltigkeit. Während der Ist-Wert (die Realität) durch Mysterys erarbeitet und dargestellt wird, wird der Soll-Wert, also persönliche Werthaltungen einer* eines Schüler* in, durch das Mystery vermutlich nicht beeinflusst, jedoch bewusst gemacht

Im Rahmen des Projekts werden zwei verschiedene Mysterys aus Mülhausen und Pütz (2020a) im Unterricht als Intervention innerhalb einer Unterrichts-Doppelstunde eingesetzt, wobei die Mystery-Methode zuvor im Rahmen einer Einzelstunde von den Schüler*innen kennengelernt und eingeübt wird. Mithilfe leitfadengestützter Interviews mit einzelnen Schüler*innen wird im Prä-Post-Design dann eruiert, inwieweit die Motivation und die Intention der Schüler*innen zu nachhaltigen Handlungen beeinflusst werden. Erste Vorstudien – die aufgrund der Corona-Pandemie in ihrer Quantität hinter den Erwartungen zurückblieben – deuten aber schon an, dass die Bearbeitung der Mysterys durchaus Auswirkungen auf die vorgestellten handlungsvorbereitenden Phasen hat und

Jugendliche mittels Mystery-Methode ihr eigenes Handeln reflektieren. Insgesamt sollen die Mysterys im Rahmen des Projekts in etwa 20 Klassen eingesetzt werden, wobei circa 100 Interviews ausgewertet werden.

## 7    Ausblick

Mit dem Eingangszitat von Greta Thunberg mag der Gedanke an diejenigen Jugendlichen verbunden sein, die sich im Rahmen von weltweiten Protesten für den Klimaschutz einsetzen. Das Projekt HanNa will jedoch jede*n Schüler*in dazu befähigen, im Rahmen ihrer*seiner Möglichkeiten im Sinne der Nachhaltigkeit zu agieren. Für (Biologie-)Lehrkräfte könnte dies bedeuten, mithilfe der Mystery-Methode verschiedenste Aspekte der Nachhaltigkeit in den Unterricht zu integrieren, um so als Multiplikator*innen zu agieren und Schüler*innen zu motivieren bzw. mit motivierten Schüler*innen niedrigschwellige Handlungsoptionen zu erarbeiten und ggf. auch umzusetzen. Um beim Beispiel des in Kap. 6 angesprochenen Mysterys (Wildbienen) zu bleiben: Neben den Ursachen und ökologischen Folgen des Wildbienensterbens wird im Mystery vorgeschlagen, ein Insektenhotel zum Schutz der Wildbienen aufzustellen. Bestenfalls endet die Unterrichtseinheit dann eben nicht auf einer theoretischen Ebene, sondern regt dazu an, sich auch über die Schulstunde hinaus mit dem Thema zu beschäftigen und auch praktisch aktiv zu werden.

Aber schon allein die intensive Beschäftigung mit dem Mystery kann durchaus bis zur Handlungsebene durchdringen: So berichteten Studierende der Universität Vechta von eigenen Verhaltensänderungen, nachdem im Rahmen des Nachhaltigkeitsmoduls im Fach Biologie verschiedene Mysterys eingesetzt und bearbeitet wurden. Im Projekt ‚HanNa – Handeln für Nachhaltigkeit' wird sich zeigen, inwiefern die Bearbeitung von Mysterys einen Beitrag dazu leisten kann, zum ökologisch-nachhaltigen Handeln – im Sinne des integrierten Handlungsmodells nach Rost et al. (2001) – zu befähigen. Kritiker*innen mögen einwenden, dass ein oder zwei Mysterys, die ein*eine Schüler*in bearbeitet ‚die Welt nicht retten'. Aber die vielschichtige Erarbeitung (ökologisch-)nachhaltiger Herausforderungen, die auch zur Reflexion eigener Handlungsspielräume anregt – so unsere Hoffnung – in der Summe vieler Schüler*innen dann, vielleicht, doch...

# Literatur

Bundesministerium für wirtschaftliche Zusammenarbeit und Entwicklung. (2015). Acht Ziele für ein besseres Leben weltweit: Die Millenniumsentwicklungsziele. https://www.bmz.de/resource/blob/23348/ed2b6d479bd02d7a2516ad34fc352e5a/materialie254-mdg-data.pdf. Zugegriffen: 3. März 2022.

Carson, R. (1962). *Silent spring*. Penguin.

Die Bundesregierung. (2016). Deutsche Nachhaltigkeitsstrategie: Neuauflage 2016. https://www.bundesregierung.de/resource/blob/975292/730844/3d30c6c2875a9a08d364620ab7916af6/deutsche-nachhaltigkeitsstrategie-neuauflage-2016-download-bpa-data.pdf. Zugegriffen: 3. März 2022.

de Haan, G. (2008). Gestaltungskompetenz als Kompetenzkonzept der Bildung für nachhaltige Entwicklung. In I. Bormann & G. de Haan (Hrsg.), *Kompetenzen der Bildung für nachhaltige Entwicklung: Operationalisierung, Messung, Rahmenbedingungen, Befunde* (S. 23–43). VS Verlag.

de Haan, G. (2018). Allgemeine Einführung zum Stand der Bildung für nachhaltige Entwicklung in Deutschland. In A. Brock, G. de Haan, N. Etzkorn, & M. Singer-Brodowski (Hrsg.), *Wegmarken Zur Transformation: Nationales Monitoring von Bildung für Nachhaltige Entwicklung in Deutschland* (S.13–23). Budrich.

de Haan, G., & Harenberg, D. (1999). *Förderprogramm Bildung für nachhaltige Entwicklung*, Heft 72. http://www.blk-bonn.de/papers/heft72.pdf. Zugegriffen: 3. März 2022.

de Haan, G., Kamp, G., Lerch, A., Martignon, L., Müller-Christ, G., Nutzinger, H. G., & Wütscher, F. (2008). *Nachhaltigkeit und Gerechtigkeit: Grundlagen und schulpraktische Konsequenzen*. Springer.

Grave, V., Mülhausen, J., & Pütz, N. (2020). Aylins Vater hat weniger Arbeit und im Garten ist es still. Mystery zum Wildbienensterben. In J. Mülhausen & N. Pütz (Hrsg.), *Neue Mysterys im Biologieunterricht. 9 rätselhafte Fälle zu Nachhaltigkeit & Ökologie* (S. 17–25). Aulis.

Konferenz der Vereinten Nationen für Umwelt und Entwicklung (UNCED) (1992). Agenda 21. https://www.un.org/Depts/german/conf/agenda21/agenda_21.pdf. Zugegriffen: 3. März 2022.

Kress, D. (2021). Greenpeace. Nachhaltigkeitsbarometer 2021 – Wir sind bereit und wollen endlich eine nachhaltige Zukunft! Greenpeace. https://www.greenpeace.de/presse/publikationen/greenpeace-nachhaltigkeitsbarometer-2021. Zugegriffen: 3. März 2022.

Kultusministerkonferenz. (1981). Umwelt und Unterricht: Beschluss der Kultusministerkonferenz vom 17.10.1980. https://www.kmk.org/fileadmin/veroeffentlichungen_beschluesse/1980/1980_10_17_Umwelt_Unterricht.pdf. Zugegriffen: 3. März 2022.

Kultusministerkonferenz. (2005). Bildungsstandards im Fach Biologie für den Mittleren Schulabschluss: Beschluss vom 16.12.2004. https://www.kmk.org/fileadmin/veroeffentlichungen_beschluesse/2004/2004_12_16-Bildungsstandards-Biologie.pdf. Zugegriffen: 3. März 2022.

Leat, D. (1998). *Thinking through geography*. Kington.

Meadows, D. L., Meadows, D., Zahn, E., & Milling, P. (1972). *Die Grenzen des Wachstums: Bericht des Club of Rome zur Lage der Menschheit*. Deutsche Verlags-Anstalt.

Michelsen, G., & Adomßent, M. (2014). Nachhaltige Entwicklung: Hintergründe und Zusammenhänge. In H. Heinrichs & G. Michelsen (Hrsg.), *Nachhaltigkeitswissenschaften* (S. 3–59). Springer.

Michelsen, G., & Fischer, D. (2015). *Bildung für nachhaltige Entwicklung*. Hessische Landeszentrale für Politische Bildung.

Michelsen, G., Grunenberg, H., Mader, C., & Barth, M. (2015). *Greenpeace Nachhaltigkeitsbarometer 2015 – Nachhaltigkeit bewegt die jüngere Generation*. VAS.

Ministerium für Schule und Bildung des Landes Nordrhein-Westfalen (2019). Leitlinie Bildung für nachhaltige Entwicklung. https://www.schulministerium.nrw/sites/default/files/documents/Leitlinie_BNE.pdf. Zugegriffen: 3. März 2022.

Mülhausen, J., & Pütz, N. (2019). *Mysterys im Biologieunterricht. 9 rätselhafte Fälle für den Biologieunterricht* (3. Aufl.). Aulis.

Mülhausen, J., & Pütz, N. (2020a). *Neue Mysterys im Biologieunterricht. 9 rätselhafte Fälle zu Nachhaltigkeit & Ökologie*. Aulis.

Mülhausen, J., & Pütz, N. (2020b). Hannas Füße sind kleiner als Noahs, aber sie hat einen größeren Fußabdruck als er. Mystery zum ökologischen Fußabdruck. In J. Mülhausen & N. Pütz (Hrsg.), *Neue Mysterys im Biologieunterricht. 9 rätselhafte Fälle zu Nachhaltigkeit & Ökologie* (S. 26–34). Aulis.

Niedersächsisches Kultusministerium. (2013). Kerncurriculum für die Oberschule Schuljahrgänge 5 – 10: Naturwissenschaften. https://cuvo.nibis.de/cuvo.php?p=download&upload=30. Zugegriffen: 3. März 2022.

Niedersächsisches Kultusministerium. (2015). Kerncurriculum für die Realschule Schuljahrgänge 5 – 10: Naturwissenschaften. Hannover. https://cuvo.nibis.de/cuvo.php?p=download&upload=71. Zugegriffen: 3. März 2022.

Pufé, I. (2017). *Nachhaltigkeit*. Bundeszentrale für politische Bildung.

Pütz, N. (2019). Warum sollten in der Biologie Mysterys durchgeführt werden? In J. Mülhausen & N. Pütz (Hrsg.), *Mysterys: 9 rätselhafte Fälle für den Biologieunterricht*; Materialien Sek. I. (S. 9–10). Aulis.

Pütz, N. (2020). Die Mystery-Methode. In J. Mülhausen & N. Pütz (Hrsg.), *Neue Mysterys im Biologieunterricht: 9 rätselhafte Fälle zu Nachhaltigkeit und Ökologie* (S. 10–16). Aulis.

Pütz, N., & Mülhausen, J. (2021). *Mysterys im Fach Naturwissenschaft. 9 rätselhafte Fälle zu fächerübergreifenden Themen der Nachhaltigkeit*. Aulis.

Rost, J., Gresele, C., & Martens, T. (2001). *Handeln für die Umwelt: Anwendung einer Theorie*. Waxmann.

Schlüter, K. (2007). Vom Motiv zur Handlung. Ein Handlungsmodell für den Umweltbereich. In D. Krüger & H. Vogt (Hrsg.), *Theorien in der biologiedidaktischen Forschung* (S. 57–67). Springer.

Schuler, S. (2012). Denken lernen mit Mystery-Aufgaben. In S. Haß (Hrsg.), *Mystery: Geographische Fallbeispiele entschlüsseln* (S. 4–7). Westermann.

Thomasius, H. (2013). Die Sylvicultura oeconomica – Eine Rezension aus heutiger Sicht. In Sächsische Hans-Carl-von-Carlowitz-Gesellschaft e.V. (Hrsg.), *Hans Carl von Carlowitz: Leben, Werk und Wirken des Begründers der Nachhaltigkeit* (S. 61–82). Oekom.

United Nations. (1987). Report of the World Commission on Environment and Development: Our Common Future. https://sustainabledevelopment.un.org/content/documents/5987our-common-future.pdf. Zugegriffen: 3. März 2022.

Vankan, L., Rohwer, G., & Schuler, S. (2007). *Diercke Methoden: Denken lernen mit Geographie*. Westermann.

Vare, P., & Scott, W. (2007). Learning for a change: Exploring the relationship between education and sustainable development. *Journal of Education for Sustainable Development, 1*(2), 191–198.

Weinert, F. E. (2001). *Leistungsmessungen in Schulen*. Beltz.

WBGU (Wissenschaftlicher Beirat der Bundesregierung globale Umweltveränderungen). (2011). Welt im Wandel: Gesellschaftsvertrag für eine Große Transformation. https://issuu.com/wbgu/docs/wbgu_jg2011?e=3759164l/69400318. Zugegriffen: 3. März 2022.

**Kim Janine Nolting** M. Ed., studierte die Unterrichtsfächer Biologie (Schwerpunkt Botanik) und Englisch für das Lehramt an Realschulen an der Universität Vechta. Im Anschluss an ihr Masterstudium begann sie im Jahr 2020 ihre Promotion an der Universität Vechta im Bereich der Biologiedidaktik mit dem Schwerpunkt Bildung für nachhaltige Entwicklung im Unterrichtsfach Biologie. Hier liegt ihr Forschungsinteresse auf der Umsetzung der BNE im Unterricht mittels Mystery-Methode im Hinblick auf das ‚Handeln für Nachhaltigkeit' (Projekt HanNa).

**Norbert Pütz** Univ. Prof. Dr. rer. nat. habil., studierte Biologie und Chemie für das Lehramt an der RWTH Aachen. Während seiner Promotion und Habilitation an der R.W.T.H. Aachen arbeitete er an autökologisch-physiologischen Projekten zu unterirdischen Pflanzenbewegungen.

Nach dem Referendariat für das Lehramt für die Sekundarstufe I und II in den Fächern Biologie und Chemie wurde er 2000 ordentlicher Professor für ‚Biologie (Schwerpunkt Botanik) und ihre Didaktik' an der Universität Vechta. Neben pflanzenbiologischen Studien fokussiert er seitdem zunehmend auf fachdidaktische Fragestellungen insbesondere zur biologischen Grundbildung von Schüler*innen der Sekundarstufe I. Sein besonderes Interesse aber gilt seit mehreren Jahren der ökologischen Nachhaltigkeit und deren Implementierung im Biologieunterricht. Hier widmet er sich momentan intensiv der Unterrichtsmethode ‚Mysterys', die er in den letzten Jahren in wesentlichem Maße für den Biologieunterricht zugänglich gemacht hat.

# Die Bedeutung von Gelegenheiten für nachhaltige Ernährung

Nina Langen

Nachhaltige Ernährung wird zum Imperativ, weil die Art und Weise wie Lebensmittel produziert und verzehrt werden, nicht nur die Gesundheit der Menschen, sondern auch die des Planeten beeinflusst (Willett et al., 2019). So ist die Versorgung der Weltbevölkerung mit gesundheitsförderlichen Nahrungsmitteln aus nachhaltigen Lebensmittelsystemen eine Herausforderung (Willett et al., 2019). Derzeit zählt die weltweite Lebensmittelproduktion inklusive Verarbeitung und Distribution zu den bedeutendsten Verursachern anthropogener Treibhausgasemissionen (Crippa et al., 2021; Mbow et al., 2019; Poore & Nemecek, 2018) und zeigt Wirkungen auch auf die Biodiversität (vgl. Monetti et al., 2021).

Daraus ergeben sich die Fragen: was ist eine nachhaltige Ernährung und wie kann sie gelingen? Zum ersten Punkt kann auf die Empfehlungen der Eat-Lancet Kommission (2019) verwiesen werden. Auch der systematische Review von Ivanova et al. (2020) bietet einen Überblick über die Wirksamkeit unterschiedlicher Konsumoptionen aus dem Lebensmittelbereich zur Verminderung von Treibhausgasemissionen von der veganen, vegetarischen Ernährung über die Nutzung saisonaler Lebensmittel und die Verringerung von Lebensmittelverschwendung bis hin zur suffizienten Ernährung.

Eine nachhaltige Speise ergibt sich demnach aus dem Zusammenspiel der Wahl der Zutaten eines bekömmlichen und schmackhaften Gerichts und seiner esskulturellen Einbettung, ihrer nährstoff- und ressourcenschonenden, sozialverträglichen und fairen Erzeugung, Verarbeitung und Zubereitung, der Häufigkeit

N. Langen (✉)
Institut für Berufliche Bildung und Arbeitslehre, Technische Universität Berlin, Berlin, Deutschland
E-Mail: nina.langen@tu-berlin.de

© Der/die Autor(en), exklusiv lizenziert an Springer Fachmedien Wiesbaden GmbH, ein Teil von Springer Nature 2022
C. Onnen (Hrsg.), *Gelegenheitsfenster für nachhaltigen Konsum*,
https://doi.org/10.1007/978-3-658-37543-0_10

des Verzehrs und des Aufessens ebendieser Speise. Es können also mindestens fünf Dimensionen einer nachhaltigen Ernährung betrachtet werden (vgl. von Koerber, 2014). Bislang ungeklärt ist, ob nicht die Ästhetik der Speisen als eine weitere Dimension von Nachhaltigkeit betrachtet werden sollte. Deren Nicht-Beachtung könnte erklären, warum das derzeitige Essverhalten noch nicht nachhaltig ist. Ein bekannter Grund ist, dass es für die Nutzer*innen nicht trivial ist, die Nachhaltigkeit eines Gerichts zu bewerten. Dies liegt auch an Informationsasymmetrien, denn nicht alle Informationen über die Erzeugung und Verarbeitung eines Lebensmittels und einer Speise sind allen Marktakteuren bekannt. Aber auch das Ernährungswahlverhalten selbst ist, wie jedes menschliche Verhalten, durch bestimmte Bedingungen und Barrieren geprägt (McKenzie-Mohr, 2000). Entscheidungen für oder gegen bestimmte Nahrungsmittel werden von vielen Faktoren beeinflusst (Lea & Worsley, 2003). Diese stehen miteinander im Wechsel (Steptoe et al., 1995). Bronfenbrenners (1992) entwickelte Ecological Systems Theory, die Story et al. (2008) auf Entscheidungsverhalten mit Bezug zu Lebensmitteln angewendet haben, bietet Langen et al. (2017), Langen (2018) sowie Lorenz und Langen (2018) zufolge einen guten Ausgangspunkt, mögliche Einflussfaktoren auf Essentscheidungen zu identifizieren. Eine davon ist das Angebot und damit die Gelegenheit, sich nachhaltig zu ernähren.

Gelegenheiten für eine nachhaltige Ernährung bieten sich zu Hause wie auch Außer-Haus. In diesem Beitrag wird der Fokus auf den wachsenden Markt (BVE, 2018, 2019, 2020) des Außer-Haus Verzehrs gelegt.

Bei Gelegenheiten der nachhaltigen Ernährung Außer-Haus stellen sich *drei Fragen:*

1. *Wer bietet die Gelegenheiten nachhaltiger Ernährung?*
2. *Erkennen Gäste die Gelegenheiten nachhaltiger Ernährung?*
3. *Ergreifen Gäste die Gelegenheiten nachhaltiger Ernährung, wenn sie geboten und erkannt werden?*

Unabhängig davon, dass es einen Unterschied macht, zu welcher Gelegenheit außer Haus, in welchem Restaurant, in welcher Kantine oder Mensa, in welchem Schnellimbiss, ob in der Bahn oder an einer Raststätte gegessen wird[1], beginnen wir mit der ersten Frage: wer die Gelegenheiten bietet. Dies sind die Anbieter, die das Thema aus unterschiedlichen Gründen für sich entdeckt haben können,

---

[1] Für eine Beschreibung des Außer-Haus Marktes in Deutschland und Europa siehe Teitscheid et al. (2018).

bspw. um sich von Wettbewerbern zu differenzieren, oder weil sie überzeugt sind von der Thematik oder weil Vorgaben staatlicherseits beachtet werden, wie bspw. beim EU-weiten Verbot von Einweg-Plastik ab Mitte 2021.

Mit der zweiten Frage, ob und wann Gelegenheiten erkannt werden, beschäftigt sich die Marketingforschung seit langem. Wichtige Determinanten sind hier bspw. psychische Determinanten des Konsumentenverhaltens. Zu nennen sind hier die Aktiviertheit, das Involvement eines Menschen und damit die Aufmerksamkeit, die einer bestimmten Sache gewidmet wird, aber ebenso Gefühle und Emotionen, Wissen und Kognition, Kenntnisse von Labeln und Cues, Motive und Bedürfnisse, Einstellungen, Werte, Normen, aber auch die Verwendung von Heuristiken bei der Entscheidungsfindung, sowie Umweltdeterminanten wie Lebensstile und Peers (vgl. Kroeber-Riel & Gröppel-Klein, 2013; Trommsdorff & Teichert, 2011).

Durch Adressierung der dritten Frage – ob Gäste mögliche Veränderungen zur Steigerung der nachhaltigen Ernährung außer Haus annehmen würden, wenn sie diese Gelegenheiten erkennen – zeigt der Beitrag die Relevanz der Verringerung der Lücke zwischen möglichen und tatsächlichen Handlungsweisen. Dazu wird exemplarisch das Zusammenspiel von Verpflegungsangebot und -nachfrage in einer Betriebsverpflegung betrachtet. Zur Annäherung an diese dritte Frage werden die Ergebnisse einer Untersuchung aus dem Jahr 2017 herangezogen (für die komplette Analyse vgl. Lorenz-Walther & Langen, 2020 sowie Ohlhausen & Langen, 2021). Im Rahmen dieser Studie beteiligten sich 480 Beschäftigte zweier mit Umwelt, Agrar- und Verbraucherthemen befasster Behörden – ergo Menschen mit zumindest einer Grundkenntnis hinsichtlich der Relevanz und Eigenheiten nachhaltiger Ernährung – im Herbst 2017 an einer Onlineumfrage mit hypothetischem Auswahlexperiment. Insgesamt nahmen an der Befragung mehr Männer (58 %) als Frauen teil. Einkommensklassen ab einem monatlichen Haushaltsnetto-Einkommen über 1.300 € waren relativ gleichmäßig verteilt. 53 % der Befragten verfügten über mehr als 3.600 EUR Haushaltsnetto-Einkommen. Auch die Altersgruppen ab 25 Jahren (2 % jünger als 25 Jahre) waren gleichmäßig verteilt (26 % zwischen 25 und 34 Jahre, 18 % zwischen 35 und 44 Jahre, 27 % zwischen 45 und 54 Jahren und 27 % älter als 54 Jahre). Die Mehrheit aller Teilnehmer*innen war verheiratet (54 %) oder lebte in einer festen Partnerschaft (22 %). Außerdem lebte die Mehrheit der Teilnehmenden ohne Kinder im Haushalt (70 %). Entsprechend dominierten Ein- (21 %) und Zwei-Personen Haushalte (40 %) die Stichprobe.

Die Akzeptanz unterschiedlicher Maßnahmen zur Verbesserung der Nachhaltigkeit der Speisen in Kantinen wurde modelliert als Zusammenspiel von Präferenzen in Bezug auf Lebensmittelwahl allgemein (durch Nutzung des

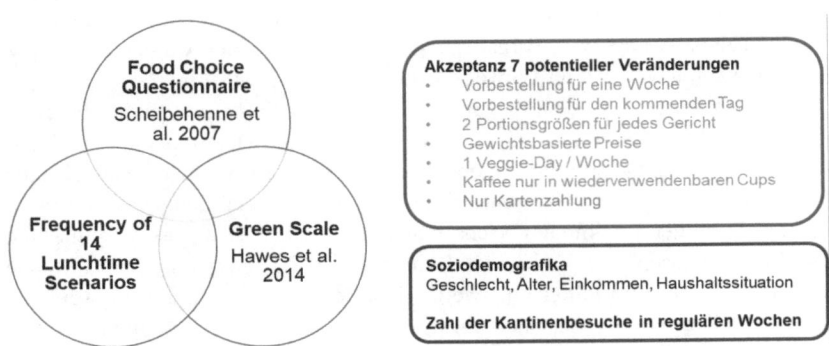

**Abb. 1** Modellierung der Akzeptanz von Veränderungen in Richtung nachhaltigere Außer-Haus Verpflegung. Hinweis: In grüner Schrift: die Maßnahmen mit positiver Nachhaltigkeitswirkung. In roter Schrift: eine Maßnahme mit nicht positiver Nachhaltigkeitswirkung

Food Choice Questionnaire von Scheibehenne et al. (2007)), gewohntes Verhalten beim Mittagessen („frequency of 14 lunchtime scenarios", entwickelt von Lorenz-Walther und Langen (2020)) sowie Einstellungen zu Umweltfragen (durch Nutzung der GREEN Scale von Haws et al., 2014) (vgl. Lorenz-Walther & Langen, 2020) (vgl. Abb. 1).

Es gelang vier unterschiedliche Entscheidungstypen zu identifizieren (vgl. Abb. 2). Typ 1 wird als ‚Durchschnittsgäste' bezeichnet. Mit n = 90 sind 1/5 aller Teilnehmer*innen dieser Gruppe zugeordnet. Geschmack ist das wichtigste Kriterium bei der Essenswahl dieser Gruppe. Nachhaltigkeits- und Gesundheitskriterien sind durchschnittlich wichtig. Vegetarisch wurde kaum und vegan als gar nicht wichtig genannt. Gewohnheitsmäßige Entscheidungen sind bei diesem Typ im Vergleich zu anderen ein wichtigeres Kriterium. Typ 2 wird ‚Nachhaltigkeitsbewusste' genannt. Mit n = 181 sind 40 % aller Teilnehmer*innen in dieser Gruppe. Ihnen sind Nachhaltigkeitskriterien (Bio-, regionale und saisonale Zutaten) besonders, Gesundheitsaspekte durchschnittlich wichtig. Vegetarisch und vegan sind wichtig. Im Vergleich zu Personen vom Entscheidungstyp 1 und 3 legt Segment 2 eher wenig Wert darauf, dass ein bestimmtes Essen sie aufheitert oder hilft, Stress zu bewältigen. Typ 3, bezeichnet als ‚Nachhaltigkeits- und Gesundheitsbewusste', umfassen n = 146 und damit 1/3 aller Teilnehmer*innen. Diese Gruppe ähnelt Segment 2; zusätzlich sind Gesundheitsaspekte wichtig. Es handelt sich um eine Gruppe, die im Vergleich zu den anderen das Preis-Leistungs-Verhältnis von Angeboten und eine geringe Wartezeit an der Essensausgabe

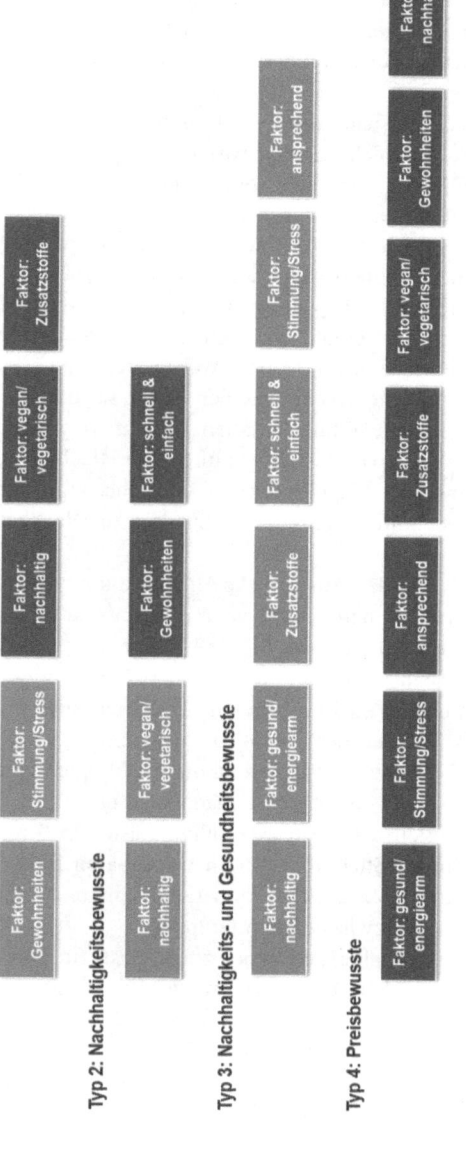

**Abb. 2** Besonders wichtige (in grün) und unwichtige (in rot) Entscheidungsdimensionen der vier identifizierten Ernährungstypen

wichtiger findet. Typ 4, die ‚Preisbewussten', sind mit n = 63 und 13 % aller
Teilnehmer*innen diejenigen, denen Aussehen und Geschmack wichtig und die,
im Vergleich zu den anderen drei Segmenten, das Kriterium „billige" Essenswahl
wichtiger finden. Einen weiteren Einblick in die besonders wichtigen bzw. besonders unwichtigen Entscheidungsdimensionen in Bezug auf die Wahl von Speisen
in Kantinen zeigt Abb. 2.

Das Auswahlexperiment hatte das Ziel, Präferenzen der (potenziellen) Kantinengäste im Hinblick auf solche Eigenschaften der Speiseauswahl zu ergründen,
die die Nachhaltigkeit von Speisen beeinflussen. Dazu wurden die Befragten
gebeten sich vorzustellen, dass Mittagszeit sei und sie Hunger hätten. Dann sollten sie das Angebot wählen, welches ihnen am meisten zusagt. Gezeigt wurden
acht Auswahlsets pro Person bestehend aus vier Alternativen und der Nicht-
Wahl Option (vgl. Abb. 3). Die getesteten fünf Produkteigenschaften/-attribute
(vgl. Abb. 4) waren: i) die Anzahl der täglich angebotenen Menülinien in den
Eigenschaftsausprägungen ein, zwei oder zwei Gerichte plus Salatbuffet. Dabei
sinkt die Planbarkeit für die Küche mit der Zunahme der Menülinien, sodass
potenziell mehr Lebensmittelabfälle anfallen können; ii) 'vegetarische, vegane,
fleischhaltige Speisen', iii) das Bestellsystem, iv) die Nachhaltigkeitsaspekte der
Zutaten in den Eigenschaftsausprägungen biologische, regionale oder saisonale
Erzeugung und v) als fünfte Eigenschaft, ohne direkte Nachhaltigkeitswirkung,
der Preis.

Von den Befragten, die das Auswahlexperiment komplett durchgeführt haben,
gingen 201 regelmäßig in den Kantinen am Arbeitsplatz essen (regelmäßige
Gäste). Als potentielle Gäste können die 172 Teilnehmer*innen betrachtet werden, die angegeben haben, maximal einmal in der Woche in der betriebseigenen
Verpflegungseinrichtung zu speisen. Frauen beteiligten sich in beiden Gruppen
leicht mehr am Auswahlexperiment als Männer (regelmäßige Gäste: 53 % Frauen;
potenzielle Gäste: 57 % Frauen). Der Großteil der Befragten beider Gruppen war
45 Jahre und älter. Zweipersonenhaushalte (regelmäßige Gäste: 33 %; potentielle
Gäste: 41 %) und Singlehaushalte (regelmäßige Gäste: 25 %; potentielle Gäste:
18 %) dominierten in der Stichprobe. Beim verfügbaren Einkommen (mehr als
50 % gaben mindestens 2.600 EUR Nettohaushaltseinkommen an) gab es keine
signifikanten Unterschiede zwischen den Gruppen.

Die Analyse des Auswahlexperiments zeigt, dass für beide Gruppen eine
spontane Auswahlmöglichkeit des Gerichts das wichtigste Kriterium darstellt
(durchschnittliche Wichtigkeit 38 % für regelmäßige Gäste und 45 % für
potentielle Gäste). Gerade die spontane Wahl stellt Anbieter vor große Herausforderungen im Hinblick auf die Planung der Einkäufe und die Zubereitung
von Speisen. Planbare Essenswünsche könnten Zubereitungs- und Ausgabereste

Stellen Sie sich vor, es ist Mittagszeit und Sie haben Hunger.
Welches der folgenden Angebote sagt Ihnen am meisten zu?
Wählen Sie das beste Angebot per Klick aus!

| Menülinien | Zwei angebotene Gerichte | Zwei angebotene Gerichte und Salatbuffet | Ein angebotenes Gericht | Zwei angebotene Gerichte |
|---|---|---|---|---|
| Angebotene Gerichte | Täglich ein veganes Gericht | Täglich ein veganes Gericht | Täglich ein vegetarisches Gericht | Täglich ein Gericht mit Fleisch |
| Bestellsystem | Verbindliche Vorbestellung bis 9 Uhr am Tag des Essens | Spontane Wahl möglich | Verbindliche Vorbestellung bis Freitag der Vorwoche | Spontane Wahl möglich |
| Zutaten | Saisonal | Bio | Regional | Bio |
| Preis | 4,50 € | 6,50 € | 5,50 € | 6,50 € |
| | Select | Select | Select | Select |
| Keins davon | | | | |
| Select | | | | |

**Abb. 3** Beispiel eines Auswahlsets

und somit Lebensmittelverschwendung verringern und einen Beitrag zur Nachhaltigkeit leisten. Die im Choice Experiment ermittelte deutliche Präferenz für spontane Auswahlmöglichkeiten ist in diesem Sinn einer nachhaltigen Produktion eher abträglich. Zweitwichtigste Eigenschaft aus Sicht der Gäste war eine große zur Verfügung stehende Auswahl von täglich zwei angebotenen Gerichten plus Salatbuffet (28 % für regelmäßige Gäste, 23 % für potenzielle Gäste). Auch diese Präferenz für Auswahlvielfalt erschwert die nachhaltige Planung des Speiseangebots. Dritte wichtige Eigenschaft war der Preis (16 % für regelmäßige Gäste, 17 % für potenzielle Gäste), gefolgt von der Art der täglich angebotenen Gerichte (11 % bzw. 10 %) und den Nachhaltigkeitsaspekten der Zutaten (7 % regelmäßige Gäste, 5 % potentielle Gäste).

| Attribut | Level |
|----------|-------|
| Menülinien | Ein angebotenes Gericht |
| | Zwei angebotene Gerichte |
| | Zwei angebotene Gerichte und Salatbuffet |

| Attribut | Level |
|----------|-------|
| Angebotene Gerichte | Täglich ein vegetarisches Gericht |
| | Täglich ein veganes Gericht |
| | Täglich ein Gericht mit Fleisch |

| Attribut | Level |
|----------|-------|
| Bestellsystem | Vorbestellung |
| | Spontane Wahl möglich |
| | Vorbestellung bis 9 Uhr |

| Attribut | Level |
|----------|-------|
| Zutaten | Bio |
| | Regional |
| | Saisonal |

| Attribut | Level |
|----------|-------|
| Preis | 4,50 € |
| | 5,50 € |
| | 6,50 € |

**Abb. 4** Übersicht über Attribute/Eigenschaften und Attributlevel/Eigenschaftsausprägungen des Auswahlexperiments

Das Auswahlexperiment macht damit deutlich, dass die in der Literatur und auch der Öffentlichkeit diskutierten und für die Nachhaltigkeit von Speisen relevanten Prozess- und Produkteigenschaften regional, bio, saisonal sowie vegetarisch und vegan deutlich weniger bedeutsam für die Essenswahl in der Kantine sind als der Wunsch nach großer Angebotsvielfalt und spontaner Auswahlmöglichkeit.

Neben dem Auswahlexperiment wurde erfasst, wie die Befragten unterschiedliche andere Veränderungen, denen positive Nachhaltigkeitswirkungen zugeschrieben werden[2] (Vorbestellungen der gewünschten Speisen bis 9 Uhr oder Freitag der Vorwoche; Abrechnung nach Gewicht; zwei Portionsgrößen; Veggie Day; Mehrweg-Kaffeebecher; ausschließliche Bargeldzahlung (invertiert abgefragt als Präferenz für Kartenzahlung)) in der Kantine bewerten (vgl. Abb. 1).

---

[2] Hintergründe zur Nachhaltigkeitswirkungen der Veränderungen finden sich in Lorenz-Walther und Langen (2020).

Es zeigte sich, dass Vorbestellungen und Abrechnung nach Gewicht für mehr als die Hälfte der Befragten vollkommen inakzeptabel wären. Akzeptabel, wenn das Essen dadurch nicht teuer würde, wären für den Großteil der Befragten lediglich das Angebot zweier Portionsgrößen, die Einführung eines Veggie Day (der von einem Viertel jedoch grundsätzlich abgelehnt wird), Mehrwegbecher und die ausschließliche Möglichkeit des bargeldlosen Zahlens. Ordinale logistische Regressionsanalysen zeigen, dass Akzeptanz vom biologischen Alter sowie von persönlichen Essgewohnheiten am Abend abhängt. Jüngere und Personen, die am Abend noch warme Mahlzeiten zu sich nehmen, zeigten eine größere Akzeptanz für die möglichen Veränderungen. Befragte, die in ergänzenden Fragen des Food Choice Questionnaire eine hohe Relevanz von Nachhaltigkeitsaspekten zeigten, waren offener für nachhaltigkeitssteigernde Veränderungen und weniger beeinflusst von Routinen (vgl. Lorenz-Walther & Langen, 2020 für Details).

Die ebenfalls im Hinblick auf nachhaltige Ernährung relevanten Fragen nach möglichen Spill-over und Rebound Effekten zwischen unterschiedlichen Mahlzeiten sowie die Bedeutung des Vertrauens in den Anbieter und seine Glaubwürdigkeit (vgl. Yeh et al., 2020) wurden in dieser Studie nicht behandelt. Mit ihrem Fokus auf die Mittagsmahlzeit in Kantinen des Arbeitsgebenden macht die Studie mit ihren sich ergänzenden Teilen jedoch deutlich, dass zwar theoretisch viele Optionen vorhanden sind, um Ernährungsentscheidungen außer Haus anbieterseitig nachhaltiger zu gestalten, dass aber die Akzeptanz der Maßnahmen aufseiten der Gäste und der potenziellen Gäste sehr unterschiedlich ist. Erklärt werden kann die Bereitschaft, nachhaltige Optionen wahrzunehmen bzw. zu akzeptieren, teilweise mit soziodemographischen Faktoren. Aber auch mit persönlichen Einstellungen zu Nachhaltigkeitsaspekten im Allgemeinen und mit Blick auf Ernährung im Besonderen. Ferner sind die unterschiedlichen Ansprüche relevant, die an das Essen gelegt werden und das gewohnte Verhalten sowie die Offenheit dafür, die gewohnten Routinen zu verändern. Vereinfacht gesagt waren es die jüngeren, umweltbewussten, gut vernetzten und gemeinsam mit anderen zu Mittag essenden Gäste mit weniger routiniertem Essverhalten, die Offenheit für die unterschiedlichen Veränderungsoptionen mit Nachhaltigkeitsrelevanz signalisierten. Die Untersuchung macht deutlich, dass Veränderungen gut auf die (potenziellen) Gäste abgestimmt sein müssen und im besten Fall mit ihnen gemeinsam entworfen werden sollten. Die Studie zeigt auch, dass ein Großteil der in der Literatur diskutierten Möglichkeiten zur Steigerung der Nachhaltigkeit in der Ernährung der Außer-Haus Gastronomie keine Akzeptanz unter Gästen aufweist.

Dies verdeutlicht die Notwendigkeit einer neuen Herangehensweise an nachhaltige Ernährung. Die oben beschriebenen Ergebnisse stehen nur pars pro toto für eine Reihe von Forschung, die deutlich macht, dass pluralistische und integrierte Ansätze gegangen werden müssen, um die notwendigen transformativen Veränderungen des Ernährungssystems im Sinne der SDGs zu erreichen. Die von Caniglia et al. (2021) aufgestellten drei Forderungen an Aktivitäten für Nachhaltigkeit scheinen auch aus Sicht der hier beschriebenen Lücke zwischen der (theoretischen) Verfügbarkeit nachhaltiger Optionen und dem Ergreifen ebendieser durch Individuen folgerichtig. Vorgeschlagen wird, dass Nachhaltigkeitsaktivitäten 1) konzipiert sind mit der Intention, Veränderung zu bewirken, 2) unterschiedliche Akteure gemeinsam ins Handeln kommen und 3) sich ständig anpassen an die sich verändernden sozial-ökologischen Kontexte (Caniglia et al., 2021). Das Beispiel der strukturellen Veränderungen in Kantinen zeigt deutlich, dass ein Großteil der Gäste kaum von sich aus die nachhaltigere Gelegenheit wahrnehmen wird. Erhöht werden könnte die Bereitschaft hingegen durch gesteigerte intrinsische Motivation nach einer Selbstverpflichtung (vgl. Lorenz et al., 2017). Diese ließe sich bspw. durch Einbeziehung der Gäste wie z. B. bei der Wahl der Speise der Woche erzeugen.

Die Bedeutung inklusiver Veränderungen für nachhaltige Ernährung statt einseitiger Bemühungen um bspw. ein verändertes Angebot und einzelne Gelegenheiten für nachhaltige Ernährung lassen sich auch aus den von Fuchs et al. (2021) ausgeführten Gedanken zur Notwendigkeit, als Gesellschaft gemeinsam Konsumkorridore für ein gutes Leben für alle zu definieren, schließen. Argumentiert wird dort mit den in vielen Kontexten unbekannten Rebound Effekten, den bereits ausführlich berichteten Einstellungs-Verhaltens Lücken sowie der weniger oft beschriebenen Verhaltens-Impact Lücken, deren Relevanz auch in der Betriebsgastronomie evident ist.

Es reicht ferner nicht aus, anzunehmen, dass Menschen, wenn sie nur die richtige Wahl träfen, nachhaltige Ernährungssysteme schaffen könnten. Es sind nicht die mündigen Verbraucher*innen allein, die den notwendigen Wandel antreiben können. Es braucht strukturellen Wandel, eine „great food transformation" (Willett et al., 2019, S. 478), sodass eine vegetarische Ernährung nicht aufgrund struktureller Gegebenheiten immer noch mit 1,4 t $CO_2$-Äquivalenten/Person und Jahr zu Buche schlägt (Ernstoff et al., 2020).

## Literatur

Bronfenbrenner, U. (1992). Six theories of child development: Revised formulations and current issues. In R. Vasta (Hrsg.), *Ecological systems theory* (S. 187–248). Jessica Kingsley Publishers.

BVE – Bundesvereinigung der Deutschen Ernährungsindustrie. (2018). Jahresbericht 2017_2018. https://www.bve-online.de/presse/infothek/publikationen-jahresbericht/jah resbericht-2018. Zugegriffen: 03. März 2022.

BVE – Bundesvereinigung der Deutschen Ernährungsindustrie. (2019). Jahresbericht 2018_2019. https://www.bve-online.de/presse/infothek/publikationen-jahresbericht/bve-jahresbericht-ernaehrungsindustrie-2019. Zugegriffen: 03. März 2022.

BVE – Bundesvereinigung der Deutschen Ernährungsindustrie. (2020). Jahresbericht 2019_2020. https://www.bve-online.de/presse/infothek/publikationen-jahresbericht/bve-jahresbericht-ernaehrungsindustrie-2020. Zugegriffen: 03. März 2022.

Caniglia, G., Luederitz, C., von Wirth, T., Fazey, I., Martín-López, B., Hondrila, K., König, A., von Wehrden, H., Schäpke, N. A., Laubichler, M. D., & Lang, D. J. (2021). A pluralistic and integrated approach to action-oriented knowledge for sustainability. *Nat Sustain, 4*, 93–100.

Crippa, M., Solazzo, E., Guizzardi, D., et al. (2021). Food systems are responsible for a third of global anthropogenic GHG emissions. *Nature Food, 2*, 198–209.

Eat-Lancet Commission. (2019). *Summary Report of The EAT-Lancet Commission.* https://eatforum.org/content/uploads/2019/01/EAT-Lancet_Commission_Summary_Report. pdf. Zugegriffen: 03. März 2022.

Ernstoff, A., Stylianou, K. S., Sahakian, M., Godin, L., Dauriat, A., Humbert, S., Erkman, S., & Jolliet, O. (2020). Towards win-win policies for healthy and sustainable diets in Switzerland. *Nutrients, 12*(9), 2745.

Fuchs, D., Sahakian, M., Gumbert, T., Di Giulio, A., Maniates, M., Lorek, S., & Graf, A. (2021). *Consumption corridors: Living well within sustainable limits.* Routledge.

Haws, K. L., Winterich, K. P., & Naylor, R. W. (2014). Seeing the world through GREEN-tinted glasses: green consumption values and responses to environmentally friendly products. *Journal of Consumer Psychology, 24*(3), 336–354.

Ivanova, D., Barret, J., Wiedenhofer, D., Macura, B., Callaghan, M., & Creutzig, F. (2020). Quantifying the potential for climate change mitigation of consumption options. *Environmental Research Letters, 15*, 093001

Koerber, K. von (2014). Fünf Dimensionen der Nachhaltigen Ernährung und weiterentwickelte Grundsätze – Ein Update. *Ernährung im Fokus* (9–10), (S. 260–266). https://www.nachhaltigeernaehrung.de/fileadmin/Publikationen/aid_eif_Nachhaltige_Ernaehrung_K oerber_09-2014__Lit.pdf. Zugegriffen: 03. März 2022.

Kroeber-Riel, W., & Gröppel-Klein, A. (2013). *Konsumentenverhalten.* Vahlen.

Langen, N., Dubral, R., Ohlhausen, P., Bauske, E., Speck, M., Rohn, H., & Teitscheid, P. (2017). Review von Interventionsstudien aus den Bereichen Nudging, Information und Partizipation und deren methodischer Fundierung sowie Ableitung von Stellschrauben zur Steigerung nachhaltigen Essverhaltens. *Arbeitspapier 4 des NAHGAST Projekts.* http://nahgast.de/publikationen/.

Langen, N. (2018). Interventionen und Stellschrauben für nachhaltige Ernährung in der AHG. In P. Teitscheid, N. Langen, M. Speck, & H. Rohn (Hrsg.), *Nachhaltig Außer-Haus essen: Von der Idee bis auf den Teller* (S. 226–291). Oekom.

Lea, E., & Worsley, A. (2003). Benefits and barriers to the consumption of a vegetarian diet in Australia. *Public health nutrition, 6*(5), 505–511. http://www.ncbi.nlm.nih.gov/pubmed/12943567.

Lorenz, B. A. S., & Langen, N. (2018). Determinants of how individuals choose, eat and waste: Providing common ground to enhance sustainable food consumption out-of-home. Int J Consum Stud. 2018; 42: 35– 75. https://doi.org/10.1111/ijcs.12392

Lorenz, B. A. S., Langen, N., Schröder, V., & Göbel, C. (2017). *Pre-Self-Commitment as a Means Towards More Sustainable Food Choices.* Poster presented at the 15th EAAE congress 'Towards Sustainable Agri-Food Systems: Balancing between Markets and Society'. August 29–September 01, 2017. Parma, Italy. https://nahgast.de/wp-content/upl oads/2017/09/1_NAHGAST_Poster_EAAE_Commitment_Lorenz-et-al.2017.pdf.

Lorenz-Walther, B. A. S., & Langen, N. (2020). Sustainable changes in a worksite canteen: An exploratory study on the acceptance of guests, Journal of Cleaner Production, Volume 259, 2020, https://doi.org/10.1016/j.jclepro.2020.120737.

Mbow, C. et al. (2019). *Food Security in Climate Change and Land: An IPCC Special Report on Climate Change, Desertification, Land Degradation, Sustainable Land Management, Food Security, and Greenhouse Gas Fluxes in Terrestrial Ecosystems.* IPCC.

McKenzie-Mohr, D. (2000). Fostering sustainable behavior through community-based social marketing. *The American psychologist, 55*(5), 531–537.

Monetti, S., Pregernig, M., Speck, M., Langen, N., & Bienge, K. (2021). Assessing the impact of individual nutrition on biodiversity: A conceptual framework for the selection of indicators targeted at the out-of-home catering sector. *Ecological Indicators, 126*(2021), 107620.

Ohlhausen, P., & Langen, N. (2021). Spontaneous variety-seeking meal choice in business canteens impedes sustainable production. *Sustainability, 13*(2), 746.

Poore, J., & Nemecek, T. (2018). Reducing food's environmental impacts through producers and consumers. *Science, 360*(6392), 987–992.

Scheibehenne, B., Miesler, L., & Todd, P. M. (2007). Fast and frugal food choices: uncovering individual decision heuristics. *Appetite, 49*(3), 578–589.

Steptoe, A., Pollard, T. M., & Wardle, J. (1995). Development of a measure of the motives underlying the selection of food: the food choice questionnaire. *Appetite, 25*(3), 267–284.

Story, M., Kaphingst, K. M., Robinson-O'brien, R., & Glanz, K. (2008). Creating healthy food and eating environments: Policy and environmental approaches. *Annual Review of Public Health, 29*, 253–272.

Teitscheid, P., Göbel, C., & Weber, J. (2018). Beschreibung des AHG-Marktes in Deutschland und Europa. In P. Teitscheid, N. Langen, M. Speck, & H. Rohn (Hrsg.), *Nachhaltig Außer-Haus essen: Von der Idee bis auf den Teller* (S. 27–38). Oekom.

Trommsdorff, V., & Teichert, T. (2011). *Konsumentenverhalten.* Kohlhammer.

Willett, W., Rockström, J., Loken, B., Springmann, M., Lang, T., Vermeulen, S., Garnett, T., Tilman, D., DeClerck, F., Wood, A., Jonell, M., Clark, M., Gordon, L. J., Fanzo, J., Hawkes, C., Zurayk, R., Rivera, J. A., De Vries, W., Majele Sibanda, L., et al. (2019). Food in the Anthropocene: the EAT-Lancet Commission on healthy diets from sustainable food systems. *Lancet (London, England), 393*(10170), 447–492.

Yeh, C., Hartmann, M., & Langen, N. (2020). The role of trust in explaining food choice: Combining choice experiment and attribute best-worst scaling. *Foods, 9*(1), 45.

**Nina Langen** Univ. Prof. Dr. agr., schloss ihr durch ein Studienstipendium der Heinrich Böll Stiftung gefördertes Studium Agrarwissenschaften mit Schwerpunkt Wirtschafts-

und Sozialwissenschaften des Landbaus (Dipl.- Ing. agr.,) als Jahrgangsbeste ab. Nach einer Tätigkeit im Produktmanagement von Alnatura promovierte sie, unterstützt durch ein Promotionsstipendium der Robert Bosch Stiftung, am Zentrum für Entwicklungsforschung, sowie am Institut für Lebensmittel- und Ressourcenökonomik in der Abteilung für Marktforschung an der Universität Bonn. Für ihre Dissertation „Ethics in Consumer Choice – An Empirical Analysis based on the Example of Coffee" wurde ihr der 1. Preis, Nachwuchsförderpreis Verbraucherforschung vom Kompetenzzentrum Verbraucherforschung NRW verliehen. Nach einem von der Fritz-Thyssen-Stiftung geförderten Post-Doc Forschungsaufenthalt am UMR GAEL INRA-UPMF, Grenoble wurde sie 2016 Juniorprofessorin für Bildung für Nachhaltige Ernährung und Lebensmittelwissenschaft, Institut für Berufliche Bildung und Arbeitslehre, Technische Universität Berlin. 2018 folgte der Ruf an die PH Nordwestschweiz auf die unbefristete Professur Gesundheit, Haushalt, Wirtschaft, den sie ablehnte. 2019 nahm sie den Ruf auf die unbefristete W3 Professur an die TU Berlin an. 2019 erhielt sie den Femtec Award in der Kategorie „Innovation". Ihre Forschungsschwerpunkte umfassen: ethischer Lebensmittelkonsum, Transformatives Konsument*innenverhalten, Verhaltensökonomie; Nachhaltigkeit, Lebensmittelverschwendung; Fairer Handel; Cause-related Marketing; Berufsfeldbezogene Didaktik; Marktforschung; Technikfolgenabschätzung; Akzeptanz neuartiger Lebensmittel.

# Nachhaltigkeit als Gegenstand von Prüfungen in der örtlichen Rechnungsprüfung

Otto Reiners

## 1 Einleitung

Die Generalversammlung der Vereinten Nationen hat am 25. September 2015 die Agenda 2030 für eine nachhaltige Entwicklung verabschiedet (Vereinte Nationen, 2015). Sie hat dabei anerkannt, dass den nationalen Parlamenten durch ihre *Gesetzgebung* und die *Verabschiedung von Haushaltsplänen* eine wesentliche Rolle bei der *Gewährleistung der Rechenschaftspflicht* für eine wirksame Umsetzung der eingegangenen Verpflichtungen zur Umsetzung der Ziele der Agenda 2030 zukommt (Vereinte Nationen, 2015, S. 12 Nr. 45). Die Gesetzgebung obliegt in einer parlamentarischen Demokratie dem Parlament als der Legislative. In Deutschland dient der Haushaltsplan der Feststellung und Deckung des Finanzbedarfs, der zur Erfüllung der Aufgaben des Bundes im Bewilligungszeitraum voraussichtlich notwendig ist. Der Haushaltsplan ist Grundlage für die Haushalts- und Wirtschaftsführung. Bei seiner Aufstellung und Ausführung ist den Erfordernissen des gesamtwirtschaftlichen Gleichgewichts Rechnung zu tragen (Bundeshaushaltsverordnung (BHO) 2021 § 2). Für den Begriff „Rechenschaftspflicht" gibt es in der Literatur vielfältige Interpretationen. Im Bürgerlichen Gesetzbuch (BGB) bedeutet Rechenschaft beispielsweise im Schuldrecht, dass der bzw. die Beauftragte verpflichtet ist, dem bzw. der Auftraggeber*in die erforderlichen Nachrichten zu geben, auf Verlangen über den Stand des Geschäfts Auskunft zu erteilen und nach der Ausführung des Auftrags Rechenschaft abzulegen (BGB, 2021, § 666). Die Rechenschaftspflicht wiederum lässt sich als ein Prozess auf der Grundlage der Prinzipal-Agent-Theorie definieren (Abb. 1).

O. Reiners (✉)
Münster, Deutschland
E-Mail: msottoreiners@gmail.com

C. Onnen (Hrsg.), *Gelegenheitsfenster für nachhaltigen Konsum*,
https://doi.org/10.1007/978-3-658-37543-0_11

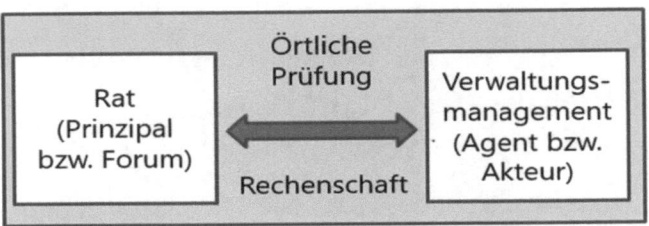

**Abb. 1**  Prinzipal-Agent-Theorie. (Eigene Darstellung)

Hierbei handelt es sich um eine Beziehung zwischen einem bzw. einer Akteur[1] und einem Forum. Im Forum ist der Akteur verpflichtet, das eigene Verhalten zu klären und zu rechtfertigen, während das Forum Fragen stellt und ein Urteil fällen kann und der Akteur mit Konsequenzen rechnen muss (Bovens, 2007, S. 452). Die örtliche Prüfung als gesetzlich verankerte Instanz gibt Rechenschaft – sowohl an das Forum als auch an den Akteur – über die Ergebnisse der Prüfungen zum Gegenstand der Nachhaltigkeit. Der aus der Prinzipal-Agent-Theorie abgeleiteten Definition des Begriffs „Rechenschaftspflicht" wird in diesem Beitrag gefolgt.

Im Fokus dieses Beitrags steht, mit welchem Wissen bzw. mit welchen Methoden und Techniken eine örtliche Rechnungsprüfung

- die Einhaltung der einschlägigen Gesetze und Beschlüsse zur Umsetzung der Agenda 2030 überprüfen kann,
- die mit dem Haushaltsplan beschlossenen Ziele und Maßnahmen überprüfen kann, um die Ziele der Agenda 2030 zu erreichen (Wirkung der nachhaltigen Entwicklungsziele) und
- klären kann, ob die Informationen der verschiedenen Akteure (Agent) im Rahmen der Rechenschaftspflicht für das Forum (Prinzipal) ausreichend sind, damit die örtliche Prüfung (Rechnungsprüfungsausschuss und das örtliche Rechnungsprüfungsamt) prüfen sowie eine Bewertung vornehmen und der Akteur ggf. auf den notwendigen Handlungsbedarf reagieren kann.

---

[1] Die Prinzipal-Agent-Theorie untersucht Beziehungen zwischen einem Agenten (auch Akteur oder Auftraggeber genannt) und einem Prinzipal (auch Auftragnehmer oder Forum genannt). Asymmetrien zwischen Agent und Prinzipal können u. a. Ineffizenzen bewirken, beispielsweise zwischen der Vereinbarungsbildung und der Vereinbarungsdurchführung. Da sowohl in der Gesetzgebung als auch in den Theorien mit der männlichen Nennung gearbeitet wurde, hat der Verfasser in diesem Beitrag die Begriffe nicht gendergerecht modifiziert.

Da keine standardisierten Methoden und Techniken zur Prüfung der Agenda 2030 durch die örtliche Rechnungsprüfung existieren, beschäftigt sich der Verfasser in diesem Beitrag konzeptionell mit möglichen Methoden und Techniken zur Prüfung der „Nachhaltigkeit" durch die örtliche Rechnungsprüfung.

## 2    Rahmenbedingungen zur Prüfung der Nachhaltigkeit

### 2.1    Begriff und Ziele der „Nachhaltigkeit"

Der Begriff „Nachhaltigkeit" wird vielfältig verwendet. In der Forstwirtschaft beinhaltet das seit Jahrhunderten angewandte Prinzip der Nachhaltigkeit eine Art und Weise des Wirtschaftens in der Holzwirtschaft. Carl von Carlowitz hat in seinem Werk „Sylvicultura oeconomica" im Jahr 1713 dargestellt, dass eine weitere Not an Holz nur durch dadurch vermieden werden kann, wenn sichergestellt wird, dass nur so viel Holz geschlagen wird, wie durch die zeitgleiche Aufforstung auch wieder nachwachsen kann (Forstwirtschaft in NRW, 2021, zitiert nach Carlowitz 1713). Nach dem Brundtland-Bericht der Vereinten Nationen aus dem Jahr 1987 wird bis heute folgendes unter Nachhaltigkeit verstanden: „*Eine Entwicklung, die den Bedürfnissen der Gegenwart entspricht, ohne die Fähigkeit künftiger Generationen zu beeinträchtigen, ihre eigenen Bedürfnisse zu befriedigen.*" (Schweizerische Eidgenossenschaft, Brundtland-Bericht, 1987, S. 37). Nachhaltigkeit bedeutet somit, dass Ressourcen, verstanden als sozio-kulturelle, ökologische und ökonomische Ressourcen, nur soweit ver- und gebraucht werden, dass sie auch zukünftigen Generationen in der gleichen Qualität und Quantität zur Verfügung stehen können/sollen. Betroffen sind alle gesellschaftlichen Bereiche und i. d. R. deren gesamtes Aufgabenportfolio und damit verknüpft der komplette Haushaltsplan bzw. die erwirtschafteten Ergebnisse des jeweiligen Haushaltsjahres einer öffentlichen Verwaltung.

In der Wissenschaft, Politik und Praxis besteht heute weitgehender Konsens darüber, dass der lokalen Ebene bei der Umsetzung der 17 Nachhaltigkeitsziele der Agenda 2030 eine zentrale Rolle zukommt (Lange et al., 2020, S. 1). Die von den Vereinten Nationen beschlossenen 17 Sustainable Development Goals (SDGs) sind in der Abb. 2 aufgelistet.

Die 17 Ziele wurden auf der Ebene der Vereinten Nationen in 169 Unterziele und 232 Indikatoren zur Messung der Zielerreichung aufgefächert (Vereinte Nationen, 2015, S. 1; World University Service, 2021, Portal globales Lernen).

| 17 Ziele der Agenda 2030 | | | |
|---|---|---|---|
| 1 | Keine Armut | 2 | Kein Hunger |
| 3 | Gesundheit und Wohlergehen | 4 | Hochwertige Bildung |
| 5 | Geschlechtergerechtigkeit | 6 | Sauberes Wasser und Sanitäreinrichtungen |
| 7 | Bezahlbare und saubere Energie | 8 | Menschenwürdige Arbeit und Wirtschaftswachstum |
| 9 | Industrie, Innovation und Infrastruktur | 10 | Weniger Ungleichheiten |
| 11 | Nachhaltige Städte und Gemeinden | 12 | Nachhaltige/r Konsum und Produktion |
| 13 | Maßnahmen zum Klimaschutz | 14 | Leben unter Wasser |
| 15 | Leben am Land | 16 | Frieden, Gerechtigkeit und starke Institutionen |
| 17 | Partnerschaften zur Erreichung der Ziele | | |
| 169 Unterziele | | | |
| 232 Indikatoren zur Messung der Zielerreichung auf Ebene der Vereinten Nationen | | | |

**Abb. 2**  Ziele der Agenda 2030 (Vereinte Nationen, 2015, S. 1 f.)

Der Präsident des deutschen Bundesrechnungshofes führt aus, dass Aspekte der Nachhaltigkeit bei allen Entscheidungen mitgedacht werden müssen. „Nachhaltigkeit findet „im Großen" und „im Kleinen" statt." (Scheller, 2021, S. 2). Der Bundesrechnungshof weist darauf hin, dass sich zum einen die durch die Corona-Pandemie bedingten vielfältigen finanziellen Maßnahmen über viele Jahre massiv auf die Handlungsfähigkeit des Bundes und die Nachhaltigkeit der Staatsfinanzen auswirken. Zum anderen hat der Bundrechnungshof kritisiert, dass die Ziele und Indikatoren der Nachhaltigkeitsstrategie der Bundesregierung zu unkonkret und damit in der Verwaltungspraxis nicht handhabbar sind. Den Erfahrungen des Bundesrechnungshofes zufolge fällt es den meisten Entscheidungträgern schwer, einen kausalen Zusammenhang zwischen einer Maßnahme und ihrem Beitrag zur Umsetzung der Nachhaltigkeitsstrategie der Bundesregierung herzustellen (Scheller, 2021, S. 2). Der Deutsche Städtetag betont, dass die Kommunen entscheidend sind für das Gelingen einer Transformation der Gesellschaft in Richtung Nachhaltigkeit (Deutscher Städtetag, Stadtfinanzen, 2021, S. 35). Nicht bekannt ist jedoch bis heute, ob die Ziele und Indikatoren der Nachhaltigkeitsstrategie der Kommunen auf lokaler Ebene zur Prüfung durch die örtliche Rechnungsprüfung konkret genug sind, da dies bislang noch nicht untersucht wurde.

## 2.2 Wesentliche Aspekte zur Rechnungsprüfung

### 2.2.1 Rechnungsprüfung auf globaler, bundes-, landes- und kommunaler Ebene

Global ist die internationale Organisation der Obersten Rechnungskontrollbehörden (INTOSAI) für die Überwachung der Ordnungsmäßigkeit und Wirtschaftlichkeit der Verwendung öffentlicher Mittel verantwortlich (INTOSAI, 2021, About us). In dieser Organisation sind die meisten Obersten Rechnungskontrollbehörden der Mitgliedstaaten der Vereinten Nationen zusammengeschlossen. Die Kontrolle bzw. Prüfung der Finanzen der öffentlichen Verwaltungen in Deutschland obliegt dem Bundesrechnungshof, den Rechnungshöfen der Länder bzw. den örtlichen Rechnungsprüfungsämtern. Der Verfassungsauftrag des Bundesrechnungshofs lautet, die Haushalts- und Wirtschaftsführung des Bundes zu prüfen und darüber zu berichten (Der Bundesrechnungshof, 2019, S. 5). Die Landesrechnungshöfe (LRH) prüfen die Haushalts- und Wirtschaftsführung der Länder einschließlich ihrer Sondervermögen und Betriebe (Der Bundesrechnungshof, 2019, S. 11). Zudem gibt es in einigen Bundesländern eine Gemeindeprüfungsanstalt. Sie führt die überörtliche Prüfung bei den Gemeinden und Kreisen durch (Gemeindeprüfungsanstaltgesetz (GPAG) 2021 § 2). Die örtliche Rechnungsprüfung prüft die Haushalts- und Wirtschaftsführung einer Kommune einschließlich der Eigenbetriebe auf der Grundlage der landesspezifischen kommunalrechtlichen Vorgaben.

### 2.2.2 Die örtliche Rechnungsprüfung in den Bundesländern

In dem Niedersächsischen Kommunalverfassungsgesetz (NKomVG) richten beispielsweise die Landkreise, die Region Hannover, die kreisfreien Städte und die großen selbständigen Gemeinden ein Rechnungsprüfungsamt ein; andere Gemeinden können ein Rechnungsprüfungsamt einrichten, wenn ein Bedürfnis hierfür besteht und die Kosten in angemessenem Verhältnis zum Umfang der Verwaltung stehen (NKomVG § 153). Ebenso muss beispielsweise nach der Gemeindeordnung für das Bundesland Nordrhein-Westfalen (GO NRW) ein Rechnungsprüfungsausschuss gebildet werden (GO NRW § 57). Ferner haben in NRW kreisfreie Städte sowie große und mittlere kreisangehörige Städte eine örtliche Rechnungsprüfung als eigene Organisationseinheit einzurichten (GO NRW § 101). Kleinere Gemeinden ohne eine örtliche Rechnungsprüfung können in NRW einen geeigneten Bediensteten als Rechnungsprüferin oder als Rechnungsprüfer bestellen oder sich eines anderen kommunalen Rechnungsprüfers oder eines Wirtschaftsprüfers oder einer Wirtschaftsprüfungsgesellschaft bedienen

(GO NRW § 101, S. 3). Nach dem Niedersächsischen Kommunalverfassungsgesetz und der Gemeindeordnung für das Bundesland Nordrhein-Westfalen ist die Prüfung der jeweiligen Jahresabschlüsse und Lageberichte sowie des Gesamtabschlusses unter anderem Aufgabe der örtlichen Rechnungsprüfung (GO NRW § 102; NKomVG § 155). Des Weiteren können örtliche Rechnungsprüfungen mit der Prüfung der Eigenbetriebe beauftragt werden (NKomVG § 155, Abs. 1 Nr. 4; GO NRW § 103, Abs. 2). Gleiches gilt für die Prüfung der Zweckmäßigkeit und Wirtschaftlichkeit (GO NRW § 104, Abs. 2) bzw. der Ordnungsmäßigkeit, Zweckmäßigkeit und Wirtschaftlichkeit (NKomVG § 155, Abs. 2 Nr. 2). Die zwei ausgewählten Bundesländer zeigen auf, dass in den Bundesländern in Deutschland die Aufgaben der Rechnungsprüfung zwar unterschiedlich beschrieben sind, jedoch weitestgehend Übereinstimmung in den landesspezifischen Vorgaben besteht, dass die „örtliche Prüfung" nicht weisungsgebunden die Ordnungsmäßigkeit und Wirtschaftlichkeit des Verwaltungshandelns überprüfen soll.

### 2.2.3   Die örtliche Prüfung in einer Kommune

Der Begriff „*örtliche Prüfung*" umfasst nach Bätge die aufeinander abzustimmenden Tätigkeiten des Rechnungsprüfungsausschusses der Kommunalvertretung *und* der örtlichen Rechnungsprüfung in der Kommunalverwaltung (Bätge, 2020, S. 127). Sowohl der Rechnungsprüfungsausschuss als auch die örtliche Rechnungsprüfung stehen bei ihrer Aufgabenwahrnehmung in unmittelbarer Verbindung mit der Kommunalvertretung bzw. sind ihr in ihrer sachlichen Tätigkeit unmittelbar unterstellt (Bätge, 2020, S. 127). Bei der *örtlichen Prüfung* handelt es sich somit um ein zentrales Instrument für eine zeitnahe Kontrolle des wirtschaftlichen Handelns der Kommune sowie der Behandlung der kommunalen Geschäftsvorfälle mit finanziellen Auswirkungen (Bätge, 2020, S. 127). Mit dem Three-Lines-of-Defense-Modell (TLoD-Modell) des Institute of Internal Auditos (IAA) lässt sich die Einordnung und die Rolle der örtlichen Prüfung in einer öffentlichen Verwaltung gut beschreiben. Das TLoD-Modell hilft, Organisationen, Strukturen und Prozesse zu identifizieren, die die Zielerreichung zur „Umsetzung der Ziele der Agenda 2030" am besten unterstützen und ein starkes Risikomanagement ermöglichen.

Wie in der Abb. 3 beschrieben, ist die 1. Linie für die selbständige Kontrolle und die Einhaltung der Regelungen (Gesetze, Verordnungen, Dienstanweisungen etc.) verantwortlich. D. h. das Management der Organisation bzw. der Organisationseinheit hat für jedes der 17 Nachhaltigkeitsziele die Vorgaben aus den Regelungen zu kontrollieren. Zudem ist das Management für Überwachung (beschrieben als 2. Linie) der Nachhaltigkeitsziele mit Unterstützung eines ggf.

**Abb. 3** Three-Lines-of-Defense-Modell (TLoD) in Anlehnung an Institute of International Auditors (IAA), (2022, S. 6)

vorhandenen Controllings bzw. einer internen Revision verantwortlich. Das örtliche Rechnungsprüfungsamt (dargestellt als 3. Linie) prüft die Rechtmäßigkeit, Zweckmäßigkeit und Wirtschaftlichkeit der Aufgabenerledigung der Akteure in der öffentlichen Verwaltung und erteilt Rechenschaft an den Rat[2] bzw. an die Öffentlichkeit. Die Zuordnung der Akteure bzw. der Foren auf der Grundlage der Prinzipal-Agent-Theorie ermöglicht den Fokus auf die Beziehung zu lenken, die zwischen Rat bzw. der Öffentlichkeit, der örtlichen Rechnungsprüfung und den Akteuren besteht. Aufgrund der begrenzt zur Verfügung stehenden finanziellen Mittel der unterschiedlichen Akteure können beispielsweise Interessenasymmetrien entstehen. Ein Akteur (Amt) kann bei der Verwendung der verfügbaren Haushaltsmittel den Einsatz von zusätzlichem Personal in den Vordergrund stellen, womit weniger finanzielle Mittel für die Umsetzung der Nachhaltigkeitsziele zur Verfügung stehen (Zielkonflikte).

Die örtliche Rechnungsprüfung überprüft insbesondere, ob z. B. Kontroll- und Überwachungsnahmen zur Einhaltung der Regelungen in der öffentlichen

---

[2] Eine Landschaftsversammlung gibt es in den Bundesländern, die über Kommunalverbände verfügen, wie z. B. in Nordrhein-Westfalen. In Niedersachsen z. B. gibt es keine Landschaftsversammlung.

Verwaltung implementiert sind und ob die Regelungen generell eingehalten werden. Ebenso erfolgt eine Überprüfung der „Internen Kontrollsysteme" sowie eine
Überprüfung des Risikomanagements, um nur einige der vielfältigen Begriffe aus
dem Aufgabengebiet der örtlichen Rechnungsprüfung zu nennen. Gleichzeitig
ist darauf hinzuweisen, dass die Aufgaben der örtlichen Prüfung in den letzten
Jahren einem starken Wandel unterlagen. Während traditionell vergangenheits-
orientierte Einzelfallprüfungen durchgeführt wurden, steht heute die Schaffung
von einem Mehrwert und einem Nutzen für die Kommune im Vordergrund der
Prüfungen. Des Weiteren haben sich die Aufgaben seit der Einführung der doppischen Haushaltsführung in vielen Kommunen stark verändert.[3] Das Institut der
Rechnungsprüfer hat die Forderung aufgestellt, die Überwachung der Haushalte
von einer rückblickenden Kontrolle zu einer strategischen Beratung weiterzuentwickeln, um bei kommunalen Ausgaben auf Augenhöhe mit den politischen
Entscheidungsträgern zu kommunizieren (Institut der Rechnungsprüfer, 2016,
Präambel). Der örtlichen Rechnungsprüfung können darüber hinaus noch weitere
Aufgaben obliegen, wenn diese in anderen rechtlichen Vorschriften bestimmt wor-
den sind. Dazu gehören z. B. Aufgaben nach dem Korruptionsbekämpfungsgesetz
NRW (KorruptionsbG NRW).

## 2.3   Die Bedeutung der Haushaltsplanung und der Jahresabschlüsse inkl. Lageberichte zur Prüfung der Nachhaltigkeit

Die Europäische Kommission stellt heraus, dass der EU-Haushalt eine Schlüs-
selrolle zur Umsetzung der beschlossenen Wachstumsstrategie „Green Deal"
einnehmen wird. Ziel der Strategie ist es, eine faire und wohlhabende Gesellschaft
mit einer modernen, ressourceneffizienten und wettbewerbsfähigen Wirtschaft
zu forcieren (Europäische Kommission, 2019, S. 19). Ferner wird von der
EU-Kommission herausgestellt, dass den nationalen Haushalten hierbei eine zentrale Rolle zukommt. Mit einem verstärkten Einsatz von Instrumenten für eine
umweltgerechte Haushaltsplanung lassen sich aus der Sicht der EU-Kommission
öffentliche Investitionen sowie der Verbrauch und die Besteuerung leichter auf
„grüne" Prioritäten umlenken und nicht zielkonforme Subventionen dadurch
abschaffen. Darin zeigt sich, dass die EU-Kommission mit den Mitgliedstaaten

---

[3] Die Bundesländer haben sukzessive im Zeitraum 2005 bis 2015 den Kommunen (teilweise
verpflichtend, teilweise optional) die Möglichkeit der Umstellung von der kameralen zur
doppischen Haushaltführung eingeräumt.

zusammenarbeiten will, um die Verfahren der umweltgerechten Haushaltsplanung zu überprüfen und zu bewerten (Europäische Kommission, 2019, S. 21).

Mit der deutschen Nachhaltigkeitsstrategie wurden die Ziele für die nachhaltige Entwicklung in eine nationale Strategie überführt. *„Die Deutsche Nachhaltigkeitsstrategie orientiert sich seit 2016 an den Zielen der Agenda 2030 für eine nachhaltige Entwicklung der Vereinten Nationen."* (Die Bundesregierung, 2021, Bundesregierung aktualisiert Nachhaltigkeitsstrategie). Auf Bundesebene verlangt der Rat für Nachhaltige Entwicklung (RNE) von der Bundesregierung, das Thema Nachhaltigkeit zum Haushaltsprinzip zu machen (RNE, 2019, S. 2). Gefordert werden finanz-strategische Konsequenzen für die Ausgaben des Bundes. *„Nachhaltigkeit muss zum Kriterium für die Festlegungen des Bundeshaushalts und damit zur Bemessungsgrundlage im Haushaltsausschuss und für die Rechnungshöfe werden."* (RNE, 2019, S. 2). Das Bundesministerium der Finanzen hebt im ersten BMF-Ressortbericht Nachhaltigkeit hervor, dass angesichts der Prognosen über Konjunktureintrübungen der deutschen Wirtschaftsleistungen und weiterhin hohen Investitionsausgaben des Bundes die Bedeutung einer nachhaltigen Haushaltspolitik wieder mehr in den Fokus rücken wird (Bundesministerium für Finanzen, 2019, S. 49). Auch in den Nachhaltigkeitsstrategien der Bundesländer wird der Zusammenhang zwischen den Finanzen und Nachhaltigkeit betont. In der Nachhaltigkeitsstrategie des Landes NRW heißt es beispielsweise: *„Langfristig tragfähige öffentliche Finanzen sind eine wesentliche Voraussetzung für alle anderen Nachhaltigkeitsanstrengungen und dienen der Generationengerechtigkeit."* Weiterhin heißt es in der Nachhaltigkeitsstrategie für NRW: *„Die öffentlichen Haushalte sind der Generationengerechtigkeit in allen Dimensionen der Nachhaltigkeit verpflichtet."* (Ministerium für Umwelt, Landwirtschaft, Natur und Verbraucherschutz NRW, 2020, S. 42). Ebenso sind in den erarbeiteten Nachhaltigkeitsstrategien der ersten Städte elementare Nachhaltigkeitsziele mit finanzpolitischem Fokus verankert. Beispielsweise wurde in der Stadt Bonn beschlossen, dass im Jahr 2030 die öffentliche Beschaffung und die Finanzanlagen in der Stadt Bonn auf den Prinzipien der Nachhaltigkeit basieren. Festgelegt wurde weiterhin, dass der Schutz der natürlichen Ressourcen und Umwelt dabei ebenso berücksichtigt wird wie Sozialstandards und die Prinzipien des fairen und ökologischen Handels (Stadt Bundesstadt Bonn, 2018, S. 30). Die angeführten Beispiele verdeutlichen, dass auf allen Ebenen einzelne Akteure bemüht sind, dass sämtliche Ausgaben und Einnahmen[4], die jährlich mit den Haushaltsplänen

---

[4] Die Begriffe „Ausgaben" und „Einnahmen" umfassen in diesem Text auch die „Aufwendungen" und „Erträge" und „Ein- und Auszahlungen". Dies erfolgt vor dem Hintergrund,

in den öffentlichen Verwaltungen beschlossen werden, die von der Generalversammlung der Vereinten Nationen vereinbarten 17 Ziele für eine nachhaltige Entwicklung und 169 Zielvorgaben zu berücksichtigen (RNE, 2019, S. 2). Der Rat für nachhaltige Entwicklung hat die Forderung aufgestellt, dass sich sämtliche Ausgaben an den Zielen der Nachhaltigkeitsstrategie orientieren müssen (RNE, 2019, S. 2). Nur so kann im kommenden Jahrzehnt (2020 bis 2030) eine Umsetzung der Nachhaltigkeitsstrategie gelingen (RNE, 2019, S. 2).

Somit stellt sich die Frage, ob die mit den Haushaltsplänen (Bund, Land, Kommunen) genehmigten Ausgaben und Einnahmen zur Erreichung der Ziele für eine nachhaltige Entwicklung beitragen oder ob mit den eingesetzten finanziellen Mitteln (ausgewiesen in den Jahresabschlüssen) die vorgesehene Wirkung erzielt wurde bzw. erzielt werden kann?

## 2.4    Die Rechenschaft

Aus der obigen Definition des Prozesses zur Rechenschaft auf der Grundlage der Prinzipal-Agent-Theorie lassen sich verschiedene Aspekte der Rechenschaftspflicht unterscheiden:

- das Forum (gegenüber wem legt ein Akteur Rechenschaft ab),
- der Fokus (worüber legt er Rechenschaft ab) und
- die Form (wie legt er Rechenschaft ab) (Jann, 2016, S. 1).

In der öffentlichen Verwaltung lassen sich zudem mehrere Foren von Rechenschaftspflicht unterscheiden.

*Politische Rechenschaftspflichten* gibt es beispielsweise gegenüber gewählten Politiker*innen (Prinzipal, Forum) oder eine *administrative (oder bürokratische) Rechenschaftspflicht* existiert innerhalb der öffentlichen Verwaltung gegenüber übergeordneten Einheiten (Prinzipal, Forum = Ministerien, Behörden, Abteilungen) (Jann, 2016, S. 2). Eine *rechtliche Rechenschaftspflicht* gegenüber Aufsichtsräten (Prinzipal, Forum) von kommunalen Unternehmen (Akteur) ergibt sich aus dem Handelsgesetzbuch (HGB § 264). Eine *Berichtspflicht* der örtlichen Prüfung (hier als Akteur) gegenüber dem Rat/Bürgermeister (Prinzipal/Forum) ergibt sich aus den jeweiligen Gemeindeordnungen (GO NRW § 102; GO Baden-Württemberg § 110). Um zu überprüfen, welche Fortschritte die einzelnen Länder

---

dass die Bundesländer größtenteils noch auf der Grundlage der Kameralistik den Haushalt aufstellen.

bei der Umsetzung der Agenda 2030 und ihrer Ziele gemacht haben, sind die Regierungen angehalten, dem High Level Potential Forum (HLPF) auf *freiwilliger Basis* Umsetzungsberichte vorzulegen. Sie werden als „Voluntary National Reviews (VNRs)" bezeichnet (Global Policy Forum, 2020, S. 21). Eine wachsende Rolle bekommen die zunehmenden Bemühungen der „Lokalisierung der SDGs". Über 40 Städte weltweit haben mittlerweile *freiwillig* Rechenschaft in den sogenannten „Voluntary Local Reviews (VLRs)" abgelegt. Hierzu zählen beispielsweise die deutschen Städte Bonn und Mannheim oder Großstädte wie New York und Helsinki (Global Policy Forum, 2020, S. 21).

Das Land Hamburg hat darüber hinaus festgelegt, dass Unternehmen in städtischer Hand die SDGs verbindlich berücksichtigen und gegenüber ihrem Aufsichtsrat dazu Rechenschaft ablegen müssen. Außerdem sind sie alle zwei Jahre verpflichtet, einen Nachhaltigkeitsbericht nach den Kriterien des Deutschen Nachhaltigkeitskodex zu erstellen und zu veröffentlichen (Stadt Hamburg, 2021, Hamburgs Fahrplan zur Umsetzung der Nachhaltigkeitsstrategie).

Auf der Grundlage der beschriebenen Rahmenbedingungen wird nachfolgend ein Konzept erläutert, wie die örtliche Prüfung mögliche Gelegenheiten zur Prüfung nutzen kann.

## 3   Prüfung der Nachhaltigkeit durch die örtliche Rechnungsprüfung

In diesem Abschnitt wird das Vorgehen bei einer Prüfung der Nachhaltigkeit durch die örtliche Rechnungsprüfung und die dabei zu berücksichtigenden Aspekte erörtert. Der Ablauf vom Prüfplan bis zur Rechenschaft an das Forum ist üblicherweise in der örtlichen Prüfung standardisiert und hat im Allgemeinen folgendes Schema (siehe Abb. 4):

1. Erstellung eines Prüfplans
2. Anfertigung einer Prüfkonzeption
3. Durchführung der Prüfung
4. Ergebnis der Prüfung wird den Akteuren bzw. dem Akteur übermittelt
5. Stellungnahme vom Akteur bzw. von den Akteuren
6. Durchführung eines Reviews zur Qualitätsverbesserung
7. Bericht des Rechnungsprüfungsamtes an den Rechnungsprüfungsausschuss und anschließend an den Rat bzw. die Landschaftsversammlung

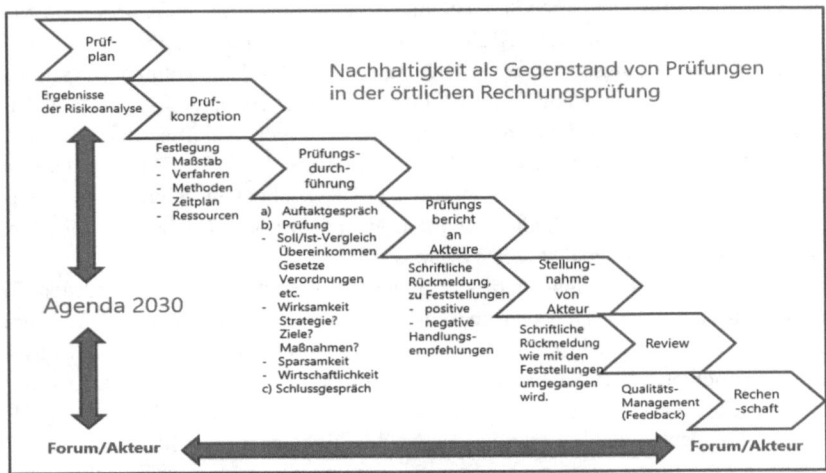

**Abb. 4**  Nachhaltigkeit als Gegenstand von Prüfungen in der örtlichen Rechnungsprüfung

## 3.1    Der Prüfplan

Zur Vorbereitung der Prüfungen wird i. d. R. jährlich durch die örtliche Rechnungsprüfung auf der Grundlage einer Risikoanalyse ein Prüfplan erstellt. Der
Prüfplan wird vom Rechnungsprüfungsausschuss genehmigt und ggf. modifiziert.
Die Mitglieder des Rechnungsprüfungsausschusses können somit mindestens einmal jährlich festlegen, welche Themen als wesentlich betrachtet werden bzw. wo
die größten Risiken gesehen werden.

## 3.2    Die Konzeption der Prüfung

Die Konzeption zur Vorbereitung der eigentlichen Prüfung des Gegenstands
„Nachhaltigkeit" muss umfassend und sorgfältig von der örtlichen Rechnungsprüfung erstellt werden. Im Rahmen der Konzeption zur Prüfung der Nachhaltigkeit
werden die Prüfmaßstäbe, das Prüfverfahren, die Prüfungsmethode und die
notwendigen Ressourcen (personell und finanziell) festgelegt.

### 3.2.1 Maßstäbe der Prüfung

Bei dem Begriff „Ordnungsmäßigkeit" handelt es sich um einen unbestimmten Rechtsbegriff, der im Kontext der „Ordnungsmäßigkeit der Haushaltswirtschaft" in den länderspezifischen Vorschriften weder durchgängig noch einheitlich verwendet wird und unterschiedlich interpretiert werden kann (Institut der Wirtschaftsprüfer (IDW), 2016, IDW PS 731 zur Prüfung der Ordnungsmäßigkeit der kommunalen Haushaltswirtschaft). Das IDR leitet aus den Regelungen der Gemeindeordnung die Ziele der örtlichen Prüfung ab. Demnach soll mit der Prüfung der Rechtmäßigkeit, der Zweckmäßigkeit und der Wirtschaftlichkeit die Zukunftssicherung (Risiko- und Chancenorientierung) des Handelns der öffentlichen Verwaltung gefördert werden (IDR, 2018, S. 2). Wie in Abb. 5 dargestellt, handelt es sich bei den Maßstäben Zweckmäßigkeit und Wirtschaftlichkeit um eine fakultative Aufgabe, deren Wahrnehmung kraft Gesetzes im pflichtgemäßen Ermessen der örtlichen Rechnungsprüfung liegt und bei der Rechtmäßigkeit um eine übertragene Aufgabe. Die Prüfungsmaßstäbe zur Prüfung der Nachhaltigkeit sind somit nicht willkürlich zu bestimmen, sondern ergeben sich aus der Gemeindeordnung. Der Begriff der „Ordnungsmäßigkeit" bildet hierbei die Klammer für die drei Maßstäbe.

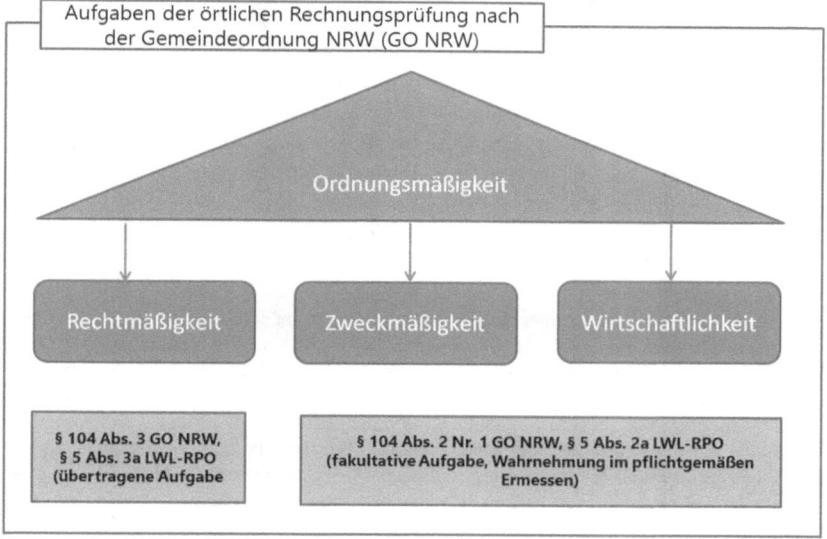

**Abb. 5** Auftrag des Rechnungsprüfungsamtes

### 3.2.1.1 Rechtmäßigkeit

Die örtliche Rechnungsprüfung ist an Gesetz und Recht und somit an den Grundsatz der Rechtmäßigkeit des Verwaltungshandelns gebunden (GG Art. 20 Abs. 3). Folglich ist jegliches Handeln der öffentlichen Verwaltung an die einschlägigen rechtlichen Regelungen (Übereinkommen, Gesetze, Verordnungen, Satzungen, Dienstanweisungen etc.) gebunden.

Bei der Prüfung auf der Grundlage des Maßstabs der Rechtmäßigkeit handelt es sich um einen „SOLL-/IST-Vergleich". Zur Festlegung des „SOLL" ist zuvor die Auslegung des Inhalts der Gesetze und sonstigen Bestimmungen (etc.) erforderlich. Die Rechtmäßigkeit kann bestätigt werden, wenn die geschlossenen Verträge, Vereinbarungen etc. sowie die daraus folgenden finanziellen Ausgaben und Einnahmen dem SOLL entsprechen und keine Abweichungen durch die örtliche Rechnungsprüfung festgestellt wurden. Erkenntnisse aus der aktuellen Rechtsprechung sollen ebenfalls in die Vergleichsaufstellung einfließen und neben der Fülle an Urteilen und Kommentaren zur Untermauerung der Prüffeststellungen dienen. Es wird festgestellt, ob etwas so ist, wie es nach den einschlägigen Beschlüssen und Gesetzen, Regelwerken etc. sein soll.

Bei den Soll-Vorschriften ist ferner zwischen Pflicht-Vorschriften und Kann-Vorschriften zu differenzieren. Wobei eine Kann-Vorschrift (z. B. im Vergaberecht[5] bei der Berücksichtigung von sozialen, ökologischen und innovativen Kriterien[6]) in einer Kommune durch einen örtlichen politischen Beschluss zur Pflicht-Vorschrift werden kann. Ferner ist zu beachten, dass die Verwaltung im Rahmen ihres Ermessensspielraums eine Kann-Vorschrift z. B. in einer Leistungsbeschreibung zur Beschaffung von Lieferungen als Anforderung vorgeben kann. Die Beachtung dieser Kann-Vorschrift ist dann auch von der örtlichen Rechnungsprüfung zu prüfen. Hierbei kann es sich bei der Beschaffung von Papier beispielsweise in einer Leistungsbeschreibung um die Anforderung des Gütezeichens „Blauer Engel" handeln. Wenn vom Lieferanten Papier ohne

---

[5] Unter Vergaberecht versteht man die Gesamtheit der nationalen und internationalen Regeln und Vorschriften, die ein Träger der öffentlichen Verwaltung bei der Beschaffung von Leistungen und zur Erfüllung seiner Verwaltungsaufgaben zu beachten hat. Nach dem Vergaberecht ist zu differenzieren zwischen Vergaben im Oberschwellen- und im Unterschwellenbereich. Grundlage, ob die EU-Schwellenwerte über- bzw. unterschritten werden, sind die geschätzten Auftragswerte der jeweiligen Vergabe. Bei der Vergabe von Dienst- und Lieferaufträgen gilt aktuell bis zu einem geschätzten Auftragswert von 214.000 EUR (Netto) die Unterschwellenvergabeverordnung (UVgO) bzw. ab dem EU-Schwellenwert der Oberschwellenbereich.

[6] § 97 Abs. 3 GWB: „Bei der Vergabe werden Aspekte der Qualität und der Innovation sowie soziale und umweltbezogene Aspekte nach Maßgabe dieses Teils berücksichtigt."

das Gütezeichen beschafft wird, hat sich die Verwaltung bei einer derartigen Fallgestaltung nicht rechtskonform verhalten.

Zu den allgemeinen Risiken gehört, dass den Beschaffenden zum einen im operativen Alltag nicht alle rechtlichen Grundlagen zur Nachhaltigkeit in den öffentlichen Verwaltungen bekannt sind. Zum anderen hat die Anwendung von Nachhaltigkeitskriterien z. B. bei der Beschaffung von Lieferungen und Dienstleistungen einen unterschiedlichen Stellenwert bei den Beschaffenden.

Zur Prüfung der Rechtmäßigkeit müssen aber der örtlichen Rechnungsprüfung alle Regelungen und Beschlüsse bekannt sein. Die Kernfrage der örtlichen Prüfung zur Prüfung der Rechtmäßigkeit im Hinblick auf den gewählten Gegenstand der Nachhaltigkeit lautet daher:

> Werden die einschlägigen Übereinkommen, Gesetze, Verordnungen, Satzungen etc. von der öffentlichen Verwaltung zur Umsetzung der Agenda 2030 beachtet?

Grundlagen der örtlichen Prüfung zur Prüfung der Rechtsmäßigkeit des Gegenstands der Nachhaltigkeit können somit sein:[7]

- Einhaltung der Erklärung der Menschenrechte bzw. des „Internationalen Pakts über wirtschaftliche, soziale und kulturelle Rechte" (UN-Sozialpakt)
- Einhaltung der Prinzipien der internationalen Arbeitsorganisation (IAO) sowie mindestens der Kernarbeitsnormen (Recht auf Arbeit, Kündigungsschutz etc.)
- Übereinkommen über die Rechte von Menschen mit Behinderungen der Vereinten Nationen
- Resolution der Generalversammlung, Transformation unserer Welt, die Agenda 2030 für nachhaltige Entwicklung
- EU-Richtlinie 2014/24/EU
- EU-Richtlinie 2015/25/EU
- Grundgesetz (GG)
- Gesetz gegen Wettbewerbsbeschränkungen (GWB)
- Klimaschutzgesetz Bund (KSG)
- Verpackungsgesetz (VerpackG)
- Mindestlohngesetz (MiLoG)
- Sozialgesetzbuch (SGB)

---

[7] Die Auflistung der Regelungen erhebt keinen Anspruch auf Vollständigkeit, soll aber die Komplexität des Gegenstands der Nachhaltigkeit verdeutlichen.

- Bundesteilhabegesetz (BTHG)
- Schwarzarbeiterbekämpfungsgesetz (SchwarzArbG)
- Kreislaufwirtschaftsgesetz (KrWG)
- Korruptionsbekämpfungsgesetz (KorruptionsbG)
- Strafgesetzbuch (StGB)
- Lieferkettengesetz (Gesetz über die unternehmerischen Sorgfaltspflichten in Lieferketten)
- Vergabeverordnung (VgV)
- Unterschwellenvergabeverordnung (UvgO)
- Vergabestatistik-Verordnung (VergStVO)
- Energieverbrauchskennzeichnungsverordnung (EnVKV)
- Gemeindeordnung NRW (GO NRW)
- Landesgleichstellungsgesetz zur Gleichstellung von Frauen und Männern (LGG NRW)
- Tariftreue- und Vergabegesetz NRW (TVgG NRW)
- Landesabfallgesetz NRW (LAbfG NRW)
- Klimaschutzgesetz NRW
- Wohn- und Teilhabegesetz NRW (WTG NRW)
- Erlass zur Abwehr von Einflüssen der Scientology Organisation
- Runderlass des Ministeriums für Heimat, Kommunales, Bauen und Gleichstellung des Landes NRW (MHKBG NRW) vom 28.08.2018/Vergabegrundsätze für Gemeinden nach § 25 Gemeindehaushaltsverordnung NRW (Kommunale Vergabegrundsätze)
- Gemeinsamer Runderlass des Ministeriums für Wirtschaft, Innovation, Digitalisierung und Energie, des Ministeriums für Arbeit, Gesundheit und Soziales, des Ministeriums für Heimat, Kommunales, Bau und Gleichstellung und des Ministeriums der Finanzen vom 29. Dezember 2017 bezüglich Berücksichtigung von Werkstätten für behinderte Menschen und von Inklusionsbetrieben bei der Vergabe öffentlicher Aufträge
- Örtliche Dienstanweisungen und interne Regelungen, Leitlinien z. B. zur Beschaffung von Liefer-, Dienst- und Bauleistungen

### 3.2.1.2 Zweckmäßigkeit

Als Zweck wird im Allgemeinen der Bewegungsgrund einer zielgerichteten Tätigkeit oder eines Verhaltens verstanden. Zweckmäßigkeit als Prüfmaßstab betrifft die Frage, ob die Verwaltung sich Ziele setzt und ihr Handeln daran orientiert. Aktivitäten, die nicht geeignet sind, ein Ziel zu erreichen, sind zweckwidrig (Streffing, 2019, S. 66 f.). Die Verwaltung ist demzufolge verpflichtet, sich zweckmäßig zu verhalten (Verwaltungsgerichtsordnung § 68, Abs. 1 S. 1; GO

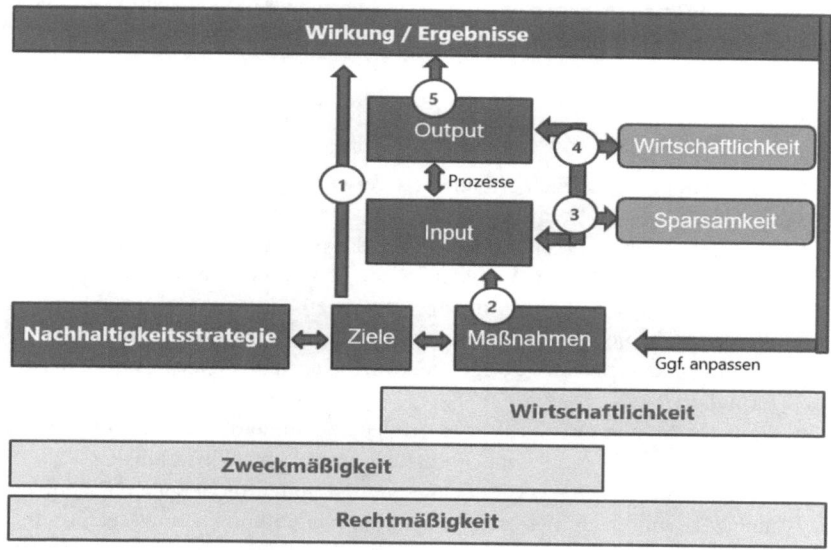

**Abb. 6** Prüfung der Zweckmäßigkeit und Wirtschaftlichkeit

NRW § 104, Abs. 2 Nr. 1). Der Grundsatz der Zweckmäßigkeit bzw. Effektivität des Verwaltungshandelns verlangt, „die richtigen Dinge zu tun", also einen hohen Zielbeitrag zu leisten. Mit der Prüfung der Wirksamkeit wird das Erreichen bestimmter Ziele (inkl. der initiierten Maßnahmen) und angestrebter Ergebnisse in den Fokus genommen (Europäischer Rechnungshof, 2017, S. 17), (siehe Abb. 6 – Punkt 1, 2 und 3)[8].

Zu den allgemeinen Risiken können eine Nachhaltigkeitsstrategie mit unzulänglicher Bedarfsermittlung, unklare oder inkohärente Zielsetzungen (nicht SMART[9]) und nicht geeignete Maßnahmen gehören. Mit dem Prüfmaßstab der Zweckmäßigkeit wird darüber hinaus ermittelt, ob die geprüften Akteure der Verwaltung interne Kontrollsysteme implementiert haben, um die Ziele der Agenda 2030 zu kontrollieren (TLoD-Linie 2).

---

[8] Darstellung in Anlehnung an den Europäischen Rechnungshof (Europäischer Rechnungshof, 2017, S. 19).

[9] SMART ist ein Akronym und steht für S = Spezifisch, M = Messbar, A = Anspruchsvoll, R = Realistisch, T = Terminiert (Gourmelon et al., 2018, S. 461).

Die Prüfung der Zweckmäßigkeit zum Gegenstand der Nachhaltigkeit könnte sich auf folgende Prüffragen konzentrieren:

**Übersicht**

- Gibt es in der jeweiligen öffentlichen Verwaltung eine Nachhaltigkeitsstrategie?
- Sind die Nachhaltigkeitsstrategie und die Verfahren, die vom Management der öffentlichen Verwaltung zur Förderung, Überwachung und Bewertung der Ergebniserbringung eingesetzt werden, angemessen?
- Werden für die Aufgaben der öffentlichen Verwaltung spezifische Nachhaltigkeitsziele festgelegt? Sind die Nachhaltigkeitsziele SMART formuliert?
- Gibt es Richtlinien o. ä. (z. B. Gebäudeleitlinien), welche konkrete Nachhaltigkeitskriterien zur Umsetzung einer Maßnahme enthalten?
- Werden die getroffenen Maßnahmen und ggf. vorhandenen Richtlinien zur Umsetzung der Nachhaltigkeitsstrategie korrekt umgesetzt und evaluiert?
- Welche Nachhaltigkeitsziele werden erreicht und welche nicht?

Zu beachten ist, dass die örtliche Prüfung nicht die Inhalte der Nachhaltigkeitsstrategie prüft! Die inhaltliche Festlegung der Nachhaltigkeitsstrategie inklusive der daraus abgeleiteten Ziele und Maßnahmen obliegt dem Verwaltungsmanagement bzw. dem Rat (Forum). Die örtliche Prüfung überwacht und kontrolliert deren ordnungsgemäße Umsetzung.

In einigen Kommunen wurden mittlerweile „Nachhaltigkeitshaushalte" eingeführt (LAG21, 2021, Kommunaler Nachhaltigkeitshaushalt). Der Nachhaltigkeitshaushalt stellt im Wesentlichen eine Verknüpfung zwischen der Nachhaltigkeitsstrategie und der kommunalen Finanzhaushaltsplanung dar (Haubner, 2018, S. 13). Leitend für einen Nachhaltigkeitshaushalt ist die Ergebnisorientierung (siehe Abb. 6). Grundlage des Nachhaltigkeitshaushaltes sind somit die Ziele der örtlichen Nachhaltigkeitsstrategie. Die Stadt Dortmund hat beispielsweise in ihrem Wirkungsorientierten Haushalt (WOH) für jedes strategische Zielfeld und jede steuerungsrelevante Information Kennzahlen gebildet und betont, dass die 17 SDGs der Vereinten Nationen ihr Äquivalent in den 18 strategisch-politischen Zielen des WOH der Stadt Dortmund finden (Stadt Dortmund, 2018, S. 6). Für die Stadt Dortmund ist der WOH ein wesentliches Instrument zur Umsetzung der örtlichen Nachhaltigkeitsstrategie (Stadt Dortmund, 2018, S. 75). Aus der Sicht des Verfassers sollte dauerhaft jegliche Rechenschaft zum Thema Nachhaltigkeit kaskadenartig auf die Struktur der SDGs der Vereinten Nationen aufbauen. Bei einer Bewertung des WOH der Stadt Dortmund kann festgestellt werden, dass dessen Ziele sich nicht an den 17 SDGs der Vereinten Nationen orientieren, obgleich dieses von ihr postuliert wird.

### 3.2.1.3 Wirtschaftlichkeit

Die Haushaltswirtschaft ist nach der Gemeindeordnung NRW wirtschaftlich, effizient und sparsam zu führen (GO NRW § 75, Abs. 1 S. 2). Ziel der Prüfung der Wirtschaftlichkeit ist die Verbesserung und Sicherstellung der sparsamen Mittelverwendung und die Effizienz aller Verwaltungs- und Betriebsabläufe (IDR, 2018, S. 4).

**a) Sparsamkeit**

Sparsamkeit bedeutet, dass im Rahmen der Tätigkeit die Kosten der Inputs im Verhältnis zu einem gegebenen Niveau von Outputs oder Ergebnissen signifikant gesenkt werden könnten (Europäischer Rechnungshof, 2017, S. 21). Im Rahmen einer Prüfung des Nachhaltigkeitskriteriums „Sparsamkeit" wird ermittelt, ob die geeignetsten und kostengünstigsten Ressourcen zur Erreichung der Ziele der öffentlichen Verwaltung (unter Berücksichtigung der Nachhaltigkeitsstrategie bzw. Ziele) eingesetzt werden (Europäischer Rechnungshof, 2017, S. 21). Allgemeine Risiken können durch Nichtbeachtung des Nachhaltigkeitskriteriums „Sparsamkeit" durch eine Überzahlung einer Nachhaltigkeitsmaßnahme auftreten, wenn diese zu niedrigeren Kosten hätte beschafft werden können. Ein weiteres Risiko könnte eine Überspezifizierung sein, d. h. Zahlungen werden für Inputs höherer Qualität geleistet, als für die Erbringung der gewünschten Outputs oder zur Erreichung der gewünschten Ergebnisse erforderlich.

**b) Effizienz**

Als effizient gilt eine öffentliche Verwaltung, wenn sie einen produktiven und wirtschaftlichen Betrieb sicherstellt (Gourmelon et al., 2018, S. 26). Im Vordergrund der Betrachtung der Prüfung steht das Ausmaß der Qualität der Outputs oder Ergebnisse (siehe Abb. 6 – Punkt 5). Als wesentliches Risiko ist hier zu nennen, dass Ressourcen vergeudet werden. Beispielsweise kann es sich hierbei um eine Maßnahme zum Nachhaltigkeitskriterium „Reduktion der Jugendarbeitslosigkeit" handeln, wenn sich dieselbe Wirkung mit weniger Ressourceneinsatz erzielen ließe (Gourmelon et al., 2018, S. 26).

Als bedeutungsvolles Instrument zur Ermittlung der Effizienz und Sparsamkeit zugleich hat sich die Lebenszykluskostenberechnung etabliert. Mit der Lebenszyklusberechnung lassen sich die Kosten für die Beschaffung von Lieferungen, Dienst- und Bauleistungen ermitteln. Es werden die Kosten während des gesamten Lebenswegs von Planung, Entwicklung, Erstellung, Beschaffung, Nutzung, Stilllegung bis zur Entsorgung berücksichtigt. Die rechtlichen Grundlagen für eine mögliche Anwendung der Lebenszykluskostenberechnung sind in der EU-Richtlinie 2014/24/EU Artikel 24 Abs. 2 zu finden. Auf nationaler Ebene dürfen nach der Vergabeverordnung (VgV) die Lebenszykluskosten als Zuschlagskriterium[10] bei der Beschaffung von Liefer-, Dienst- und Bauleistungen berücksichtigt werden (VgV § 59).

Mögliche Prüffragen zur Prüfung der Kriterien „Sparsamkeit" und „Effizienz" unter Berücksichtigung der vorgegebenen Nachhaltigkeitsstrategie bzw. -ziele könnten sein:

**Übersicht**

- Erbringen die Akteure eine angemessene Art, Qualität und Menge an Ressourcen zu den niedrigsten Kosten?
- Setzen die Akteure die geeignetsten und kostengünstigsten Ressourcen ein?
- Ermitteln die Akteure, dass die Ressourcen so verwaltet werden, dass der Gesamtaufwand möglichst geringgehalten wird?
- Hätten die Akteure eine andere Lösung wählen oder implementieren können, sodass geringere Kosten entstanden wären?
- Erzielen die Akteure die Outputs oder Ergebnisse kosteneffizient?

---

[10] Unter Zuschlag versteht man im Vergaberecht die Annahme eines Vertragsangebots (BGB §§ 145 ff.). Zuschlagskriterien im Vergabeverfahren bezeichnen jene Aspekte, die der Auftraggeber bei der Bewertung der Angebote berücksichtigt und die in seine Entscheidung über die Zuschlagserteilung einfließen. Zu dessen Ermittlung können neben dem Preis oder den Kosten auch qualitative, umweltbezogene oder soziale Aspekte berücksichtigt werden. Die Zuschlagskriterien müssen mit dem Auftragsgegenstand in Verbindung stehen (GWB § 127).

### 3.2.2 Cluster zur „Prüfung der Nachhaltigkeit"

Aufgrund der hohen Komplexität des Prüfthemas „Nachhaltigkeit" muss sich die örtliche Prüfung in Abhängigkeit von den Rahmenbedingungen in der jeweiligen Kommune überlegen, wie konkret die Prüfung durchgeführt werden soll. Zur Prüfung der Nachhaltigkeit könnten von der örtlichen Prüfung verschiedene Themen-Cluster (siehe Abb. 7) gebildet werden:

Die in Abb. 7 dargestellten Cluster werden nachfolgend anhand von jeweils einem Fallbeispiel zur Prüfung der Nachhaltigkeit erläutert. Wie oben ausgeführt ist zu beachten, dass jegliches Handeln der Verwaltung die einschlägigen rechtlichen Regelungen beachten muss. D. h. die örtliche Rechnungsprüfung überwacht und kontrolliert, ob diese Regelungen beachtet werden.

**Cluster 1: Prüfung der Einhaltung einer Vorschrift**

Das Abfallgesetz für das Land Nordrhein-Westfalen (Landesabfallgesetz – LAbfG NRW) sieht vor, dass die Dienststellen des Landes, Gemeinden und Gemeindeverbände sowie die sonstigen der Aufsicht des Landes unterstehenden Körperschaften sowie Anstalten und Stiftungen des öffentlichen Rechts durch ihr Verhalten zur Erfüllung der Ziele des Gesetzes verpflichtet sind. Insbesondere soll bei der Beschaffung oder Verwendung von Arbeitsmaterialien, Ge- und Verbrauchsgütern, bei Bauvorhaben und sonstigen Aufträgen sowie bei der Gestaltung von Arbeitsabläufen, Erzeugnissen der Vorzug gegeben werden, die

- mit rohstoffschonenden oder abfallarmen Produktionsverfahren hergestellt werden,
- aus recycelten Wertstoffen hergestellt werden,

**Abb. 7** Cluster zur Prüfung der Nachhaltigkeit

- sich durch Langlebigkeit, Reparaturfreundlichkeit, Wiederverwendbarkeit und Wiederverwertbarkeit auszeichnen,
- im Vergleich zu anderen Erzeugnissen zu weniger oder schadstoffärmeren Abfällen führen oder
- sich in besonderem Maße zur Verwertung oder gemeinwohlverträglichen Abfallbeseitigung eignen,
- sofern diese für den vorgesehenen Verwendungszweck geeignet sind und keine anderen Rechtsvorschriften entgegenstehen (LabfG NRW § 2, Pflichten der öffentlichen Hand).

Mögliche Prüffragen zur Prüfung der rechtlichen Rahmenbedingungen nach dem Abfallgesetz könnten sein:

**Übersicht**

- Wird bei der Beschaffung von Gütern das Kriterium „Langlebigkeit"[11] beachtet? (§ 2, Abs. 1 Nr. 3 LabfG NRW)
- Werden bei der Beschaffung von Gütern in den Zuschlagskriterien Vorgaben zu einer recyclinggerechten Konstruktion aufgenommen? (§ 2, Abs. 1 Nr. 3 LabfG NRW)
- Wird in den Ausführungsbedingungen der geschlossenen Verträge von den Akteuren die Ersatzteilversorgung geregelt? (§ 2, Abs. 1 Nr. 3 LabfG NRW)

**Cluster 2: Prüfung der Beachtung von einzelnen Nachhaltigkeitskriterien**

Eine Prüfung auf Grundlage von einzelnen Nachhaltigkeitskriterien bietet sich bei der Beschaffung für eine Vielzahl von Lieferungen, Dienst- und Bauleistungen an. Zur Prüfung muss der örtlichen Prüfung jedoch bekannt sein, welche Kriterien von den Akteuren in der öffentlichen Verwaltung beachtet werden müssen. Bestenfalls ist dies in einem Beschaffungshandbuch in der Verwaltung je Warengruppe spezifiziert (Abb. 8).

---

[11] Mit „langlebig" bezeichnet man Produkte, die lange Zeit halten, belastbar und von guter Qualität sind. D. h. langlebige Produkte bestehen aus belastbaren Materialien, die gewährleisten, dass das Produkt eine lange Lebensdauer hat. https://www.prodana.de/siegel-langlebig. Zugegriffen: 03. März 2022.

| Nachhaltigkeitskriterien (kein Anspruch auf Vollständigkeit) | | | |
|---|---|---|---|
| 1 | Schutz von Menschenrechten | 2 | Förderung menschenwürdiger Arbeit |
| 3 | Gleichstellung der Geschlechter | 4 | Förderung von Werkstätten für Menschen mit Behinderungen und Inklusionsbetrieben |
| 5 | Beschäftigung und Qualifizierung von Langzeitarbeitslosen | 6 | Förderung der Ausbildung und Beschäftigung von Jugendlichen (Ausbildungsquote) |
| 7 | Förderung der Beschäftigung von Menschen mit Beeinträchtigung (Schwerbehindertenquote) | 8 | Beachtung der Tariftreue |
| 9 | Bekämpfung von Schwarzarbeit | 10 | Luftverschmutzung vermeiden |
| 11 | Langlebigkeit von Gütern | 12 | Reparaturfreundlichkeit |
| 13 | Recyclingfreundlichkeit | 14 | Schutz von Wasser und Gewässern |
| 14 | Generationsgerechtigkeit | 15 | Lohngerechtigkeit (Mindestlöhne) |
| 16 | Stärkung der regionalen Wirtschaft | 17 | Tax Compliance |
| 18 | Kampf gegen Korruption und Wirtschaftskriminalität | 19 | Nicht Beachtung des Verbots von gesundheitsbelastenden Inhaltsstoffen |
| 20 | Ressourcenschutz | 21 | Tierschutz (z.B. Käfighaltung) |
| 22 | Bodenschutz (z.B. bei Verpachtung von landwirtschaftlichen Flächen) | 23 | Energieeffizient |
| 24 | Sparsamkeit | 25 | Etc. |

**Abb. 8** Prüfung von Nachhaltigkeitskriterien

Beispielsweise könnten im Beschaffungshandbuch Regelungen zu energiever-brauchsrelevanten Produkten erläutert sein. Die deutschen Treibhausgasminde-rungsziele sind im Klimaschutzgesetz vom Dezember 2019 verbindlich festgelegt. Danach sollen die Treibhausgasemissionen bis zum Jahr 2030 um mindestens 55 % reduziert werden (Klimaschutzgesetz Bund, 2019, § 3 ). Die Ziele für die deut-sche Klimapolitik ergeben sich auch aus der UN-Klimarahmenkonvention sowie aus EU-Vereinbarungen (Umweltbundesamt, 2021, Treibhausgasminderungsziele Deutschland). Zwecks Minimierung der Treibhausgasemissionen sind öffentli-che Auftraggeber[12] bei der Beschaffung von energieverbrauchsrelevanten Waren, technischen Geräten oder Ausrüstungen verpflichtet, im Rahmen der Ermittlung

---

[12] Der Begriff „Öffentliche Auftraggeber" ist im Gesetz gegen Wettbewerbsbeschränkungen (GWB) § 99 definiert.

des wirtschaftlichsten Angebotes die Energieeffizienz als Zuschlagskriterium „angemessen" zu berücksichtigen (Umweltbundesamt, 2019, S. 106). Die von der öffentlichen Verwaltung zu beachtenden Vorschriften sind in der Vergabeverordnung (§ 67 VgV) und in der Energieverbrauchskennzeichnungsverordnung (EnVKV) verankert. Demnach sollen in der Leistungsbeschreibung im Hinblick auf die Energieeffizienz insbesondere folgende Anforderungen gestellt werden:

- das höchste Leistungsniveau an Energieeffizienz und
- soweit vorhanden, die höchste Energieeffizienzklasse im Sinne der EnVKV.

In der Leistungsbeschreibung oder an anderer geeigneter Stelle in den Vergabeunterlagen sind von den Bietern zudem folgende Informationen zu fordern:

- Konkrete Angaben zum Energieverbrauch, es sei denn, die auf dem Markt angebotenen Waren, technischen Geräte oder Ausrüstungen unterscheiden sich im zulässigen Energieverbrauch nur geringfügig und
- zur Überprüfung der Wirtschaftlichkeit sollte in geeigneten Fällen eine Analyse minimierter Lebenszykluskosten oder eine vergleichbare Methode zur Ermittlung der Ergebnisse angewandt bzw. durchgeführt werden.

Mögliche Prüffragen zur Prüfung des Nachhaltigkeitskriteriums „Energieeffizienz" könnten sein:

**Übersicht**

- Wird bei der Beschaffung von energieverbrauchsrelevanten Produkten das höchste Leistungsniveau an Energieeffizienz und (soweit vorhanden) die höchste Energieeffizienzklasse im Sinne der Energieverbrauchskennzeichnungsverordnung gefordert?
- Wird gemäß § 67 VgV eine Analyse minimierter Lebenszykluskosten durchgeführt?
- Wird die Energieeffizienz als Zuschlagskriterium angemessen berücksichtigt?

| Nachweise und Gütesiegel (kein Anspruch auf Vollständigkeit | | | |
|---|---|---|---|
| 1 | Fairer Handel bzw. Fair-Trade | 2 | Blauer Engel |
| 3 | ILO-Kernarbeitsnormen | 4 | Bio-Siegel |
| 5 | Energy-Star | 6 | Europäische Blume |
| 7 | EU-Ecolabel | 8 | PEFC-Siegel |
| 9 | FSC-Siegel | 10 | TÜV-Eco-Kreis |

**Abb. 9** Prüfung von Nachweisen und Siegeln

**Cluster 3: Nachweise und Siegel**

Bei einem Gütesiegel handelt es sich um die Kennzeichnung einer Lieferung oder Dienstleistung. Diese Kennzeichnung gibt Aufschluss darüber, welchem Qualitäts-standard ein Produkt bzw. eine Dienstleistung entspricht, welche Sicherheitsanfor-derungen eingehalten werden oder welche Umwelteigenschaften vorliegen (Schenk et al., 2021, Das Verkehrsverständnis von Gütesiegeln, Prüfzeichen und Label). Als Beleg dafür, dass eine Liefer- oder Dienstleistung bestimmten, in der Leistungsbe-schreibung geforderten Merkmalen entspricht, kann der öffentliche Auftraggeber nach der Vergabeverordnung die Vorlage von Gütezeichen verlangen (§ 34 VgV). Die Siegel können somit als Nachweis für die Beachtung von mehreren Nachhaltig-keitskriterien dienen. Bei der Beschaffung in der öffentlichen Verwaltung können viele Gütezeichen beachtet werden. Beispielsweise handelt es sich hier um folgende Siegel (Abb. 9):

Aufgrund des existierenden „Siegel-Dschungels" hat der Landschaftsverband-Rheinland (LVR) schon im Jahr 2012 das Öko-Institut beauftragt, für sieben ausgewählte Warengruppen Nachhaltigkeitssiegel zusammenzustellen. Für die untersuchten Nachhaltigkeitssiegel sind Empfehlungen hinsichtlich Seriosität der Zertifizierung und Vollständigkeit der Kriterien gegeben worden (Manhart et al. in Öko-Institut e. V., 2012, S. 9). Diese Empfehlungen sind beim LVR Grundlage für die Beschaffungen von Lieferungen und Dienstleistungen.

Die Vergabestelle könnte beispielsweise bei der Beschaffung von allen Printpro-dukten als Anforderung den Nachweis des Gütezeichens „Blauer Engel" verlangen. In seinen Anforderungen prüft der „Blaue Engel" insbesondere die Auswirkungen der Produkte und Dienstleistungen auf die Umwelt, auf das Klima, die Ressourcen, das Wasser, den Boden und die Luft. Ebenfalls im Fokus der Prüfung stehen deren Auswirkungen auf den Menschen (Blauer Engel, 2022, Vergabekriterien). Fertiger-zeugnisse aus Recyclingpapier mit dem Siegel „Blauer Engel" garantieren, dass die Papierfasern der Produkte aus 100 % Altpapier gewonnen werden. Detaillierte Beschreibungen zu den ökologischen Vorteilen für Printprodukte können von den

Beschaffenden und der örtlichen Prüfung der Homepage „www.blauer-engel.de"
entnommen werden.

Mögliche Prüffragen zur Prüfung der Nachweisführung durch Gütesiegel
könnten sein:

> **Übersicht**
>
> - Werden Nachweise durch Gütezeichen als Anforderung in der Leistungsbeschreibung verlangt?
> - Werden beim geforderten Gütezeichen die Vorgaben aus dem Landesabfallgesetz beachtet, dass das Produkt mit rohstoffschonenden Produktionsverfahren bzw. aus Abfällen hergestellt wird?
> - Wird bei der Wertung der Angebote der Nachweis des Gütezeichens als Zuschlagskriterium angemessen berücksichtigt?

**Cluster 4: Wirkung und Ergebnisse einzelner Ziele**

Wenn in einer Kommune eine örtliche Nachhaltigkeitsstrategie beschlossen wurde, kann diese als Grundlage der Prüfung berücksichtigt werden. Um die Komplexität zu reduzieren bzw. die individuellen Gegebenheiten vor Ort zu berücksichtigen, greifen die örtlichen Nachhaltigkeitsstrategien in der Regel nicht alle 17 Ziele der Vereinten Nationen auf. Folglich kann die örtliche Rechnungsprüfung nur die Ziele überprüfen, die von den Akteuren vor Ort für relevant und umsetzbar gehalten wurden.

Ein mögliches Nachhaltigkeitsziel des Forums könnte z. B. das Ziel „Generationsgerechtigkeit" sein. Der Begriff der Generationsgerechtigkeit ist weit gefasst. Nach Baumann und Becker ist Generationsgerechtigkeit erreicht, wenn die Chancen der nächsten Generation auf Erfüllung ihrer eigenen Bedürfnisse mindestens so groß sind wie die der heutigen Generation (Baumann & Becker, 2017, S. 15). Im Kontext der Betrachtung des Haushaltes der öffentlichen Verwaltung zielt das Kriterium „Generationsgerechtigkeit"[13] im Wesentlichen auf die Verschuldung pro Kopf (Pro-Kopf-Verschuldung) der jungen Generation ab. Dieser Wert lässt sich z. B. mit der durchschnittlichen Pro-Kopf-Verschuldung der älteren Generation vergleichen

---

[13] Hier handelt es sich um die sogenannte chronologisch-temporale Generation (Baumann & Becker, 2017, S. 10).

(als diese jung war). Üblicherweise wird die Unterteilung „jung/alt" in 30-Jahren-Schritten berechnet, weil sie ungefähr dem Alter entspricht, in dem Frauen in der Europäischen Union ihr erstes Kind gebären (Baumann & Becker, 2017, S. 10). Mit der Kennzahl „Pro-Kopf-Verschuldung" kann die Wirkung der Ziele ermittelt und überprüft werden, ob die Verschuldung einen angemessenen Grad hat. Bestenfalls wurde von der öffentlichen Verwaltung die mehrjährige Entwicklung der „Pro-Kopf-Verschuldung" in einem Nachhaltigkeitshaushalt abgebildet.

Mögliche Prüffragen zur Prüfung einzelner Nachhaltigkeitsziele könnten sein:

**Übersicht**

- Wird das Nachhaltigkeitsziel „Generationsgerechtigkeit" SMART formuliert?
- Wird die Pro-Kopf-Verschuldung in der Kommune minimiert? (Darstellung der Entwicklung über mehrere Jahre.)

### Cluster 5: Wirkung und Ergebnisse einzelner Maßnahmen

Der Begriff „Maßnahme" bezieht sich auf die Tätigkeiten der öffentlichen Verwaltung, um ein anvisiertes Ziel zu erreichen. Es handelt sich um zweckbestimmte Handlungen. Die öffentliche Verwaltung unterstützt oder ergreift eine Vielzahl von Maßnahmen, um die Nachhaltigkeitsziele zu erreichen. Der Bundesrechnungshof weist darauf hin, dass ein vollständiger Überblick über alle wesentlichen Maßnahmen und deren Beitrag zur Zielerreichung fehlt (Bundesrechnungshof, 2021, S. 9).

Beispielhaft durchgeführte Maßnahmen sind in der Abb. 10 aufgeführt.

Eine hohe Anzahl von Maßnahmen werden von unterschiedlichen öffentlichen Zuwendungsgebern (EU-Mittel, Bundes- oder Landesmittel) finanziell gefördert. Im Rahmen der Abwicklung einer beispielsweise erhaltenen Landeszuwendung für eine Maßnahme ist die örtliche Prüfung nach den gemeinderechtlichen Bestimmungen mehrfach betroffen. Die örtliche Prüfung hat z. B. eine laufende Prüfung der Vorgänge der Finanzbuchhaltung vorzunehmen (GO NRW § 104, Abs. 1 Nr. 1). Bei vielen investiven Zuwendungen ist die örtliche Prüfung auch im Rahmen der gesetzlichen Aufgabe der Prüfung von Vergaben für Lieferungen, Dienst- und Bauleistungen betroffen (GO NRW § 104, Abs. 1 Nr. 5). Zudem ist beispielsweise in den Allgemeinen Nebenbestimmungen zur Projektförderung (ANBest-P) des Bundes

| Maßnahmen zur Umsetzung der Nachhaltigkeitsziele (kein Anspruch auf Vollständigkeit) | | |
|---|---|---|
| 1 | Qualifizierungsangebote für Jugendliche ohne Schulabschluss | 2 | Maßnahmen zur energetischen Optimierung von Wohngebäuden im Stadtgebiet |
| 3 | Präventionsmaßnahmen zur Reduzierung der Kinderarmut | 4 | Förderung von Quartiersstützpunkten |
| 5 | Maßnahmen zur Verbesserung der Teilhabe von sozial Benachteiligten am gesellschaftlichen Leben | 6 | Wirkung der Maßnahmen zur Verbesserung der betrieblichen Mobilität (z.B. ökologischer Fußabdruck) |
| 7 | Maßnahmen zur Erhöhung der Energieeffizienz innerhalb der Verwaltung (z.B. LED-Beleuchtung) | 8 | Steigerung der ambulanten Hilfen (ambulant vor stationär) |

**Abb. 10** Prüfung der Wirkung von Maßnahmen

geregelt, dass, wenn der Zuwendungsempfänger eine eigene Prüfungseinrichtung unterhält, von dieser der Verwendungsnachweis über die Zuwendung vorher zu prüfen und die Prüfung unter Angabe ihrer Ergebnisse zu bescheinigen ist (Verwaltungsverfahrensgesetz (VwVfG) 2021, Anlage 2 „Allgemeine Nebenbestimmungen für Zuwendungen zur Projektförderung (ANBest-P)", Ziffer 7.2; Bezirksregierung Köln, 2022, (ANBest-P)).

Als Nachweis der Ressourcenverwendung einzelner Maßnahmen hat die öffentliche Verwaltung die Möglichkeit, die Social Return of Investment Methode (SROI-Methode)[14] anzuwenden. Mit dieser seit Mitte der 1990er Jahre existierenden Methode lassen sich neben der ökonomischen Wertschöpfung auch die gesellschaftlichen Ausgaben und Erträge nachhaltigkeitsorientierter Maßnahmen identifizieren.[15] Die örtliche Prüfung könnte bei Anwendung dieser Methode von den Akteuren die Herbeiführung eines Nachweises als Beleg für eine geeignete Ressourcenverwendung fordern.

Eine mögliche Maßnahme könnte eine Investition für den Bau einer Einrichtung für Wohngruppen sein, um den Anforderungen des Wohn- und Teilhabegesetzes NRW gerecht zu werden und das Ziel eines selbstbestimmten Wohnens (ambulant vor stationär) zu fördern. Die Wirkung der Maßnahme kann beispielsweise mit

---

[14] Ein SROI-Koeffizient von 1 bedeutet: jeder investierte Euro bringt 1 € an Ertrag ein. SROI < 1: die Maßnahme ist nicht geeignet, d. h. Wertreduzierung, SROI > 1: die Maßnahme ist geeignet, das Ziel zu unterstützen, d. h. Wertsteigerung.

[15] Zur Systematik der SROI-Methode wird verwiesen auf die Originalquelle www.redf.org. Dort steht die „SROI Collection" des Roberts Enterprise Development Fund zum Download zur Verfügung.

der Kennzahl „Entwicklung der Anzahl vollstationärer Plätze" überprüft werden. Darüber hinaus könnten die Akteure den SROI für die Maßnahme ermitteln.

Mögliche Fragen der örtlichen Prüfung zu den ergriffenen Maßnahmen zur Erhöhung der Nachhaltigkeit könnten sein:

**Übersicht**

- Hat die Verwaltung für die initiierten Maßnahmen die Nachhaltigkeitsziele formuliert?
- Gab es für die Maßnahmen Zuwendungen von einem Dritten (EU, Bund, Land)? Erfolgte eine ordnungsgemäße Verwendung der Mittel?
- Wird die Wirkung der einzelnen Maßnahme von der Verwaltung überwacht (3LoD-Linie 2) und evaluiert (z. B. Kennzahlen bzw. Indikatoren)?
- Wird bei einer ggf. vorhandenen Fehlentwicklung vom Management gegengesteuert?

**Cluster 6: Prüfung der Einhaltung der Rechenschaft**

Wie im Gliederungspunkt 2.4 ausgeführt, gibt es vielfältige Aspekte, die bei der Rechenschaft zu berücksichtigen sind. Bei der Prüfung der Rechenschaft ist zwischen einer freiwilligen Rechenschaft und einer Rechenschaftspflicht zu differenzieren (Abb. 11).

| Prüfung der Einhaltung der Rechenschaft | | | |
|---|---|---|---|
| | Pflichtig | | Freiwillig |
| 1 | Haushaltsplan und Jahresabschlüsse | 2 | Voluntary Local Reviews |
| 3 | Lageberichte | 4 | Wirkungsorientierter Haushalt |
| 5 | Vergabestatistik-VO | 6 | Nachhaltigkeitsbericht von Beteiligungen (Stadt Hamburg) |
| 7 | Jahresbericht der örtlichen Prüfung an den Rat | 8 | Etc. |

**Abb. 11** Prüfung der Einhaltung der Rechenschaft

Die Erhebung von Nachhaltigkeitskriterien ist als pflichtige Rechenschaft in die Verordnung zur Statistik über die Vergabe öffentlicher Aufträge und Konzessionen (Vergabestatistik-Verordnung – VergStVO) mit Änderung zum 25.03.2020 mit aufgenommen worden. Ziel der bundesweiten elektronischen Vergabestatistik ist es einerseits, valide Aussagen über das jährliche Beschaffungsvolumen von Bund, Ländern und Kommunen treffen zu können. Öffentliche Auftraggebende *müssen* nach der Vergabe eines öffentlichen Auftrags (wenn der Auftragswert ohne Umsatzsteuer 25.000 EUR überschreitet) die in der Verordnung aufgeführten Daten übermitteln. In der Anlage 9 der Verordnung befindet sich eine Liste mit Nachhaltigkeitskriterien in den Dimensionen „Umwelt", „Soziales" und „Innovativ". Die örtliche Prüfung kann überprüfen, ob die Daten korrekt übermittelt und die internen Kontrollen ordnungsgemäß durchgeführt werden.

Wenn die öffentliche Verwaltung darüber hinaus freiwillig wie z. B. mit einem „Wirkungsorientierten Haushalt" Rechenschaft ablegt, ergeben sich für die örtliche Prüfung daraus weitere Prüfungsansätze.

Mögliche Fragen der örtlichen Prüfung zu Rechenschaftspflichten beim Thema Nachhaltigkeit könnten sein:

**Übersicht**

- Werden in der öffentlichen Verwaltung die Daten nach der VergStVO korrekt erhoben?
- Werden die Daten der VergStVO von der öffentlichen Verwaltung überwacht bzw. evaluiert? (3LoD-Linie2)

### 3.2.3 Prüfungsmethoden zur „Prüfung der Nachhaltigkeit"

Der örtlichen Rechnungsprüfung stehen zur Durchführung der Prüfung zahlreiche Methoden zur Verfügung.

**a) Voll- oder Stichprobenprüfung**

Die örtliche Prüfung kann eine Voll- oder Stichprobenprüfung durchführen. Bei einer Vollprüfung handelt es sich um eine lückenlose Prüfung aller Vorgänge des Prüfungsgegenstands Nachhaltigkeit. Bei einer Vollprüfung beispielsweise der Umsetzung und Evaluation aller Nachhaltigkeitsziele müssten alle 17 Nachhaltigkeitsziele inkl. deren Unterziele und Indikatoren überprüft werden. Hierzu stehen in der örtlichen Prüfung i. d. R. die personellen Ressourcen nicht zur Verfügung. Vor diesem Hintergrund empfiehlt es sich, einzelne Vorgänge mittels Stichproben z. B. auf Rechtmäßigkeit zu prüfen und zu bewerten. Bei dieser Art von Prüfung werden nur einzelne ausgewählte Beschaffungen nach zufällig oder bewusst ausgewählten Kriterien geprüft. Die Prüfung mit der Stichprobenmethode ist die allgemein übliche Art der Prüfung.

**b) Einzelfall- oder Systemprüfung**

Die Systemprüfung zielt als indirekte Prüfungshandlung darauf ab, die Ordnungs- mäßigkeit einzelner Vorgänge oder Zustände mittelbar dadurch zu prüfen, dass ihre Einbindung in einen Gesamtzusammenhang untersucht wird. Diese Methode ist geeignet, um beispielsweise organisatorische Aspekte im Gesamtzusammenhang bei der Beschaffung, beispielsweise die Einhaltung von Zuständigkeiten oder von Maßnahmen zur Korruptionsprävention, zu prüfen.

### 3.2.4 Ressourcen

Für jede Prüfung sind von der örtlichen Rechnungsprüfung auch die zur Ver- fügung stehenden zeitlichen, personellen und finanziellen Ressourcen exakt zu planen. Die konkret notwendigen Ressourcen sind abhängig von der Auswahl eines Clusters zur Prüfung des Gegenstands der Nachhaltigkeit.

## 3.3    Durchführung der Prüfung der Nachhaltigkeit

Die Durchführung der Prüfung beginnt mit einem Auftaktgespräch, an dem die örtliche Rechnungsprüfung und die Akteure teilnehmen. Dem Akteur wird in dem Gespräch die Prüfkonzeption erläutert.

Wesentliche Grundlage der Durchführung der Prüfung ist die vorab erstellte Prüfkonzeption. Die in der Prüfkonzeption festgelegten inhaltlichen Schwer- punkte (Prüffragen), Methoden, Verfahren etc. werden systematisch bearbeitet unter Berücksichtigung der der örtlichen Rechnungsprüfung zur Verfügung stehenden Ressourcen.

Die Durchführung der Prüfung endet mit einem Abschlussgespräch. In dem Gespräch werden dem Akteur die Ergebnisse der Prüfung dargelegt. Das Abschlussgespräch dient i. d. R. auch der Qualitätssicherung, um offene Fragen oder ggf. vorhandene Missverständnisse frühestmöglich zu beseitigen.

## 3.4    Bericht an die Akteure über die Prüfungsergebnisse

Prüfungsergebnisse und Empfehlungen wesentlicher Art, die sich bei den Prüfungen ergeben haben, sind im Prüfungsbericht für die Akteure darzustellen.
Es sind nicht nur negative, sondern auch positive Ergebnisse zu berücksichtigen. Nach Möglichkeit sind Vorschläge zur Verbesserung des Handelns der
Akteure darzustellen. Falls eine (mündliche) Stellungnahme der Verwaltung vor
Berichtsabfassung bereits vorliegt, sollte diese in den Bericht aufgenommen
werden.

## 3.5    Schlussbesprechung zu den Ergebnissen der Prüfung

Zweckmäßig ist es, vor Weitergabe des Berichtes, diesen mit den Akteuren
zu erörtern. Im Schlussgespräch sind alle wesentlichen Prüfungsergebnisse zu
schildern.

## 3.6    Stellungnahme des Akteurs

Sofern nicht schon vor Abfassung des Berichtes über die Feststellungen und
Empfehlungen mit den Akteuren eine Einigung erzielt werden konnte, ist eine
Stellungnahme zu fordern. Die Stellungnahme sollte möglichst kurzfristig erbeten
werden, um das Ausräumungsverfahren zeitnah abschließen zu können. Werden
zeitliche Absichtserklärungen bezüglich der Beachtung von Prüfungsergebnis-
sen durch den Akteur zugesagt, sind Nachprüfungen in Erwägung zu ziehen.
Zur Umsetzung von Feststellungen grundsätzlicher Bedeutung kann es angemessen sein, nicht nur den Akteur, sondern auch die Verwaltungsspitze in das
Ausräumungsverfahren einzubeziehen.

## 3.7    Review zur Prüfung

Das standardisierte Review auf der Grundlage einer Checkliste dient der Qualitätssicherung. Das Review fokussiert die Fragen: Was war gut? Was ist zu
verbessern? Gegenstand eines Prüfungsreviews ist damit einerseits, die Akzeptanz
der Ergebnisse durch den Akteur zu dokumentieren. Anderseits kann dem Akteur

im Rahmen des Prüfungsreviews die Möglichkeit eingeräumt werden, dem örtlichen Rechnungsprüfungsamt eigene Verbesserungsvorschläge zur Durchführung der Prüfung mitzuteilen.

## 3.8 Rechenschaft gegenüber der Politik etc.

Prüfungsfeststellungen und Empfehlungen wesentlicher Art, die sich bei den Prüfungen zum Gegenstand der Nachhaltigkeit im Laufe eines Jahres ergeben haben, sind im Jahresbericht von der örtlichen Rechnungsprüfung zu berücksichtigen. Hierzu gehören auch Ergebnisse, ob zwischen den Akteuren und der örtlichen Rechnungsprüfung unterschiedliche Auffassungen bestehen und solche, die trotz anerkannter Berechtigung noch nicht ausgeräumt sind. Daher kann es bei Prüfungen mit wesentlichen Beanstandungen im Folgejahr zu Nachschauprüfungen kommen.

## 4 Fazit und Ausblick

Die örtliche Prüfung kann mehrere Gelegenheitsfenster nutzen, um die Umsetzung der Ziele der Agenda 2030 der Vereinten Nationen einschließlich der nationalen bzw. lokalen Nachhaltigkeitsstrategie zu prüfen. Hierbei sind die jeweils vor Ort existierenden Rahmenbedingungen und Risiken zu berücksichtigen. Auf der Grundlage einer durchgeführten Literaturrecherche und -analyse ist vom Verfasser ein Konzept zur Durchführung von Prüfungen durch die örtliche Rechnungsprüfung entwickelt worden. Mit der Entwicklung von Clustern lässt sich die Komplexität des Prüfgegenstands „Nachhaltigkeit" deutlich reduzieren und den Rechnungsprüfenden ein Handwerkzeug für die Durchführung zur Verfügung stellen. Anhand von Fallbeispielen wurden für jedes Cluster mögliche Prüffragen zur Prüfung des Gegenstands der Nachhaltigkeit entwickelt. Die örtliche Prüfung kann auf dieser Grundlage mit den Maßstäben „Rechtmäßigkeit, Zweckmäßigkeit und Wirtschaftlichkeit" das Handeln der örtlichen Akteure überprüfen. Eine vom Gesetzgeber vorgegebene standardisierte Rechenschaftspflicht (wie sie z. B. nach dem HGB § 289n vorgeschrieben ist), würde der örtlichen Prüfung die Wahrnehmung der Kontroll- und Überwachungsfunktion erleichtern. Deutlich wird auch, dass noch tiefergehender Forschungsbedarf besteht, um die örtliche Prüfung noch effizienter durchführen zu können.

# Literatur

Baumann, A. & Becker, A. (2017). *Nachhaltigkeit und Generationsgerechtigkeit.* oekom.

Bätge, F. (2020). Rechtstellung, Aufgaben und Methodik der örtlichen Rechnungsprüfung – Teil 1. In *Zeitschrift für Kommunalfinanzen (ZKF) 2020,* Nr. 6 (2020).

Bezirksregierung Köln. (2022). Allgemeine Nebenbestimmungen für Zuwendungen zur Projektförderung (ANBest-P). https://www.bezreg-koeln.nrw.de/brk_internet/leistungen/abt eilung05/51/foerderung/feldvogelinsel/verwaltungsvorschrift_anbest.pdf.  Zugegriffen: 03. März 2022.

Blauer Engel. (2022). RAL gGmbH. Vergabekriterien. https://www.blauer-engel.de/de/zertif izierung/vergabekriterien. Zugegriffen: 03. März 2022.

Bovens, M. (2007). Analyzing and assessing accountabiltiy: A conceptual framework. *European Law Journal, 13*(4), 447–468.

Brundtland-Bericht. (1987). Our Common Future. https://www.are.admin.ch/are/de/home/ nachhaltige-entwicklung/internationale-zusammenarbeit/agenda2030/uno-_-meilenste ine-zur-nachhaltigen-entwicklung/1987--brundtland-bericht.html. Zugegriffen: 03. März 2022.

Bundesministerium für Finanzen. (2019). BMF-Ressortbericht Nachhaltigkeit, Bundesfinanzministerium - BMF-Ressortbericht Nachhaltigkeit 2019. Zugegriffen: 03. März 2022.

Bundesministerium der Justiz und für Verbraucherschutz, Bundeshaushaltsverordnung § 2 (2021a). https://www.gesetze-im-internet.de/bho/__2.html Zugegriffen: 03. März 2022.

Bundesministerium der Justiz und für Verbraucherschutz. (2021b). Energieverbrauchskennzeichnungsverordnung. EnVKV - Verordnung zur Kennzeichnung von energieverbrauchsrelevanten Produkten mit Angaben über den Verbrauch an Energie und an anderen wichtigen Ressourcen (gesetze-im-internet.de). Zugegriffen: 3. März 2022.

Bundesministerium der Justiz und für Verbraucherschutz. (2021c). Handelsgesetzbuch § 264 ff. § 264 HGB - Einzelnorm (gesetze-im-internet.de). Zugegriffen: 03. März 2022.

Bundesministerium der Justiz, Bundesamt für Justiz. (2019). Bundes-Klimaschutzgesetz, https://www.bgbl.de/xaver/bgbl/start.xav?startbk=Bundesanzeiger_BGBl&start=//*% 5B@attr_id=%27bgbl119s2513.pdf%27%5D#__bgbl__%2F%2F*%5B%40attr_id% 3D%27bgbl119s2513.pdf%27%5D__1650795313984. Zugegriffen: 24. April 2022.

Bundesministerium der Justiz, Bundesamt für Justiz. (2022a). Gesetz gegen Wettbewerbsbeschränkungen. https://www.gesetze-im-internet.de/gwb/. Zugegriffen: 03. März 2022a.

Bundesministerium der Justiz, Bundesamt für Justiz. (2022b). Verordnung über die Vergabe öffentlicher Aufträge (Vergabeordnung – VgV). https://www.gesetze-im-internet. de/vgv_2016/inhalts_bersicht.html. Zugegriffen: 03. März 2022b.

Bundesministerium der Justiz, Bundesamt für Justiz. (2022c). Vergabestatistikverordnung (VergStatVO). https://www.gesetze-im-internet.de/vergstatvo/BJNR069100016.html. Zugegriffen: 3. März 2022c.

Bundesministerium der Justiz, Bundesamt für Justiz. (2022d). Verwaltungsgerichtsordnung (VwGO). https://www.gesetze-im-internet.de/vwgo/BJNR000170960.html. Zugegriffen: 3. März 2022d.

Bundesrechnungshof. (2021). Bericht an das Bundeskanzleramt nach § 88 Abs. 2 BHO über die Umsetzung der deutschen Nachhaltigkeitsstrategie durch die Bundesministerien,

Bonn: 13. Jan. 2021. https://www.bundesrechnungshof.de/de/veroeffentlichungen/pro dukte/beratungsberichte/2021/umsetzung-der-deutschen-nachhaltigkeitsstrategie-durch-die-bundesministerien. Zugegriffen: 03. März 2022.

Bundesrechnungshof. (2019). Der Bundesrechnungshof. https://www.bundesrechnungs hof.de.

Bürgerliches Gesetzbuch. (2021). § 666 Auskunft- und Rechenschaftspflicht. Beck in dtv. Verlag.

Deutsches Komitee e.V. (Hrsg.). World University Service (WUS). (2021). https://www.glo baleslernen.de/de/fokusthemen/fokus-sustainable-development-goals-sdg/broschuere-zu-den-sdgs-mit-allen-169-unterzielen. Zugegriffen: 03. März 2022.

Deutscher Städtetag. (2021). Stadtfinanzen 2020. https://www.staedtetag.de/files/dst/docs/ Publikationen/Beitraege-zur-Stadtpolitik/2020/beitraege-zur-stadtpolitik-116-stadtfina nzen-2020.pdf.

Die Bundesregierung. (2021). Bundesregierung aktualisiert Nachhaltigkeitsstrategie. https:// www.bundesregierung.de/breg-de/themen/nachhaltigkeitspolitik/nachhaltigkeitsstrate gie-1124112. Zugegriffen: 3. März 2022.

Kommission, E. (2019). Mitteilung der Kommission an das europäische Parlament, den euro päischen Rat, den europäischen Wirtschafts- und Sozialausschuss und den Ausschuss der Regionen – Der europäische Grüne Deal. *Textfassung vom, 11*(12), 2019.

Europäischer Rechnungshof (2017). Handbuch der Wirtschaftlichkeit. https://www.eca.eur opa.eu/Lists/ECADocuments/PERF_AUDIT_MANUAL/PERF_AUDIT_MANUAL_ DE.PDF. Zugegriffen: 03. März 2022.

Forstwirtschaft in Deutschland (2021). https://www.forstwirtschaft-in-deutschland.de/forstw irtschaft/nachhaltigkeit/sylvicultura-oeconomica/. Zugegriffen: 03. März 2022.

Gemeindeordnung Baden-Württemberg. (2021). §§ 110ff GemO BW. Örtliche Prüfung des Jahresabschlusses und des Gesamtabschlusses. http://www.landesrecht-bw.de/jportal/; jsessionid=7CD7B5BE5FBF8D82CF710BB5039B9AD9.jp80?quelle=jlink&query= GemO+BW&psml=bsbawueprod.psml&max=true&aiz=true#jlr-GemOBWV11P110. Zugegriffen: 03. März 2022.

Gemeindeordnung NRW. (2021). §§ 101ff GO NRW. https://recht.nrw.de/lmi/owa/br_ bes_detail?sg=0&menu=0&bes_id=6784&anw_nr=2&aufgehoben=N&det_id=472865. Zugegriffen: 03. März 2022.

Gemeindeprüfungsanstaltsgesetz NRW (GPAG). (2021). https://recht.nrw.de/lmi/owa/br_ text_anzeigen?v_id=10000000000000000698 und § 105 Gemeindeordnung NRW. Zuge griffen: 3. März 2022.

Global Policy Forum (Hrsg.). (2020). Agenda 2030: Wo steht die Welt? 5 Jahre SDGs – eine Zwischenbilanz. https://archive.globalpolicy.org/home/265-policy-papers-archives/ 53260-agenda-2030-wo-steht-die-welt.html. Zugegriffen: 3. März 2022.

Gourmelon, A., Mroß, M., & Seidel, S. (2018). *Management im öffentlichen Sektor*, 4. Aufl.. rhem Verlag.

Haubner, O. (2018). Wirkungsorientiertes Nachhaltigkeitsmanagement in Kommunen. Ber telsmann Stiftung (Hrsg.). https://www.bertelsmann-stiftung.de/fileadmin/files/Projekte/ Monitor_Nachhaltige_Kommune/MNK_Leitfaeden.pdf. Zugegriffen: 03. März 2022.

Institut der Rechnungsprüfer (IDR) (Hrsg.). (2018). *IDR Prüfungsleitlinie L 110 „Die Integrierte Durchführung der Rechnungsprüfung.* Stand 29. Nov. 2018.

Institut der Rechnungsprüfer (2016). *Bad Lauterberger Erklärung 2016*, Präambel.

Institut der Wirtschaftsprüfer (IDW) (2016). *Entwurf eines IDW Prüfungsstandards: Prüfung der Ordnungsmäßigkeit der Haushaltswirtschaft als Erweiterung der Abschlussprüfung bei Gebietskörperschaften* (IDW EPS 731). Stand: 14. Juni 2016.

Institut of International Auditors (IAA), (2022). https://www.theiia.org/en/content/pos ition-papers/2020/the-iias-three-lines-model-an-update-of-the-three-lines-of-defense/. Zugegriffen: 24.04.2022.

International Organisation of Supreme Audit Institutions (kurz: Intosai). (2021). https:// www.intosai.org/. Zugegriffen: 3. März 2022.

Jann, W. (2016). Der Begriff der Rechenschaftspflicht. http://agree-europe.de/images/Expert enbeitraege/Expertenbeitrag_Jann_DE.pdf. Zugegriffen: 3. März 2022.

LAG 21. (2021). Kommunaler Nachhaltigkeitshaushalt. Zweite Projektphase ist gestar- tet. https://www.lag21.de/aktuelles/details/kommunaler-nachhaltigkeitshaushalt-kom munen-stehen-fest/. Zugegriffen: 3. März 2022.

Lange, P., Pagel, J., Schick, C., Eichhorn, S., & Reuter, K. (2020). *Der Beitrag kommunaler Nachhaltigkeitsstrategien zur Umsetzung der Agenda 2030 – Die handlungsleitende Ebene (operative Maßnahmen) auf dem Prüfstand.*

Manhart, A., Brommer, E., Gattermann, M., Stratmann, B., & Teufel, J. In Öko-Institut e.V. (Hrsg.). (2012). *Bewertung ausgesuchter Warengruppen nach ökologischen und sozialen Kriterien für den Landschaftsverband Rheinland.* Freiburg 30. Apr. 2012.

Ministerium des Inneren des Landes NRW. (2022a). Abfallgesetz für das Land Nordrhein- Westfalen (Landesabfallgesetz – LabfG NRW). https://recht.nrw.de/lmi/owa/br_text_a nzeigen?v_id=10000000000000000534. Zugegriffen: 3. März 2022a.

Ministerium des Inneren des Landes NRW. (2022b). Verwaltungsverfahrensgesetz NRW. https://www.lmr-nrw.de/fileadmin/user_upload/ANBest-P.pdf. Zugegriffen: 3. März 2022b.

Ministerium für Umwelt, Landwirtschaft, Natur- und Verbraucherschutz des Landes Nordrhein-Westfalen. (2020). Die globalen Nachhaltigkeitsziele konsequent umsetzen. Weiterentwicklung der Strategie für ein nachhaltiges Nordrhein-Westfalen. Textfassung vom 22. September 2020. https://www.nachhaltigkeit.nrw.de/themen/aktuelles/news/?tx_ news_pi1%5Bnews%5D=291&tx_news_pi1%5Bcontroller%5D=News&tx_news_pi1% 5Baction%5D=detail&cHash=49ebbd917ca008e2b9a6849c74b41f98. Zugegriffen: 3. März 2022.

Niedersächsisches Vorschrifteninformationssystem. (2021). Niedersächsisches Kommunal- verfassungsgesetz (NKomVG) § 153. VORIS § 153 NKomVG I Landesnorm Nieder- sachsen I - Rechnungsprüfungsamt I Niedersächsisches Kommunalverfassungsgesetz (NKomVG) vom 17. Dezember 2010 I gültig ab: 01.11.2011 (nds-voris.de). Zugegriffen: 3. März 2022.

Prodana GmbH, Mensch. Natur.Leben. (2022). Siegel Langlebigkeit. https://www.prodana. de/siegel-langlebig. Zugegriffen: 3. März 2022.

Rat für Nachhaltige Entwicklung. (RNE). (2019). Die Sustainable Finanzstrategie muss Neuland betreten – Stellungnahme des Rates für Nachhaltige Entwicklung zur Sustaina- ble Finanzstrategie der Bundesregierung. Berlin.15.10.2019 https://www.nachhaltigkeits rat.de/aktuelles/stellungnahme-des-rne-die-sustainable-finance-strategie-der-bundesreg ierung-muss-neuland-betreten/. Zugegriffen: 16. 10. 2022.

Scheller, K. (2021). Nachhaltig Handeln – Im Großen wie im Kleinen. In *Verwaltung & Management* 1/2021 (Hrsg.). Nomos Verlag.

Schenk, A. et al (2021). Das Verkehrsverständnis von Gütesiegel, Prüfzeichen und Label. https://www.sbs-legal.de/lexikon/guetesiegel-und-pruefzeichen. Zugegriffen: 3. März 2022.

Schweizerische Eidgenossenschaft. (2021). Brundtland Bericht. deutschsprachige Fassung. https://www.are.admin.ch/are/de/home/nachhaltige-entwicklung/internationale-zusamm enarbeit/agenda2030/uno-_-meilensteine-zur-nachhaltigen-entwicklung/1987--brundt land-bericht.html. Zugegriffen: 3. März 2022.

Stadt Bundesstadt Bonn. (2018). Nachhaltigkeitsstrategie der Bundesstadt Bonn. Umsetzung der Agenda 2030. Textfassung September 2018. https://www.bonn.de/themen-entdecken/ uno-internationales/bonner-nachhaltigkeitsstrategie.php. Zugegriffen:3. März 2022.

Stadt Dortmund. (2018). Wirkungsorientierter Haushalt. https://www.dortmund.de/ de/rathaus_und_buergerservice/haushalt/wirkungsorientierter_haushalt/index.html. Zugegriffen: 3. März 2022.

Stadt Hamburg. (2021). Hamburgs Fahrplan zur Umsetzung der Nachhaltigkeitsziele der Vereinten Nationen. Nachhaltigkeit wird Pflicht für Hamburgs öffentliche Unternehmen – Hamburger 2030 Agenda für nachhaltige Entwicklung (2030hamburg.de). Zugegriffen: 3. März 2022.

Streffing, T. (2019). *Einführung in die örtliche Rechnungsprüfung*. Landschaftsverband Westfalen-Lippe (Hrsg.). https://rpa-publikationen.lwl.org/skripte/skripte/10/einfue hrung-in-die-oertliche-rechnungspruefung. Münster. (Zugegriffen: 24. April 2022).

The Institute of Internal Auditors (IIA) (2020). Das Drei-Linien-Modell. Eine Aktualisierung der Three Lines of Defense, (S. 4). Three-Lines-Model-Updated-German.PDF (diir.de). Zugegriffen: 3. März 2022.

Umweltbundesamt. (2019). Rechtsgutachten umweltfreundliche öffentliche Beschaffung. https://www.umweltbundesamt.de/publikationen/rechtsgutachten-umweltfreundliche-off entliche. Zugegriffen: 3. März 2022.

Umweltbundesamt. (2021). Treibhausgasminderungsziele Deutschland. Treibhausgasminde rungsziele Deutschlands | Umweltbundesamt. Zugegriffen: 3. März 2022.

Vereinte Nationen Generalversammlung vom 21. Oktober 2015. (2015). Transformation unserer Welt: Die Agenda für 2030 für nachhaltige Entwicklung. https://www.un.org/ Depts/german/gv-70/band1/ar70001.pdf. Zugegriffen: 3. März 2022.

World University Service (WUS) Deutsches Komitee e.V., Portal Globales Lernen. (2021). https://www.globaleslernen.de/de/fokusthemen/fokus-sustainable-development-goals-sdg/broschuere-zu-den-sdgs-mit-allen-169-unterzielen. Zugegriffen: 3. März 2022.

**Otto Reiners** graduierte an der Paris-Lodron-Universtität in Salzburg mit dem internationalen executive Master of Business Administration (MBA). Bestandteil des Studiums waren Aufenthalte an der Philipps-Universität in Marburg, York University in Toronto sowie an der Georgetown University in Washington. Darüber hinaus hat er an der Universität Hildesheim den Master of Arts (M.A.) erworben mit dem Studienschwerpunkt Organization Studies. Desweiteren absolvierte er die Studiengänge der Betriebswirtschaft und der Oecotrophologie an der Fachhochschule Münster erfolgreich. Zudem verfügt er über langjährige berufliche Erfahrungen in der öffentlichen Verwaltung, wo er aktuell eine stellvertretende Leitung in einem örtlichen Rechnungsprüfungsamt inne hat. Des Weiteren lehrt er als Dozent an der

Hochschule für Polizei und öffentliche Verwaltung in NRW die Fächer Verwaltungsmanagement und Organisation und E-Goverment. Ferner konnte er ehrenamtlich seit 1996 im Rat der Stadt Münster in Nordrhein-Westfalen vielfältige politische Erfahrungen sammeln.